A pergunta fundamental que alimenta a psicologia é "Por que as pessoas fazem o que fazem?". Basicamente, a psicologia procura desvendar o que as pessoas fazem, assim como o porquê e como o fazem. O foco da psicologia é, na maior parte do tempo, estudar o comportamento cotidiano e os processos mentais. Mas às vezes as pressões da vida podem parecer pesadas demais, e, nesses casos, as pessoas precisam de ajuda imediata.

FORMAS EFICIENTES DE LIDAR COM O ESTRESSE

O estresse é algo frequente na vida de todas as pessoas. Ninguém está livre de fatos e situações que levam ao estresse. A seguir listamos algumas dicas para lidar com o estresse em sua vida:

- **Assuma as responsabilidades:** Responsabilize-se pela parte que lhe cabe nas coisas, em vez de focar nas atividades ou no envolvimento dos outros.

- **Analise a situação de uma maneira lógica:** Tente observar uma situação menos emocionalmente e mais logicamente.

- **Reúna informações:** Quanto mais sabemos, melhor conseguimos lidar com uma situação. Descubra o máximo que puder sobre sua situação e o que pode ser feito sobre ela.

- **Reavalie ou repense a situação:** Olhe para a situação por uma perspectiva diferente e procure ver o lado positivo das coisas.

- **Busque orientação e apoio:** Peça ajuda de alguém que você respeite ou, se ficar mais à vontade, de um profissional de saúde mental.

- **Utilize suas habilidades para a resolução de problemas:** Elabore alternativas, selecione uma, experimente-a e, posteriormente, reavalie os resultados.

PROFISSIONAIS NO SETOR DA SAÚDE MENTAL

Quando você precisa de ajuda psicológica, existem algumas opções — e lembrar-se de quais são todas elas e do que fazem pode ser confuso. A tabela a seguir resume as diferenças no que diz respeito à formação e ao foco de psicólogos, psiquiatras, assistentes sociais e outros profissionais de saúde mental:

# Psicologia para leigos

Título Profissional	Qualificações e Especialidades no Brasil
Psicólogo	Possui formação e bacharelado em Psicologia. Pode também ter a licenciatura. Autorizado pela região na qual ele ou ela exerce a profissão. Qualificado para o tratamento psicológico de distúrbios mentais, avaliação e verificação psicológica e consultas relacionadas. Se você ou alguém com quem se importa está vivenciando qualquer sintoma de doenças mentais (humor depressivo, comportamento estranho, fala desordenada), pense na possibilidade de consultar um psicólogo em sua localidade.
Psiquiatra	Possui formação em Medicina. Autorizado a exercer a medicina em sua respectiva região. Especialista no tratamento de distúrbios mentais a partir de uma perspectiva biológica, com o uso de medicamentos. Alguns psiquiatras aplicam a psicoterapia, mas este não é seu foco característico. Se você ou alguém com quem se importa está vivenciando qualquer sintoma de doenças mentais (humor depressivo, comportamento estranho, fala desordenada), pense na possibilidade de consultar um psiquiatra em sua localidade.
Assistente social	Possui bacharelado em Serviço Social. Também pode cursar a licenciatura. Autorizado a atuar como assistente social. Especializado em assuntos relacionados ao bem-estar social e em dar assistência a pessoas com circunstâncias sociais e relacionamentos problemáticos, tais como violência doméstica e abuso infantil. Assistentes sociais também podem conduzir terapia e aconselhamento em grupos ou individuais. Uma pessoa deveria considerar procurar um assistente social se estiver com problemas para viver com sua situação financeira e precisa de ajuda para encontrar e obter recursos.
Outros profissionais	Outros profissionais de saúde mental ou profissionais associados incluem conselheiros sobre problemas com drogas, terapeutas de casal ou de família, conselheiros pastorais, conselheiros escolares e psicólogos escolares.

Psicologia
Para
leigos

Psicologia
para leigos

Tradução da
2ª Edição

Adam Cash
Dr. em Psicologia

ALTA BOOKS
E D I T O R A

Rio de Janeiro, 2018

Psicologia Para Leigos® — Tradução da 2ª Edição
Copyright © 2018 da Starlin Alta Editora e Consultoria Eireli. ISBN: 978-85-508-0161-2

Translated from original Psychology For Dummies®, 2nd Edition. Copyright © 2013 by John Wiley & Sons, Inc. ISBN 978-1-118-60359-8. This translation is published and sold by permission of John Wiley & Sons, Inc., the owner of all rights to publish and sell the same. PORTUGUESE language edition published by Starlin Alta Editora e Consultoria Eireli, Copyright © 2018 by Starlin Alta Editora e Consultoria Eireli.

Todos os direitos estão reservados e protegidos por Lei. Nenhuma parte deste livro, sem autorização prévia por escrito da editora, poderá ser reproduzida ou transmitida. A violação dos Direitos Autorais é crime estabelecido na Lei nº 9.610/98 e com punição de acordo com o artigo 184 do Código Penal.

A editora não se responsabiliza pelo conteúdo da obra, formulada exclusivamente pelo(s) autor(es).

Marcas Registradas: Todos os termos mencionados e reconhecidos como Marca Registrada e/ou Comercial são de responsabilidade de seus proprietários. A editora informa não estar associada a nenhum produto e/ou fornecedor apresentado no livro.

Impresso no Brasil — 2018 - Edição revisada conforme o Acordo Ortográfico da Língua Portuguesa de 2009.

Publique seu livro com a Alta Books. Para mais informações envie um e-mail para autoria@altabooks.com.br

Obra disponível para venda corporativa e/ou personalizada. Para mais informações, fale com projetos@altabooks.com.br

Produção Editorial Editora Alta Books	**Produtor Editorial** Thiê Alves	**Produtor Editorial (Design)** Aurélio Corrêa	**Gerência de Captação e Contratação de Obras** autoria@altabooks.com.br	**Vendas Atacado e Varejo** Daniele Fonseca Viviane Paiva comercial@altabooks.com.br
Gerência Editorial Anderson Vieira	**Assistente Editorial** Renan Castro	**Marketing Editorial** Silas Amaro marketing@altabooks.com.br		**Ouvidoria** ouvidoria@altabooks.com.br
Equipe Editorial	Bianca Teodoro	Ian Verçosa	Illysabelle Trajano	Juliana de Oliveira
Tradução Alexandra Toste	**Copidesque** Samantha Batista	**Revisão Gramatical** Priscila Gurgel Alessandro Thomé	**Revisão Técnica** Edna M S Monteiro Psicóloga Clínica, Docente e Sanitarista. Mestre em Saúde Coletiva / UFRJ.	**Diagramação** Luana Silva

Erratas e arquivos de apoio: No site da editora relatamos, com a devida correção, qualquer erro encontrado em nossos livros, bem como disponibilizamos arquivos de apoio se aplicáveis à obra em questão.

Acesse o site www.altabooks.com.br e procure pelo título do livro desejado para ter acesso às erratas, aos arquivos de apoio e/ou a outros conteúdos aplicáveis à obra.

Suporte Técnico: A obra é comercializada na forma em que está, sem direito a suporte técnico ou orientação pessoal/exclusiva ao leitor. A editora não se responsabiliza pela manutenção, atualização e idioma dos sites referidos pelos autores nesta obra.

Dados Internacionais de Catalogação na Publicação (CIP)
Odilio Hilario Moreira Junior-8/9949

C339p	Cash, Adam Psicologia para leigos / Adam Cash ; traduzido por Alexandra Toste. - 2. ed. - Rio de Janeiro : Alta Books, 2018. 432 p. ; 17cm x 24cm. Inclui índice. Tradução de: Psychology for dummies 2th edition ISBN: 978-85-508-0161-2 1. Psicologia. 2. Estudo e ensino. I. Toste, Alexandra. II. Título. CDD 150.7 CDU 159.9

Rua Viúva Cláudio, 291 — Bairro Industrial do Jacaré
CEP: 20.970-031 — Rio de Janeiro (RJ)
Tels.: (21) 3278-8069 / 3278-8419
www.altabooks.com.br — atendimento@altabooks.com.br
www.facebook.com/altabooks — www.instagram.com/altabooks

Sobre o Autor

Adam Cash atua como psicólogo e diretor clínico da Specialized Psychology Solutions, uma clínica que presta serviços na área da psicologia, em Palm Springs, na Califórnia. Ele é especialista em psicologia infantil, autismo, transtornos do desenvolvimento, aprendizado, cognição e neurodesenvolvimento. Foi professor em cursos de psicologia do desenvolvimento, métodos e estatísticas, tratamento do abuso de substâncias e psicologia da anormalidade. Embora o trabalho clínico do Dr. Cash concentre-se principalmente nas crianças, já trabalhou extensivamente com adultos e como psicólogo forense em tempo integral, especializado em psicologia prisional, avaliação de risco de violência e de criminosos sexuais, além de ter testemunhado como especialista em processos relacionados a condições para estar perante um tribunal e casos de não culpabilidade por conta de insanidade. O Dr. Cash especializou-se em transtornos psicóticos, tais como esquizofrenia e transtorno de estresse pós-traumático. Ele também é o autor do *Wiley Concise Guides to Mental Health: Posttraumatic Stress Disorder* (*Guias Concisos de Saúde Mental da Wiley: Transtorno de Estresse Pós-Traumático*, sem edição brasileira), de 2006. Dr. Cash é especialista em avaliações psicológicas e já aplicou milhares delas, além de fornecer avaliações médico-legais para incapacidades. Seu maior orgulho é seu casamento com sua bela esposa, Liyona, e o lar e a família que construíram juntos.

Dedicatória

Para minha esposa, Liyona, e meus lindos filhos. Agradeço pelo amor e pela pureza de vocês. Para mim, vocês são a luz. Que eu me mantenha sempre no caminho dela.

Agradecimentos do Autor

Agradeço imensamente a Jenny Brown e Lindsay Lefevere por me pedirem para revisar a primeira edição deste livro. Também gostaria de voltar um pouco atrás e agradecer ainda à equipe que participou da primeira edição, Tonya Maddox Cupp e Greg Tubach. Sem eles, esta segunda edição não teria sido possível. Agradeço também às crianças, famílias, pacientes e funcionários com quem trabalho. Sou muito grato pela oportunidade de fazer parte da vida de vocês.

Sumário Resumido

Parte 1: Primeiros Passos na Psicologia......5
CAPÍTULO 1: Compreendendo o Propósito da Psicologia......7
CAPÍTULO 2: Entendendo o que as Pessoas Fazem: Os Fundamentos da Psicologia......15

Parte 2: Explorando seu Cérebro (e Corpo)......35
CAPÍTULO 3: Hardware, Software e Wetware*......37
CAPÍTULO 4: Seres Conscientes......57
CAPÍTULO 5: Sensibilizando-se......69

Parte 3: Pensando, Sentindo e Agindo......83
CAPÍTULO 6: Pensando e Falando......85
CAPÍTULO 7: Como Você Se Sente em Relação a Isso?......115
CAPÍTULO 8: Batendo à Porta do Aprendizado: Cães, Gatos e Ratos......139

Parte 4: Eu, Você e Tudo o que Está Entre Nós......161
CAPÍTULO 9: Desenvolvendo uma Personalidade Vencedora......163
CAPÍTULO 10: Pegando o Primeiro Barco para Sair da Ilha do Isolamento......193
CAPÍTULO 11: Adaptando-se Como um Contorcionista: A Psicologia Social......221
CAPÍTULO 12: Crescendo com a Psicologia......245
CAPÍTULO 13: Psicologia Moderna da Anormalidade......267

Parte 5: Rumo a uma Pessoa Melhor......293
CAPÍTULO 14: Avaliando o Problema e Testando a Psique......295
CAPÍTULO 15: Sentindo-se Confortável no Divã......311
CAPÍTULO 16: Mudando o Comportamento, Mudando o Pensamento......325
CAPÍTULO 17: Ser uma Pessoa Não É uma Tarefa Fácil: A Terapia Centrada na Pessoa e a Terapia Existencial......347
CAPÍTULO 18: Estresse, Doença, Crescimento e Força......363

Parte 6: A Parte dos Dez......383
CAPÍTULO 19: Dez Dicas para Manter-se Psicologicamente Saudável......385
CAPÍTULO 20: Dez Filmes Incríveis com um Olhar Psicológico......393

Índice......401

Sumário

INTRODUÇÃO 1
    Sobre Este Livro 1
    Penso que... 2
    Ícones Usados Neste Livro 2
    Além Deste Livro 3
    De Lá para Cá, Daqui para Lá 3

PARTE 1: PRIMEIROS PASSOS NA PSICOLOGIA 5

CAPÍTULO 1: Compreendendo o Propósito da Psicologia 7
    O que É Psicologia? 8
        Os porquês, os comos e os o quês 8
        Construindo uma pessoa 9
        Encontrando a função 10
    Verificando a Lista de Partes 10
    Solução de Problemas 12
    Encontrando Ajuda Profissional 12
    Colocando a Teoria em Prática 13

CAPÍTULO 2: Entendendo o que as Pessoas Fazem: Os Fundamentos da Psicologia 15
    Encontrando uma Estrutura 17
        Biológica 17
        Psicanalítica/Psicodinâmica 18
        Behaviorista 18
        Cognitiva 19
        Humanística e existencial 19
        Sociocultural 19
        Feminista 20
        Pós-modernista 20
    Trabalhando com o Modelo Biopsicossocial 20
        Percebendo o papel do corpo 21
        Refletindo sobre o papel da mente 21
        Observando o papel do mundo externo 22
    Solucionando o Debate entre o Inato versus o Adquirido 23
    Ramificando 24
    Buscando a Verdade 26
        Aplicando o método científico 27
        Desenvolvendo uma boa teoria 28
    Pesquisando Assuntos 29
        Entendendo a pesquisa descritiva 29
        Fazendo pesquisa experimental 30

Medindo uma, medindo todas as estatísticas 31
Relacionando variáveis: Correlação versus causalidade. 33
Não fazer nada é alguma coisa: O efeito placebo 33

PARTE 2: EXPLORANDO SEU CÉREBRO (E CORPO) 35

CAPÍTULO 3: Hardware, Software e Wetware* 37

Acreditando na Biologia 38
Identificando a Sala de Controle do Corpo 40
Avançando com cuidado na periferia. 41
Deslocando-se para o centro 42
Funcionando Como uma Máquina Bem Lubrificada: Sistemas
Corporais. 43
Prosencéfalo. 44
Mesencéfalo. 45
Rombencéfalo 45
Descobrindo Mais Sobre Células e Substâncias Químicas 46
Atravessando a fronteira 47
Ramificando-se 49
Ativando mudanças no cérebro 50
Encontrando o Destino com o DNA 51
Entendendo a Psicofarmacologia 53
Atenuando a depressão. 53
Calando as vozes 54
Relaxando. 54
Fazendo uma Cirurgia de Cérebro sem Entrar na Faca 55

CAPÍTULO 4: Seres Conscientes 57

Explorando os Horizontes da Consciência. 58
Pegando no... zzzz. 61
Compreendendo os cérebros cansados e os lapsos mentais 62
Chegando Pelado no Trabalho: Sonhos 63
Alterando a Sua Consciência 64
Com a mente na mente (estados meditativos) 65
Inebriando-se com uma vida consciente. 66
Entrando em estado hipnótico 68

CAPÍTULO 5: Sensibilizando-se 69

Os Alicerces: Nossos Sentidos. 70
O processo do sentir. 71
Vendo 73
Vendo cores 74
Calculando distância. 75
Ouvindo. 76
Tocando e sentindo dor 77
Cheirando e provando 77
Equilíbrio e movimento 78
Finalizando o Produto: A Percepção. 79
Organizando por Princípios 81

PARTE 3: PENSANDO, SENTINDO E AGINDO 83

CAPÍTULO 6: **Pensando e Falando** 85
Descobrindo o que Se Passa em sua Cabeça 86
Pensando como um Computador 87
    Computação 87
    Representações 88
    Processamento 89
Explorando as Operações da Mente 90
    Focalizando sua atenção 90
    Guardando tudo dentro da velha caixa de memórias 92
    Conceitualização 95
    Tomando decisões 98
Pensando que Você É Muito Inteligente 104
    Considerando os fatores da inteligência 105
    Olhando mais de perto 106
    Adicionando a malandragem 107
    Sobressaindo-se com múltiplas inteligências 107
    Atingindo a nota ideal — em uma curva 109
Compreendendo a Linguagem 111
    Com a Babel ligada 111
    Sons, mordidas, pedaços e peças 112

CAPÍTULO 7: **Como Você Se Sente em Relação a Isso?** 115
Chamando o Tony para Ajudar com a Motivação 116
    Confiando em seus instintos 118
    Sentindo-se carente 119
    Despertando o interesse pela costela de primeira 121
    Como é bom conseguir fazer ligações interurbanas mais baratas 121
    Encarando sua teoria do processo oponente 122
    Sabendo quem manda 123
Lançando Inúmeros Poemas Ruins: Emoções 125
    Descobrindo o que vem antes, o corpo ou a mente? 127
    Expressando-se 128
    Sentindo o poder do amor 130
    Reconhecendo a raiva 132
    Conferindo a felicidade 134
    Descobrindo a inteligência de seu coração: Inteligência emocional e estilos 136

CAPÍTULO 8: **Batendo à Porta do Aprendizado: Cães, Gatos e Ratos** 139
Aprendendo a Se Comportar 141
Babando como os Cachorros de Pavlov 142
    Respostas e estímulos condicionados 142
    Tornando-se extinto 144

    Generalizando e discriminando classicamente 145
    Regras condicionantes 147
    Batalha das teorias: Por que o condicionamento funciona? 148
Estudando os Gatos de Thorndike 149
Reforçando o Caso do Rato 151
    Encontrando o reforço certo 152
    Usando a punição 154
    Programando e escolhendo o momento certo para o reforço . . . 156
Tornando-se Consciente do Controle de Estímulos e da
Generalização Operante. 158
Descobrindo a Discriminação Operante 159

PARTE 4: EU, VOCÊ E TUDO O QUE ESTÁ ENTRE NÓS ... 161

CAPÍTULO 9: Desenvolvendo uma Personalidade Vencedora ... 163

Sabendo Quem É Nerd 165
Entrando no Clima com Freud 166
    Tendo memórias singulares. 166
    Botando a mão na massa com o id, o ego e o superego. 167
    Pensando em sexo 170
    Mantendo-se na defensiva? Eu não! 177
Indo Além de Freud 178
    Heinz Hartmann. 179
    Robert White 180
    Erik Erikson. 181
Relacionando-se com Objeto(s). 183
    A Psicologia do Self 183
    Relações Objetais 184
Aprendendo com os Outros. 186
Representando a Nós Mesmos 188
    Esquemas. 188
    Roteiros. 189
Em Busca dos 5 Fatores Mágicos. 191

CAPÍTULO 10: Pegando o Primeiro Barco para Sair da Ilha do Isolamento ... 193

Sentindo-se Autoconsciente 194
    Tomando consciência de seu corpo 196
    Mantendo a privacidade. 196
    Exibindo-se. 196
Identificando a Si Mesmo 197
    Forjando uma identidade pessoal 197
    Esculpindo uma identidade social 199
    Juntando um pouco de autoestima 201
Apegando-se. 202
    Percebendo que até mesmo os macacos ficam tristes 203

Divertindo-se com a Família e os Amigos........................... 206
    Educando com estilo.......................... 207
    Abraçando o inimigo: Irmãos.................. 208
    Ficando íntimo................................ 209
Compreendendo a Percepção de uma Pessoa.................... 210
    Explicando os outros.......................... 210
    Explicando-se................................. 214
Comunicar-se É Algo Mais Fácil na Teoria do que na Prática 215
    Fazendo perguntas............................ 216
    Explicando................................... 217
    Ouvindo...................................... 217
    Afirmando-se................................. 218

CAPÍTULO 11: Adaptando-se Como um Contorcionista: A Psicologia Social 221

Fazendo a Sua Parte............................... 222
Formando Grupos................................. 224
    Conformando-se.............................. 224
    Saindo-se melhor quando recebe ajuda.......... 227
    Relaxando................................... 227
    Mantendo-se anônimo......................... 228
    Pensando como um só......................... 228
Persuadindo..................................... 230
Agindo com Maldade.............................. 233
    Agindo naturalmente......................... 233
    Frustração................................... 234
    Fazendo o que se aprende..................... 234
Estendendo uma Mão Amiga....................... 235
    Por que ajudar?............................... 236
    Quando ajudar?............................... 239
    Quem dá e recebe ajuda?...................... 240
Farinha do Mesmo Saco... Ou Não.................. 241
    Descobrindo tudo sobre os ismos............... 241
    Compreendendo a discriminação............... 243
    Fazendo contato.............................. 244

CAPÍTULO 12: Crescendo com a Psicologia 245

Começando com a Concepção e o Nascimento............. 246
    X e Y se encontram............................ 247
    Unindo e dividindo tudo em uma noite.......... 247
Das Fraldas ao Babador............................ 249
    Instintos de sobrevivência..................... 250
    Movimentando-se por aí....................... 250
    Flexibilizando os músculos.................... 252
    Reservando tempo para os esquemas........... 253
    Fazendo seu sensoriomotor funcionar.......... 254
    Aprendendo com versos...................... 255
    Dizendo o que pensa.......................... 256
    Florescendo borboletas sociais................. 257

Entrando no Ônibus Escolar... 258
    Dominando o giz de cera 258
    Ser pré-operacional não significa que você se submeterá
    a uma cirurgia 259
    Na zona 260
    Ficando ainda mais sociável 261
Agonizando com a Adolescência 261
    Ansiando pela puberdade 262
    Distanciando-se dos pais 263
A Vida Como um Adulto.. 263
    Olhando para você 264
    Conectando-se e trabalhando................................. 264
O Envelhecimento e a Geropsicologia 265

CAPÍTULO 13: Psicologia Moderna da Anormalidade 267

Descobrindo o que É Normal.. 268
Categorizando Sintomas e Transtornos 270
À Procura da Realidade 272
    Esquizofrenia 272
    Lutando contra outros tipos de psicoses 276
Sentindo-se Estranho 277
    No caminho da depressão maior 278
    Enfrentando as ondas do transtorno bipolar.......... 281
Vivendo com Medo 283
    Revelando as causas da síndrome do pânico........... 286
    Tratando a síndrome do pânico.............................. 286
Compreendendo os Problemas dos Jovens...................... 287
    Lidando com o TDAH 288
    Vivendo em um mundo só seu 289

PARTE 5: RUMO A UMA PESSOA MELHOR 293

CAPÍTULO 14: Avaliando o Problema e Testando a Psique 295

Nomeando o Problema... 296
    Documentando o histórico 296
    Examinando o estado mental 298
Por Dentro dos Testes Psicológicos 301
    Padronizando 302
    Confiando nos testes 302
    Testes de confiança... 303
Tipos de Testes 304
    Testes clínicos 304
    Testes educacionais/de desempenho 305
    Testes de personalidade 305
    Testes de inteligência 307
    Testes neuropsicológicos e cognitivos.................... 307
Dizendo a Verdade.. 309

CAPÍTULO 15: Sentindo-se Confortável no Divã 311
- Descobrindo o que Realmente Está Acontecendo 312
- Fazendo Análise 315
  - Rumo à prática.. 316
  - Mantendo a atenção no objetivo 316
  - Sendo (o) paciente....................................... 317
  - Mãos à obra na análise................................... 318
  - Observando o processo como um todo 320
- Transferindo-se para a Nova Escola 323

CAPÍTULO 16: Mudando o Comportamento, Mudando o Pensamento 325
- Eliminando os Comportamentos Ruins com a Terapia Comportamental 326
  - Fundamentando a terapia nas teorias do aprendizado 327
  - Avaliando o problema..................................... 330
  - Experimentando técnicas diferentes....................... 332
  - Terapias fundamentadas na exposição...................... 336
- Ensaboando Sua Mente com a Terapia Cognitiva................. 339
  - Explorando o pensamento distorcido....................... 339
  - Mudando a forma como você pensa 341
- Aprendendo a Brincar: Terapias Comportamentais e Cognitivas 342
- Tornando-se Consciente com as Terapias Fundamentadas na Aceitação e na Atenção Plena 344
- Você Está Bem, Agora Mude: Terapia Comportamental Dialética 345

CAPÍTULO 17: Ser uma Pessoa Não É uma Tarefa Fácil: A Terapia Centrada na Pessoa e a Terapia Existencial 347
- A Terapia Centrada na Pessoa: Brilhando sob os Holofotes do Terapeuta.. 349
  - Entendendo a teoria da pessoa 350
  - Reconectando-se na terapia............................... 352
- Ficando em Paz Consigo Mesmo: A Terapia Existencial............ 354
  - Lidando com suas dificuldades: Morte, culpa e ansiedade 355
  - Estar no aqui e agora: Tempo e transcendência 357
  - Encarando a liberdade, o isolamento e a falta de sentido 359
  - Livrando-se dos mecanismos de defesa 360
  - Reivindicando a responsabilidade......................... 361

CAPÍTULO 18: Estresse, Doença, Crescimento e Força 363
- Estressando-se... 364
  - Propondo maneiras de pensar sobre o estresse............. 364
  - Destacando os tipos de estresse.......................... 367
  - Ficando doente de tanto se preocupar..................... 368
- Enfrentar os Problemas Não É Brincadeira 371
  - Descobrindo como lidar com os problemas.................. 371

  Encontrando recursos 372
 Indo Além do Estresse: A Psicologia da Saúde 373
  Prevenindo doenças 374
  Fazendo mudanças 374
  Intervindo 377
 Aproveitando o Poder da Positividade 377
 Desenvolvendo um Cérebro Biônico 379
  Usando drogas inteligentes 380
  Chegando aos limites do crânio 381

PARTE 6: A PARTE DOS DEZ 383

CAPÍTULO 19: Dez Dicas para Manter-se Psicologicamente Saudável 385

 Aceite-se 387
 Lute pela Autodeterminação 387
 Mantenha-se Conectado e Cultive Relacionamentos 388
 Estenda uma Mão Amiga 389
 Encontre um Significado e um Propósito e Trabalhe para Atingir
  Seus Objetivos 389
 Encontre a Esperança e Mantenha a Fé 389
 Esteja Sintonizado e Comprometido 390
 Aprecie as Coisas Bonitas da Vida 390
 Esforce-se para Superar; Aprenda a Deixar Ir 391
 Não Tenha Medo de Mudar 391

CAPÍTULO 20: Dez Filmes Incríveis com um Olhar Psicológico 393

 Um Estranho no Ninho 394
 Laranja Mecânica 394
 Os 12 Macacos 395
 Gente como a Gente 395
 Garota, Interrompida 396
 O Silêncio dos Inocentes 396
 Sybil 397
 Psicose 398
 Matrix 398
 Tensão 399

ÍNDICE 401

Introdução

Então você comprou *Psicologia Para Leigos*, tradução da 2ª Edição. Como está se sentindo? Esperamos que esteja se sentindo muito bem. E por que não estaria? Aqui você descobrirá todo tipo de informação interessante sobre o básico do comportamento humano e dos processos mentais.

Todo mundo se interessa por psicologia. As pessoas, incluindo você, são fascinantes! Os seres humanos muitas vezes desafiam as explicações e escapam ao que é previsível. Entender pessoas pode ser algo bastante difícil. Assim que você acha que entendeu alguém, bum!, a pessoa chega e o surpreende. Mas eu sei também que alguns de vocês podem estar pensando: "Na verdade, eu sou muito bom em avaliar pessoas. Tenho talento para isso". Se esse for seu caso, isso é ótimo! Algumas pessoas realmente parecem ter uma compreensão intuitiva maior do que outras. Para o resto de nós, existe a psicologia.

Sobre Este Livro

Psicologia Para Leigos, tradução da 2ª Edição, é uma introdução ao campo da psicologia. Tentei escrever este livro utilizando uma linguagem simples e exemplos do dia a dia, na esperança de que seja adequado à realidade e aplicável na vida diária. Sempre tive a impressão de que lidar com um assunto novo é mais agradável quando ele tem uma importância no mundo real. A psicologia é cheia de jargões, tantos que ela até mesmo possui seu próprio dicionário, apropriadamente chamado de *The Dictionary of Psychology* (Penguin Reference Books — O *Dicionário de Psicologia*; Livros de Referência da Penguin, sem versão brasileira). Este livro é destinado àqueles que se interessam por aquilo que as pessoas fazem, pensam, dizem e sentem, mas querem que a informação se apresente de uma forma clara e seja de fácil compreensão.

CUIDADO

A informação contida neste livro de consulta não tem a pretensão de substituir o aconselhamento ou tratamento psicológico, ou médico especializado, mas foi pensada para o ajudar a fazer escolhas bem fundamentadas. Pelo fato de cada indivíduo ser único, o psicólogo, profissional de saúde ou médico precisa diagnosticar as condições e supervisionar tratamentos para cada um dos problemas de saúde individuais. Se um indivíduo estiver sob os cuidados de um psicólogo ou médico e receber um conselho contrário às informações deste livro, o conselho do psicólogo ou médico é o que deve ser seguido, já que é fundamentado nas características únicas daquele indivíduo.

A linguagem convencional dos psicólogos pode soar incompreensível para alguém que nunca tenha assistido a uma aula de psicologia. Como já mencionei no começo deste capítulo, tentei me manter longe do jargão e da linguagem técnica. Você poderá se deparar com algumas tentativas de introduzir piadas.

Tenho a tendência a assumir uma abordagem mais leve diante da vida, mas às vezes as pessoas não entendem meu senso de humor. Se eu tentar contar uma piada no texto e ela se revelar um desastre, por favor, não seja muito severo. Afinal, eu sou um psicólogo, e acho que não somos famosos por nosso senso de humor. Mas espero também não parecer insensível ou arrogante — essa certamente não é minha intenção.

Às vezes, falar sobre psicologia pode ser bastante insípido, por isso eu tento animar um pouco as coisas com exemplos e histórias pessoais. Não faço referência alguma a qualquer paciente que tenha atendido em terapia. Se houver qualquer semelhança, ela é mera coincidência. Na verdade, tenho muito cuidado em preservar a privacidade e a confidencialidade das pessoas com as quais trabalhei.

Penso que...

Você pode encontrar muitos livros sobre psicologia por aí. A maioria deles ou é técnico e especializado demais ou cobre uma área muito restrita da psicologia. Aqui estão algumas das razões pelas quais eu acredito que *Psicologia Para Leigos*, tradução da 2ª Edição, é o livro certo para você:

- » Você tem muitas perguntas sobre as pessoas.
- » Você tem muitas perguntas sobre si mesmo.
- » Você está pensando em seguir o ramo da psicologia.
- » Atualmente você está estudando psicologia ou uma disciplina correlacionada, tal como serviço social ou aconselhamento.
- » Você se interessa por psicologia mas não tem tempo ou dinheiro para acompanhar um curso de psicologia.
- » Você compreende bem as pessoas e quer verificar se estou no caminho certo.

Ícones Usados Neste Livro

Ao longo deste livro você encontrará ícones nas margens. Eles estão lá para que você possa encontrar com facilidade certos tipos de informação. Aqui está uma lista dos ícones que você verá:

ASSOCIAÇÃO LIVRE

Quando se deparar com este ícone, estarei lhe convidando a participar de um pequeno experimento psicológico. Em outras palavras, quando encontrar este ícone, você será a cobaia. O que seria da psicologia sem as cobaias? Mas não se preocupe — os experimentos são inofensivos. Sem choques, eu prometo.

Quando você vir este ícone, será para tentar enfatizar algumas informações que poderão ser úteis em algum momento.

Com esta obra de arte criativa, alerto para informações do tipo "é fundamental saber", caso você vá estudar psicologia.

Não esqueça disso. Quando encontrar este ícone, relembraremos os destaques da seção. Ele chama a atenção para algo do tipo "se for aprender uma única coisa deste capítulo", então preste atenção.

Este ícone sinaliza as discussões que podem surgir acima do nível de que você necessita para entender o tópico em questão de uma forma básica. Essas seções podem seguramente ser deixadas de lado sem que afetem sua compreensão da questão principal.

Além Deste Livro

Você pode acessar a Folha de Cola completa através do endereço: www.altabooks.com.br. Procure pelo título do livro/ISBN.

Na página da obra, em nosso site, além da folha de cola completa, poderá verificar possíveis erratas.

De Lá para Cá, Daqui para Lá

A psicologia é um campo muito amplo. Eu acho que você descobrirá que a organização deste livro permite que você verifique o que lhe interessa e deixe o resto de lado, se assim o quiser.

Utilize o sumário e o índice para descobrir o que desperta sua atenção. Se o assunto é novo para você, certamente é bom começar pelo Capítulo 1 e seguir a partir daí. Mas você não precisa lê-lo do início ao fim. É como quando você vai a uma cafeteria — escolha o que gosta e deixe o resto para lá.

Mas, olhe só, se eu posso escrever um livro inteiro sobre psicologia, acho que você poderá ler um livro inteiro sobre isso. Além disso, acho que você vai gostar do livro. A psicologia é um ótimo assunto. Aproveite!

1
Primeiros Passos na Psicologia

NESTA PARTE . . .

Entenda o que é a psicologia e tenha uma visão geral deste campo. Entre em contato com seu psicólogo amador interior ao explorar a ideia de que todos somos psicólogos "atuantes", que analisam e avaliam o comportamento humano diariamente.

Encontre informações sobre a prática profissional do psicólogo, com uma introdução à sua natureza científica e às diferentes abordagens que os psicólogos utilizam para estudar e compreender as pessoas.

Conheça as diretrizes éticas que os psicólogos devem seguir durante o tratamento e na psicologia aplicada.

> **NESTE CAPÍTULO**
>
> Definindo Psicologia
>
> Compreendendo como as pessoas funcionam
>
> Descobrindo como a psicologia pode ajudar

Capítulo 1

Compreendendo o Propósito da Psicologia

A maioria das pessoas que conheço tem alguma ideia em mente quando pensam sobre psicologia.

Eu sou um psicólogo. Mas o que é isso? Alguém que conhece e estuda psicologia. Mas isso é tudo? Quando encontro minha família e meus amigos nas férias, parece que eles ainda não entendem muito bem o que eu faço da vida.

Alguns de meus pacientes já me disseram: "Você só sabe falar. Você não poderia me prescrever algum remédio?". Outros ainda me atribuem poderes quase sobrenaturais de conhecimento e cura. Escrevi este livro para esclarecer algumas concepções equivocadas sobre a psicologia.

O que É Psicologia?

Quais são as ideias que surgem à mente quando as pessoas pensam sobre o tema da psicologia? Depende de a quem você dirige a pergunta. Às vezes, imagino que estou participando, como convidado, de um programa de entrevistas na televisão. Sou bombardeado pela audiência com perguntas que não consigo responder. Meu coração começa a bater forte. Eu começo a suar. Começo a me levantar para que eu possa correr para fora do palco. Mas então alguma coisa me ocorre que me mantém na minha cadeira. Eu me imagino perguntando ao público o que acham que seja a psicologia e por que acreditam que um psicólogo possa responder a perguntas sobre psicologia.

Os porquês, os comos e os o quês

ASSOCIAÇÃO LIVRE

Antes de estabelecer uma definição de psicologia, gostaria que você dedicasse alguns minutos anotando algumas de suas ideias sobre o que é psicologia.

Por que este livro chamou sua atenção?

Você está procurando respostas? Buscando conselhos?

O que está perguntando aqui?

"Por que as pessoas fazem o que fazem?" é a pergunta que está por trás de muitas das outras perguntas que as pessoas fazem aos psicólogos. Seja você um psicólogo profissional, um pesquisador ou um leigo, esta pergunta simples parece ser a raiz da questão.

Aqui estão alguns exemplos de perguntas motivadoras que norteiam a disciplina da psicologia:

- » Por que aquele tiroteio aconteceu?
- » Por que não consigo deixar de me sentir triste?
- » Por que ela terminou comigo?
- » Por que as pessoas são tão maldosas?

Basicamente, a psicologia é um ramo do conhecimento que se concentra nas pessoas, sejam estas indivíduos ou grupos.

Outras perguntas fundamentais da psicologia focam no "como" das coisas:

- » Como posso voltar a me entusiasmar com meu casamento?
- » Como consigo que meu filho de dois anos pare de fazer birra?
- » Como funciona a mente?

Outras perguntas ainda lidam com os "o quês":

- » O que são as emoções?
- » O que é a doença mental?
- » O que é a inteligência?

Essas perguntas sobre o porquê, o como e o quê compreendem a essência intelectual e filosófica da psicologia.

Portanto, a psicologia pode ser definida como o estudo científico do comportamento humano e dos processos mentais. A psicologia tenta descobrir o que as pessoas fazem, além do porquê e de como o fazem.

Construindo uma pessoa

Quando tento imaginar todas as razões pelas quais as pessoas fazem o que fazem e descubro como são diversos os comportamentos e os processos mentais que acontecem, muitas vezes trabalho com uma abordagem do tipo "cientista maluco". Eu sempre pensei que uma das melhores maneiras de responder às perguntas do tipo o quê, como e por que seria construindo uma pessoa. Bem, não quero dizer construir uma pessoa de verdade, como o Dr. Frankenstein fez — com partes de corpos, cérebro e eletricidade —, mas criando um modelo da mente e do comportamento de uma pessoa.

Na terapia, quando as pessoas tentam me explicar um comportamento ou situação em particular, muitas vezes eu digo: "Você pode fazer isso acontecer agora? Você pode me mostrar?". Por exemplo, um pai (ou uma mãe) pode estar me contando como seu filho bate nele quando pede que faça alguma coisa. E eu direi: "Mostre-me. Faça acontecer". A resposta mais comum é um olhar atordoado ou perturbado na cara do pai ou da mãe.

A questão é, se eles conseguem fazer o fato acontecer, então eles também podem reverter a situação que o causa. E isso significa que eles compreendem o porquê e como isso está acontecendo. Isso é um tipo de engenharia psicológica reversa voltada para conseguir descobrir o "porquê" e o "como" do comportamento humano.

Eu prevejo que a psicologia chegará a um ápice em que conseguirá listar todos os ingredientes da mente humana e todos os determinantes do comportamento. Talvez nossa área possa chegar a descobrir tudo por meio do processo de engenharia reversa que mencionamos há pouco. Ou, pelo menos, talvez a psicologia compreenderá as pessoas, e todas as informações que os especialistas reunirem poderão ser armazenadas ou formuladas dentro de um algoritmo capaz de criar pessoas que, um dia, uma forma de vida robótica superinteligente poderá utilizar para recriar a espécie humana, milhares de anos após sua extinção. Já mencionei alguma coisa sobre cientista maluco, certo?

Sim, esse é o tipo de modelo ou sobreposição que utilizo para entender o que é a psicologia: quais são os componentes de uma pessoa — mente, pensamentos, emoções, percepções, sonhos, medos, personalidade e cérebro — e qual é a finalidade de cada um desses componentes? Não estou sozinho. Muitos psicólogos dedicam-se à engenharia reversa da mente e do comportamento ao analisar todas as partes e como elas funcionam juntas para criar… bem, você.

Encontrando a função

O primeiro princípio da minha visão de psicologia de cientista maluco é o de que construir um ser humano requer saber qual é a função dessa pessoa. Afinal, engenheiros não constroem as coisas sem saber para que supostamente elas servem. Somente com um propósito em mente você poderá saber o que construir e que características e materiais precisará considerar.

Então, qual é a função — o propósito — de um ser humano?

Tal como todos os outros organismos vivos do planeta Terra estruturados com base em carbono, os seres humanos são máquinas de "se manter vivo". Eu não estou dizendo que não há sentido na vida. Muito pelo contrário; eu estou dizendo que a função da vida é estar vivo, manter-se vivo e perpetuar a vida. Qual é o significado disso tudo? Livro errado; experimente ler *Filosofia Para Leigos* ou algum livro sobre religião, como *Budismo Para Leigos*.

O campo da psicologia preocupa-se com o estudo do "como" da vida — os processos comportamentais e mentais de estar vivo, se manter vivo e perpetuar a vida.

Verificando a Lista de Partes

Do ponto de vista psicológico, do que a máquina humana necessita para satisfazer sua função de existir, se manter viva e se perpetuar? Bem, se você alguma vez já montou alguma peça de mobiliário no estilo faça você mesmo, sabe que, em geral, as instruções começam com uma lista de partes.

A ciência da psicologia já reuniu uma lista bastante impressionante de partes psicológicas:

- **Corpos** (e todas as suas subpartes — veja o Capítulo 3 para saber mais)
  - Cérebros
  - Corações
  - Hormônios
  - Genes
  - Habilidades motoras
- **Mentes** (e todas as suas subpartes — veja os capítulos 4–8)
  - Consciência
  - Sensações e percepções, incluindo visão, audição, paladar, olfato, tato, equilíbrio e dor
  - Pensamento, que administra o assistir, lembrar, elaborar conceitos, a resolução de problemas, a tomada de decisões e a inteligência
  - Comunicação, incluindo expressões verbais e não verbais, tais como linguagem corporal, gestos, fala e linguagem
  - Motivações
  - Emoções
- **Personalidade** (veja o Capítulo 9)
- **Desenvolvimento da personalidade, conceitos de ID, ego e superego**
- **Mecanismos de defesa propostos por Freud**
- **A psicologia do self**
- **Habilidades sociais e de relacionamentos** (veja os Capítulos 10 e 11)

Tal como montar uma mesa da TOK & STOK parecia muito mais fácil no papel do que se mostrou na realidade, reunir esta lista de partes psicológicas também é assustador. Os psicólogos ainda estão tentando entender cada um dos componentes em um isolamento relativo e descobrindo como todos eles se encaixam. É o ponto crucial do que permanece como uma tarefa formidável para desenvolver uma ciência humana abrangente.

Solução de Problemas

Imagine que montei meu ser humano, liguei-o e o deixei livre para vivenciar sua função primária de sobreviver. Eu acho que o equipei com tudo de que necessita para sobreviver.

Mas, então, acontece — a mudança. É isso mesmo, algo inesperado acontece, e meu ser humano começa a se debater, a lutar e fica à beira de fracassar em atingir sua função primária. Como eu poderia ter esquecido que o mundo não é um lugar estático?

Minha criação está lidando com seu ambiente de formas que eu deveria ter previsto. Então eu volto para a mesa de desenho a fim de acrescentar as seguintes funções e habilidades (é isso aí, mais partes):

- » **Aprendizagem:** A habilidade de aprender com o ambiente
- » **Contexto:** A habilidade de crescer e se desenvolver em resposta ao ambiente
- » **Adaptação:** A habilidade de lidar com a mudança, o estresse e a doença

Os seres humanos precisam de partes e procedimentos.

Eita, isso está ficando complicado!

Encontrando Ajuda Profissional

Muitas vezes, as partes de uma pessoa estão todas reunidas, e ela está aprendendo, crescendo, se adaptando e se ajustando da melhor forma possível — mas alguma coisa está "desligada", ou ela simplesmente não está funcionando da maneira adequada. É aqui que médicos, psicoterapeutas, conselheiros, assistentes sociais, educadores e consultores entram em ação.

As ferramentas e os procedimentos que os prestadores de serviços da saúde utilizam para diagnosticar, restaurar e manter a saúde das pessoas incluem as seguintes e outras áreas de pesquisa e prática:

- » **Diagnóstico:** Entre as especialidades de diagnóstico estão a psicopatologia (tratada no Capítulo 13) e a avaliação e os testes psicológicos (veja o Capítulo 14).
- » **Terapias biomédicas:** O tratamento para diversos estados psicológicos pode incluir medicação e/ou terapias fisiológicas (veja o Capítulo 3).

> » **Terapia e intervenção psicológica:** Psicanálise, terapia cognitivo-comportamental e terapias humanísticas (veja os Capítulos 15–18).
>
> » **Psicologia aplicada:** Utiliza a ciência psicológica para solucionar uma ampla gama de problemas e assuntos humanos.

Colocando a Teoria em Prática

A psicologia é o estudo científico do comportamento humano e dos processos mentais. No caso de você estar se perguntando (ou estar preocupado), é bom esclarecer que não estou envolvido em nenhum projeto real de "construir um ser humano". Mas eu teria uma base muito sólida e um bom modelo para começar, se eu decidisse tentar. Cada uma das partes, processos e fontes de assistência de uma pessoa representam um capítulo ou seção do *Psicologia Para Leigos*, tradução da 2ª Edição.

A psicologia se iniciou como um tipo de filosofia, uma forma de pensar sobre os seres humanos em grande parte subjetiva, especulativa e teórica. Mas, como consequência da enorme contribuição de pessoas como William James, Wilhem Wundt, Edward Thorndike, B. F. Skinner, Albert Bandura, Jean Piaget, Phillip Zimbardo, Robert Sternberg, Albert Ellis e muitos outros mais, a psicologia amadureceu ao longo dos últimos 100 anos em direção a uma ciência objetiva. Os métodos de experimentação e análise estatísticas da psicologia continuam a se tornar cada vez mais sofisticados.

A psicologia evoluiu de um estudo do pensamento e da consciência intangível para um estudo com foco no material — como em cérebros e resultados de testes — graças aos avanços tecnológicos modernos, como instrumentos de testes psicológicos, o EEG (eletroencefalograma) e a RM (ressonância magnética).

Essa fascinante área de estudo continua a amadurecer à medida que seus praticantes tornam-se mais sofisticados em sua compreensão de como o ambiente e as diferenças humanas (tais como a cultura e a etnicidade, o gênero e a orientação sexual) exercem impacto na mente e no comportamento das pessoas.

> **NESTE CAPÍTULO**
>
> Compreendendo a nós mesmos
>
> Utilizando um pouco de psicologia do senso comum
>
> Esclarecendo as coisas
>
> Compreendendo o efeito placebo

Capítulo 2
Entendendo o que as Pessoas Fazem: Os Fundamentos da Psicologia

De alguma forma, cada um de nós é uma espécie de psicólogo amador. Os psicólogos profissionais não são os únicos que tentam compreender as pessoas. Quando comecei a fazer cursos de psicologia, tinha minhas próprias ideias sobre as pessoas. Algumas vezes eu concordava com as teorias de Freud e outros pensadores, e às vezes discordava totalmente. Não estou sozinho nessa. A maioria das pessoas parece ter ideias bem específicas sobre o que motiva as outras pessoas.

A psicologia abrange um assunto em que todos temos experiência — as pessoas. É bem difícil dizer a mesma coisa sobre química, astronomia ou engenharia elétrica. É claro que lidamos com substâncias químicas todos os dias, mas não consigo me lembrar da última vez em que perguntei "Como conseguem fazer com que o enxaguante bucal tenha gosto de menta?". Contudo, um psicólogo poderá perguntar: "O que acontece dentro de uma pessoa que faz com que sua pasta de dentes tenha gosto de menta?"

Um dos melhores lugares para encontrar psicólogos de araque (aquelas pessoas que especulam sem ter evidências sistemáticas) em ação é em uma cafeteria ou no bar. As pessoas adoram falar sobre os porquês e as motivações do comportamento de outras pessoas. "E então eu disse..." "Você deveria ter dito a ele...". Socializar com outras pessoas em espaços públicos às vezes se parece muito com terapia em grupo. As pessoas se esforçam muito para compreender as outras.

Algumas vezes os psicólogos chamam essa forma de psicologizar amadoristicamente de *psicologia do senso comum* — uma estrutura de princípios utilizada pelas pessoas comuns para compreender, explicar e prever o comportamento e os estados mentais das outras pessoas e de si mesmos. Na prática, todo mundo usa uma variedade de noções ou conceitos psicológicos para explicar os estados mentais, as personalidades e os comportamentos dos indivíduos. Particularmente, dois conceitos nos quais as pessoas tendem a confiar são as *crenças* e os *desejos*. Ou seja, a maioria das pessoas supõe que os outros têm crenças e que agem de acordo com elas. Então, quando você se pergunta por que as pessoas fazem o que fazem, a resposta é simples: é por causa de suas crenças.

Contudo, a psicologia do senso comum não é a única ferramenta na bolsa do psicólogo de araque. As pessoas também explicam o comportamento alheio em termos de sorte, maldições, bençãos, carma, destino, sina e outras expressões não psicológicas. Utilizar-se dessas explicações não é necessariamente uma coisa ruim. É bastante difícil explicar, de uma perspectiva psicológica, por que alguém ganha na loteria. No entanto, explicar por que alguém continua a comprar bilhetes de loteria, apesar de nunca ser premiado, é uma questão para a psicologia.

Neste capítulo você descobrirá como os psicólogos atuam em sua área, incluindo como teorias globais compõem a estrutura das perguntas que fazem e as variáveis que analisam. Você também poderá vislumbrar os diversos ramos da psicologia, que incluem mais áreas do que as pessoas normalmente imaginam, tal como a psicologia clínica. Por fim, poderá observar como a disciplina da psicologia faz tudo para ser o mais científica possível, baseando seu conhecimento na pesquisa e em métodos estatísticos que reforçam sua credibilidade dentre as outras disciplinas acadêmicas.

Encontrando uma Estrutura

Em um nível muito básico, a psicologia é um ramo de conhecimento. A psicologia existe e interage junto a outras disciplinas científicas e acadêmicas em um ambiente de conhecimento do tipo comunitário e contribui com uma ampla gama de teorias e pesquisas para ajudar a responder perguntas relacionadas ao comportamento humano e aos processos mentais. Uma série de outros campos de estudo — Física, Biologia, Química, História, Economia, Ciência Política, Sociologia, Medicina e Antropologia — se esforça para usar suas próprias perspectivas a fim de responder às mesmas questões básicas sobre as pessoas que a psicologia trata.

Uma observação que de tempos em tempos escuto de meus alunos é: "O que o faz pensar que a psicologia tem todas as respostas?". A minha resposta é: "Os psicólogos estão apenas tentando fornecer uma peça do quebra-cabeça, não todas as respostas".

Para possibilitar que a psicologia contribua para a comunidade de conhecimento sobre as pessoas, ao longo dos anos, os psicólogos, como grupo, propuseram um conjunto básico de *perspectivas teóricas abrangentes* ou estruturas, visando orientar o trabalho da psicologia. Esses modelos teóricos abrangentes são algumas vezes chamados de *metateorias*. A maior parte da pesquisa em psicologia se baseia em uma ou mais dessas estruturas abrangentes ou metateorias.

Cada uma das metateorias proporciona uma estrutura abrangente para a condução da pesquisa em psicologia e traz consigo um ponto que enfatiza diferentes formas de compreensão sobre o que as pessoas fazem e por que e como o fazem. Outras perspectivas representam abordagens combinadas, tais como a ciência motivacional e a neurociência afetiva. Mas, por hora, estou apenas me atendo ao básico.

Nesta seção descrevo as metateorias mais comuns usadas pelos psicólogos quando encontram um comportamento ou processo mental que estejam interessados em pesquisar. O trabalho normalmente começa a partir de uma dessas teorias.

Biológica

A abordagem biológica se concentra nos alicerces biológicos do comportamento, incluindo os efeitos da evolução e da genética. A premissa é a de que o comportamento e os processos mentais podem ser explicados por meio da compreensão da genética, da fisiologia humana e da anatomia. Os especialistas em psicobiologia focam sobretudo no cérebro e no sistema nervoso. (Para saber mais sobre a psicobiologia, veja o Capítulo 3.) A neuropsicologia e o estudo do cérebro, da genética e da psicologia evolucionária fazem parte da metateoria biológica.

Para um exemplo do impacto da biologia no comportamento, basta pensar sobre como as pessoas agem de maneira diferente quando estão sob a influência do álcool. As festas de final de ano nos escritórios são bons laboratórios para aplicar a perspectiva biológica. Você chega à festa e vê André, o cara relativamente quieto da contabilidade, botando para quebrar nos cubículos. Ele se transformou em um tremendo sedutor. Ele está divertido e bêbado. Você acha que ele vai se lembrar de alguma coisa depois?

Psicanalítica/Psicodinâmica

A metateoria psicanalítica/psicodinâmica enfatiza a importância dos processos mentais inconscientes, do desenvolvimento nos primeiros anos de vida, da personalidade, do ego, dos padrões de apego e dos relacionamentos. Essa abordagem explora como esses processos mentais e de desenvolvimento interagem com os desafios da vida e com as demandas do cotidiano, no sentido de afetar a pessoa que você é e como se comporta.

Sigmund Freud foi o fundador da psicanálise no início dos anos de 1900; desde então, centenas de teóricos contribuíram com seu trabalho. As últimas teorias são normalmente chamadas de *psicodinâmicas*, pois enfatizam a interação dinâmica entre vários componentes da mente, do ego, da personalidade, dos outros e da realidade. A Teoria das Relações de Objeto e a Psicologia do Ego são duas perspectivas teóricas específicas que se incluem no âmbito da metateoria psicanalítica/psicodinâmica. (Para saber mais sobre psicanálise/psicodinâmica, vá até os Capítulos 9 e 15.)

Behaviorista

O behaviorismo enfatiza o papel e a influência do ambiente de uma pessoa e as experiências de aprendizado anteriores a fim de compreender o comportamento. Os behavioristas não se concentram nos processos mentais em si mesmos, porque acreditam que estes são inacessíveis, logo, impossíveis de serem observados e medidos objetivamente.

No modelo do behaviorismo, o "por quê" do comportamento pode ser explicado analisando-se as circunstâncias na qual o comportamento acontece e as consequências que cercam as ações de uma pessoa. O condicionamento clássico e o condicionamento operante são formas de compreensão do comportamento e conduzem a uma modificação do comportamento, uma abordagem específica para alteração do comportamento, e para ajudar as pessoas a mudarem o que vem a partir da metateoria do behaviorismo (veja o Capítulo 8 para detalhes sobre algumas técnicas de modificação comportamental que se baseiam em condicionamentos clássicos e operantes).

Cognitiva

A estrutura cognitiva se concentra no processo mental das informações, incluindo as funções específicas de atenção, concentração, raciocínio, solução de problemas e memória. Os psicólogos cognitivos estão interessados nos planos mentais e pensamentos que orientam e causam o comportamento e que afetam o modo como as pessoas se sentem. Os testes de inteligência e as teorias de processamento da informação são exemplos que se enquadram na metateoria cognitiva.

Toda vez que alguém lhe diz para olhar para o lado bom das coisas, esta pessoa está se baseando em uma perspectiva cognitiva. Quando algo ruim acontece, a maioria das pessoas se sente melhor se o problema é solucionado ou o assunto é resolvido. Mas como você deveria se sentir se nada mudasse? Se as circunstâncias não mudam, você tem que se sentir mal para sempre? Claro que não; na maioria dos casos, as pessoas podem mudar o modo como pensam sobre uma situação. Você tem a opção de olhar para o lado bom — ou ao menos não olhar somente para o lado ruim. Essa é a essência da terapia cognitiva.

Humanística e existencial

A metateoria humanística e existencial enfatiza que cada pessoa é única e que os seres humanos têm a capacidade e a responsabilidade de fazer escolhas em suas vidas. Eu não sou uma vítima das circunstâncias! Eu tenho escolhas em minha vida. Os humanistas acreditam que a liberdade de escolha, o livre-arbítrio e a compreensão do significado dos acontecimentos na vida das pessoas são as coisas mais importantes a serem estudadas a fim de se compreender o comportamento. As obras de Victor Frankl, Rollo May e Fritz Perls e o estudo da espiritualidade e da religião são exemplos que se encaixam nessa estrutura.

Em sua própria vida, alguma vez você já se sentiu como apenas mais um rosto anônimo no meio da multidão? Alguma vez sua vida parecia como se estivesse sendo controlada pelos ventos do acaso? Como você se sentiu com isso? Provavelmente não muito bem. Sentir que se tem escolhas — e fazer boas escolhas — dá à pessoa um sentido de ser verdadeiro e de afirmação de sua existência. É isso o que acontece com a maioria das pessoas, e os psicólogos que trabalham no âmbito da metateoria humanística e existencial acreditam que o comportamento é simplesmente uma consequência das escolhas que são feitas.

Sociocultural

A abordagem sociocultural foca nos fatores sociais e culturais que afetam o comportamento. Trata-se do tremendo poder que os grupos e a cultura têm sobre o porquê, o como e o quê do comportamento e dos processos mentais.

As tatuagens e os piercings são bons exemplos desse poder. Em algum momento da cultura dominante, as pessoas que tinham tatuagens e piercings eram consideradas como estando fora do *status quo*, assim, as pessoas do "*status quo*" não seriam vistas na fila do salão de tatuagens ou piercings. Hoje em dia, tanto um quanto o outro são amplamente aceitos, e até mesmo o sr. *Status Quo* pode ter uma tatuagem ou um piercing (ou dois ou três).

A psicologia social e a intercultural fazem parte da metateoria sociocultural.

Feminista

A psicologia feminista se concentra nos direitos políticos, econômicos e sociais das mulheres e em como essas forças influenciam o comportamento tanto de homens quanto de mulheres. Embora o feminismo já tivesse alguma influência anteriormente, a perspectiva feminista na psicologia ganhou dinamismo durante o movimento das mulheres na década de 1960.

Uma questão em particular que chamou a atenção das pesquisadoras feministas e dos médicos foram os distúrbios alimentares. Da perspectiva das feministas, os transtornos alimentares são, em grande parte, consequências das pressões excessivas para ser magra que os meios de comunicação e a cultura impõem sobre as mulheres de todas as idades. As feministas chamam a atenção em particular para as revistas de moda e os modelos de papéis femininos na cultura popular.

Pós-modernista

A metateoria pós-moderna questiona o âmago da ciência psicológica, desafiando sua abordagem da verdade e seu foco no indivíduo. Os pós-modernistas propõem, por exemplo, que a fim de compreender o pensamento e a razão humana, precisamos observar os processos sociais e comunitários que envolvem o pensamento e a razão. A realidade não é algo que está lá fora de forma independente, mas sim algo que os seres humanos, enquanto comunidade, criam.

Os pós-modernistas argumentam que as pessoas que ocupam posições de poder têm muito a dizer sobre o que é "real" e "verdadeiro" na psicologia e defendem uma visão da realidade *socialmente construída*, que afirma que os conceitos de "realidade" e "verdade" são definidos ou construídos pela sociedade. Esses conceitos, de acordo com essa estrutura, não têm nenhum significado se estão separados dos significados que a sociedade e seus especialistas atribuem a eles. As teorias narrativas e construcionistas são exemplos da metateoria do pós-modernismo.

Trabalhando com o Modelo Biopsicossocial

Ao longo dos anos, cada uma dessas metateorias desfrutaram de um lugar ao sol por algum tempo, e logo em seguida foram sobrepujadas pela grande teoria que vinha a seguir. Essa porta giratória de estruturas explicativas dificulta avaliar as diferentes metateorias e escolher qual seria a melhor para encontrar as respostas que estamos procurando. Por onde começar?

Uma alternativa para escolher uma metateoria é combinar diversas visões, adotando uma abordagem integracionista. O *modelo biopsicossocial* da psicologia exemplifica uma tentativa de integração muito popular.

A ideia básica por trás desse modelo é a de que o comportamento humano e os processos mentais são produtos de influências biológicas, psicológicas e sociais. Os especialistas da estrutura biopsicossocial tentam descobrir como essas influências interagem para gerar um comportamento. Eles acreditam que qualquer explicação sobre o comportamento e os processos mentais que não leve em consideração todos os três fatores primários (corpo, mente e ambiente) está incompleto.

Percebendo o papel do corpo

Como seres compostos por matéria, os seres humanos são feitos de carne e ossos. Qualquer discussão acerca de pensamentos, sentimentos e outros conceitos psicológicos que não leve em consideração as características e as funções biológicas, em particular com relação ao cérebro e ao sistema nervoso, ignora os fatores fundamentais da existência humana.

Tome a mente como exemplo. A maioria das pessoas concorda que possuem uma mente e que outros (bem, a maioria das outras pessoas) também têm uma mente. Mas onde está essa mente? Os psicólogos aceitam que a mente existe dentro, ou é sinônimo, do cérebro. A metateoria biológica está integrada com o modelo biopsicossocial por causa desse componente. Você poderá dizer que, da mesma forma que a digestão é o que o estômago faz, "mente" é o que caracteriza o cérebro.

Refletindo sobre o papel da mente

Quando a maioria das pessoas pensa sobre psicologia, surge à mente este aspecto do modelo biopsicossocial (sem intenção de trocadilho). Os pensamentos, sentimentos, desejos, crenças e muitos outros conceitos mentais são tratados pelo modelo biopsicossocial por meio da análise do papel da mente.

E se este livro fosse sobre botânica? O modelo biopsicossocial poderia ser aplicado? Só se você acreditar que as plantas têm mente. Em outras palavras, isso seria ir muito longe! Isto reforça a singularidade do modelo biopsicossocial de psicologia: a mente é o aspecto central para que o comportamento e os processos mentais sejam compreendidos.

Os behavioristas negligenciam a mente. Os psicólogos biológicos estudam tanto a mente quanto o cérebro. Ao considerar o estado mental de uma pessoa no contexto dos sistemas biológicos e do ambiente social, os psicólogos biopsicossociais obtêm uma visão mais ampla do comportamento e do estado mental de uma pessoa do que aqueles que se concentram exclusivamente em um aspecto do modelo de três partes.

Observando o papel do mundo externo

Os cérebros não trabalham e as mentes não pensam no vácuo. O comportamento e os processos mentais estão inseridos em um contexto que inclui outras pessoas e coisas no ambiente no qual as pessoas vivem. Portanto, o aspecto social do modelo biopsicossocial também inclui os relacionamentos entre pais e filhos, famílias, comunidades e cultura.

As outras pessoas têm um poder enorme no que diz respeito a formar e influenciar o comportamento e os processos mentais de um indivíduo. Se você não estiver muito certo disso, considere os efeitos prejudiciais que acontecimentos sociais ou experiências negativas, tais como abuso físico ou sexual, podem ter sobre uma pessoa. Não levar em consideração o impacto da interação de uma pessoa com a família e os amigos significa ignorar a realidade.

Os comportamentos e os processos mentais variam entre as culturas? Deixe-me colocar esta questão a você da seguinte maneira: se eu somente realizo pesquisas com estudantes brancos, de classe média e universitários, poderei afirmar que meus resultados se aplicam a todas as pessoas? Claro que não! Esse assunto tem sido muito discutido no âmbito da psicologia nos últimos 30 anos. Os avanços tecnológicos ajudam a fazer de nosso mundo um lugar menor e culturas diferentes entram em contato entre si com mais frequência do que antes, tornando a vida social das pessoas cada vez mais complexa. Sendo assim, da mesma forma que a influência das relações familiares e com os amigos é decisiva, também é fundamental que os psicólogos levem em consideração as diferenças culturais.

Então é certo dizer que a cultura na qual um indivíduo é criado, bem como as culturas que ele experimenta ou adota ao longo de sua vida, exercem um impacto no seu comportamento e em seus processos mentais.

A influência cultural precisa ser abordada na psicologia devido a, pelo menos, duas razões:

>> A ciência busca a objetividade e a verdade. Todo mundo é vulnerável a preconceitos culturais, e os psicólogos não são exceções. Portanto, a psicologia tem que tentar identificar a influência da cultura em seu próprio pensamento, teorias e pesquisas, a fim de proporcionar um panorama mais objetivo e completo quanto possível da realidade.

> A exatidão depende da relatividade da verdade em uma cultura específica. Então, só porque uma pesquisa com norte-americanos demonstra que utilizar linguagem infantilizada para se comunicar com crianças retarda o desenvolvimento da fala amadurecida, isso não significa que essas descobertas são verdadeiras também para outros países.

Solucionando o Debate entre o Inato versus o Adquirido

Pense nos atletas profissionais, essa elite que tem a sorte de ser paga para praticar seu esporte. O quanto de sorte você acha que está realmente envolvida? Uma ideia equivocada muito comum sobre os atletas profissionais de elite é que seu talento bruto natural é a explicação pura e simples para seu sucesso. Entretanto, qualquer um que tenha trabalhado ou conheça um desses indivíduos lhe dirá que o trabalho árduo tem muito a ver com seu sucesso.

Então, qual deles é o correto? Talento ou trabalho duro? Essa pergunta jaz no coração de um debate de longa data dentro da psicologia, conhecido como o debate entre o inato versus o adquirido. Talento versus trabalho árduo. Habilidades inatas versus aprendizado e esforço.

LEMBRE-SE

Inato se refere ao conceito de que o comportamento e os processos mentais são inatos e fixos e se revelarão ao longo do tempo à medida que a pessoa se desenvolve e seu modelo genético é revelado. Já o *adquirido* se refere à ideia de que o comportamento e os processos mentais não são inatos, mas sim aprendidos do ambiente em que a pessoa vive.

Ambas as perspectivas têm seus defensores. John Locke, um filósofo britânico do século XVII, defendeu o conceito de *tabula rasa* ou "página em branco" e acreditava que, se a uma pessoa fosse dada a chance de ter as experiências corretas de aprendizado, ela poderia ser qualquer coisa na vida. Do outro lado está Charles Darwin, o pai da teoria da evolução e defensor da causa do inato, pois acreditava que o destino de uma pessoa estava em sua biologia e em seus genes.

Uma citação de John Watson, considerado por alguns historiadores como o fundador do behaviorismo, resume essa perspectiva:

Dê-me uma dúzia de crianças saudáveis, de boa constituição física e meu próprio mundo específico para os criar e eu garanto que posso pegar qualquer um deles ao acaso e o treinar para se tornar qualquer tipo de especialista que escolher — médico, advogado, artista, mercador e, sim, até mesmo um mendicante e ladrão, independentemente de seus talentos, inclinações, tendências, habilidades, vocações e raça de seus ancestrais. Estou indo além da comprovação que possuo e o admito, mas da mesma forma o têm feito os defensores da teoria contrária, e eles vêm fazendo isso há milhares de anos.

— JOHN B. WATSON, *BEHAVIORISMO*, 1930

A maior parte dos psicólogos considera que este debate não existe mais. A simples resposta é a de que tanto as características inatas quanto as adquiridas têm um impacto no comportamento e no grau de sucesso de uma pessoa. Isso significa que entender o que se passa com as pessoas e por que fazem o que fazem é obtido, em última análise, investigando-se e compreendendo-se as contribuições relativas à influência da biologia do que é inato e das influências do que é aprendido em seu ambiente.

Ramificando

Fundamentalmente, os psicólogos são cientistas que estão armados de metateorias, com o modelo biopsicossocial e com pesquisas e informações para que possam exercer sua profissão. Existem três tipos principais de psicólogos:

» **Os psicólogos experimentais** passam a maior parte de seu tempo conduzindo pesquisas e ensinando, e muitas vezes trabalham em ambientes acadêmicos. A psicologia experimental abrange uma ampla gama de assuntos, mas pesquisadores individuais normalmente têm uma especialidade, tal como psicologia social ou psicologia do desenvolvimento.

» **Os profissionais da psicologia aplicada** colocam em prática diretamente as descobertas de pesquisas a situações e problemas cotidianos. Esses psicólogos trabalham em uma enorme variedade de ambientes, tal como nos ramos empresarial, governamental, educacional e até mesmo nos esportes. As áreas mais procuradas da psicologia aplicada incluem a Psicologia Industrial/Organizacional, a Psicologia Forense e a Psicologia Militar.

» **Os psicólogos clínicos estudam**, diagnosticam e tratam problemas psicológicos.

É claro que alguns psicólogos se encaixam em mais de uma dessas categorias, por exemplo, no caso dos psicólogos clínicos que também atuam em áreas de pesquisa.

A Associação Norte-americana de Psicologia determina que, para que um indivíduo possa ser considerado um psicólogo, é imprescindível que ele ou ela tenha um título de doutorado (um Ph.D., doutorado em Psicologia ou doutorado em Educação, por exemplo), e apesar de as exigências variarem de acordo com o país, esse padrão é também, em geral, aceito na maior parte do mundo. E praticamente todos os estados dos EUA requerem que o indivíduo obtenha uma licença para exercer a profissão de psicólogo, o que normalmente implica em fazer provas intensivas para obter um registro de psicólogo. No Reino Unido, a Sociedade Britânica de Psicologia exige um treinamento em nível de doutorado, a fim de que se possa atuar como psicólogo clínico, e a profissão é regulamentada por meio do Conselho do Profissional da Saúde.

QUESTÕES ÉTICAS

A conduta humana é orientada por códigos de comportamento conhecidos como *ética*. Em termos simples, a ética se refere ao que é estabelecido como o comportamento *correto* e ao que é estabelecido como o comportamento *incorreto*. Além de os psicólogos se pautarem pelos princípios da ciência, eles também se orientam por seu próprio código de ética, sua própria compreensão do que seja o comportamento correto ou incorreto.

Alguns países, incluindo o Reino Unido, possuem seus próprios órgãos profissionais, com modelos regulatórios parecidos. Os EUA possuem a APA (*Associação Norte-Americana de Psicologia*), cuja missão é promover avanços no campo da psicologia e trazer benefícios para a sociedade. O APA´s *Ethical Principles of Psychologists and Code of Conduct* (Princípios Éticos e Código de Conduta dos Psicólogos, em português) é o livro que regulamenta os princípios éticos dos psicólogos de lá. Os principais componentes desse guia de regras são os "Princípios Gerais" e os "Padrões Éticos" específicos. Os Padrões Éticos são inúmeros e abrangem assuntos que vão desde a resolução de dilemas éticos até a habilidade, a educação e o treinamento e a terapia.

No Brasil, temos organizações como o CFP (Conselho Federal de Psicologia; site: `cpf.org.br`), uma autarquia que tem alguns objetivos, como regulamentar, orientar e fiscalizar o exercício profissional. Tem poder em todo o território nacional e integra as seguintes entidades: a União Latino-americana de Entidades de Psicologia (Ulapsi) e o Fórum de Entidades Nacionais da Psicologia Brasileira (FENPB).

Embora todos os padrões éticos sejam importantes, aquele que é considerado essencial é o princípio ético da confidencialidade — a informação do participante de uma pesquisa ou paciente de terapia é mantida em termos privados e há limites sobre como e quando essas informações podem ser reveladas a terceiros. A resolução nº 010/05 do CFP determina o código de ética do profissional brasileiro de psicologia.

(continua...)

(continuação...)

> Falando em termos gerais, o código de ética é constituído por vários princípios fundamentais que obrigam os psicólogos a agir em prol dos interesses das pessoas com quem e para quem estão trabalhando (por exemplo, clientes, pacientes, alunos ou participantes de pesquisas) e evitar qualquer dano a eles. Espera-se que eles ajam de forma responsável e com as melhores práticas em mente, com honestidade e integridade. Os direitos humanos básicos e a dignidade devem ser respeitados, e a justiça deve ser preservada e exercida.

Buscando a Verdade

Parece que eu sempre estive em busca da verdade. Quando eu estava na faculdade, frequentava uma pequena livraria perto do campus especializada em livros sobre espiritualidade, filosofia e psicologia do senso comum. Ao menos uma vez por semana eu percorria cuidadosamente as prateleiras em busca de algo interessante. Os livros eram organizados por assuntos: metafísica, sabedoria oriental, sabedoria ocidental, budismo, taoismo, judaísmo, islamismo, cristianismo, nova era, canalizações, e assim por diante. Eu lia os livros de cada uma dessas seções. Estava em busca de algum tipo de verdade suprema, algum tipo de resposta.

Um dia, percebi que tinha lido livros de todas as seções dessa livraria, mas ainda não estava satisfeito. Então tive um pensamento estranho: esta livraria está cheia de opiniões! Como eu poderia encontrar as respostas ou a verdade quando estava somente lendo opiniões? Muitos daqueles livros continham testemunhos, argumentos lógicos e histórias, mas pouquíssimas, se é que havia, evidências ou provas. Se eu questionasse alguma coisa, simplesmente tinha que tomar a palavra de um autor e confiar que estava certa. Mas eles não poderiam estar todos certos, porque alguns autores contradiziam ou criticavam os outros. Então, quem *estava* certo?

Acho que simplesmente sou uma daquelas pessoas que precisam de provas. Seria um exagero dizer que encontro todas as respostas na psicologia, mas, enquanto campo de estudo, a psicologia faz um grande esforço para estabelecer a verdade de suas afirmações com comprovações, ou *evidências empíricas*, que vêm da aplicação do *método empírico*, uma abordagem da verdade que se utiliza da observação e de experimentação.

A psicologia, enquanto o estudo científico do comportamento humano e dos processos mentais, utiliza o método empírico. Tem como base dados e informações obtidos a partir de pesquisas, experimentos, observações e mensuração. O lema do empirista é "Mostre-me os dados". Isso não quer dizer que se nega a importância da teoria. Mas a teoria é insuficiente como posicionamento para o trabalho de psicólogos confiáveis.

Os psicólogos agem de maneira responsável quando estão trabalhando com evidências empíricas e menos responsáveis quando não estão. Espera-se que esses cientistas fundamentem seu trabalho em dados e informações sólidas, não em opiniões.

De uma perspectiva empírica, só porque um psicólogo diz alguma coisa, isso não a torna verdadeira. Um psicólogo é obrigado a basear suas afirmações em evidências empíricas reunidas a partir de pesquisas e análises estatísticas. Realmente vale a pena pagar pelo serviço de um psicólogo para tratar de depressão ou de uma fobia, por exemplo, se o que ele está dizendo e fazendo é apenas baseado em sua opinião? O que faz dele um especialista? Espera-se que profissionais tenham uma quantidade de conhecimentos específicos confiáveis sobre sua área de expertise, e esse conhecimento e *expertise* devem se basear em evidências empíricas.

A autoridade desses especialistas se mantém por meio das formas pelas quais eles conhecem e investigam seus temas.

Palavras como *conhecimento* e *verdade* às vezes podem ser complicadas. Saber de onde vem o conhecimento dos psicólogos é um importante primeiro passo para aprender sobre psicologia. Nesta seção examino as diferentes maneiras com as quais os psicólogos reúnem evidências e tentam fundamentar a verdade de suas afirmações e de seu conhecimento. Em particular, descrevo a pesquisa científica e o desenvolvimento teórico, as duas ferramentas primárias que os psicólogos utilizam para estabelecer seu *expertise* em comportamento humano e processos mentais.

Aplicando o método científico

Quase todo o mundo tem uma opinião sobre o comportamento e os processos mentais das outras pessoas e de si mesmos. "Ela o deixou porque você está emocionalmente indisponível." "Se você não se expressar, isso simplesmente ficará preso dentro de você." Somos cheios de respostas para as perguntas sobre os porquês, os o quês e os comos relacionados às pessoas. Mas como realmente podemos saber que não falar sobre nossos sentimentos leva a prendê-los dentro de nós mesmos? Eu talvez possa pensar que não expressar sentimentos faz com que eles desapareçam como as nuvens em um dia de ventania. Quem está certo? Talvez você esteja pensando que isso não importa, mas nós temos todo um grupo de psicólogos que afirmam ser especialistas nessas questões. Sobre que fundamentos eles podem fazer essa reivindicação sobre seu *expertise*?

Os psicólogos se empenham em manter seu *expertise* e conhecimento por meio do uso de três formas de aquisição do conhecimento ou de saber:

> » **Autoridade:** Utilizada para transmitir informações, normalmente em um ambiente de terapia ou no processo de educação e treinamento. Pacientes

e estudantes não têm tempo para sair pesquisando sobre tudo o que lhes é dito. Eles têm de crer na palavra de alguém em algum momento.

» **Racionalismo/lógica:** Usado para criar teorias e hipóteses. Se as coisas não fazem um sentido lógico, provavelmente não farão sentido quando pesquisadores usarem o método científico para investigá-las.

» **Método científico:** Utilizado como o método preferido para obter informações e investigar o comportamento e os processos mentais. Os psicólogos implementam o método científico por meio de várias técnicas diferentes.

LEMBRE-SE

Deixe-me ser absolutamente claro: nem tudo o que os psicólogos fazem, falam e em que acreditam está baseado na pesquisa científica. Muita coisa se baseia na autoridade de personalidades conhecidas na área. Outra parte do conhecimento se fundamenta na experiência clínica, sem qualquer investigação sistemática. Uma boa parte da informação que está por aí é puramente teórica, mas faz sentido em bases racionais e lógicas.

A maioria dos psicólogos prefere utilizar o método científico quando buscam a verdade, porque isso é visto como um processo justo e imparcial. Quando faço uma pesquisa, espera-se que eu resuma exatamente o que estou fazendo e o que afirmo que estou buscando. Dessa maneira, se as pessoas quiserem tentar provar que estou errado, podem repetir meu trabalho, passo a passo, e ver se conseguem obter os mesmos resultados. Se o conhecimento se baseia somente na autoridade, nunca poderei ter certeza de que a informação que estou recebendo é imparcial e confiável. Quando o método científico entra em jogo, uma teoria que não se adequar aos resultados empíricos experimentados em uma pesquisa será rotulada como imprecisa. E é hora de uma nova teoria!

CUIDADO

Os cientistas nunca devem mudar seus dados experimentais para corresponder às suas teorias originais; isso é trapaça!

Desenvolvendo uma boa teoria

Uma *teoria* é um conjunto de afirmações relacionadas acerca de uma série de objetos ou eventos (os que estão sendo estudados) que explica como esses objetos ou eventos estão relacionados. É importante saber isso, porque uma quantidade significativa do conhecimento psicológico é baseada em teoria. As teorias realizam duas funções principais: combinam o que já é conhecido, transformando-o em um conjunto de conhecimentos mais simples, e ajudam os psicólogos a planejar investigações futuras: as teorias *resumem* e *orientam*.

As teorias e as hipóteses são coisas semelhantes, mas não são exatamente a mesma coisa. Os psicólogos testam as teorias estudando suas implicações lógicas.

As hipóteses são prognósticos baseados nessas implicações. Você pode acrescentar novas informações às teorias e usar teorias já existentes para criar outras.

Nem toda teoria é uma boa teoria. Para que uma teoria seja boa, é imperativo que ela atenda a três critérios:

» **Parcimônia:** Ela precisa ser o mais simples possível, mas é necessário que, ainda assim, explique as observações avaliadas.

» **Precisão:** Ela precisa fazer afirmações precisas sobre a realidade e não ser excessivamente ampla ou vaga.

» **Testabilidade:** Ela tem de se prestar à investigação científica. Deverá haver alguma maneira de demonstrar que a teoria pode estar errada. É fácil reunir mais informações coerentes para a teoria de uma pessoa. É mais corajoso ser um cientista: analisar situações que podem provar que a teoria de alguém está errada.

Pesquisando Assuntos

Os psicólogos utilizam duas categorias gerais de pesquisa quando querem avaliar cientificamente uma teoria: a pesquisa descritiva e a pesquisa experimental. Nesta seção descrevo essas abordagens e começo a explorar assuntos relacionados a estatísticas, à compreensão da causa e do efeito em estudos correlacionados e ao fascinante efeito placebo.

Entendendo a pesquisa descritiva

A pesquisa descritiva consiste na observação e na coleta de dados sem que se empreenda nenhuma tentativa de manipular qualquer uma das condições ou circunstâncias que estão sendo observadas. É uma observação passiva dos temas que estão sendo pesquisados.

Estudos descritivos são bons para o desenvolvimento de novas teorias e hipóteses e, muitas vezes, são o primeiro passo para um pesquisador investigar coisas que não foram muito estudadas. Contudo, eles não ajudam muito se você está interessado em relacionamentos de causa e efeito.

Se eu estiver interessado somente no conteúdo das conversas de pontos de ônibus, posso filmar as pessoas conversando umas com as outras em um ponto de ônibus e analisar o vídeo. Mas se eu quiser saber o que faz com que as pessoas conversem sobre determinados assuntos em pontos de ônibus, eu deveria fazer um experimento.

Fazendo pesquisa experimental

A pesquisa experimental lida com o controle e a manipulação dos objetos e fatos que estão sendo estudados, a fim de que se obtenha uma ideia melhor sobre os relacionamentos de causa e efeito entre esses objetos ou fatos.

Digamos que eu tenha uma teoria sobre conversas de ponto de ônibus chamada "regra dos cinco minutos ou mais", que estabelece que "Estranhos conversarão uns com os outros somente depois que estiverem um na presença do outro por cinco minutos ou mais". Minha hipótese é a de que "Após cinco minutos, pessoas aparentemente estranhas umas às outras começarão uma conversa que irá além dos cumprimentos e das amenidades que normalmente são direcionados a estranhos". Ou seja, estou formulando uma hipótese de que após cinco minutos de encontro em um ponto de ônibus, estranhos começarão a conversar entre si. Como posso testar minha hipótese?

Posso simplesmente parar em um ponto de ônibus e observar para ver se isso acontece. Mas como saberei que minha regra de cinco minutos ou mais está por trás de minhas observações? Eu não vou saber. Podem ser inúmeras coisas. Esse é um tema problemático para a pesquisa, que eu gosto de chamar de fator z. Um *fator z* é algo que afeta a hipótese, mas do qual estou inconsciente ou não estou levando em consideração. É uma variável externa que preciso controlar, a fim de que eu tenha confiança em minha teoria. Alguns possíveis fatores z no ponto de ônibus podem ser cultura, idade e horário. Boas pesquisas tentam eliminar os fatores z ou as variáveis externas controlando sua influência e retirando-os da explicação.

Um estudo descritivo ou de observação não será levado em consideração por causa dos fatores z, então, no lugar disso, elaboro uma experimentação na qual *eu* abordo as pessoas no ponto de ônibus e experimento várias coisas para testar minha hipótese. Posso levantar e tentar conversar com uma pessoa após dois minutos. Posso esperar dez minutos. Posso conduzir meu estudo durante um temporal ou vestido de uma forma em particular, e tentaria provar que minha hipótese está errada! Eu estou procurando encontrar pessoas que estejam conversando no ponto de ônibus antes de cinco minutos. Se este for o caso, então a regra dos cinco minutos é imprecisa. Quanto mais vezes eu falho em provar que minha regra dos cinco minutos ou mais está errada, mais ela merece minha confiança.

Isso é confuso. Por que eu tentaria refutar minha hipótese em vez de simplesmente provar que ela está certa? Em qualquer investigação científica, eu não posso nunca realmente provar que uma hipótese é verdadeira. Em vez disso, defino que refutarei o oposto de minha hipótese. Por exemplo, antigamente as pessoas pensavam que a Terra era plana. Tudo o que se observava naquele tempo era consistente com essa ideia. Contudo, uma pessoa apareceu e proporcionou evidências que contestavam essa ideia, o que demonstrou a falha desse pensamento. Se eu tenho uma hipótese e continuar encontrando evidências para ela, posso me tornar cada vez mais confiante em minha hipótese, mas nunca realmente ter certeza dela. Mas se consigo encontrar apenas um exemplo que contradiga minha hipótese, então isso gera dúvida sobre ela. Se eu digo que todos os cisnes são brancos, o que acontece quando eu encontro um cisne negro? A ideia de que todos os cisnes são brancos é falsa!

Medindo uma, medindo todas as estatísticas

A boa psicologia se fundamenta em uma teoria sólida e em bons dados, sejam eles obtidos por meio da observação ou pela experimentação. E a psicologia alega ser capaz de fazer afirmações sobre todas as pessoas. Ou seja, os psicólogos afirmam que sua pesquisa se aplica às pessoas em geral, na maioria das vezes. Eles buscam a verdade, já que ela se aplica a todas as pessoas. Mas sem aplicar a pesquisa em todas as pessoas na Terra, como os psicólogos podem fazer essa afirmação?

Um ramo da matemática chamado de estatística chega cavalgando em um cavalo branco para possibilitar que os psicólogos façam afirmações sobre a humanidade baseando-se em estudos e pesquisas aplicadas a apenas algumas dúzias ou centenas de pessoas. Depois que uma teoria é desenvolvida, o método científico determina que aquela teoria então seja posta em teste, seja pela observação ou pela experimentação. Novamente caímos no problema de não sermos capazes de observar ou fazer experiências com todo o mundo, e é aí que a estatística nos ajuda.

A estatística se preocupa com as regras da coleta e análise dos dados. Geralmente, dois tipos de análises estatísticas são utilizados na psicologia: a descritiva e a inferencial.

» **A estatística descritiva** se refere à medição numérica direta das características de uma *população*, tal como o quanto de alguma coisa existe, qual é o número médio de algum fenômeno ou qual é a abrangência de um valor em particular de alguma coisa. Eu estou descrevendo o que está lá, mas não vou além dos dados. Se eu conduzir uma estatística descritiva em todos os cisnes para testar minha hipótese de que todos os cisnes são brancos, terei que descrever cada um dos cisnes. Oficialmente, uma *população* é definida como um conjunto completo, bem definido de coisas, objetos, e assim por diante. Uma análise descritiva requer uma descrição da população inteira de cisnes.

» **A estatística inferencial** vem ao resgate quando não consigo fazer uma medição de todos os cisnes, porque essa abordagem permite que eu possa medir uma *amostra* de cisnes, um subconjunto da população de cisnes, e então fazer inferências ou estimar sobre a população como um todo a partir da amostra que foi retirada. A estatística inferencial resolve o dilema da medição caso você, é claro, siga algumas regras básicas, tais como *aleatoriedade* e tamanho *apropriado* de amostra.

LEMBRE-SE

A aleatoriedade permite que os pesquisadores façam inferências sobre uma população baseadas na forma que uma amostra é escolhida. Cada um dos membros da população, obrigatoriamente, tem que ter a mesma chance de estar presente na amostra.

Coletar uma amostra aleatória assegura que a população seja bem representada. Se você não escolhe aleatoriamente as pessoas para fazer a medição, então você poderá ser vítima do viés amostral, escolhendo de uma forma que alguns membros da população provavelmente terão menos chance de serem incluídos do que outros. O viés amostral previne que você seja capaz de fazer afirmações sobre uma população inteira.

Este assunto muitas vezes surge quando se faz uso de pesquisas durante as eleições. Os responsáveis pela pequisa afirmam que um resultado da medição de uma amostra se estende à população de prováveis votantes, e os críticos rapidamente salientam que a amostra consistiu em estudantes de graduação, entre 20 e 25 anos, em uma universidade de artes liberal no Nordeste do país. Essa seria uma amostra representativa de prováveis votantes?

Outro ingrediente-chave para assegurar que sua amostra é representativa da população é o *tamanho da amostra*, o número ou *n* de indivíduos em sua amostra. Certamente, quanto maior a amostra, melhor, porque você consegue chegar perto de medir a população mais diretamente e requer menos inferência. É claro que o tamanho de sua amostra, seu *n*, é determinado pela logística e pela viabilidade, de modo que normalmente você precisa se conformar com algo muito menor do que qualquer coisa que se aproxime do total da população.

Isso traz à tona uma implicância para os psicólogos e cientistas em geral, conhecido como o problema "N de Um". Todo o mundo busca conselhos e informações dos amigos sobre dietas e nutrição. Um amigo meu experimentou a "dieta do homem das cavernas" e jura que perdeu 18 quilos. Meu colega do trabalho esteve fazendo a dieta do "cupcake" e perdeu 9 quilos. Meu primo entrou na dieta do "só carboidratos" e ganhou 45 quilos. Essas pessoas estão fornecendo dados a partir de suas próprias experiências. Contudo, elas somente usaram uma amostra de um indivíduo da população, elas mesmas. Elas possuem um tamanho amostral de um. Então, de uma perspectiva estatística, qual é a probabilidade de que sua amostra represente a população como um todo? Nenhuma probabilidade. De forma correspondente, é por isso que a maioria das pessoas tem maior probabilidade de confiar em um conselho se as mesmas informações vierem de inúmeras pessoas.

Relacionando variáveis: Correlação versus causalidade

Uma *variável* é a coisa, a característica, o comportamento ou o processo mental que está sendo medido ou observado. Os psicólogos estão interessados em como as variáveis se relacionam, isto é, como as coisas que são medidas afetam, impactam ou alteram uma à outra? Como o abuso infantil afeta o desempenho escolar? Como o estresse no trabalho afeta a depressão? Como o pensamento obsessivo afeta os relacionamentos? Em pesquisa, existem dois tipos de variáveis, *independente* e *dependente*. Uma *variável dependente* é aquilo que sofre o impacto ou é modificada enquanto função da variável independente. A *variável independente* causa o impacto na variável dependente à medida que muda.

Meu pulso e minha frequência cardíaca sobem muito quando me envolvo em uma situação na qual quase sofro um acidente de carro. A variável dependente é a minha frequência cardíaca. A variável independente é sair do acidente por um triz. Assim, o quase acidente *causa* o aumento da frequência cardíaca. Essa é uma *relação de causa*. O valor da variável dependente é diretamente causado ou influenciado pela variável independente.

Isso significa que se duas variáveis estiverem relacionadas, isso faz com que haja uma relação causal? Não, às vezes as variáveis podem se envolver de uma forma não causal, conhecida como uma *correlação* ou uma relação correlacionada. Uma *correlação* existe entre duas variáveis quando o valor de uma está relacionado ao valor da outra, mas não necessariamente de uma maneira causal. Por exemplo, uma correlação quase famosa é de que a taxa de criminalidade tende a ser mais alta nos meses do verão. Então há uma relação entre calor e taxa de criminalidade; quando um está alto, o outro também está. Mas isso significa que o tempo quente *causa* o aumento da criminalidade? Não necessariamente. Pode ser mais provável que os jovens e adolescentes tenham mais tempo livre para si e, assim, se metam em mais encrenca e cometam mais crimes. É claro que isso é uma conjectura e é apenas para provar o argumento de que simplesmente pelo fato de tempo quente e crime estarem relacionados, isso não significa que um provoque e que o outro aconteça. Existe uma correlação, não uma causa.

Não fazer nada é alguma coisa: O efeito placebo

Os psicólogos querem testar o impacto das variáveis independentes nas variáveis dependentes. Pode ser que queiram testar o impacto de um novo remédio (variável independente) nos níveis de ansiedade (variável dependente). Isso pode ser feito comparando-se pessoas que sofrem de ansiedade e que tomem a medicação com aquelas que não tomam. Se a ansiedade diminuir (ou aumentar), então talvez o remédio esteja ajudando (ou piorando as coisas). Isso é considerado uma abordagem de experimento simples e de grupo de controle. Um grupo experimental é aquele que está obtendo a variável independente, enquanto o grupo de controle não está; em essência, não está recebendo nada.

Essa é uma abordagem experimental sólida, mas há outra variação desta abordagem que muitas vezes é utilizada para ajudar a fazer com que o impacto da variável independente seja ressaltada. Isso é feito usando um *grupo de placebo*, além do grupo de controle. Um *placebo* é uma variável de um tipo de isca, uma variável independente falsa da qual não se espera que tenha um impacto na variável dependente, mas a pessoa participante do estudo pensa que é um tratamento de verdade ou uma variável independente. Mas é claro que alguns psicólogos se encaixam em mais de uma dessas categorias, por exemplo, os psicólogos clínicos que fazem pesquisas.

Usando-se o exemplo precedente da ansiedade, haveria então três grupos, o grupo da medicação (grupo da variável independente), o grupo sem medicação (grupo de controle) e o grupo do placebo (outro grupo de controle). Assim, se ao final da experiência os resultados forem que a ansiedade do grupo que tomava remédios diminuiu substancialmente, podemos concluir que a medicação funcionou? Isso pode ser dito somente em contraste com o grupo que não tomava os remédios. Mas com o grupo do placebo, outro nível de confiança existe, porque, às vezes, em estudos como este, tanto a variável independente quanto o grupo do placebo mostram uma mudança. Isso jogaria a sombra da dúvida na confiabilidade do resultado do grupo da variável independente. Mas se o grupo da variável independente demonstra mudança e *nem* o grupo de controle *nem* o grupo do placebo apresentaram mudanças, podemos ficar muito mais confiantes nesse resultado.

O que é interessante sobre isso, todavia, é que o grupo de placebo, com muita frequência, demonstra mudança ou melhora. Isso é conhecido como *efeito placebo*, quando um efeito experimental está relacionado à presença de um placebo. Por exemplo, é incrível a frequência com que um comprimido de açúcar (um placebo) gera uma redução na ansiedade dos sujeitos de experimentos. Esse fenômeno realmente fascinante é uma das coisas sobre as quais os cientistas de todas as áreas estão tentando aprender mais, mas ainda não conseguem entender muito bem.

O restante deste livro apresentará a você diversas teorias e pesquisas. Há muita coisa aqui! Pelo fato de a psicologia ser sobre pessoas, algumas delas podem argumentar que tudo o que é sobre pessoas é psicologia. Eu não conseguiria escrever um livro sobre tudo. Isto não é *Tudo Sobre Pessoas Para Leigos*. Ao estabelecer uma maneira de decidir o que colocar ou não no livro, usei a pesquisa científica e a teoria como meus guias. As informações que encontrará neste livro são consideradas parte da ciência e teoria da psicologia legítimas.

Explorando seu Cérebro (e Corpo)

NESTA PARTE. . .

Explore os fundamentos da psicobiologia, inclusive toda a estrutura básica do sistema nervoso e o importante papel que a biologia tem no conhecimento psicológico.

Navegue pelas variações do conhecimento consciente e seu importante papel na psicologia.

Descubra como você toca, vê, ouve e percebe o mundo e como os sentidos moldam a percepção que temos do mundo à nossa volta.

Dê uma olhada na psicofarmacologia e de que maneiras a química pode ajudar a aliviar alguns problemas psicológicos.

Descubra como trocar de cérebro sem neurocirurgia.

NESTE CAPÍTULO

Biologizando a psicologia

Fatiando e cortando os cérebros

Acordando o nervo

Descobrindo o DNA

Descobrindo como remédios podem modificar o comportamento

Capítulo 3

Hardware, Software e Wetware*

A psicologia pode parecer algo bastante abstrato e aparentemente ter mais em comum com a filosofia do que com a biologia. Neste livro apresento a você todos os tipos de conceitos psicológicos — dentre eles, pensamentos, sentimentos, crenças e personalidades. Mas alguma vez você já se perguntou *onde* todas essas coisas existem? Se eu precisasse encontrar um pensamento ou sentimento, onde deveria procurar?

Um lugar que parece lógico para se procurar por esses conceitos psicológicos é dentro da mente humana. Mas onde está a mente de uma pessoa? A resposta mais rápida para muitas pessoas seria: está dentro do meu crânio, em meu cérebro!

---

*N.E.: O termo wetware é usado para descrever a integração dos conceitos da construção física conhecida como "sistema nervoso central" e a construção mental conhecida como a "mente humana". Pode indicar:
1. O ser humano como síntese do software e do hardware.
2. A integração entre o sistema nervoso central e a mente humana mediante um processo de abstração análogo ao utilizado para descrever, no âmbito da informática, o hardware e o software.

Então me pergunto: se você abrisse o crânio de alguém e pudesse observar o que há dentro do cérebro, você veria vários tipos de pensamentos, sentimentos e outros materiais psicológicos guardados lá dentro? Definitivamente não. Você veria uma massa enrugada e contorcida de tecido acinzentado, rosado e esbranquiçado. Não existe nenhum pensamento, sentimento ou crença visível. Mas ainda assim você sabe que eles existem, porque os vivencia todos os dias.

A pergunta sobre onde a mente, a casa dos conceitos psicológicos, está é uma antiga questão filosófica. Estaria a mente dentro do cérebro? Estaria a mente em algum outro lugar fora do cérebro? Seriam a mente e o cérebro a mesma coisa? A maioria dos cientistas atualmente defende a tese de que a mente e o cérebro são a mesma coisa. Os cientistas que assumem essa posição, conhecida como *monismo*, acreditam que a chave para entender a mente humana, com todos seus conceitos psicológicos, está em uma compreensão do corpo e, mais especificamente, do sistema nervoso.

O psicólogo Neil Carlson afirma: "O que chamamos de 'mente' é uma consequência do funcionamento do corpo humano e de suas interações com o ambiente". Essa é uma ideia poderosa — a chave para desvendar os mistérios de conceitos psicológicos tais como pensar e sentir está em uma compreensão meticulosa da biologia.

LEMBRE-SE

A ideia de que toda a psicologia humana possa ser reduzida à biologia é conhecida como *reducionismo biológico*. Essa ideia parece insultar o estimado sentido de livre-arbítrio, autopercepção e consciência. Quero dizer, como podem todas essas coisas complexas que acontecem dentro de minha mente ser reduzidas a um amontoado de carne localizado entre minhas orelhas? Se você se sente dessa maneira, talvez você não seja um reducionista. Mas, em consideração a este capítulo, eu serei um deles. Meu foco na biologia humana é um atalho para compreender a psicologia humana.

Neste capítulo você será apresentado aos principais componentes da psicobiologia, incluindo os sistemas corporais que estão relacionados a ela, o cérebro e seus mensageiros químicos. Também cobriremos o papel da genética para a compreensão do comportamento e dos processos mentais. O capítulo termina com uma discussão sobre os medicamentos e as mais avançadas formas de tratamentos de distúrbios mentais baseados no cérebro.

Acreditando na Biologia

Nem sempre as pessoas acreditaram que o comportamento humano e os processos mentais são decorrentes da biologia. Nos tempos dos gregos e dos romanos, o comportamento humano era visto como a consequência de forças sobrenaturais, ou seja, dos caprichos e paixões dos deuses. Mas, em algum momento da história, a suspeita de que talvez o corpo humano tivesse algo a ver com isso começou a surgir. De onde partiria uma ideia tão radical assim?

LEMBRE-SE

A história da pesquisa nessa área é extensa, mas no centro de toda essa pesquisa está uma observação muito simples: mudanças na biologia de uma pessoa causam mudanças em seu comportamento e processos mentais.

Tome o exemplo do consumo de álcool. Não há dúvida de que as pessoas agem de maneira diferente quando estão sob a influência do álcool. Elas podem flertar, dançar como idiotas, ficar emotivas e sentimentais, ou até mesmo ficar irritadas ou violentas. O álcool tem um efeito químico no cérebro; ele altera a biologia do cérebro de quem bebe. Acontece algo mais ou menos assim:

Consumo de álcool → efeito químico no cérebro → acredita ser Don Juan

E o que será que acontece quando mudanças mais graves, como danos cerebrais, ocorrem na biologia? As pessoas que sofreram danos cerebrais podem apresentar mudanças profundas em sua personalidade e pensamento. Elas podem passar de pessoas muito organizadas a muito bagunceiras. Ou uma pessoa que antes era descontraída e despreocupada pode se enfurecer em um segundo ao deparar-se com a mínima frustração. Elas também poderão apresentar dificuldades com a memória ou a compreensão.

Acho que você provavelmente tem um entendimento intuitivo de que o que acontece no interior de seu corpo tem um efeito em seu comportamento e em seus processos mentais. Os *psicobiólogos* são um grupo de profissionais que ampliaram essa crença intuitiva e essas observações casuais utilizando técnicas e métodos da ciência moderna para investigar a ideia de que as mudanças na biologia levam a mudanças na psicologia.

Embora muito disso pareça lógico, você pode estar pensando que deve haver mais em você do que a biologia. E eu digo, isso é apenas o dualista que vive dentro de você se exibindo. Tente não lutar muito contra isso, pelo menos enquanto estiver lendo este capítulo. Mesmo que você acredite ser mais do que apenas células e moléculas, você pode, ainda assim, se beneficiar da pesquisa em psicobiologia.

DICA

Você leu sobre o *modelo biopsicossocial* no Capítulo 2? (Se não, seria bom dar uma olhada nele. Confie em mim — é um ótimo capítulo.) Esse modelo propõe que a psicologia humana funciona a partir de três importantes níveis de entendimento:

» O nível biológico
» O nível psicológico
» O nível social

Este capítulo foca no nível biológico, e o restante do livro se concentra nos outros dois níveis. Mas você precisa descobrir como os três níveis interagem — ou seja, como a biologia influencia a psicologia, como a psicologia influencia a biologia, e assim por diante — para que realmente possa dominar os temas sobre o comportamento e os processos mentais.

Uma metáfora muito útil para descrever como os diferentes níveis interagem é o computador contemporâneo. Provavelmente você sabe que um computador possui ao menos dois componentes funcionais: o hardware e o software. O hardware consiste nos componentes efetivamente físicos do computador: o processador, o disco rígido, os cabos, o CD-ROM e vários outros componentes. Já o software abrange o sistema operacional, um programa de processamento de texto e diversas outras ferramentas que você utiliza para fazer com que o computador realmente funcione.

Nesta metáfora, o hardware de um computador representa o nível biológico do entendimento. Ele é o corpo físico, mais especificamente o sistema nervoso. O software representa o nível psicológico, e a relação entre o usuário e o software representa o nível social. O hardware é inútil sem o software, e vice-versa. Então, veja só, mesmo que você não seja um monista, você pode respeitar o papel que a biologia (o hardware) desempenha na psicologia (o software).

A palavra "wetware" (ver nota no início do capítulo) no título deste capítulo representa a substância efetivamente física do cérebro. A maioria das pessoas não tem peças "rígidas" no cérebro (cabos, plástico, silicone, e assim por diante); no lugar disso, elas têm peças "úmidas" (neurônios, tecidos e substâncias químicas, por exemplo). Para continuar coerente com minha metáfora eu realmente tenho de focar no nível wetware da psicologia neste capítulo. Mais especificamente, apresento a você o wetware do sistema nervoso humano, bem como o sistema endócrino, a genética e os medicamentos.

Identificando a Sala de Controle do Corpo

O sistema nervoso humano se constitui de duas grandes divisões: o *sistema nervoso periférico (SNP)* e o *sistema nervoso central (SNC)*. O SNC abrange o cérebro e a medula espinhal. Já o SNP engloba os nervos fora do SNC; localizam-se no resto (na periferia) do corpo.

Os elementos básicos do sistema nervoso são os nervos, os neurônios, os neurotransmissores e as células gliais. Os nervos são, em essência, feixes de neurônios, assim como um pacote de espaguete é um feixe de tiras individuais de massa. Os neurônios são células nervosas individuais. Normalmente elas recebem sinais de outros neurônios, avaliam esses sinais e então transmitem novos sinais para outras partes do sistema nervoso.

Alterações elétricas possibilitam que sinais sejam transmitidos dentro de um neurônio: pelo fato de essas variações elétricas envolverem o movimento de íons químicos, o sistema de transmissão é chamado de sistema eletroquímico. Neurotransmissores são substâncias químicas que desempenham um papel crucial na transmissão de sinais entre os neurônios. As células gliais são células localizadas dentro do sistema nervoso que executam diversos papéis secundários para os neurônios; elas os protegem contra possíveis danos, os reparam quando são danificados e removem tecidos mortos ou danificados quando não podem ser reparados ("mandam o lixo para fora").

O sistema nervoso é uma parte viva do corpo e, portanto, tem as mesmas necessidades básicas que qualquer outra parte; ele necessita de alimento e proteção imunológica. Os componentes do sistema nervoso se mantêm vivos e saudáveis por meio do sistema circulatório e outras funções reguladoras do corpo. Detalhes mais específicos sobre o sistema de apoio de cada uma das divisões do sistema nervoso são descritas dentro de cada seção de divisão correspondente neste capítulo.

Se você já estudou um pouco de Física, Química ou Biologia, deve se lembrar de que as bases fundamentais da vida começam nos átomos (funcionando sob as leis da física); os átomos estão agrupados de determinadas formas a fim de constituir moléculas que, então, formam compostos. Tais compostos se combinam para criar células que, então, constroem tecidos, e, por fim, uma pessoa inteira está na sua frente! Sendo assim, se você realmente quiser ser um reducionista, pode estudar apenas Física e descartar todos os outros ramos da ciência. Ou, pode olhar para o comportamento humano e os processos mentais a partir do nível molecular. Esse é o foco do campo da neurobiologia.

Normalmente, contudo, a psicobiologia começa em um estudo em nível celular. Dois tipos de células aparecem no sistema nervoso, *células de apoio* e *neurônios*. Nesta seção você conhecerá as principais divisões do sistema nervoso humano, o cérebro, e como ele está organizado.

Avançando com cuidado na periferia

Entre as duas divisões do sistema nervoso do corpo, pense no sistema nervoso periférico (SNP) como um sistema de conexões que possibilita que o cérebro e a medula espinhal se comuniquem com o resto do corpo. Isso envolve dois conjuntos de nervos:

» **Nervos espinhais:** Estes nervos levam sinais neurais tanto para a medula espinhal como a partir dela. Os nervos sensoriais transportam as informações do corpo para o sistema nervoso central: por exemplo, eles levam sinais dos sensores no seu pé quando alguém pisa nele. Os nervos motores carregam sinais do sistema nervoso central para o corpo; eles fazem com que os músculos de seus membros se movam (levantando a sua mão).

» **Nervos cranianos:** Estes nervos estão envolvidos nos processos musculares (motores) e sensoriais, só que estão diretamente conectados ao cérebro em si, não à medula espinhal. Os nervos cranianos mantêm as funções que acontecem em seu rosto e sua cabeça, incluindo ver, ouvir, piscar e falar.

CAPÍTULO 3 **Hardware, Software e Wetware** 41

Além desses dois conjuntos de nervos, o SNP contém um subsistema conhecido como s*istema nervoso autônomo (SNA)*, que ajuda a regular dois tipos específicos de músculos (involuntários e cardíacos) e as glândulas de nosso corpo. O SNA está ligado às ações automáticas ou involuntárias. Os órgãos corporais, as contrações musculares reflexivas e até mesmo a dilatação das pupilas são todos comportamentos automáticos regidos pelo SNA. Existem duas divisões muito importantes do SNA:

» **Sistema nervoso simpático (SNS):** O ramo simpático do SNA está associado à ativação energética do corpo quando ele precisa de altos níveis de energia. Por exemplo, quando você se depara com uma situação de ameaça à sua vida, seu sistema nervoso simpático dispara e, assim, lhe dá a energia para enfrentar o desafio ou, se for o caso, fugir da situação.

» **Sistema nervoso parassimpático:** O ramo parassimpático do SNA desativa o SNS após ele ter sido utilizado. Essa ação às vezes é chamada de *resposta de relaxamento*, pois a atividade do SNS foi relaxada ou desligada e, então, retorna a seu funcionamento normal.

Deslocando-se para o centro

O SNC compreende tanto o cérebro quanto a medula espinhal. Embora a medula espinhal seja essencial, o foco desta seção é no cérebro, que é considerado a base física subjacente para o funcionamento psicológico. Ele é, literalmente, a central de comando do comportamento. O cérebro, com seus bilhões de células e redes sofisticadas, está entre as mais complexas estruturas biológicas conhecidas pelos cientistas.

Ao longo da história do estudo do cérebro, muitas tentativas foram feitas para entender de que exatamente ele é feito e como ele funciona e está organizado. Até agora, a maneira mais fácil de pensar no cérebro (a "cidade") é em termos destes diferentes níveis:

» **Estrutural:** Divisões anatômicas básicas do cérebro, identificadas por suas principais funções (as "vizinhanças")

» **Rede:** Os atalhos que conectam as diferentes partes do cérebro e possibilitam que interajam (as "estradas")

» **Neural:** Funções celulares e microcelulares ("casas e móveis")

Basicamente, tudo o que as pessoas fazem envolve o cérebro. Mas o que acontece quando alguma parte do cérebro é danificada? O comportamento e os processos mentais associados com a parte danificada do cérebro são afetados negativamente, e isso, por sua vez, afeta as funções relacionadas à tal parte danificada. Os neuropsicólogos clínicos são particularmente interessados nas consequências mentais e comportamentais das lesões no cérebro.

O cérebro pode ser danificado de várias maneiras:

» **Lesões internas na cabeça:** Essas lesões ocorrem quando alguém sofre uma pancada na cabeça, mas não há penetração no crânio. Uma forma comum de lesão interna na cabeça é uma lesão *contragolpe* — a lesão ocorre na parte do cérebro oposta ao local onde o indivíduo foi golpeado. Por exemplo, se você fosse atingido na parte de trás da cabeça, isso poderia fazer com que a parte da frente de seu cérebro batesse na parte de dentro de sua testa e você poderia sofrer danos em seu lóbulo frontal, e isso afetaria suas capacidades de organização e planejamento. E embora o crânio não esteja quebrado, danos graves podem ocorrer caso o cérebro sangre ou inche, causando uma pressão e danos que vão além do local da lesão.

» **Lesões externas na cabeça:** Essas lesões ocorrem tanto quando há a penetração no crânio quanto quando este é fraturado; tanto as lesões internas quanto as externas podem levar a danos cerebrais graves.

» **Outros distúrbios do cérebro:** Doenças degenerativas como o mal de Alzheimer podem causar danos cerebrais na forma de atrofia (por exemplo, a redução do tamanho ou a perda de células) do tecido cerebral e morte celular. Derrames (um coágulo de sangue ou um sangramento no cérebro) e outros tipos de acidentes vasculares também podem causar danos ao cérebro ao impedirem a chegada de sangue e oxigênio a partes do cérebro, causando a morte celular.

Funcionando Como uma Máquina Bem Lubrificada: Sistemas Corporais

Em termos estruturais, existem três divisões principais do cérebro: o *prosencéfalo*, o *mesencéfalo* e o *rombencéfalo*. Cada uma dessas divisões engloba muitas outras subestruturas que estão envolvidas em diversos comportamentos e atividades.

LEMBRE-SE

O cérebro é um sistema complexo e integrado. Todos os seus componentes trabalham juntos na criação da complexidade do comportamento humano. O conceito de *localização* se refere à ideia de que há partes específicas do cérebro para elementos de comportamentos específicos. Diversas partes trabalham juntas para gerar a visão, a audição, a fala, e assim por diante. Técnicas neurológicas tais como exames de cérebro post-mortem, digitalizações de TC (tomografia coaxial), RM (ressonância magnética) e PET (tomografia por emissão de pósitrons) têm sido usadas para identificar e investigar esses sistemas.

Prosencéfalo

O prosencéfalo humano está ligado a uma ampla gama de processos mentais, incluindo a detecção, a percepção e o processamento da informação. Também está associado à reflexão, à solução de problemas, à organização e às funções da linguagem.

O prosencéfalo humano consiste em quatro seções:

» **Córtex cerebral:** Se você pensar no cérebro como se fosse um cogumelo, com uma parte superior e um talo, então o cérebro seria a parte de cima do cogumelo. Ele está dividido em duas partes, chamadas de *hemisférios cerebrais* (o esquerdo e o direito — bastante criativo, eu sei). Essas metades estão ligadas por um feixe de fibras nervosas conhecido como *corpo caloso*. Sem o corpo caloso, as duas partes não conseguiriam se comunicar uma com a outra.
A Figura 3-1 mostra as quatro principais divisões do córtex cerebral e suas funções correspondentes:

- **Lóbulo frontal:** Planejar, organizar, coordenar e controlar os movimentos (em uma área conhecida como córtex motor primário), raciocinar e monitoramento geral do processo de pensamento

- **Lóbulo parietal:** Sensações, consciência espacial e somatossensorial (corpórea)

- **Lóbulo temporal:** Audição, linguagem e outras atividades verbais

- **Lóbulo occipital:** Visão

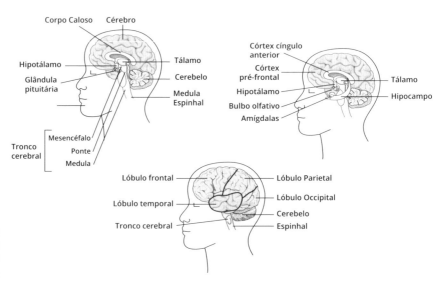

FIGURA 3-1: Os lóbulos do córtex cerebral.

- **Sistema límbico:** Localizado na parte inferior do chapéu do cogumelo (o córtex cerebral), o sistema límbico está ligado ao aprendizado, à memória, ao comportamento emocional e ao acasalamento ou reprodução.
- **Gânglio basal:** Esta parte do cérebro está associada ao controle dos movimentos.
- **Tálamo:** Este "quadro de distribuição neural" é uma estação de retransmissão para as diferentes partes do cérebro. Contudo, ele é mais do que uma simples conexão. Ele analisa estímulos para que possa criar resultados organizados.
- **Hipotálamo:** O hipotálamo participa do controle do sistema endócrino e trabalha com o sistema límbico no sentido de controlar comportamentos tais como a agressão, a alimentação, a proteção e o acasalamento.

Mesencéfalo

O mesencéfalo está ligado aos processos auditivos e visuais e ao controle motor.

Ele é constituído pelas seguintes divisões e suas respectivas áreas de responsabilidade:

- **Tecto:** Sistemas auditivos e visuais
- **Tegmento:** Sono, excitação, atenção, tônus muscular e reflexos

Rombencéfalo

O rombencéfalo está associado às funções autônomas do corpo, tais como frequência cardíaca e respiração, bem como a coordenação dos movimentos.

Ele contém duas divisões, com suas respectivas atribuições:

- **Cerebelo:** Movimento motor e sua coordenação
- **Ponte:** A ponte que conecta o cerebelo ao resto do cérebro
- **Medula:** Funções vitais do corpo, tais como o sistema cardiovascular, a respiração e o movimento dos músculos do esqueleto

Descobrindo Mais Sobre Células e Substâncias Químicas

A nível neural, é o que muitos neurocientistas consideram ser a unidade fundamental do cérebro e do sistema nervoso: o *neurônio*, uma célula especializada que proporciona as bases para o funcionamento do cérebro: a comunicação entre as células nervosas. Na verdade, há um outro tipo de célula muito importante no cérebro: as *células gliais*. Elas fornecem a estrutura básica para o sistema nervoso, além de nutrir os neurônios. Mas os neurônios são a estrela do show do cérebro, segundo a maioria dos cientistas.

Um neurônio é considerado a célula da informação; está ligado ao processamento e à armazenagem da informação. Os neurônios são constituídos pelas seguintes partes:

» **Soma:** O corpo da célula do neurônio contém o núcleo e as estruturas de sustentação da célula, incluindo a mitocôndria

» **Dendrito:** Projeções do corpo da célula que recebem informação de outros neurônios

» **Axônio:** A fibra do nervo que conduz os impulsos elétricos

» **Botão terminal:** O final do axônio, ligado à liberação do neurotransmissor e à sinalização para outros neurônios

O centro da ação no cérebro acontece a nível celular, quando um neurônio é ativado e dispara. Os neurônios se ativam por meio da introdução de outros neurônios, que, por sua vez, causam um impacto em outros neurônios em uma dada rede. Simplificando, quando a informação do ambiente (ou dentro do próprio cérebro, de outros neurônios) vem para dentro do cérebro por meio dos órgãos sensoriais e ativa um neurônio em particular (ou, com mais frequência, um conjunto de neurônios), cria-se um *potencial de ação*.

Os potenciais de ação são movimentos de energia eletroquímica que passam através de um neurônio, em direção a seu botão terminal, em direção a outros neurônios. Algo chamado de *lei de todos ou nenhum* afirma que os neurônios ou estão "ligados" ou estão "desligados"; ou eles estão disparando um potencial de ação ou não estão. Depois que um neurônio é ativado, ele é disparado. Se ele não está ativado, então nada de ação ou disparo!

Algumas pessoas consideram o disparo de um neurônio (o potencial de ação) como um processo elétrico; outras acreditam que seja um processo químico. Em essência, contudo, são ambas as coisas. O potencial de ação consiste da energia elétrica que é criada e ativada pela troca de íons químicos positivos e negativos entre o lado de dentro e o lado de fora do neurônio. E isso é eletroquímico.

Quando um neurônio não está disparando, considera-se que ele esteja em um estado *potencial de descanso*, e sua carga elétrica é mais negativa do lado de dentro, com relação ao lado de fora. Há mais íons negativamente carregados do lado de dentro do que do lado de fora. Mas quando um neurônio recebe um sinal de outro neurônio, abrem-se fendas na *membrana* da célula (seu revestimento), e os íons positivos se apressam para entrar na carga negativada dentro da célula. A química e a física salientam que cargas positivas se movem em direção a cargas negativas; elas se atraem! Então, à medida que a parte interior da célula se aproxima da carga positiva, o potencial de ação é criado, e o neurônio "dispara"! Em muitos aspectos, o potencial de ação é, na verdade, uma perturbação elétrica no axônio, que se desloca ao longo dele, tal como o fogo se move por um rastilho aceso de uma bombinha.

Quando o potencial de ação acontece, por um curto período de tempo, a célula não consegue disparar novamente. Durante esse período refratário, pequenas bombas na membrana da célula trabalham para restaurar o neurônio ao moverem íons positivos de volta para fora da célula, devolvendo o equilíbrio químico do neurônio a seu estado original e, assim, preparando-o para mais uma rodada de ação.

Nesta seção você descobrirá mais sobre como um sinal neural se desloca de um neurônio a outro, em um processo chamado de *transmissão sináptica*.

Atravessando a fronteira

À medida que um potencial de ação se move através de um neurônio em direção a seu botão terminal, como ele propaga aquele sinal para outros neurônios na rede? Antes que eu possa responder, você precisa saber que os neurônios não se conectam realmente uns aos outros no sentido físico. Existem brechas entre eles conhecidas como *sinapses*, espaços entre terminais de axônios de um neurônio (que envia o sinal) e os dendritos do neurônio seguinte (que recebe o sinal); é aí que a comunicação entre os neurônios acontece por meio de mensageiros químicos chamados de *neurotransmissores*. A Figura 3-2 mostra um neurônio e uma sinapse. Embora eles estejam separados apenas por milionésimos de polegada, o neurônio enviado joga a sua "mensagem na garrafa" no mar de sinapses, por onde flutua até a outra margem (o dendrito que recebe a mensagem). A mensagem diz: "Por favor, escute-me, por favor, dispare!". Uma coisa dramática!

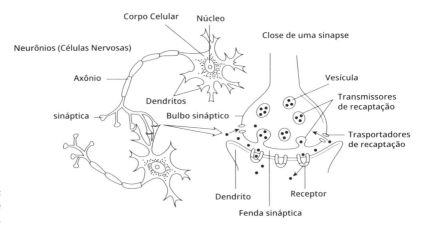

FIGURA 3-2: Neurônio e sinapse.

Os neurotransmissores são armazenados nos axônios da célula enviada. Um potencial de ação estimula sua liberação dentro da sinapse. Eles se deslocam (na verdade, flutuam) para um neurônio receptor, onde estão presentes embarcadouros especiais conhecidos como *campos receptores*. Neurotransmissores com formas diferentes possuem diferentes embarcadouros.

Basicamente, os neurotransmissores apresentam um destes dois efeitos: ou eles *estimulam* o neurônio receptor (fazem com que aumente a probabilidade de ele disparar) ou *inibem* o neurônio receptor (tornando menos provável que ele dispare). Alguns neurotransmissores são estimulantes, e alguns são inibidores. O que faz com que um neurônio específico dispare (transmita um sinal) depende do equilíbrio entre os neurotransmissores estimulantes e os inibidores.

Em seguida ao processo de ancoragem, ou os neurotransmissores são destruídos por enzimas ou são reabsorvidos pelos neurônios mensageiros em um processo chamado de *recaptação*. Esses dois processos retiram os neurotransmissores das sinapses depois que fizeram seu trabalho (já está de bom tamanho!). Isso é essencial para preparar as células para a próxima comunicação neural. E a manipulação dos neurotransmissores é um mecanismo de ação fundamental para a maioria dos medicamentos psiquiátricos (encontre mais informações sobre a ação dos medicamentos na seção "Entendendo a Psicofarmacologia", mais adiante neste capítulo).

Os cientistas já descobriram mais de 100 neurotransmissores no cérebro humano. Muitos, incluindo os listados a seguir, desempenham um papel importante:

- **Glutamato:** O mais usual dos neurotransmissores estimulantes
- **GABA:** O transmissor inibitório mais comum; ligado à alimentação, à agressão e ao sono
- **Acetilcolina:** Um neurotransmissor muito comum, com múltiplas funções estimulantes e inibidoras; associado ao movimento e à memória

Outro grupo de quatro neurotransmissores quimicamente similares modifica o comportamento de muitas maneiras. Esses neurotransmissores são particularmente importantes no que diz respeito a distúrbios psicológicos:

» **Serotonina:** Um transmissor inibidor que está associado ao equilíbrio dos transmissores estimulantes, além do humor, do sono, da alimentação e da dor

» **Dopamina:** Pode ser tanto inibidora quanto estimulante e está relacionada à atenção, ao prazer e à recompensa, bem como ao movimento

» **Epinefrina:** Um transmissor estimulante ligado a reações de estresse, frequência cardíaca e pressão arterial

» **Norepinefrina:** Um transmissor estimulante associado à regulação de energia, à ansiedade e ao medo

Ramificando-se

Há aproximadamente 86 bilhões de neurônios ativos dentro do cérebro humano, que, por sua vez, formam trilhões de conexões entre si. Dessa forma, você pode pensar no cérebro como um conjunto monumental de nós dentro de uma rede perfeitamente conectada. O foco de uma impressionante quantidade de pesquisas em neurociência ainda se concentra em como exatamente as informações são mantidas e processadas no cérebro, mas aqui temos o que os cientistas realmente sabem.

LEMBRE-SE

O cérebro é um sistema de processamento de informação "massivamente paralelo" (vá até o Capítulo 6 para saber mais sobre processamento de informações). Se cada neurônio estivesse conectado a somente um outro neurônio, o sistema de neurônios seria considerado "massivamente serial". Em comparação com os sinais eletrônicos, os sinais neurais se deslocam muito vagarosamente (cerca de 8 a 160km/h), então eles são eficientes para se fazer muitas coisas de uma só vez — chamado de *processamento paralelo*. Pense nisso como se você tivesse que encontrar uma pessoa que está perdida em um parque nacional. Os membros da expedição de socorro provavelmente não procuram juntos no mesmo lugar ou seguem os mesmos caminhos um do outro (processamento serial); ao invés disso, eles se "dividem" (processamento paralelo), a fim de cobrir uma área maior em um mesmo espaço de tempo. Da mesma forma, o cérebro, com seus milhões de neurônios e trilhões de conexões, se utiliza do método ou processo de se dividir, armazena a informação e a encontra dentre as células e conjuntos de células.

Nem todo neurônio está conectado a cada um dos outros neurônios, mas eles estão conectados a uma multiplicidade de outros que formam grupos ou redes, ligados a processos e comportamentos psicológicos específicos. Por exemplo, se ver uma bola vermelha ativa os neurônios #3, 4, 192, X, A e 56, então a rede para "ver uma bola vermelha" seria chamada 3-4-192-X-A-56. Pesquisadores da neurociência estão trabalhando arduamente para mapear o cérebro e suas redes a fim de ligar grupos de células a suas respectivas funções e comportamentos mentais. O ICBM, Consórcio Internacional de Mapeamento do Cérebro (em inglês, International Consortium for Brain Mapping) é um dos grupos que se dedicam a essa empreitada.

Ativando mudanças no cérebro

Alguma vez você já coçou seu nariz e percebeu que seu pé parou de coçar? Bem, isso é um leve exagero, mas existe algo chamado de *síndrome do membro fantasma*, na qual pessoas que perderam um membro (um braço ou uma perna, por exemplo) continuam relatando que sentem sensações nessa parte do corpo, tais como dor, frio, toque, e assim por diante. Como isso pode acontecer? O membro já não está mais lá, então de onde vêm essas sensações?

Em seu livro, *Half a Brain is Enough: The Story of Nico* (Metade do Cérebro é Suficiente: A História de Nico, sem edição em português), o Dr. Antonio Battro conta a história de um menino chamado Nico que teve uma parte significativa de seu cérebro removida cirurgicamente, a fim de conseguir controlar suas convulsões (uma solução drástica, mas às vezes necessária para indivíduos com convulsões para as quais não há tratamento). Contudo, após ter tido essa grande parte de seu cérebro removida, Nico se mantém relativamente normal e consegue manter uma boa parte do cérebro funcionando — como se o tecido cerebral não tivesse sido removido. Por que Nico permanece relativamente íntegro, apesar de ter apenas a metade do cérebro em funcionamento?

Tanto a síndrome do membro fantasma quanto o cérebro de Nico demonstram o que os neurocientistas chamam de *plasticidade neural* — a noção de que as redes e conexões neurais do cérebro estão continuamente se reorganizando. Em um dado momento, os cientistas acreditaram que a organização do cérebro era "fixa", mas isso simplesmente não é o caso. O cérebro pode mudar seu tamanho e suas conexões ao longo da vida de uma pessoa: essa capacidade de mudança é chamada de *plasticidade neural*.

A capacidade que o cérebro tem de se atualizar em resposta a um novo estímulo e novas informações forma as bases neurobiológicas do aprendizado. Na síndrome do membro fantasma, descobriu-se que as redes neurais dedicadas ao membro perdido (braço, perna, e assim por diante) haviam sido cooptadas pelos neurônios e redes próximas a eles, tais como os neurônios associados com sensações de partes do corpo vizinhas. Assim, quando o rosto era estimulado, os neurônios que estavam anteriormente associados ao membro perdido eram estimulados, e outras partes do cérebro interpretavam a sensação como vindo desse membro.

No caso de Nico, as funções desempenhadas pelas células cerebrais perdidas na remoção cirúrgica foram assumidas por células e redes vizinhas ou de outra espécie. Outras partes do cérebro basicamente aprenderam a desempenhar as funções antes realizadas pelas células perdidas. Em ambos os casos, no da síndrome do membro fantasma e na história de Nico, o cérebro basicamente se reajustou em resposta a novas entradas de informações e experiências de aprendizado.

A plasticidade neural é uma boa notícia para as pessoas que perderam tecidos cerebrais em traumatismos ou doenças. Mas o que se pode dizer sobre o crescimento de novas células cerebrais? Afinal, novas células cutâneas crescem após um corte. Isso também acontece no cérebro?

Durante muitos anos os cientistas acreditaram que não era possível que novas células neurais ou cerebrais pudessem crescer. Porém, algumas pesquisas demonstraram que a *neurogênese* (regeneração de células nervosas) pode ocorrer em regiões específicas do cérebro, em especial nos ventrículos laterais e no hipocampo. Mais pesquisas estão sendo desenvolvidas para verificar se esse processo também acontece em outras partes do cérebro. Se for descoberto que a neurogênese pode ser mais abrangente ou possível de ocorrer em outras áreas do cérebro, ou se os cientistas conseguirem descobrir uma maneira de estimular, manipular ou ao menos ter algum impacto no processo, então talvez haja uma grande luz no fim do túnel para as pessoas que sofrem de doenças ou traumas, tais como o mal de Alzheimer, derrames e traumas cranioencefálicos ou na espinha dorsal. No entanto, a ciência e a pesquisa ainda estão em um estágio muito inicial nessa área, e muito trabalho ainda precisa ser feito antes que algo assim seja possível.

Encontrando o Destino com o DNA

Eu me pareço muito com o pai de meu pai. Mas será que eu também ajo como ele? A sua personalidade vem de seus pais? As pessoas herdam inteligência e beleza física? O campo da psicologia conhecido como *genética comportamental*, o estudo do papel da genética e da hereditariedade na determinação de processos mentais e no comportamento, investiga esse tipo de questão.

O cérebro influencia o comportamento. O sistema endócrino influencia o comportamento. Mas o que se pode dizer de sua constituição genética? Os cientistas responderam a esta questão com um sonoro "sim": a genética é importante! As pesquisas associam as contribuições genéticas à cognição e à inteligência, à personalidade e até mesmo à psicopatologia.

As contribuições da genética à psicologia têm sido desenvolvidas tradicionalmente utilizando-se *estudos sobre gêmeos e adoção*, nos quais gêmeos idênticos (que compartilham de um código genético em comum), que foram adotados separadamente ao nascerem e educados em ambientes diferentes, são comparados em termos de alguns conceitos e distúrbios psicológicos (tal como a presença do transtorno do deficit de atenção com hiperatividade, o TDAH). Esse esquema de testes permite que se controle a influência de diferentes ambientes, então, se os gêmeos idênticos demonstrarem resultados similares no conceito em questão, logo é deduzido que deve ser principalmente devido às suas similaridades genéticas — o DNA. A pesquisa segue se desenvolvendo, e outras técnicas, tais como amostras de DNA em larga escala e a manipulação de genes, impulsionam o campo da genética comportamental.

LEMBRE-SE

Os pesquisadores buscam *marcadores genéticos* para comportamentos em particular, incluindo distúrbios. Um marcador genético é um gene com uma localização conhecida no genoma humano. Marcadores genéticos para distúrbios tais como o autismo, a esquizofrenia e deficiências de leitura já foram encontrados. Mas lembre-se de que a presença de um marcador genético no genoma de uma pessoa não garante que ela terá algum traço ou deficiência em particular, isso simplesmente aumenta as chances que a pessoa o tenha.

Embora a complexidade da genética comportamental faça com que ainda haja muito a ser descoberto, uma coisa é bem clara: os genes têm importância. Mas de onde vêm esses traços, comportamentos e processos mentais herdados? Como essas relações entre genes e comportamento acontecem? A resposta está na evolução.

A *psicologia evolucionista* é um ramo da psicologia que diz que a psicologia humana (comportamento e processos mentais) é o resultado do processo evolutivo da seleção natural. A *seleção natural* é o processo no qual alguns genes específicos se tornam mais ou menos comuns em uma população de uma espécie, por meio da reprodução e do acasalamento. Em outras palavras, genes que contribuem para a sobrevivência têm maior probabilidade de serem passados adiante do que os que não oferecem contribuição. Afinal, se seus genes o ajudam a viver tempo suficiente para que você consiga passá-los para sua descendência, então esses genes se perpetuam. Se eles não são passados adiante e você não os perpetua, então seus genes também não conseguem sobreviver.

Os biólogos evolucionistas observam o fenômeno biológico (tal como o polegar opositor e o andar ereto) como adaptações que floresceram. A psicologia evolucionista parte do mesmo tipo de abordagem com os fenômenos psicológicos, tal como a linguagem, a memória, a atenção, a percepção visual, a felicidade, e assim por diante. Descobrir como esses fenômenos psicológicos ajudaram nossos ancestrais a se adaptarem, como uma forma de explicar por que existem em nós hoje, é um assunto de extremo interesse. Um psicólogo evolucionista, por exemplo, pode observar a teoria da fixação (veja o Capítulo 10) e propor que os comportamentos e os processos mentais subjacentes ao processo de ligação entre mãe e filho evoluíram ao longo do tempo a um estado no qual podem ser observados hoje em dia, porque esses comportamentos e processos permitem que a espécie humana sobreviva.

Entendendo a Psicofarmacologia

O uso de medicamentos no tratamento de distúrbios mentais (tais como a esquizofrenia e o transtorno depressivo maior) ganhou relevância na última metade do século XX. (Para saber mais sobre distúrbios mentais, veja o Capítulo 13). Anteriormente, os medicamentos eram utilizados em escala menor, juntamente aos tratamentos psicoterápicos, psicossociais e comportamentais. Mas avanços no campo da pesquisa e no desenvolvimento dos medicamentos levaram à adoção de remédios mais efetivos, que por sua vez incentivaram um aumento de seu uso. Centenas de medicamentos foram desenvolvidos para serem usados para atacar sintomas próprios de distúrbios mentais específicos. Os principais objetivos da farmacoterapia são incentivar uma melhoria no comportamento e no raciocínio, aliviar o sofrimento e promover um avanço no funcionamento em geral.

Muitos sistemas cerebrais associados a sintomas de doenças mentais envolvem algum neurotransmissor específico, e os remédios utilizados para o tratamento de uma doença específica são pensados para afetar o funcionamento desse neurotransmissor em particular. Acredita-se que as dificuldades para dormir e os transtornos alimentares que muitas vezes aparecem no transtorno depressivo maior, por exemplo, estejam relacionados ao sistema límbico. Por causa desses sintomas, a maioria dos medicamentos para depressão tem como alvo principal o neurotransmissor da serotonina.

Nesta seção descrevo os sintomas e os tratamentos mais usuais utilizados no tratamento da depressão, da esquizofrenia e da ansiedade, que são os três distúrbios mentais mais bem conhecidos, salientando diversos tipos de medicação e seus mecanismos biológicos de atuação.

Atenuando a depressão

Os medicamentos utilizados no tratamento da depressão são chamados de *antidepressivos*. A maioria dos antidepressivos afeta um ou dois neurotransmissores: a *norepinefrina* e a *serotonina*. Basicamente, existem duas classes principais de remédios antidepressivos (embora existam alguns que não se encaixem nessas classes, tais como o Wellbutrin, o Remeron e o Efexor), que se diferenciam por seus mecanismos de atuação:

- **Antidepressivos tricíclicos:** Bloqueiam a reabsorção neural pré-sináptica da maior parte da norepinefrina (NE). Isso permite um "aumento" funcional no nível de NE na sinapse e prolonga a ativação do neurônio pós-sináptico quando estimulado pela NE.
- **Inibidores seletivos da recaptação de serotonina (ISRS, ou SSRI, sigla em inglês):** Bloqueiam mais a reabsorção da serotonina do que a de NE e possuem um efeito similar à ativação prolongada. Algumas das marcas mais conhecidas de ISRS são Prozac, Paxil e Zoloft.

Calando as vozes

A experiência com alucinações auditivas, ou se sentir como se alguém o estivesse perseguindo, pode ser extremamente perturbadora. Esses são os sintomas mais comuns do distúrbio mental de esquizofrenia. Um dos tratamentos mais eficientes para tratar alguns dos sintomas da esquizofrenia é o uso de *medicamentos antipsicóticos*.

Os medicamentos antipsicóticos têm um efeito específico no neurotransmissor da dopamina. A *hipótese de desregulação da dopamina* na esquizofrenia defende que os sintomas da psicose são consequências de desequilíbrios na ação da dopamina no cérebro. Os medicamentos antipsicóticos bloqueiam os locais de receptores pós-sinápticos de dopamina. O bloqueio impede que a dopamina seja capaz de ativar o neurônio pós-sináptico, e descobriu-se que reduz substancialmente a presença dos sintomas psicóticos.

CUIDADO

Infelizmente, os medicamentos antipsicóticos, como todos os medicamentos, não afetam apenas os neurotransmissores nas áreas do cérebro que na teoria estão associadas ao distúrbio. A maioria dos medicamentos também afeta outras áreas do cérebro e muitas vezes pode levar a efeitos colaterais muito desagradáveis. Apenas alguns dos efeitos colaterais que podem ser associados à medicação antipsicótica incluem ganho de peso, movimentos motores involuntários repetitivos (conhecidos como discinesia tardia) e disfunções sexuais. A experiência desses efeitos colaterais muitas vezes leva as pessoas a pararem de tomar sua medicação, o que pode acarretar sérias consequências negativas. Essa situação faz com que os pesquisadores de medicamentos continuem a buscar remédios ainda mais seletivos.

Relaxando

Distúrbios relacionados à ansiedade são o tipo de transtorno mental mais comum nos Estados Unidos. Milhões de pessoas sofrem de preocupações excruciantes, ataques de pânico e fobias paralisadoras. A boa notícia é que os remédios podem ajudar com tais sintomas.

Os *medicamentos ansiolíticos* são remédios idealizados para aliviar os sintomas dos transtornos de ansiedade. Psiquiatras e médicos da família prescrevem muitas vezes uma classe de ansiolíticos chamada de *benzodiazepínicos*. Os benzodiazepínicos afetam o neurotransmissor GABA, que tem um efeito supressivo no sistema nervoso central. Em outras palavras, provoca uma desaceleração no cérebro.

Os benzodiazepínicos são muito eficientes na redução da ansiedade. Infelizmente, eles também têm um potencial muito grande para causar dependência. Os benzodiazepínicos têm um efeito quase imediato e muitas vezes provocam a sedação e uma sensação generalizada de tranquilidade. Esses sentimentos são altamente prazerosos, e às vezes os pacientes não querem parar de tomar esses medicamentos, mesmo depois que seus distúrbios de ansiedade tenham sido tratados com sucesso. A Tabela 3-1 dá uma visão geral de alguns medicamentos que são prescritos com frequência.

TABELA 3-1   Principais Grupos de Medicamentos

Medicamento	Problema	Exemplo Comum
Antidepressivos	Depressão	Prozac
	Síndrome do pânico	Zoloft
	Transtorno obsessivo-compulsivo	Paxil
	Insônia	Benzodiazepínicos (Xanax)
	Transtorno de ansiedade generalizada	Benzodiazepínicos
	Síndrome do pânico	Benzodiazepínicos
Antipsicóticos	Esquizofrenia	Haldol
	Mania	Zyprexa
Estabilizadores de humor	Mania	Lítio
	Transtorno bipolar	Depakote
Estimulantes	TDAH	Ritalina

Fazendo uma Cirurgia de Cérebro sem Entrar na Faca

Mudanças no funcionamento biológico podem acarretar e realmente causam mudanças psicológicas. Os medicamentos têm um efeito biológico direto no cérebro. Neurocirurgiões lesionam, extirpam e cortam tecidos cerebrais. Mas imagine o dia em que os médicos poderão mudar seu cérebro diretamente, sem comprimido ou cirurgia.

O dr. "Magro" McCoy, de *Star Trek*, costumava usar um aparelho que colocava na cabeça dos pacientes com problemas neurológicos. Utilizando algum tipo de campo de energia, o aparelho aliviava todo o tipo de problema, incluindo danos e sangramentos cerebrais. Bem, Dr. McCoy, esse dia já chegou!

A *Estimulação Magnética Transcraniana* (ou EMT) é uma tecnologia bem ao estilo *Star Trek*. Os aparelhos de EMT são colocados na cabeça e utilizam pulsos eletromagnéticos para ativar partes específicas do cérebro. Essa técnica está sendo usada para tratar enxaquecas, sintomas de derrames, alucinações e até mesmo depressão.

Para a depressão, a EMT estimula o lóbulo frontal do cérebro e o sistema límbico, que são as partes ligadas ao distúrbio. A comunidade médica está entusiasmada e esperançosa quanto às possibilidades da EMT como tratamento para uma ampla gama de outros transtornos.

> **NESTE CAPÍTULO**
>
> Acendendo a luz
>
> Indo para a cama
>
> Sonhando e alterando a consciência
>
> Chegando ao outro lado

Capítulo 4
Seres Conscientes

Desde os primórdios, os seres humanos têm tentado alterar sua consciência. Para alguns, pode parecer uma forma de entrar em contato com uma realidade maior que si mesmos. Já para outros, pode ser simplesmente um modo de escapar à dura realidade de um ambiente familiar ruim ou de um trabalho insignificante. Os psicólogos definem a consciência como nosso estado vigente de ciência dos estímulos externos e internos. Um *estímulo* é qualquer coisa em um ambiente (um acontecimento, uma situação ou um objeto) que desencadeia uma resposta psicológica.

Estar consciente é como ter uma luz acesa no cérebro. Quando a luz está apagada, você está inconsciente. A consciência permite que você monitore a si mesmo e a seu ambiente, lhe proporcionando um controle muito maior sobre suas ações e comportamentos. Mas se você alguma vez já ficou parado na esquina de uma rua movimentada de uma cidade grande, com certeza percebeu que há um monte de coisas acontecendo ao seu redor, a todo momento. Porém, é somente uma certa quantidade de percepção que está disponível. A consciência tem seus limites. A quantidade ou o volume de material em sua percepção, junto com o conteúdo desse material, é o que definirá o estado de consciência a cada momento.

Neste capítulo apresento você à consciência, tanto em estados normais quanto modificados. Você aprenderá sobre o sono, seus estágios e sobre esse fenômeno sempre tão interessante que é sonhar. Finalmente, você aprenderá como a consciência pode ser manipulada ou alterada com a meditação e a hipnose.

Explorando os Horizontes da Consciência

A consciência é um conceito evasivo. Você sabe que ela está lá, mas é difícil pôr a mão nela. A minha consciência existe como minha voz interior e a percepção que tenho de mim mesmo, meu entorno e minha experiência. Mas normalmente não estou consciente de inúmeros processos mentais, sensações corporais e coisas que se passam em minha mente. Por exemplo, geralmente não escuto meu coração bater enquanto estou andando pela rua, mas posso ouvi-lo caso deseje fazê-lo. Quando tomo ciência de alguma coisa da qual antes era inconsciente, eu me torno consciente disso, presto atenção a isso.

Uma das melhores maneiras de se refletir sobre a psicologia da consciência é pensar sobre a ausência de consciência. Por exemplo, uma pessoa que esteja em coma — um estado de ausência extrema de percepção ou da falta de consciência — está essencialmente desconectada do mundo à sua volta, tem uma falta de autoconsciência, não pode ser despertada e demonstra não ser capaz de executar movimentos ou comportamentos voluntários. Ela não reage a estímulos externos.

Uma vez escutei que toda a ideia acerca de vampiros e mortos-vivos surgiu a partir das observações de cadáveres que eram feitas na Idade Média. Eu não sei por que exatamente as pessoas estavam desenterrando cadáveres, mas quando o faziam, descobriam que o cabelo e as unhas continuavam a crescer. Às vezes, os corpos soltavam um gemido profundo quando alguém os movia de lugar. O que estava acontecendo?

Cientificamente falando, os cabelos e as unhas continuam a crescer por um curto período de tempo após a morte da pessoa, e o som do gemido poderia ter sido causado pelo ar que ainda restava dentro da cavidade do peito no corpo e que passou pelas cordas vocais quando foi comprimido. Mas os ladrões de túmulos medievais atribuíam vida aos corpos com base nessas observações. Eles acreditavam que a causa desses fenômenos era a ação e a deliberação consciente da pessoa morta, e não devido a efeitos secundários da fisiologia e da anatomia.

Apesar do quão evasiva a consciência tem sido para os cientistas, já houve tentativas de esclarecer o entendimento classificando os assim chamados "estados" ou níveis de percepção baseados no conteúdo, objetos ou "coisas" dessa percepção, e também observando-se o comportamento e a capacidade de resposta de uma pessoa.

Tentativas de definir a consciência incluem as seguintes classificações e formas de medir ou determinar a presença da consciência:

- **Consciência normal:** Desperta, receptiva ao ambiente na fala e no comportamento, com algumas flutuações com relação à concentração e à atenção.

- **Confusão:** Raciocínio atípico com velocidade, clareza e coerência alteradas, incluindo desatenção e desorientação, percepção do entorno imediato reduzida e distração, que algumas vezes beira o delírio.

- **Sonolência e estupor:** Atividade física e mental reduzida substancialmente, com dificuldades de se manter sem dormir e/ou só conseguir se levantar com esforços intensos e contínuos.

- **Coma:** Parece que está dormindo e é incapaz de responder a estímulos externos.

- **Experiência subjetiva de sua própria consciência:** Alguma vez você já sonhou que estava sonhando? Na verdade, você estava consciente de que estava adormecido. Estar ciente de sua própria consciência está associado a perceber ou estar consciente de que, ou se está desperto ou se está adormecido.

- **Observação de outras pessoas de ações deliberadas:** Uma das características mais importantes da consciência é que ela medeia nosso comportamento. Às vezes eu ajo impulsivamente e por reflexo; não penso sobre o que estou fazendo, simplesmente faço. Outras vezes, há um pé de deliberação consciente, um ato da vontade antes de agir. Nesse caso, estou analisando conscientemente o que vou fazer. Atos intencionais, ou voluntários, são um sinal de percepção consciente. A consciência é atribuída a atos de deliberação e intenção. Quando alguém faz alguma coisa intencionalmente, assume-se que está consciente.

- **Medição da atividade elétrica do cérebro:** Além de comportamentalmente, a consciência pode ser observada fisiologicamente por meio da medição da atividade cerebral. Diferentes medições de EEG (eletroencefalograma — uma máquina especial que mede as "ondas do cérebro" ou a atividade eletrofisiológica do cérebro) da atividade elétrica no cérebro correspondem a diferentes níveis do estado de consciência observável.

Antônio Damasio, neurologista e professor de neurociência na Universidade da Califórnia do Sul, considerado por muitos como a principal autoridade no tema da consciência, diz que as emoções, os sentimentos e ter um sentido de si mesmo são vitais para a consciência. Ele se refere de uma maneira notória à consciência como o "filme dentro do filme" de sua vida. A classificação da consciência de Damasio é a seguinte:

- **Consciência do Proto Self:** A consciência dos estados corporais e de viver o momento "aqui e agora"
- **Consciência do Self Central:** Considerado o "consciente central", incluindo um sentido de "eu" ou "egoísmo", se estiver no presente
- **Consciência do Self Autobiográfico:** Consciência de uma linha de tempo linear do self central ao longo do tempo, tanto no passado quanto no futuro.

AVIÕES COM ROSTOS, ANIMAIS DE ESTIMAÇÃO COM METAS CONSCIENTES

Acredite ou não, os desenhos infantis representam um desafio perturbador para nossos conceitos de consciência. Como? Tudo em um desenho animado é um ser consciente — desde torradeiras e sapatos até árvores e animais. Um de meus desenhos animados preferidos quando eu era mais novo era sobre uma família de aviões: Papai Avião, Mamãe Avião, e assim por diante. Cada um dos aviões tinha sua própria personalidade. A atribuição de consciência a objetos inanimados é chamada de *animismo*, e a atribuição de traços humanos a objetos inanimados é chamada de *antropomorfismo*. A maioria de nós tem bastante certeza de que máquinas e plantas não possuem consciência, mas, e quanto aos animais? Eu conheço um monte de donos de animais de estimação que juram que seus pequenos amiguinhos possuem seus próprios pensamentos profundos. Eles ficam bem chateados quando insinuo que o pequeno Fofinho não passa de um amontoado de rotinas e reflexos, que age sem deliberação consciente. Ele provavelmente não está pensando "Devo enterrar este osso aqui ou pela garagem?".

Pegando no... zzzz

O sono representa uma mudança na consciência. Quando estou dormindo, estou inconsciente. O sono se caracteriza por uma mudança na atividade das ondas cerebrais, também chamada de *atividade eletrofisiológica*. O sono, enquanto um nível da consciência, pode ser diferenciado de outros níveis ao se medir a energia eletrofisiológica do cérebro com o Eletroencefalograma (EEG). Quando uma pessoa está acordada e alerta, seu cérebro emite uma onda com uma frequência de 13 a 30 hertz (Hz), chamada de *atividade beta*. Quando desperto, mas relaxado, o cérebro exibe uma atividade alfa — com uma frequência de 8 a 12Hz.

Em geral, o sono se divide em quatro estágios, com um subestágio. Cada estágio é caracterizado por atividades cerebrais específicas.

- » **Primeiro estágio:** Quando você fecha os olhos e começa a relaxar, entrando em um estado sonolento, suas ondas cerebrais estão em uma frequência alfa. À medida que você mergulha mais profundamente na primeira etapa, suas ondas cerebrais se tornam menos regulares e têm uma amplitude mais alta. Essa é a *atividade teta*, de 3,5 a 7,5Hz. Esse estágio é o momento transitório entre estar acordado e adormecido e dura aproximadamente 10 minutos.

- » **Segundo estágio:** Durante o segundo estágio do sono, a atividade cerebral é irregular e possui picos de ondas EEG de amplitude muito alta, chamadas de *complexos K*. Também ocorrem ondas explosivas curtas de 12 a 14Hz, chamadas de *fusos*. Você está em sono profundo nesse estágio, mas poderá pensar que não está realmente dormindo. Muitas vezes minha esposa me acorda quando durmo vendo televisão para me dizer que estou roncando, mas eu sempre digo a ela que eu não estava dormindo. Provavelmente eu estava roncando enquanto ainda estava acordado. Eu não sei o que é pior — roncar quando estou dormindo ou acordado!

- » **Terceiro estágio:** Esse estágio se caracteriza pela presença de ondas de baixa frequência (3,5Hz) e alta amplitude, que é um sinal de EEG de atividade delta. O terceiro estágio dura cerca de uma hora e meia.

- » **Quarto estágio:** Esse estágio é indicado pela presença de mais ondas teta interrompendo as suaves ondas delta. Durante o estágio 4, seus olhos começam a se mover de um lado para o outro muito rápido, o que é chamado de *movimento rápido dos olhos*, em inglês, *rapid eye movement*, por isso a sigla REM. O sono REM se caracteriza pela presença de atividade beta. Aqui, parte do cérebro está ativa, mas desconectada do sistema muscular esquelético; no entanto, você está dormindo.

Você sonha durante o sono REM. Depois que você atinge esse estágio, normalmente após uma hora e meia dentro de todo o processo de adormecimento, o resto da noite se caracteriza por períodos alternados de sono REM e sono não REM (atividade dos Estágios 1, 2 e 3).

Compreendendo os cérebros cansados e os lapsos mentais

Eu não sei necessariamente por que as outras pessoas dormem, mas eu normalmente durmo porque estou cansado. A maioria dos pesquisadores ainda não sabe por que as pessoas dormem, mas alguns acreditam que o sono tenha uma função *restauradora*. As pesquisas que analisam os efeitos da falta de sono ou da privação de sono indicam que as pessoas dormem para que o corpo possa restaurar o que foi perdido ou danificado durante as horas em que esteve acordado.

Quando as pessoas têm dificuldades para dormir, elas podem estar sofrendo de um *distúrbio do sono* convencional, no qual existem anormalidades na quantidade, tempo ou na atividade mental ou no comportamento da pessoa que dorme. Existem duas categorias amplas de distúrbios do sono: as *dissonias* e as *parassonias*:

» **Dissonias** consistem em dificuldades na quantidade, qualidade ou tempo de sono. A *insônia* é um tipo comum de dissonia na qual as pessoas têm dificuldade tanto para adormecer quanto para permanecer adormecidas. A *hipersonia* é uma condição de sonolência excessiva. Há alguém com bebês ou crianças em casa? Você pode dizer "hipersonia"? A *narcolepsia* faz com que a pessoa caia em um sono profundo sem qualquer aviso. Pode acontecer enquanto a pessoa estiver dirigindo, durante uma conversa ou no meio de uma aula. É bem inconveniente!

» **Parassonias** consistem na ativação de ações corporais no momento errado. Por exemplo, os *pesadelos* são um tipo de parassonia que está ligado à ativação inapropriada do processo cognitivo ou do pensamento durante o sono, caracterizado por sonhos extremamente assustadores, nos quais uma pessoa se sente ameaçada ou em perigo. O *sonambulismo* é outra parassonia, que está associada a sair da cama enquanto dorme, perambular, expressar um olhar vazio, parecer que está desperto mas permanecer impassível e ter uma dificuldade extrema para ser acordado. Eu costumava sair da cama, destrancar a porta e andar pela rua. Ainda se sabe de outras pessoas que adotam comportamentos bem elaborados enquanto estão sonâmbulas — desde fazer um sanduíche até dirigir a outra cidade. Existem até casos de tribunal famosos em que os acusados alegaram que cometeram o crime enquanto estavam sonâmbulos. Em 1994, por exemplo, Michael Ricksgers alegou que matou sua esposa acidentalmente enquanto estava sonâmbulo. O júri não acreditou nisso. A **apneia do sono**, uma parassonia caracterizada por pausas anormais na respiração ou taxas de respiração anormalmente baixas, tem demonstrado ter consequências importantes na saúde, tal como pressão alta e infartos.

A privação do sono é o maior problema nos dias de hoje devido ao estilo de vida do pacote "faça mais", em ritmo acelerado e com mil estímulos, 24 horas por dia. E as consequências dos distúrbios do sono podem ser significativas, desde pensamento lento, nível baixo de atenção, baixo desempenho no trabalho e irritabilidade. Isso não significa que as pessoas que estão privadas de sono possam ser comparadas a zumbis ou a "mortos-vivos". Não chega a ser assim tão dramático, mas a privação do sono tem sido relatada como sendo uma experiência de se sentir com o cérebro morto ou ter o raciocínio ou a cognição debilitados, sentir-se mentalmente mais lento e de estar em um nevoeiro mental. Então, vá dormir! Depois que você terminar de ler, é claro! Por fim, somente atualmente os efeitos em longo prazo dos distúrbios do sono na saúde estão sendo compreendidos. Uma boa fonte de informações sobre distúrbios do sono é a página do Instituto do Sono, em http://www.sono.org.br/sono/disturbiosdosono.php.

Chegando Pelado no Trabalho: Sonhos

Uma vez sonhei que dizia a um grupo de mulheres atraentes que meu nome era "Covil do Leão". Talvez haja um significado por trás disso, ou talvez fosse apenas incoerência mental. Eu acho que se você perguntar à maioria das pessoas, elas vão dizer que acreditam que os sonhos têm uma importância, ou simbólica ou profética. Os sonhos representam outro estado alterado da consciência, e alguns psicólogos postulam que os sonhos têm significados que podem ser interpretados. Não tenho muita certeza sobre o que meu sonho de Covil do Leão significa ou que mensagem a minha persona no sonho estava tentando transmitir, mas talvez tenha pensado que era uma coisa impressionante ser um lugar onde os leões vivem.

A psicanálise provavelmente foi aquela que proporcionou a visão mais abrangente sobre a importância psicológica dos sonhos e de sonhar. Freud e outros psicólogos psicodinâmicos chamam a atenção para um aspecto simples: os sonhos possuem significados mais profundos do que seus conteúdos superficiais podem evocar. Se eu sonhar que quero comprar um carro novo, isso significa mais do que querer um carro novo. Esse sonho pode significar um monte de coisas, mas o significado é algo único com relação às minhas características psicológicas, algo idiossincrático. O carro pode representar um desejo reprimido de ser livre, o carro é um símbolo de movimento.

LEMBRE-SE

Os psicanalistas acreditam que os conteúdos e os processos de sonhos representam conflitos, desejos e questões profundas e inconscientes. Sonhos são algo difícil de decifrar; muitas vezes são complicados e não fazem muito sentido. Em *A Interpretação dos Sonhos*, Freud afirma que os sonhos muitas vezes representam nossas tentativas de realizar desejos dos quais não temos consciência. Por meio da técnica de interpretação dos sonhos, um psicanalista pode ajudar um paciente a chegar ao significado fundamental de seus sonhos.

Muitas vezes, a compreensão do significado de muitos sonhos não é tão complexa. Eles simplesmente podem ser reflexos de fatos, preocupações ou experiências que estão na linha de frente de nossas mentes. No entanto, outras vezes, o "verdadeiro" significado de um sonho é extramente difícil, se não impossível, de se descobrir. Os sonhos e seus significados são um fenômeno muito pessoal e subjetivo. Mas só porque os sonhos e seus significados simbólicos são difíceis de serem analisados cientificamente, isso não deveria desacreditar ninguém do fato de que seus sonhos possuem algum significado mais profundo. O processo de descoberta do significado dos sonhos na terapia, tenha ele dados factuais corretos ou não, pode ser uma experiência empolgante e muitas vezes útil.

Independentemente do fato de os sonhos terem ou não um significado, alguns psicólogos defendem que eles cumprem uma função biológica vital. Com base na teoria restauradora do sono (veja a seção "Pegando no... zzzz" anteriormente neste capítulo), os sonhos são subprodutos da reorganização e do armazenamento que o cérebro faz das informações que recolhe ao longo do curso de um dia, no período em que se está acordado. Essa explicação na verdade permite a possibilidade de que os sonhos possam ser interpretados porque estão relacionados a fatos e situações reais; portanto, podem ter um significado.

Alterando a Sua Consciência

As pessoas vêm tentando alterar suas consciências deliberadamente desde os primórdios da história humana. Os seres humanos vêm fazendo uso da meditação, de medicamentos, de rituais religiosos, de privação do sono e de muitos outros meios para alterarem seus níveis de consciência no dia a dia.

O psicólogo e escritor Stanley Krippner identificou mais de 20 estados de consciência alterada. Um dos estados mais comuns é sonhar, e entre os estados alterados de consciência mais intrigantes identificados por Krippner estão estes a seguir:

» **Êxtase:** Um sentimento intenso de emoção muito forte, experimentado como prazeroso e positivo. As pessoas já relataram vivenciar o êxtase após o sexo, danças ritualísticas, rituais religiosos e com o uso de substâncias psicoativas.

» **Estados de transe:** Um estado de alerta, mas muito sugestionável. Um indivíduo em transe está focado em um único estímulo e está alheio a muito do que acontece à sua volta. As pessoas em transe algumas vezes relatam que sentem como se fossem "um" com o mundo. Rituais religiosos, cânticos, hipnose, lavagem cerebral, ioga e até mesmo a música podem induzir a estados de transe.

» **Devaneios:** Pensamentos momentâneos sem relação com o ambiente em que se está em determinado momento. Os devaneios muitas vezes podem ser consequência do tédio ou da privação sensorial ou de sono.

» **Consciência expandida:** Uma consciência aumentada fora do normal da experiência e da consciência cotidiana. As pessoas tentam de todas as maneiras "expandir" a sua consciência, desde com o uso de drogas até com a privação sensorial. Existem quatro níveis de consciência expandida:

- **Sensorial:** Uma experiência alterada do espaço, tempo e outros fenômenos sensoriais.
- **Rememorativa analítica:** Uma experiência na qual os indivíduos desenvolvem ideias inovadoras e revelações sobre si mesmos, o mundo e seu papel dentro do mundo.
- **Simbólica:** Identificação com uma figura histórica ou uma pessoa famosa acompanhada por símbolos místicos, tal como ter uma visão de um crucifixo ou de um anjo.
- **Integral:** Uma experiência religiosa e/ou mística, normalmente envolvendo Deus ou algum outro ser ou força sobrenatural. A pessoa geralmente se sente fundida com o universo, ou como se ela e o universo fossem um só. Esse estado tem sido às vezes chamado de *consciência cósmica*. Krippner e outros especialistas acreditam que pouquíssimas pessoas são verdadeiramente capazes de atingir este nível de consciência.

Com a mente na mente (estados meditativos)

Estados meditativos da consciência são considerados uma forma atípica de consciência, mas não necessariamente anormais ou mau adaptadas. Assim como com outros estados da consciência, o foco ou objeto da atenção são diferentes com a meditação. Há uma concentração e um foco intenso sobre uma faceta específica da experiência, atividade mental ou experiência física.

Muitas vezes, o estado meditativo tem sido designado como observar-se pensando. O propósito ou objetivo é se empenhar na prática como uma forma de treinamento mental para aumentar a capacidade de uma pessoa de se concentrar, ficar calma e se manter consciente. Isso também é usado como uma estratégia de sobrevivência positiva quando é preciso enfrentar um sofrimento ou adversidade.

A meditação é considerada como sendo uma técnica de aprimoramento mental. Existem muitas formas diferentes de meditação que se diferenciam de maneiras sutis; o foco da meditação podem ser os próprios pensamentos de uma pessoa (como na plenitude mental às sensações do corpo na meditação de varredura do corpo) ou com uma afirmação ou frase falada repetidamente (como em cânticos religiosos ou algumas preces).

A prática da meditação tem sido associada a benefícios positivos à saúde, como na redução do estresse e nas tensões musculares. Ela tem sido usada conjuntamente com a psicoterapia para tratar depressões e transtornos de estresse pós-traumático (TEPT). Embora esteja historicamente associada ao budismo, muitos consideram a meditação como sendo uma prática não denominativa e não religiosa, que pode ser aplicada a objetivos médicos, educacionais, atléticos e até comerciais. Além disso, por que só os budistas deveriam ter toda a diversão?

Parece que as pessoas vêm tentando alterar suas consciências desde o início da civilização. Na próxima seção você poderá explorar os fascinantes modos pelos quais as pessoas tentam alterar ou mudar suas consciências. Para alguns, a consciência alterada é obtida mediante o uso de drogas modificadoras da consciência. Para outros, pode vir na forma de hipnose.

Inebriando-se com uma vida consciente

Talvez um dos métodos mais comuns de alteração da consciência seja o uso de drogas. O uso de drogas é tanto um fenômeno antigo quanto uma prática contemporânea. Os arqueólogos encontraram vestígios de cocaína em corpos mumificados do antigo Egito.

Algumas pessoas alegam que um dos propósitos de consumir drogas é aumentar a percepção do conceito de consciência em si. A maioria das pessoas que usam drogas diz que o fazem a fim de ficarem *altos* ou ébrios.

LEMBRE-SE

O estado de ficar inebriado na verdade representa uma mudança na consciência, talvez indo desde um nível de consciência que induz a sentimentos negativos até um nível diferente de consciência em que um indivíduo não se sinta mais "mal". A ideia de que a droga é uma fuga se comprova, se for considerado que muitas drogas que alteram a mente e o humor desencadeiam uma transição de um estado de consciência para outro.

Nem todas as drogas têm necessariamente um impacto na consciência. Eu não me lembro de ter me sentido alterado da última vez que tomei uma aspirina ou um antibiótico. As drogas cujo efeito principal é a alteração da consciência são chamadas de *drogas psicoativas*. Entre as drogas e substâncias psicoativas mais comuns estão o LSD, o pó de anjo, a maconha, a cocaína, as anfetaminas, os barbitúricos, o ecstasy e o álcool.

CUIDADO

Embora algumas pessoas acreditem no uso de drogas para o alegado propósito de expansão de suas consciências como sendo uma coisa boa, enquanto um profissional da saúde, me sinto compelido a alertá-lo acerca dos muitos efeitos negativos do uso e do abuso das substâncias psicoativas. Vício, danos ao cérebro, doença mental, angústia psicológica e problemas sociais e legais são as consequências mais comuns do uso de drogas psicoativas. Tendo isso em mente, advirto veementemente a qualquer um que esteja considerando o uso de drogas a evitá-las, e meu argumento é o de que a busca por estados de consciência elevados sem o uso de substâncias é muito mais revelador.

INEBRIANDO-SE NATURALMENTE

Stanley Krippner define o estado alterado da consciência como um estado mental que é subjetivamente vivenciado como representando uma diferença no funcionamento psicológico do estado normal, alerta e desperto de um indivíduo. A importância da diferença subjetivamente experimentada pode ser ilustrada por uma história contada por Baba Ram Das em seu livro *Be Here Now*.

O nome original de Baba Ram Das era Richard Alpert. Alpert foi professor de psicologia de Harvard durante a década de 1960, onde ele e Timothy Leary realizaram experiências com LSD. A frase mais famosa de Timothy Leary era "Se ligue, se sintonize, e caia fora". A certa altura, tanto Alpert quanto Leary foram demitidos.

Ram Das viajou para a Índia em busca do caminho da sabedoria hindu e para descobrir se alguém poderia explicar por que o LSD parecia ter um efeito tão profundo na consciência. Um dia, Ram Das encontrou um guru muito sábio e respeitado. Ram Das perguntou ao guru se ele poderia explicar os efeitos do LSD. O guru pediu um pouco de LSD, e Ram Das concordou. O guru consumiu mais LSD do que Ram Das já havia visto um ser humano consumir, mas no guru a droga não parecia ter qualquer efeito! Ele não teve nenhuma "viagem de ácido". Não houve nenhuma mudança em seu estado de consciência presente e ele não vivenciou um estado alterado de consciência quando tomou LSD. Será que isso significa que o guru já estava em algum tipo de "viagem de realidade" ou de "LSD espiritual"?

Entrando em estado hipnótico

Feche os olhos e relaxe. Você está *muuuuiiito* relaxado. Sua respiração está lenta. Você está começando a se sentir sonolento. Você está *muuuuiiito* relaxado.

Bem, isso funcionou? Olá? Você está sob meu feitiço hipnótico? Provavelmente não. Eu nem mesmo tenho formação em hipnose. É uma habilidade especial, e nem todos os terapeutas ou psicólogos são treinados para o fazer. A *hipnose* é um procedimento no qual uma pessoa, chamada de hipnotizador, faz sugestões a um sujeito em termos de mudanças em sensações, sentimentos, pensamentos ou comportamentos. Alguns psicólogos acreditam que a hipnose é simplesmente um aumento da sugestionabilidade que permite ao hipnotizador "controlar" o comportamento do sujeito. Outros psicólogos propõem que a hipnose, na verdade, é um estado alterado da consciência na qual uma pessoa se *dissocia* (se separa) de seu estado de consciência normal ou regular.

LEMBRE-SE

A chave para compreender o mecanismo da hipnose é a *sugestão*. Um *sugestionamento* é um direcionamento dado a um sujeito para que aja, sinta ou pense de uma maneira em particular. Um hipnotizador começa o processo com alguns sugestionamentos agradáveis e avança para solicitações mais sofisticadas. Esse processo é chamado de *indução hipnótica* e é considerado um transe hipnótico leve.

A hipnose tem sido usada para muitos propósitos diferentes, desde o entretenimento até para ajudar as pessoas a pararem de fumar. As aplicações da hipnose mais controversas envolvem regressões a vidas passadas e a recuperação de lembranças reprimidas. Há pouca evidência científica que respalde a legitimidade da regressão a vidas passadas mediante a hipnose. É quase impossível de provar isso. Por quê? Qualquer coisa que uma pessoa relate só poderá ser verificada em registros históricos, e se eu posso olhar os registros para verificar essas informações, também o indivíduo em questão poderia tê-los olhado para fraudar uma regressão.

> **NESTE CAPÍTULO**
>
> Sentindo o mundo
>
> Vendo as coisas de uma forma um pouco mais clara
>
> Sentindo o calor
>
> Elaborando suas percepções

Capítulo 5
Sensibilizando-se

Ver para crer! Eu não tenho ideia sobre de onde essa frase surgiu, mas ela diz algo importante sobre as pessoas. Ou seja, as pessoas entendem ou compreendem as coisas mais facilmente se conseguem vê-las, tocá-las, ouvi-las, e assim por diante. Por que será que não é todo mundo que acredita em fantasmas, OVNIS ou muitas outras coisas que a maioria das pessoas não vivenciou em primeira mão? Esta é exatamente a questão. A maioria das pessoas não experimentou esses fenômenos com seus próprios sentidos, então não acreditam neles. Como você sabe se alguma coisa faz ou não parte do mundo em que vive — e se isso é real?

O tema da psicologia abrange um monte de diferentes áreas de estudo que apontam para as derradeiras questões sobre por que e como os humanos fazem o que fazem. Este capítulo concentra-se em por que e como sentimos e percebemos o mundo. Essas são coisas tão óbvias quanto o nariz em seu rosto, mas é fácil deixar passar despercebido o impacto que os sentidos têm nos pensamentos, humores e ações cotidianas. A psicologia, como o estudo do comportamento e dos processos mentais, também inclui observar como nossos sentidos —a capacidade de ver, ouvir, provar, tocar, sentir, e assim por diante — funcionam na realidade.

Os humanos não são apenas pequenos cérebros flutuando dentro de um corpo sem nenhum contato com o mundo externo. Pelo contrário, a maioria das pessoas normalmente está inteiramente em contato com o mundo a seu redor, recolhendo informações, processando-as e utilizando o que percebem para navegar por uma ampla gama de possibilidades. Então por que a compreensão do materialismo é importante? Porque as pessoas mantêm contato com as informações que são processadas justamente por meio dos materiais físicos que as criam.

Neste capítulo analiso mais de perto as formas pelas quais as pessoas sentem e percebem o mundo.

Os Alicerces: Nossos Sentidos

Já há muito tempo, médicos e químicos vêm ressaltando o fato de que o mundo é feito de substâncias materiais: partículas, átomos, moléculas e diversas formas de energia. Basicamente, o universo é uma grande bola de energia. Tudo o que existe consiste em uma configuração específica de energia. Uma definição operacional para a *sensação* seria o processo pelo qual recebemos energia/informação bruta do ambiente. Se você quiser uma definição mais formal, então a *sensação* pode ser o processo de obtenção de informações sobre o mundo por meio da recepção de suas diversas formas de energia.

Aqui estão as formas de energia mais comuns vivenciadas pelos seres humanos:

- » Luz (energia eletromagnética)
- » Som (energia acústica ou ondas de som)
- » Calor (energia térmica)
- » Pressão (energia mecânica ou física)
- » Energia química

Alguns organismos sentem os mesmos tipos de energia que os seres humanos, mas outras formas de vida são sensíveis a diferentes variações das formas de energia. Os tubarões podem sentir o cheiro de partículas químicas (de sangue, por exemplo) a partir de quantidades muito menores do que as pessoas conseguem, e os cães podem ouvir frequências de sons muito mais altas do que nós.

LEMBRE-SE

Para cada forma de energia que os seres humanos sentem, um órgão específico ou "dispositivo" é usado para recebê-la. Aristóteles, um filósofo da Grécia Antiga (que viveu por volta de 350 a.C. e que alguns dizem que foi o último homem a saber tudo o que havia para se saber), afirmava que os seres humanos têm cinco sentidos básicos. Cada um dos cinco sentidos humanos básicos são receptivos a uma forma específica de energia. Hoje em dia, os psicólogos sabem que os seres humanos têm, pelo menos, dez sentidos diferentes, mas Aristóteles identificou os principais:

- » A **visão** recebe energia luminosa.
- » A **audição** recebe energia ou *ondas sonoras*.

- » O **toque** recebe energia mecânica.
- » O **olfato** recebe energia química transportada pelo ar.
- » O **paladar** recebe energia química.

O processo do sentir

Quando a luz viaja de uma lâmpada ou ondas sonoras viajam de um alto-falante, elas são interceptadas por dispositivos sensores ou *estruturas acessórias*. Os olhos, os ouvidos, a pele, o nariz e a boca são chamados de *estruturas acessórias* porque proporcionam acesso ao ambiente. Depois que a energia atinge a estrutura sensorial, ela precisa chegar de alguma forma ao cérebro. A luz, as ondas sonoras e de calor não pulam dando voltas dentro da cabeça de uma pessoa — pelo menos não na minha. Então como elas chegam lá dentro?

Em primeiro lugar, tenha em mente que o cérebro usa sua própria forma de energia. No Capítulo 3 descrevo um tipo específico de energia do cérebro. Ela é chamada de *energia eletroquímica* e está associada à criação de um sinal elétrico de reações químicas. Processos eletroquímicos ocorrem em muitas áreas da natureza. Por exemplo, algumas criaturas marinhas, como as enguias, podem gerar cargas elétricas utilizando o processo eletroquímico. No cérebro, essa energia é a forma como os neurônios operam e se comunicam entre si. Assim, a fim de que o cérebro processe as diversas formas de energia que os órgãos dos sentidos de uma pessoa recebem, cada uma das formas de energia tem de sofrer um processo de transformação, chamado de *transdução*, que transforma a energia bruta em energia eletroquímica ou neural. A transdução é um processo bastante comum, encontrado muitas vezes no mundo digital de hoje, já que sons e imagens são transduzidos ou transformados em "bits" ou códigos digitais, e transmitidos pelas redes de internet e de telefones celulares ao redor do mundo.

O que possibilita a transdução é a presença de tipos específicos de células, os *receptores*, em cada um dos sistemas sensoriais. E cada um deles tem seu próprio tipo de célula receptora. Depois que as células receptoras *transduzem*, ou transformam, a energia do ambiente, um sinal neural viaja por um *nervo sensorial*, levando a informação às partes do cérebro que estão associadas ao processamento e à análise da informação.

As músicas que você ouve ou as vozes humanas têm apenas um tom? A luz que você vê chega em somente uma cor? Claro que não! Cada uma dessas experiências sensoriais, ou *estímulos*, é composta por um conjunto complexo de comprimentos de ondas de luz, frequências de sons, intensidades de cheiros e gostos, e assim por diante. E seus sistemas sensoriais estão trabalhando para resolver isso para você. Por meio do processo de *codificação e representação*, seu cérebro aprende a complexidade dos estímulos ambientais que você encontra.

SINESTESIA

Algumas pessoas afirmam que escutam luzes e veem sons. Já outras pessoas relatam que certos sons têm uma cor. *Sinestesia* é o nome que se dá à habilidade que algumas pessoas possuem para perceber uma (ou mais) forma de energia com um sistema sensorial diferente dos que são normalmente usados para o estímulo. Estima-se que esse fenômeno afete uma em cada duas mil pessoas. Os cientistas suspeitam que a causa dessa experiência é a presença de alguns "fios" ou conexões neurais que se cruzam no cérebro. Simon Baron-Cohen, um psicólogo e pesquisador sobre autismo reconhecido no mundo inteiro, elaborou a hipótese de que a sinestesia é possível quando conexões adicionais do cérebro permitem que sistemas sensoriais que antes estavam separados possam interagir. Qualquer que seja a causa desse fenômeno, me parece ser uma coisa bem legal. Eu adoraria ser capaz de ver a música quando danço, porque com toda a certeza eu não posso senti-la!

Os seres humanos vivenciam a complexidade de um estímulo depois que o cérebro traduz suas diferentes características em um aspecto específico da atividade neural. A teoria das *energias específicas dos nervos* afirma que cada sistema sensorial fornece informação para apenas um sentido, não importa como os nervos sejam estimulados. Em outras palavras, partes específicas do cérebro sempre rotulam o estímulo que recebem como luz ou som.

Os psicólogos já trabalharam com neurocirurgiões em experiências com pacientes que, por diversas razões médicas, precisaram ter uma parte do crânio removida, expondo, assim, o cérebro. Nessas experiências, os neurocirurgiões pegaram um eletrodo e destruíram partes específicas do cérebro exposto com um pequeno choque de eletricidade. Mas quando aplicaram esse choque, uma coisa estranha aconteceu. As pessoas que participavam da experiência disseram: "Eu estou ouvindo galinhas grasnarem". Se eles destruíssem a parte do cérebro que processasse o gosto, alguém poderia dizer: "Estou sentindo o gosto de sopa de tomate. Hummm, está bom".

Como isso é possível? Quando uma parte em particular do cérebro é estimulada, ele pensa que está recebendo um tipo específico de informação do órgão do sentido que a processa, mesmo que não esteja. Então sistemas sensoriais específicos estão ligados a regiões específicas do cérebro, permitindo que o cérebro saiba a diferença entre ouvir um som e ver uma luz.

Diferentes aspectos de um estímulo estão codificados no cérebro dependendo de quais neurônios estão ativados e do modelo de ativação do neurônio. Se, por exemplo, os neurônios do sistema visual são ativados, o cérebro detecta a luz. Se o modelo de ativação neural se diferencia, o cérebro percebe diferentes comprimentos de onda ou intensidades de luz, de forma que possa distinguir entre a luz do sol e a luz de uma vela. O final do rastro sensorial leva a uma *representação* neural da sensação em uma região específica do cérebro onde você finalmente ouve a música ou vê as cores.

Vendo

A visão é possivelmente um dos sentidos humanos mais importantes. Embora os outros sentidos também o sejam, ser capaz de ver é decisivo para se sair bem no mundo moderno. Nesta seção conto a história de uma pequena viagem — a viagem que a luz faz através do olho e dentro do cérebro, completando nossa sensação de luz.

A jornada começa com uma *radiação eletromagnética*, comumente conhecida como luz. Luzes visíveis preenchem comprimentos de onda entre 400 e 750 nanômetros. Eu me lembro das aulas de física, quando aprendi que a luz viaja em ondas. A intensidade da luz é calculada medindo-se o tamanho das ondas, e sua frequência é medida pela quantidade de picos de uma onda que passam em um ponto em particular dentro de um período de tempo específico. O comprimento de onda é importante para saber como as pessoas percebem a luz, porque são os diferentes comprimentos de onda que possibilitam experienciar as cores.

O processo é o seguinte:

1. **A luz entra no olho através da *córnea*.**
2. **A luz passa através da *pupila*.**
3. **A lente do olho concentra a luz na *retina*.**
4. **A energia da luz é convertida em energia neural — uma ação conhecida como *transdução* da luz.**

Compreender o processo da transdução da luz requer um olhar mais atento na retina, uma parte do olho que está localizada no revestimento interno que fica atrás do globo ocular. A retina contém algumas células especiais chamadas de *fotorreceptores*, que são os responsáveis pela transdução. Essas células possuem substâncias químicas chamadas de *fotopigmentos*, que são destruídos quando os fótons de luz que viajam na onda de luz entram em contato com elas. Esse fato dá início a uma reação química que ordena à célula que dispare um sinal para o *nervo óptico*. O sinal então viaja para o *córtex visual* do cérebro, a parte do cérebro responsável por analisar estímulos visuais. Assim, a luz é transformada em energia neural ao literalmente romper as substâncias químicas na retina, o que desencadeia um sinal neural. Essas substâncias químicas estão armazenadas em duas células diferentes (chamadas de fotorreceptoras) na retina: os *bastonetes* e os *cones*.

Os bastonetes possuem uma substância química chamada de *rodopsina*, que é muito sensível à luz. Essa substância reage a luzes de intensidade muito baixa e ajuda com a visão periférica. Essa é a razão pela qual vemos principalmente em preto e branco quando está escuro, e também por que podemos ver melhor as estrelas à noite se não olharmos diretamente para elas.

Os cones possuem substâncias químicas conhecidas como iodopsinas, que estão estreitamente ligadas às rodopsinas. Cada um dos três tipos de cones contém uma forma diferente de iodopsina. Os três tipos de cones reagem a diferentes comprimentos de onda de luz e estão ligados à capacidade de ver cores.

Vendo cores

Algumas pessoas não conseguem distinguir certas tonalidades das cores azul, verde e vermelha, ou seja, são daltônicas para esses tons. Essa restrição significa que tais pessoas têm dificuldades para perceber os comprimentos de onda específicos da luz associada a essas cores específicas. Elas não possuem um fotopigmento que é sensível aos comprimentos de onda. Normalmente, elas só têm dois tipos de cones, não três. Felizmente, a maioria das pessoas consegue ver o mundo com toda a glória dos tons do arco-íris.

Existem duas teorias básicas de visão de cores, a *teoria tricromática* e a *teoria do processo oponente*.

» A **teoria tricromática** é realmente básica. A ideia é a de que a retina contém três tipos diferentes de cones (fotorreceptores), sendo que cada um reage a diferentes comprimentos de ondas de luz e possibilitam nossa experiência com diferentes cores.

- Cones de c*omprimentos de onda curtos* reagem à luz em torno de 440 nanômetros, ou luz azul.

- Cones de *comprimentos de onda médios* reagem à luz em torno de 530 nanômetros, ou luz verde.

- Cones de *comprimentos de onda longos* reagem à luz em torno de 560 nanômetros, ou luz amarelo-esverdeada.

Quando cada um dos sistemas de cones é parcialmente ativado, as combinações dessas três cores básicas são visíveis em cores como a água-marinha e o alaranjado. Mas a questão principal aqui é que a experiência humana de ver todas as cores se origina a partir dos estímulos desses três cones básicos.

» A **teoria do processo oponente** da visão colorida afirma que o cérebro contém diferentes tipos de neurônios, que reagem de formas diferentes a diferentes cores. A ideia é a de que essas células disparam mais — se comparadas à sua base de referência, ou plano de fundo, nível de disparo — quando estimuladas por um tipo de luz, e disparam menos quando estimuladas por outro tipo. Então, se você está olhando para o vermelho, suas células especiais vermelhas aumentam o nível de disparo. Quando você está olhando para o verde, suas células vermelhas relaxam no nível de disparo, e suas células verdes elevam o nível de disparo. Há "conjuntos de células" também para o amarelo e o azul.

Esta teoria explica as imagens de algo chamado de *efeito de pós-imagem negativa* em sua mente, que são cores diferentes das que estão na imagem real que você está vendo. O exemplo mais conhecido utiliza uma bandeira dos EUA que possui estrelas pretas no lugar de brancas, listras verdes no lugar de vermelhas, e um plano de fundo amarelo no lugar de um azul. Após olhar a imagem durante um tempo, uma pessoa pode fechar os olhos e ver a bandeira em suas cores reais, porque as células estimuladas pelas luzes preta, verde e amarela estão se recuperando do estímulo e começam a "ver", em seu lugar, luzes brancas, vermelhas e azuis. Experimente. Fixe seu olhar em um quadrado amarelo de 2,5cm x 2,5cm por cerca de 30 segundos e então olhe para uma folha de papel em branco. Você deverá ver um quadrado azul no lugar de um papel branco.

Então, qual das teorias é a correta? Como acontece muitas vezes na psicologia, e de forma mais geral na ciência, uma pergunta do tipo "ou isto ou aquilo" acaba por ter como resposta "ambas"! Os psicólogos agora sabem que a teoria tricromática descreve o que acontece na retina do olho, enquanto a teoria do processo oponente descreve o que acontece no cérebro.

Calculando distâncias

Como você poderia medir a distância que um objeto está de você apenas olhando para ele? Bem, talvez você não consiga fazer isso, mas algumas pessoas têm um verdadeiro talento para calcular distâncias apenas olhando para elas. Pessoalmente, eu precisaria de uma fita métrica, uma régua, um levantamento topográfico e um GPS (Posicionamento Global por Satélite) para calcular distâncias, no entanto, profundidade e distância são calculados pelos sistemas visuais do corpo utilizando-se de duas entradas: *sugestões monoculares* e *sugestões binoculares*.

» As **sugestões monoculares** são simples; você sabe que algumas coisas são maiores que outras. Cães são maiores que ratos. Carros são maiores que cachorros. Casas são maiores que carros. Pelo fato de você saber essas coisas por experiência própria, toda vez que vê em sua retina a imagem de um rato que é maior do que a imagem de um cão na mesma cena, você sabe que o rato está mais perto de você do que o cachorro. Da mesma forma, se você vê um cão que é maior que um carro, você imagina que o cão esteja mais perto.

A regra é que coisas que aparecem como imagens maiores em nossas retinas são supostas como estando mais perto. Os artistas usam essa regra o tempo todo quando querem retratar uma cena tridimensional em uma tela bidimensional.

» As **sugestões binoculares** são interessantes e um pouco estranhas. Você se lembra do Ciclope dos filmes de *Sinbad*? Ele só tinha um olho. De acordo com as regras da visão binocular, ele teria muita dificuldade para determinar distâncias, porque as sugestões de distância binocular dependem de dois olhos para fornecer informações para o cérebro.

- *Convergência* é uma sugestão binocular e se refere a informações fornecidas ao cérebro pelos músculos dos olhos a fim de calcular distâncias. Quando seus olhos estão apontando para dentro, em direção a seu nariz, o cérebro sabe que você está olhando para algo perto de você. Quando seus olhos apontam para fora, o cérebro sabe que você está olhando para um objeto mais distante.

ASSOCIAÇÃO LIVRE

- A visão *estereoscópica* é outro, e mais importante, tipo de sugestão binocular. Experimente isso bem rapidamente. Faça um quadrado, como uma moldura, com suas mãos conectando seus dedos polegares e indicadores às pontas enquanto mantém os outros dedos dobrados. Então feche um de seus olhos e se concentre em um objeto que esteja à sua volta. Emoldure o objeto no meio da caixa. Agora feche aquele olho e abra o outro. O que aconteceu? O objeto deve ter se movido. Isso acontece por causa da visão estereoscópica. Cada um de seus olhos dá um ângulo ligeiramente diferente da mesma imagem, porque eles estão separados. O seu cérebro avalia a distância se utilizando de diferentes ângulos quando calcula a diferença entre as duas imagens.

Ouvindo

O som viaja em ondas e é medido por sua *amplitude* ou *tamanho de onda* e *frequência* ou *número de ondas por unidade*. Cada uma dessas ondas se traduz em uma experiência psicológica: a amplitude determina o barulho (a banda de rock do meu vizinho), e a frequência proporciona o tom ou o timbre (o vocalista estridente da dita banda de rock do meu vizinho). As estruturas do ouvido são especificamente projetadas para *transduzir*, ou converter, a energia de ondas sonoras em energia neural.

Um som entra pela primeira vez na orelha à medida que é canalizado pelo *pavilhão auditivo*. A parte externa amarrotada da orelha de um ser humano foi projetada como uma "concha de som". À medida que o som passa pelo canal da orelha, em algum momento atingirá o tímpano, ou a *membrana timpânica*. O tímpano vibrante sacode três pequenos ossos (*malleus*, *incus* e *stapes*, que são palavras do latim para *martelo*, *bigorna* e *estribo*), que amplificam a vibração.

A transdução auditiva ocorre depois que a onda de som atinge o ouvido interno, a *cóclea*, que contém o hardware para o processo de transdução. Ela é preenchida por fluídos, e seu fundo é forrado com a *membrana basilar*. As *células ciliadas* (elas realmente se parecem com cílios) estão junto à membrana basilar. As ondas de som que chegam dentro do ouvido interno modificam a pressão do fluido dentro da cóclea e criam ondas de fluidos que movem a membrana basilar. O movimento dessa membrana faz com que as células ciliadas se curvem, o que dá o pontapé para que a transdução comece. Quando as células ciliadas se inclinam, suas propriedades químicas são alteradas, mudando, assim, sua polaridade elétrica e posicionando-as para disparar e enviar um sinal neural. As ondas sonoras, agora transformadas em energia eletroquímica neural, viajam até o *córtex auditivo* (a parte do cérebro responsável pela audição) para possibilitar o processamento perceptivo.

Tocando e sentindo dor

O sentido do toque engloba sentir pressão, temperatura e dor. Células especializadas na pele sentem o toque enviando um sinal à espinha dorsal e depois ao cérebro. A transdução no toque é um processo físico ou mecânico; é muito mais direta do que a transdução química nos olhos que possibilita a visão. Quando o calor, o frio ou o peso estimulam os receptores de toque na pele, um sinal neural viaja até o cérebro, de forma muito parecida a como funcionam as células ciliadas do ouvido interno.

A dor é um caso especial para o sentido do toque, porque seria difícil evitar danos e sobreviver neste mundo sem o sentido da dor. É pelo fato de sentir dor quando toca o fogo que você é encorajado a evitar ficar muito perto dele, o que ajuda a prevenir que você queime a sua pele e, possivelmente, morra. A dor é um sinal importante de que algo está danificando, prejudicando ou destruindo o corpo.

Duas fibras nervosas específicas localizadas por toda a pele sinalizam a dor para o cérebro: as fibras A-delta e as fibras C. As fibras A-delta carregam sensações intensas e trabalham rapidamente. As fibras C comunicam dores crônicas e leves e sensações de queimaduras.

Algumas pessoas parecem ter uma resistência realmente alta à dor. A *teoria do portão para o controle da dor* afirma que os sinais de dor precisam passar por um portão na espinha dorsal que é quem "decide" quais os sinais que chegam ao cérebro e quais deles não chegam. Se outro sentido estiver usando o atalho da dor em um determinado momento, talvez o sinal da dor não atinja o cérebro. Por exemplo, esfregar a sua coxa quando seu tornozelo dói parece ajudar a atenuar a dor no tornozelo. Isso acontece porque o sinal de esfregar (a pressão) a coxa está competindo com o sinal de dor do tornozelo pelo acesso ao portão. Isso é incrível, não é? Eu sempre fico estupefato diante da complexidade do corpo humano.

Cheirando e provando

O sentido referente ao cheiro é chamado de *olfato*. Às vezes eu sinto o cheiro do churrasco do meu vizinho no final de semana. Eu sinto isso porque pequenas partículas da comida que está sendo cozida, *partículas químicas voláteis*, começam a ser transportadas pelo ar e se deslocam até os receptores olfativos em meu nariz. E lá dentro existem milhares de receptores olfativos que são capazes de detectar dezenas de milhares de cheiros diferentes.

As moléculas das substâncias químicas voláteis provocam uma mudança química nos receptores do meu nariz, que então coloca o processo de transdução em movimento. A energia química é então convertida em energia neural pelos receptores de células, e um sinal atinge o *bulbo olfativo* no lugar em meu cérebro onde o sinal está sendo processado. O bulbo olfativo também se conecta com a parte do meu cérebro que está associada às emoções. Alguns pesquisadores acreditam que essa conexão física no cérebro é a razão pela qual, de vez em quando, os cheiros podem ativar lembranças emocionais.

Talvez você já tenha ouvido falar sobre os efeitos dos *feromônios*, que são cheiros que os animais exalam como sinais para outros animais durante o período de acasalamento. Algumas empresas comercializam produtos com feromônios para seres humanos, especialmente para homens desesperados à procura de alguém para namorar. Mas os seres humanos realmente produzem feromônios? As pesquisas nesse campo continuam, mas algumas descobertas recentes sugerem que sim. O sistema feromônico depende de um segundo órgão do olfato, o órgão vomeronasal, ou órgão de Jacobson. Esse sistema é importante tanto para animais tão pequenos como mariposas quanto para os tão grandes quanto elefantes.

O *paladar* se refere ao sentido do gosto. O gosto é um sentido químico elaborado possivelmente por receptores químicos na língua conhecidos como *papilas gustativas*. Todos os gostos são variações de cinco temas: doce, azedo, amargo, salgado e umami. O umami tem sido aceito em geral como uma quinta dimensão do gosto. Os receptores são ativados por glutamato monossódico (MSG, do inglês, *monosodium glutamate*), que é muitas vezes adicionado às comidas processadas. Aproximadamente dez mil papilas gustativas estão presentes em cada língua, reagindo às moléculas de comida e convertendo a energia química em energia neural que envia a informação para a área do cérebro ligada à análise da informação sobre os gostos.

Equilíbrio e movimento

Apesar de sábio, Aristóteles ignorou alguns sistemas sensoriais importantes. Bailarinas e patinadores de gelo parecem conseguir flutuar pelo espaço com seus movimentos equilibrados e desafiadores da gravidade. Essas habilidades maravilhosas são possíveis em parte devido aos *sentidos do corpo*, que são os processos sensoriais de orientação do corpo (no espaço) e do movimento — muitas vezes chamados de sentido cinestésico. Sem os sentidos de equilíbrio e movimento, não seria possível andar em uma linha reta ou até mesmo ficar de pé.

Estruturas conhecidas como *órgão vestibular*, localizado no ouvido interno, e os receptores localizados ao longo do corpo estão associados ao equilíbrio e ao sentido cinestésico. O órgão vestibular consiste de uma série de "canais" que são preenchidos com fluidos que contêm células receptoras como se fossem fios de cabelo. À medida que a cabeça se movimenta, o fluido dentro dos canais se movimenta ou flutua, inclinando as células receptoras e fazendo com que elas façam um disparo, dizendo ao cérebro que a cabeça está se movimentando. O movimento do fluido desencadeia a sensação de movimento.

O sentido cinestésico é a consequência dos disparos dos receptores localizados ao longo do corpo na pele, nos músculos e nas articulações. Os disparos desses receptores fornecem as informações sensoriais enviadas ao cérebro sobre a parte do corpo em particular que está se movendo ou sendo pressionada e a orientação das partes do corpo em relação umas às outras. Quando o sentido de movimento, de equilíbrio, de orientação, da parte do corpo em movimento e as partes do corpo em relação umas às outras estão todas trabalhando juntas de uma maneira bem coordenada, é possível obter a graça e a fluidez do movimento.

Finalizando o Produto: A Percepção

O mundo é algo muito mais complexo do que um amontoado de sons, cheiros, gostos e outras sensações singulares possam denotar. Você ouve sinfonias, não apenas as notas. Você vê os fogos de artifício, não somente os fótons de luz. Você permite que suas papilas gustativas se deleitem com comidas saborosas, não gostos individualmente salgados, azedos, amargos, umamis e doces. Então reserve um momento para agradecer à sua capacidade de percepção por esses prazeres. Eu espero enquanto você faz isso.

Percepção é o processo de organizar, analisar e dar significado às diversas sensações com as quais você é bombardeado diariamente. Se a sensação fornece o material bruto, a percepção é o produto final.

LEMBRE-SE

Aqui estão duas visões bastante aceitas acerca do processo complexo relacionado à percepção:

>> **Ecológica:** Essa ideia afirma que seu ambiente fornece toda a informação de que você necessita para sentir o mundo; pouquíssima interpretação ou elaboração é requerida. Por exemplo, quando percebo uma árvore, não é porque elaborei uma percepção dela em minha mente. Eu percebo a árvore porque a árvore me proporcionou todas as informações necessárias para que eu a perceba tal como ela é.

>> **Construcionista:** Nessa visão, o processo de percepção baseia-se em um conhecimento e informação anterior para elaborar a realidade a partir de fragmentos da sensação. Você não é apenas um receptor passivo de informações sensoriais. Em vez disso, você está ativamente elaborando o que vê, ouve, prova e sente.

Independentemente de qual dessas duas visões você partilhe, o processo de percepção tem alguns princípios básicos. Se a sensação é o processo de detectar tipos específicos de energia no ambiente, como você sabe quais informações valem a pena e quais delas são apenas ruídos de fundo? Afinal, não é possível que você consiga responder a todo pedacinho de energia sensorial com a qual se depara. Todo o barulho de tráfego, o zunido do vento, a agitação dos pedestres e muitas outras coisas poderiam facilmente sobrecarregar uma pessoa. Essa é a razão pela qual os sistemas perceptuais têm um mecanismo embutido para determinar quais as informações que devem ser detectadas.

A teoria do limiar

O conceito de um *limiar absoluto* se refere à quantidade mínima de energia em um ambiente que um sistema sensorial consegue detectar. Cada sistema sensorial tem um limiar absoluto abaixo do qual a energia não garante nem armazena atenção perceptiva. Um estímulo precisa ser mais alto do que seu limiar absoluto para que você note que ele está lá.

Outro tipo de limiar, o *limiar diferencial*, é descrito pela *Lei de Weber*, que introduz a *diferença apenas perceptível (DAP)*. A DAP é a menor diferença entre dois estímulos que lhe permite diferenciá-los. Cada um dos sistemas sensoriais determina uma fração constante de intensidade para cada forma de energia que representa a menor diferença detectável entre intensidades de energia. A ideia é que a diferença entre dois estímulos tem que exceder a DAP, a fim de que ele seja detectável, caso contrário, um observador pensará que os dois estímulos são iguais. Por exemplo, a diferença apenas perceptível para o brilho é de cerca de 1/60: eu mal posso dizer qual é a diferença em termos de brilho entre uma lâmpada de 60 watts e uma de 61, se as empresas fabricassem uma lâmpada de 61 watts.

A teoria da detecção de sinais

Outra teoria conhecida como *teoria de detecção de sinais* faz uma análise ligeiramente mais complicada sobre o problema. Uma quantidade imensa de energia ambiental é considerada ruído de fundo (pense nos sons de tráfego quando você está em um automóvel). Quando você se depara com um estímulo, chamado de *sinal* (pense no rádio de seu carro), você tem que distinguir entre o sinal (rádio do carro e barulho de tráfego) e o ruído de fundo (apenas os sons do tráfego). É por isso que você precisa aumentar o volume do rádio do carro quando o trânsito está intenso nas horas de pico; há mais barulho, por isso você precisa aumentar a força do sinal. A teoria de detecção de sinais diz que sua capacidade de perceber estímulos se baseia em sua *sensibilidade* e em seus *critérios de resposta*. A sensibilidade tem a ver com uma característica básica de cada sistema perceptivo: o que ele é capaz de distinguir. Os critérios de resposta são determinados por fatores situacionais, como emoções e motivações. Com base em sua sensibilidade e padrões de resposta, você pode tanto detectar corretamente um estímulo (*acertar*), falhar em detectar um sinal quando algum estiver disponível (*errar*), detectar um sinal sem que ele esteja lá (*alarme falso*), ou relatar a ausência de um sinal quando não houver nenhum (*rejeição correta*).

Para entender os padrões de resposta, imagine que sua tarefa é dizer se eu acendi uma luz. Compare duas situações: em uma, você ganha $100 toda a vez que vê a luz quando ela é acesa (um *acerto*), mas você perde $1 a cada vez que diz que a luz está acesa sem que ela realmente esteja (*alarme falso*). Em outra situação, você ganha $1 para cada *acerto* e perde $100 por cada um dos *alarmes falsos*. Você se comportaria da mesma maneira em cada uma dessas situações? Eu não — no primeiro caso eu diria "luz" toda vez que sequer suspeitasse que ela se acendesse; já no segundo caso eu não diria "luz" a menos que tivesse certeza absoluta.

Distorções e motivações individuais determinam padrões de resposta e afetam se uma pessoa faz uma detecção correta ou não. Isso significa que quando as pessoas pensam que não as estou escutando, isso não é culpa minha. Eu não estou detectando o sinal delas porque estabeleço meu padrão de resposta alto demais. Entende? Eu sou uma vítima inocente de meus processos perceptivos.

Organizando por Princípios

O sistema perceptivo não é composto por um amontoado de regras arbitrárias e de processos aleatórios. Os psicólogos e outros pesquisadores descobriram ao longo dos anos princípios que orientam o modo como os sistemas perceptivos humanos organizam todas as informações que recebem dos sistemas sensoriais:

» **Figura-fundo:** A informação é automaticamente dividida em duas categorias: ou uma figura ou um fundo, ou um primeiro plano e um plano de fundo. A informação representativa é óbvia e imediata, já a informação de fundo não é muito significativa.

» **Agrupamento:** Essa ampla categoria contém os princípios que as pessoas usam para determinar se as informações pertencem a um grupo específico com estímulos similares. As seguintes características das informações ou dos estímulos ajudam no processo de agrupamento:

- **Proximidade:** Estímulos que estão próximos no espaço são entendidos como estando interligados.
- **Destino comum:** Estímulos que se movimentam na mesma direção e com a mesma velocidade são agrupados.
- **Continuidade:** Estímulos que criam uma forma contínua são agrupados.
- **Similaridade:** Coisas similares são agrupadas.

» **Fechamento:** Esse princípio é a tendência a completar as informações que estão faltando para completar um estímulo. Existe um aplicativo de jogo para smartphone que demonstra isso muito bem, no qual somente uma parte da logo de uma empresa ou corporação conhecida é apresentada e você tem que adivinhar qual é a empresa correta completando ou "fechando" o resto da logo.

A maioria dos psicólogos atualmente está no campo do *construcionismo*. (Veja a seção "Finalizando o Produto: A Percepção", anteriormente neste capítulo.)

Eles entendem a percepção como um processo de construção de seu sentido de realidade por meio de fragmentos de informação. As pessoas nascem com algumas das regras para organizar informações, mas alguns outros fatores podem influenciar a forma como você percebe as coisas.

As experiências pessoais têm um forte impacto sobre como você analisa as informações sensoriais. O conceito de um conjunto perceptivo, definido como uma expectativa sobre o que será percebido, tenta expressar isso. Você utiliza pistas deixadas pelo contexto e pela experiência para ajudá-lo a compreender o que você está vendo, provando, sentindo, e assim por diante. Por exemplo, se estou dirigindo por uma rua e vejo alguém com um uniforme da polícia parado ao lado da janela de um carro, presumo que um policial esteja fazendo uma batida de trânsito. Eu poderia, na verdade, estar olhando para uma pessoa vestida com um uniforme da polícia que está pedindo informações sobre um endereço, mas minha experiência me leva a supor algo diferente disso.

A cultura de uma pessoa é outra influência poderosa sobre como os estímulos são percebidos. Um bom exemplo do impacto que as influências culturais têm nas percepções é quando tentamos descobrir o enredo de uma história tendo como base uma série de imagens. Se tivermos quatro imagens, cada uma delas contendo uma peça diferente de um quebra-cabeças que, quando visto em sequência, pode contar uma história, é provável que eu imagine uma história diferente daquela que meu colega espanhol imagina. Por exemplo, digamos que eu esteja olhando para uma série de figuras que mostram estas imagens:

- Uma mulher está carregando uma bolsa.
- Uma mulher está chorando.
- Um homem se aproxima de uma mulher.
- Uma mulher se levanta sem nenhuma bolsa.

O que está acontecendo aqui? Eu posso ver uma mulher que está chateada porque deixou cair sua bolsa e um homem que vem para ajudá-la. Ou eu posso ver uma mulher chorando por medo do homem que está vindo em sua direção para roubar sua bolsa. Dependendo de minha cultura ou subcultura, sem mencionar minha experiência pessoal, poderei ver duas histórias bem diferentes.

ENGANANDO OS OLHOS

Os princípios organizacionais dos sistemas perceptivos possibilitam as ilusões perceptuais. Pode ser que você veja coisas que não estão realmente na sua frente ou que você veja coisas que se movimentam quando, na verdade, estão paradas. Os ilusionistas, incluindo os mágicos, usam as regras de organização perceptiva contra você. Eles têm uma compreensão perspicaz sobre o funcionamento dos sistemas perceptivos e se aproveitam desse conhecimento para realizar seus truques.

3
Pensando, Sentindo e Agindo

NESTA PARTE . . .

Descubra as ideias sobre o pensamento humano, que os psicólogos chamam de cognição, abrangendo tanto o conteúdo quanto o processo de pensamento.

Entenda que ser inteligente passa por toda uma discussão sobre comunicação, linguagem, inteligência e as diferentes teorias sobre "ser inteligente".

Entre em contato com seus sentimentos em um capítulo sobre a emoção e a motivação — esteja você mais interessado nas raízes do amor ou nas da raiva.

Investigue a compreensão psicológica do aprendizado com uma atualização das hipóteses de Ivan Pavlov e seus famosos cães e a teoria do condicionamento operante que surgiu em seguida.

> **NESTE CAPÍTULO**
>
> Pensando sobre o ato de pensar
>
> Inicializando a mente
>
> Descobrindo o processo de ideias
>
> Entendendo a memória
>
> Compreendendo o processo de decisão
>
> Descobrindo fatos sobre a inteligência
>
> Entendendo a linguagem

Capítulo 6
Pensando e Falando

ASSOCIAÇÃO LIVRE

Antes de entrar no complexo conceito psicológico de pensar, façamos um pequeno experimento mental. Imagine que você acabou de acordar de uma boa noite de sono e está deitado em sua cama. Você se estica para alcançar e desligar seu irritante despertador, joga os cobertores para o lado e vai para o banheiro. Agora, aqui está a parte do experimento. Quando chega ao banheiro, você esquece por que está lá. A resposta pode parecer óbvia, porque você acabou de se levantar da cama e foi direto para o banheiro, mas você se esqueceu. Você olha a seu redor, mas não consegue descobrir onde está. Nada parece familiar, e você está rodeado por um estranho mundo de formas, figuras, objetos, sons e luzes. Você olha dentro de um objeto que reflete a imagem de uma outra coisa que olha para você, mas você não sabe o que é. Você está confuso, desorientado e, basicamente, perdido. Sua mente está completamente em branco. Você não consegue nem ao menos pensar em nada para dizer a fim de gritar e pedir ajuda. Você está preso lá. O que você fará?

Se esse exemplo parece um pouco estranho, ou ao menos um pouco abstrato, é porque toda essa situação *seria* mesmo estranha. Se não tivéssemos a capacidade de pensar, a vida seria parecida com a situação do banheiro que acabei de descrever. Pensar lhe permite reconhecer objetos, resolver problemas e se comunicar. Você realmente estaria em sérios apuros se não pudesse pensar. Você não seria nem mesmo capaz de descobrir como sair do banheiro.

Neste capítulo descrevo os conceitos de pensamento (cognição) e linguagem, além dos elementos de seus processos, como a atenção, a memória, a tomada de decisão, a inteligência, a linguagem (incluindo a fala e a linguagem não verbal, tal como a linguagem de sinais) e a compreensão.

Descobrindo o que Se Passa em sua Cabeça

O que exatamente é o pensar? Mais à frente, neste capítulo, pedirei que analise seus próprios processos de pensamento, então ajudaria se você soubesse o que está analisando. Em psicologia, o termo *cognição* se refere ao processamento mental das informações, incluindo a memorização, o raciocínio, a solução de problemas, a conceituação e a imaginação.

Estudar o pensamento (ou, mais estritamente, a cognição) é bastante difícil. Por quê? Porque é difícil de ver! Se eu abrisse seu crânio e olhasse dentro dele, conseguiria ver o pensamento? Não, eu veria somente uma coisa enrugada, cinza-rosada (seu cérebro). Nos primeiros anos das pesquisas psicológicas em torno do pensamento, os psicólogos pediam aos participantes desses estudos que se empenhassem em algo chamado de introspecção. A *introspecção* é a observação e o relato da própria experiência interna de uma pessoa. Os psicólogos deram aos participantes um problema de matemática simples para que resolvessem e pediram que fossem falando em voz alta à medida que fizessem os cálculos. Esses exercícios tinham a intenção de apreender as etapas associadas ao processo de pensar. Mas é importante ter em mente que uma grande parte do pensamento ou da cognição acontece fora da percepção consciente. Nesse sentido, a introspecção não seria muito útil agora, seria?

ASSOCIAÇÃO LIVRE

Experimente! Pegue um pedaço de papel em branco e um lápis. Suas instruções são para que resolva o seguinte problema matemático e escreva cada um dos passos que tomar, um a um:

47.876 + 23.989

A resposta é 71.865. Se você não acertou, não se preocupe, todas as pessoas têm pontos fracos. Na verdade, se você deu uma resposta errada, a técnica de introspecção talvez possa revelar o que você fez de errado. Reserve um tempo para repassar cada um dos passos que você tomou para resolver o problema.

Você acabou de participar de um experimento de psicologia e não doeu nada, doeu?

Agora imagine o quanto seria difícil utilizar a introspecção para analisar todo o seu pensamento. Seria bastante complicado — impossível, na verdade. Parte da razão pela qual os psicólogos não confiam mais na introspecção se deve ao fato de que as pessoas ignoram a maior parte do que nossa mente (ou cérebro) está fazendo. A introspecção não consegue apreender processos de pensamento sofisticados. Nos dias de hoje, os psicólogos usam modelos computacionais, experimentos formais e outros meios complexos para pesquisar o pensamento. Eles tentam elaborar sistemas de modelos que pensem da mesma forma que as pessoas.

Pensando como um Computador

Descobrir como funciona o ato de pensar tem sido uma busca investigativa desde Aristóteles, prosseguiu ao longo da Renascença com Descartes, e adentrou a era moderna. Uma ferramenta útil que os pensadores que fazem reflexões sobre o pensamento usam para explicar o funcionamento da mente é a metáfora. Inúmeras metáforas foram elaboradas ao longo das eras, incluindo a mente como uma máquina a vapor, um relógio, e até mesmo um computador. Nesta seção eu o apresento ao conceito da mente e do pensamento como processos computacionais nos quais as representações da informação são manipuladas tal qual o processo de pensamento real.

Computação

Com o advento do computador moderno, os psicólogos e pesquisadores da área começaram a observar as operações desempenhadas pelos computadores, chamadas de *informática* ou *computação*, como modelos potenciais para processos de pensamento humano. Esse foi um avanço significativo. A utilização do computador como modelo para como acontece o pensamento é chamado de *modelo representacional-computacional da mente* (e do pensamento). A ideia é ao mesmo tempo profunda e simples: a mente e todos seus processos complexos, tal como a percepção, o pensar, a resolução de problemas, e assim por diante, compõem uma máquina de processamento de informações que realiza computações.

O que é uma "computação"? Uma computação é uma manipulação de símbolos de acordo com uma regra predefinida que transforma um conjunto de símbolos em outro. Por exemplo, suponha que exista a seguinte regra de representação das letras P, S, L, A, V e R:

P = 1

S = 6

L = 5

A = 4

V = 3

R = 2

Assim, a palavra "palavras" seria representada como "14543246", e a palavra "larvas" seria representada como "542346". Essa transformação é uma computação. Então o cérebro, como um "dispositivo" computacional, transforma um tipo de informação, tal como as ondas de luz (ou as letras no exemplo de "palavras"), em outro tipo de informação, padrões neurais (ou os números no exemplo de "palavras").

Representações

Computações são realizadas tendo como base as *representações mentais*. Uma representação mental é um símbolo de um estímulo em particular (tal como uma árvore) na mente. O termo "símbolo" é utilizado aqui em um sentido muito solto, referindo-se a algo que está substituindo outra coisa. Assim, o estímulo "árvore", por exemplo, pode vir a ser simbolizado pela ativação de um conjunto específico de neurônios no cérebro.

ASSOCIAÇÃO LIVRE

Sente-se relaxado por uns instantes, fique bem confortável e evoque em sua mente a imagem de uma rosa cor-de-rosa. Concentre-se de tal forma que a imagem seja clara; observe o caule e as folhas verdes, as pétalas rosas, os espinhos. Tente imaginar todos os detalhes dessa rosa. Se alguém entrasse no cômodo enquanto você estivesse fazendo isso e perguntasse se há uma rosa no quarto, o que você diria? Se realmente não houvesse uma rosa no quarto, então você diria "não". Mas considere a ideia de que realmente há uma rosa no quarto, ou ao menos que ela está no quarto porque há uma dentro de sua mente, a rosa que você está imaginando. Então, se eu abrisse seu crânio e olhasse dentro de sua cabeça, eu veria uma rosa cor-de-rosa, certo? Claro que não! A rosa só existe em uma forma simbólica ou representacional dentro da sua mente.

Lembre-se, o ato de pensar é feito de símbolos que representam informações sobre o mundo, os objetos que estão dentro dele e a manipulação desses símbolos. A manipulação mental dos símbolos se baseia na combinação, decomposição e recombinação dos símbolos em séries ou sistemas de símbolos mais complexos que tenham significado. Tome a palavra "rosa" novamente. Ela consiste de partes mais simples chamadas letras, e a combinação específica dessas letras dá origem à palavra e à imagem específica do objeto chamado "rosa". As letras podem ser rearranjadas para dizer a palavra "raso", que é uma coisa completamente diferente e, portanto, evoca também um pensamento inteiramente diferente. Isso revela que até mesmo um sistema simples como o alfabeto pode dar origem a um conjunto quase infinito de símbolos e representações maiores e mais significativos.

E de onde vêm todos esses símbolos? Os símbolos são gerados por meio da sensação que temos das coisas no mundo. Quando vejo uma rosa, há uma representação simbólica correspondente daquela rosa em minha mente quando eu penso nela. A partir desse ponto em diante, podemos estabelecer a definição de pensamento de *Psicologia Para Leigos* como o processo mental de informações tal como as desempenhadas pelas computações nas representações e as diversas operações associadas a esse processo.

Processamento

Sua mente passa por quatro etapas básicas quando processa uma informação:

1. **A informação do estímulo proveniente de seus sentidos alcança o cérebro. (Você vê Cristiano Ronaldo fazer um golaço pela primeira vez em um jogo de futebol.)**

2. **A informação é analisada. (Seu cérebro pensa: "Uau! Esses movimentos são incríveis.")**

3. **Diferentes respostas possíveis são criadas. (Seu cérebro tenta descobrir como ele está fazendo isso.)**

4. **Uma resposta é executada e monitorada para se ter um feedback. (Você pega suas chuteiras e vai para o campo.)**

O DESAFIO DE TURING

Alan Turing inventou algo chamado de Teste de Turing. Turing (1912–1954) era um matemático e cientista da computação britânico que foi fundamental para ajudar a decodificar códigos secretos de submarinos alemães durante a II Guerra Mundial. Em sua época, um conhecido jogo de salão era colocar um homem e uma mulher atrás de duas portas diferentes; os convidados deveriam se comunicar com eles por meio de bilhetes datilografados. O objetivo era adivinhar corretamente se era um homem ou uma mulher que estava atrás de uma porta específica baseando-se somente nas respostas dadas às perguntas dos convidados. Turing propôs que fosse feito algo que se equiparasse a isso, mas substituindo o homem e a mulher por um computador e um ser humano para descobrir se os convidados poderiam determinar se era um computador ou um ser humano que estava respondendo às perguntas. Se os convidados não pudessem dizer qual era a diferença, então o computador teria de ser considerado como um "substituto" apropriado para um ser humano. Ou seja, um resultado de um teste assim significava que um computador poderia "representar" o pensamento de um ser humano à sua própria maneira — em uma arquitetura simbólica ou linguagem de computador. O Teste de Turing é uma demonstração de como a computação pode ser realizada tendo como base símbolos ou representações e é uma analogia de como a mente humana consegue executar computações em símbolos e representar o mundo real em termos mentais.

Esses mecanismos básicos de processamento da informação são algumas vezes chamados de *arquitetura* do pensamento. Essas são as *regras do pensamento* e requerem todos os seguintes componentes básicos:

- **Entradas:** Informações sensoriais que chegam de seu mundo ou de dentro de sua própria cabeça e que são levadas em consideração.
- **Memória:** Sistema necessário para armazenar conhecimento. Informações sobre pessoas e outros elementos que vêm do mundo são armazenados na mente e na memória.
- **Operações:** Regras que determinam como a informação no sistema de memória é utilizado (raciocínio, solução de problemas e análises lógicas). Tome a matemática como exemplo: se eu tiver 100 números armazenados na minha memória e sou confrontado com um problema matemático, as operações determinam como eu resolvo o problema.
- **Saída:** "Programas" de ação que dizem ao resto da mente e do corpo o que fazer depois que operações de pensamento foram realizadas.

Explorando as Operações da Mente

Jerry Fodor (nascido em 1935) é um filósofo norte-americano (O quê? Levar a sério o conselho de alguém que não é psicólogo? Que blasfêmia!) que sugere que o complicado sistema de processamento de informação da mente pode ser dividido em operações específicas, ou módulos, que desempenham tarefas específicas de pensamento — um módulo de atenção, um módulo de resolução de problemas, e assim por diante. Nas seções que se seguem faço uma introdução a algumas das operações mentais ou procedimentos mais significativos, incluindo a atenção, a memória, a formação de conceitos e a resolução de problemas.

Focalizando sua atenção

Há uma cena ótima em um de meus filmes favoritos, *Debi e Loide* (1994), estrelado por Jim Carey (Lloyd) e Jeff Daniels (Harry), na qual Harry conta a Lloyd uma história sobre como uma namorada do colégio terminou com ele.

Harry diz a Lloyd que não sabia por que ela havia terminado o relacionamento — algo a ver com o fato de ele não a escutar —, só que ele não estava prestando atenção quando ela lhe disse a razão.

Harry não prestou *atenção*, um dos processos de pensamento mais importantes e fundamentais. O mundo e sua própria mente estão cheios de informações e estímulos. É extremamente barulhento, agitado, confuso, colorido, desfocado e repleto de coisas. Como você pode selecionar e se concentrar no que é importante e ignorar todo o resto?

LEMBRE-SE

Como parte do processo de informação, a atenção é definida como o processo cognitivo de seleção de estímulos e informações do ambiente para um processamento adicional ao mesmo tempo que exclui ou inibe outros estímulos e informações. Há simplesmente informação demais se agitando na mente das pessoas e no ambiente para que possam ser todas atendidas. O processamento eficiente e efetivo da informação requer uma seleção.

Os psicólogos Daniel Simons e Christopher Chabris fizeram uma experiência que ilustra essa característica seletiva da atenção. Em resumo, pediu-se que as pessoas que se submeteram ao experimento assistissem a um vídeo de pessoas passando inocentemente uma bola de basquete uma para a outra. Em um dado momento do vídeo, uma pessoa vestida de gorila aparece na tela, dá socos no próprio peito e depois sai de cena. Perguntou-se às pessoas se elas se lembravam de ter visto o gorila, e cerca da metade delas relataram que não haviam notado o gorila. Isso é conhecido como *cegueira não intencional*; quando uma pessoa está concentrada em alguma coisa, ela perde as informações que não estão relacionadas. Esse é um princípio ativo em shows de mágica e truques de magia. Me desculpe, eu não acho que David Copperfield seja um mago, mas com toda a certeza ele sabe como se aproveitar da cegueira não intencional!

Existem diferentes tipos de processos de atenção:

» **Atenção focada:** Concentração em uma fonte de informação a ponto de excluir tudo o mais

» **Atenção dividida:** Concentração em duas ou mais informações simultaneamente

O psicólogo Donald Broadbent desenvolveu um modelo cognitivo de atenção no qual a atenção é caracterizada como um canal com capacidade limitada para que a entrada de dados chegue. A informação sensorial é processada primeiro, e só então a informação semântica (ou o significado) é processada. A chave para o modelo de Broadbent é que as informações que chegam precisam ser assistidas a fim de que possam continuar a ser processadas.

O modelo de Broadbent não explica todos os dados que estão sendo coletados por meio da pesquisa, e, assim, outros modelos foram desenvolvidos. Uma descoberta de pesquisa conhecida como *efeito festa* apresentou um desafio para o modelo de Broadbent. Alguma vez você esteve em uma festa com muita gente e de repente escutou seu nome sendo mencionado do outro lado do salão? Bem, você não estava particularmente prestando atenção ou esperando escutar seu nome, mas você o escutou de qualquer maneira, porque isso é importante. Sua mente escuta as informações *importantes*.

Experimentos levaram os psicólogos cognitivos a caracterizar a atenção como um processo dinâmico no qual tanto a seleção por atenção e a seleção por "não atenção" são feitas ao mesmo tempo. A teoria da busca guiada é um modelo dinâmico de atenção que propõe que a atenção é guiada por uma informação que é fundamentada em buscas anteriores ou episódios de presença. Ela é considerada um modelo de atenção de cima para baixo no qual as pessoas são vistas antes como estando ativamente à procura do que passivamente recebendo informações, como acontece mais no caso do modelo de Broadbent.

Guardando tudo dentro da velha caixa de memórias

Pensar envolve a manipulação de símbolos mentais que você armazena como conceitos — representações de objetos que você encontra no mundo. Como esses símbolos mentais são armazenados? Na memória!

Para conceitualizar a memória, visualize um banco. Pense em sua conta-corrente e em sua conta poupança. Cada uma dessas contas faz algo diferente com seu dinheiro, porque elas têm propósitos diferentes. As contas-correntes normalmente funcionam para uso cotidiano e de curto prazo. Já a poupança tem a pretensão de ser um armazenamento em longo prazo. Suas lembranças também armazenam informações de diferentes maneiras.

Três sistemas de armazenagem separados estão associados à memória: a *memória sensorial*, a *memória de curto prazo* e a *memória de longo prazo*.

Armazenagem sensorial

A *memória sensorial* é um sistema de memória de fração de segundo que armazena a informação que chega por seus sentidos. Alguma vez você já olhou para o sol e então fechou os olhos e olhou ao longe? O que acontece? Você ainda consegue ver uma espécie de sol dentro de sua mente. Essa imagem que persiste é uma memória sensorial visual conhecida como uma memória icônica. Para os estímulos auditivos, ela é chamada de memória ecoica. Esse processo acontece tão rapidamente que às vezes é considerado como parte do processo perceptivo (para saber mais sobre percepção, veja o Capítulo 5), mas é, na verdade, parte do sistema de memória global.

Memória de curto prazo

A *memória de curto prazo* (MCP), também conhecida como memória de trabalho, consiste na informação que está ativa em sua consciência neste exato momento, as coisas das quais você está consciente. A luz na página do livro, estas palavras que estão sendo lidas, seu estômago roncando e o som do tráfego do lado de fora são todos parte de sua percepção consciente, e eles estão todos sendo armazenados na sua MCP. Em muitos casos, as coisas das quais você não está consciente podem simplesmente ser esquecidas.

Quanta informação a sua MCP consegue armazenar? O consenso generalizado é de que ela pode armazenar sete itens de informação, com uma margem de dois itens para mais ou para menos. Isso é chamado algumas vezes de "mágico número sete" da capacidade MCP.

Isso quer dizer que eu só consigo armazenar sete palavras, sete números ou sete outros termos simples em minha MCP? Não. Graças a um processo chamado *segmentação*, eu consigo armazenar muito mais informação do que isso. Um exemplo clássico da segmentação é o uso da *mnemotecnia*, que permite que você pegue um pedaço grande de informação e a divida em uma pequena frase, facilitando que se lembre dela.

DICA

Aqui está uma maneira fácil de formar uma mnemônica. Se você tiver uma lista de coisas que quer memorizar, pegue a primeira letra de cada palavra na lista e elabore uma frase chamativa a partir dela. Eu aprendi isso na oitava série e nunca mais me esqueci: "O Rei Filomeno tem Classe e dá Ordens à Família para manter o Gênero e a Espécie". Você sabe o que isso simboliza? Simboliza o modo como os biólogos classificam diferentes organismos na Terra: Reino, Filo, Classe, Ordem, Família, Gênero e Espécie.

A duração da memória para o sistema de MCP é de aproximadamente 18 segundos. Você pode estender a duração do tempo pelo que você armazena a informação na MCP somente se empregar algo chamado de ensaio. *Ensaio* é o processo de pensar em alguma coisa ativamente. O ensaio maquinal significa repetir uma mesma coisa várias vezes em sua mente ou em voz alta para que você não esqueça. O ensaio maquinal funcionará, mas não tão efetivamente como um tipo de ensaio que requer mais esforço, tal como a elaboração de uma mnemônica como "O Rei Filomeno tem Classe e dá Ordens à Família para manter o Gênero e a Espécie".

Memória de longo prazo

Se a informação na MCP é ensaiada tempo suficiente, ao final ela acabará na conta poupança de sua memória, a *memória de longo prazo* (MLP). Basicamente, você tem duas maneiras de depositar informações em seu banco de memória de longo prazo:

» **Ensaio sustentado:** Você transfere a informação de sua MCP mediante uma repetição até que ela seja retida na memória de longa duração.

» **Ensaio elaborado:** Sua mente elabora em cima da informação, integrando-a com sua memória preexistente. Quando a informação é significativa e se refere a algo que você já sabe, fica mais fácil se lembrar e mais difícil de esquecer.

DICA

Quanto mais você processa informações, conectando-as ao que você já sabe, mais se lembrará delas!

Você pode dividir a MLP em três divisões básicas:

- **Memória episódica:** Eventos e situações únicas de suas experiências (casamentos, aniversários, formaturas, acidentes de carros, o que aconteceu ontem, e assim por diante)
- **Memória semântica:** Informações factuais, como feriados importantes, o nome do primeiro presidente do Brasil e seu número de CPF
- **Memória processual:** Informação sobre como fazer as coisas, tais como andar de bicicleta, resolver um problema matemático ou amarrar os sapatos

Teoricamente, a capacidade de tamanho e tempo da MLP é infinita, porque os pesquisadores não encontraram uma maneira de testar sua capacidade. Ela tem capacidade suficiente para que o trabalho seja feito. Isso pode soar um tanto estranho quando se considera quanta informação parece que você esquece. Se a informação está lá em algum lugar, por que você se esquece dela?

Esquecer das informações armazenadas na MLP se trata mais de uma questão de não ser capaz de as acessar do que de a informação não estar lá. Duas formas de falha de acesso podem ocorrer, e ambas estão ligadas à presença de outras informações se intrometendo no caminho:

- **Interferência retroativa:** Ter dificuldades para se lembrar de informações antigas pelo fato de novas informações estarem no caminho
- **Interferência proativa:** Ter dificuldades para se lembrar de novas informações pelo fato de antigas informações estarem no caminho

Da próxima vez que você assistir a um seriado na televisão, tente se lembrar dos detalhes dos primeiros 10 a 12 minutos, entre 10 e 12 minutos do meio e dos últimos 10 a 12 minutos do programa. Ou assista a uma palestra e tente se lembrar do que foi dito durante o começo, o meio e o final da apresentação. Você poderá notar algo que os psicólogos chamam de *efeito de posição serial*. As informações sobre o começo e o final do show ou palestra são mais fáceis de serem lembradas do que as do meio. Por que isso acontece?

LEMBRE-SE

O efeito de posição serial ocorre porque a informação do início de um show ou palestra está normalmente comprometida com a memória de longo prazo, devido à quantidade de tempo que se passou. A informação do final do show é mantida em sua memória de curto prazo porque está recente em sua mente. E o que acontece com as informações que ficam no meio? Apenas desaparecem.

ESQUECE ISSO!

Alguma vez já lhe disseram para esquecer alguma coisa? Experimente isso: esqueça o queijo. Funcionou? Você esqueceu da existência do queijo ou na verdade pensou mais ainda sobre ele? A ironia de ter alguém dizendo a você para esquecer de algo é que é impossível esquecer de alguma coisa em que você está pensando ativamente, fazendo do "esqueça isso" um conselho falso. Se alguém realmente quiser fazer com que você esqueça de alguma coisa, então ela não deveria nem sequer mencioná-la a você.

Conceitualização

Quando foi a última vez que você saiu com um amigo só para conversar? Vocês foram a uma cafeteria? Conversaram sobre romances recentes e relacionamentos frustrados em sua vida? Conversaram sobre política ou sobre o tempo? Tudo isso não importa, porque vocês estavam conversando sobre um conceito.

Um *conceito* é um pensamento ou uma ideia que representa um conjunto de ideias relacionadas. *Romance* é um conceito. *Relacionamento* é um conceito. *Política* é um conceito. *Tempo* é um conceito. Todos esses conceitos são representados como símbolos em seu sistema de processamento de informação de pensamento e entraram nesse sistema por meio do aprendizado. Em outras palavras, conceitos são derivados e criados; eles são formados. Quando os objetos compartilham características, representam o mesmo conceito. Alguns conceitos são bem definidos, outros não.

Considere as seguintes palavras:

Cauda, Pelo, Dentes, Quatro Patas

O que essas palavras descrevem? Poderia ser um gato, um cachorro, um leão ou um urso. O fato é que você realmente não consegue dizer o que é somente lendo essas palavras. Faltam alguns detalhes fundamentais que claramente definem o conceito e o separa dos outros.

Agora, considere esta outra lista de palavras:

Cauda, Pelo, Dentes, Quatro Patas, Latido

O que está sendo descrito agora? Isso tem de ser um cachorro. Por quê? Gatos, leões e ursos não latem. A característica "latido" define unicamente o conceito de "cachorro". "Latido" é o *traço definidor* do conceito. É um atributo que tem de estar presente, a fim de que o objeto seja classificado como um exemplo de um conceito em particular. Considere agora as seguintes palavras:

Penas, Bico, Ovos, Voo

CAPÍTULO 6 **Pensando e Falando**   95

Essas palavras descrevem um pássaro. Espere um minuto. Não existem ao menos dois pássaros que não voam? Pinguins e avestruzes não voam, mas ainda assim são considerados pássaros. Sendo assim, voar não é uma característica inerente de um pássaro, porque os animais não têm de ter esses atributos a fim de serem considerados pássaros. Contudo, a maioria dos pássaros voa, assim, "voar" é o que é chamado de *traço característico* ou atributo. É um atributo que a maioria, mas não todos os membros de um grupo conceitual, possuem.

Pense em uma cadeira. Tente fazer uma imagem mental de uma cadeira. Agora descreva-a. (Faça a descrição para outra pessoa ou será engraçado descrever uma cadeira imaginária para si mesmo.) Sua cadeira imaginária provavelmente consiste de madeira, quatro pernas, um assento retangular ou quadrado e um apoio formado por dois suportes verticais em cada lado da cadeira, conectados por duas ripas horizontais. Essa é a descrição de uma cadeira típica. A que é mais comum. Na verdade, ela pode ser considerada como uma cadeira prototípica. Um *protótipo* é o exemplo mais característico de um objeto ou fato dentro de uma categoria em particular. É o exemplo mais emblemático do conceito que está sendo representado.

LEMBRE-SE

Pensar é algo muito mais complexo do que descrições simples de uma só palavra. Quando se desenvolve um pensamento, conceitos de uma só palavra são combinados em conceitos de frases inteiras, conceitos de frases inteiras em conceitos de parágrafos inteiros, e assim por diante. Em outras palavras, atributos são combinados para formar conceitos. Conceitos são combinados para formar proposições. Várias proposições são combinadas e formam modelos mentais. Por fim, os modelos mentais são combinados para comporem esquemas, que são utilizados para representar o mundo em uma linguagem de pensamento.

Por exemplo, dê uma olhada neste processo, que continuamente se baseia em si mesmo:

» **Proposição:** "A guerra é um inferno" é uma combinação de dois conceitos relacionados, neste caso, a guerra e o inferno.

» **Modelo mental:** Pensamentos agrupados o ajudam a entender como as coisas se relacionam umas com as outras:
  - A guerra é um inferno.
  - A II Guerra Mundial foi uma guerra.
  - A II Guerra Mundial foi um inferno.

» **Esquemas:** Organização de modelos mentais em grupos maiores formam unidades básicas de compreensão que representam o mundo. Um exemplo aqui é "Alguns dos soldados que lutaram na II Guerra Mundial sofreram traumas psicológicos. Algumas pessoas acreditam que isso se deve à natureza extrema da guerra. Algumas pessoas até mesmo disseram que a guerra é um inferno".

Outro exemplo pode ser considerar o conceito "livro". Combine o conceito de livro com outro conceito, como leitura. Então conecte esses conceitos a outro conceito, como biblioteca. Agora você tem três conceitos relacionados: livro, leitura e biblioteca. Esse conjunto de conceitos pode formar a proposição de estudo (como oposta à leitura por prazer). Você poderá, então, incorporar o estudo a divisões ou esquemas maiores, como uma escola ou um processo de certificação.

Conceitos são formados a partir de características de coocorrências encontradas nas experiências. Eles representam ideias que se relacionam entre si. Ou seja, a fim de entender, compreender ou apreender o significado de um conceito, a mente representacional relaciona conceitos a outros conceitos.

Por exemplo, qualquer pessoa que interaja regularmente com crianças poderá dizer o quanto é difícil explicar determinados conceitos para uma criança curiosa, porque é difícil encontrar palavras que ela já conheça e que possa usar como referência.

Criança: "O que é um computador?"

Pai/Mãe: "Um computador é como... uma... uma... televisão... hum... mas... hum... você pode digitar nele."

Criança: "O que é digitar?"

Você consegue ver para aonde essa conversa está indo?

Alguns cientistas e psicólogos cognitivos conseguiram encontrar uma saída para essa armadilha conceitual sugerindo que todos os conceitos são inatos ou inerentes. Uma das abordagens mais interessantes e fecundas para esse problema vem das teorias de *cognição incorporada (CI)* e *simulação incorporada (SI)*.

A ideia principal por trás da CI e da SI é a de que a mente compreende ou apreende conceitos mediante um processo de simulação que se utiliza das partes motoras e perceptivas do cérebro de quem está pensando para representar a experiência. Essa simulação permite a compreensão porque as pessoas entendem conceitos por meio das referências que fazem com experiências corporais associadas a eles.

"Estar até o pescoço"

"Um tapa na cara"

"Uma experiência de abrir os olhos"

Tudo isso expressa a essência da CI e da EI. Você compreende o significado dessas frases em termos de experiências corporais. Experiências corporais, sensoriais e motoras são o significado, a experiência, o conceito. Se eu quiser entender um novo conceito, uso minhas experiências corporais, sensoriais e motoras para chegar a uma compreensão. Eu entendo uma "experiência de abrir os olhos" porque eu já abri meus olhos e sei (porque já a vivenciei) o que isso significa.

Curiosamente, os adeptos da CI e da EI dizem que as partes do cérebro que você realmente utiliza para abrir seus olhos, ou movimentar seu braço, ou ver o pôr do sol, são as mesmas partes das quais você se utiliza quando conceitualiza o significado de "abrir os olhos" e outras frases como essas. Por fim, CI e EI constituem teorias relativamente novas no campo da psicologia cognitiva, mas têm muito potencial e vêm sendo muito pesquisadas.

Tomando decisões

Vá pela esquerda e chegue lá com cinco minutos de atraso. Vá pela direita e *talvez* você chegue lá na hora certa, mas é arriscado, porque às vezes o trânsito é intenso por esse caminho. Talvez signifique que você chegará com 20 minutos de atraso. Para muitas pessoas, o deslocamento matinal é um problema diário. Como você pode chegar ao trabalho na hora certa no menor tempo de deslocamento possível, se deparando com a menor intensidade de trânsito e experimentando o menor estresse possível? Você tem que resolver esse problema, e parte da solução requer que você tome algumas decisões. Talvez você use o raciocínio para escolher seu caminho, ou talvez não.

As pessoas resolvem problemas o dia todo e tomam centenas, se não milhares, de decisões todos os dias. Na verdade, uma condição médica relacionada à exaustão mental é chamada de "fadiga de decisão" — e consiste simplesmente em ter problemas demais e ter de tomar uma quantidade muito grande de decisões em um determinado dia. Algumas decisões são de vida ou morte, algumas nem tanto, mas tudo contribui para essa situação.

Tomar uma decisão é o ato de escolher uma opção ou ação a partir de um conjunto de possibilidades baseado em critérios e em uma estratégia. O estudo da tomada de decisões é realmente uma ciência complexa de disciplinas que se entrecruzam entre si e em si mesmas, que vão desde a Economia, a ciência política, a ciência da computação, até o gerenciamento, os negócios e o marketing. E não sei quanto a você, mas às vezes eu só jogo cara ou coroa.

Uma vez trabalhei em um lugar onde a decisão mais importante que eu tinha que tomar o dia inteiro (pelo menos era o que achavam meus colegas de trabalho) era onde almoçar. Nós tínhamos uma "Roda do Almoço" que rodávamos, e então ela parava onde deveríamos ir — teoricamente. Normalmente, acabávamos discutindo, e ao final acabávamos por anular a "escolha" da roda, devido a eliminações ou ressalvas do tipo: lembrar que ficou inchado, que as contas eram altas ou "Eu comi isso no jantar de ontem à noite". Isso ilustra um aspecto bem discutido em pesquisas de tomada de decisões: existe mais de uma maneira de se tomar uma decisão, e a maioria das pessoas usa uma grande variedade de abordagens.

Escolhendo

Jogar cara ou coroa é uma maneira de tomar uma decisão, mas não é realmente um processo cognitivo, certo? É simplesmente um modo de deixar que a sorte escolha por você — de forma alguma é uma escolha de verdade. Mas as pessoas realmente fazem escolhas usando processos tais como *tomar decisões intuitivamente*, que tem a ver com escolhas baseadas no que é mais fácil, familiar ou preferido. Tenho certeza de que você consegue entender como isso pode funcionar de vez em quando, mas às vezes uma decisão de fazer o que se prefere é a escolha errada. É só pensar na última vez que você acabou comendo quatro pedaços de bolo e depois se arrependeu.

Decisões também podem surgir a partir de uma abordagem mais científica baseada em evidências *empíricas*, por meio de tentativa e erro, experimentos, estimativas, experiências ou consultas a especialistas. O *Inmetro* (Instituto Nacional de Metodologia, Qualidade e Tecnologia) fornece evidências experimentais que permitem dizer que liquidificador você deve comprar ou qual marca de desodorante você deve usar.

Se você estiver pressionado pelo tempo ou precisar tomar muitas decisões com recursos limitados, então sua escolha de opções pode ser feita usando uma *heurística*, que significa um atalho mental baseado em princípios, regras, máximas, e assim por diante. A tomada de decisões de cunho ético pode ser considerada heurística, já que as escolhas são fundamentadas em um código de ética. E minhas crenças religiosas também podem ser levadas em conta quando tomo uma decisão.

Amos Tversky e Daniel Kahneman estudaram tomadas de decisões heurísticas e identificaram diferentes tipos desse modelo. Aqui estão dois usos comumente utilizados na heurística:

- » **Heurística da representatividade:** Fazer uma escolha baseada em uma determinada situação que é parecida com outra situação. Se você se perdesse em uma floresta enquanto fizesse um passeio a cavalo, poderia refazer o caminho que tomou inicialmente a fim de encontrar uma saída. Você começa procurando pelos rastos e, ao usar a heurística representativa, consegue identificar que os rastos que você encontra são, de fato, os rastos de um cavalo, porque está familiarizado com isso e sabe como eles são. O lado ruim é não saber como são os rastos de ursos!

- » **Heurística da disponibilidade:** Fazer uma escolha com base no acesso fácil a uma informação ou no fato de ela estar disponível imediatamente. Essa é a abordagem de escolha do tipo "primeira coisa que vem à cabeça". As agências de notícias são as culpadas pela disseminação desse tipo de heurística. Muitas vezes, todas elas relatam a mesma história ou histórias parecidas e, assim, a história mais recente da última dieta da moda está fresquinha em sua cabeça. Da próxima vez que escolher uma dieta, deixe que a heurística escolha por você, e, assim, lance a moda!

Raciocínio

O *raciocínio* é um processo de pensamento que envolve dois componentes básicos:

- **Premissas:** São afirmações sobre algum objeto ou fato que apoiam uma conclusão. As premissas indicam alguma situação, tal como "Todos os caminhões de bombeiros são vermelhos". Outra premissa poderia ser "Meu pai dirige um caminhão de bombeiro no trabalho".
- **Conclusões:** Os pontos derivados das premissas. Elas somente são validadas se puderem ser tiradas de maneira lógica e aceitável a partir de premissas. Uma conclusão lógica para uma afirmação de premissa poderia ser "Meu pai dirige um caminhão vermelho no trabalho".

O raciocínio é o ato de tirar conclusões baseadas na verdade de premissas que precedem a uma conclusão. O raciocínio pode ajudar as pessoas a descobrirem se suas conclusões são válidas ou se possuem um sentido lógico. Quando os argumentos têm um sentido lógico, o raciocínio é bom. Há um sentido lógico no fato de meu pai dirigir um caminhão vermelho de bombeiro no trabalho, porque isso segue as premissas.

Mas, e se fosse assim: todos os caminhões de bombeiros são vermelhos. O caminhão do meu pai é vermelho. Portanto, o caminhão do meu pai é um caminhão de bombeiro. Isso não é lógico, porque a primeira premissa não afirma que todos os caminhões são vermelhos, somente que os caminhões de bombeiros são vermelhos. Então outros caminhões podem ser vermelhos, incluindo os caminhões de bombeiro. Pode ser que meu pai dirija um Toyota vermelho. A lógica é como uma vareta de medição que verifica nosso raciocínio.

Existem dois tipos básicos de raciocínio:

- **Indutivo:** No raciocínio indutivo, você começa fazendo observações (premissas) a fim de coletar fatos para dar suporte ou descartar (validar) alguns resultados ou situações afirmadas hipoteticamente (conclusão).

    Considere o seguinte:

    Segunda-feira choveu.

    Terça-feira choveu.

    Portanto, concluo que quarta-feira vai chover.

    Esse é um exemplo de raciocínio indutivo. Duas observações ou premissas são usadas para prever um terceiro resultado. Eu acho que o cara da previsão do tempo usa a lógica indutiva para fazer suas previsões, e não a tecnologia computacional de três milhões de dólares que a rede de televisão propagandeia.

» **Dedutivo:** O raciocínio dedutivo usa premissas que fornecem provas conclusivas da verdade para a conclusão. Uma conclusão baseada na lógica dedutiva é, por sua própria necessidade, verdadeira, já que começa com premissas verdadeiras. A dedução muitas vezes começa com generalizações e razões até chegar a especificidades.

Considere o seguinte exemplo de raciocínio dedutivo:

Todos os homens deveriam ser livres.

Eu sou um homem.

Portanto, eu deveria ser livre.

A conclusão segue logicamente as duas premissas. Tem de ser dessa maneira, fundamentada no que se afirma nas premissas. Aqui está um exemplo de uma conclusão falsa:

Todas as galinhas põem ovos.

Meu pássaro botou um ovo.

Portanto, meu pássaro tem de ser uma galinha.

Isso é falso, porque a primeira premissa se refere a um subconjunto de uma categoria mais ampla, pássaros. A segunda premissa inclui essa categoria mais ampla e, portanto, se refere a alguns fatos não englobados pela primeira premissa. Se você inverte as duas premissas, consegue criar um argumento logicamente válido:

Todos os pássaros põem ovos.

Minha galinha pôs um ovo.

Portanto, minha galinha deve ser um pássaro.

As pessoas tomam decisões de algumas formas bem casuais. O que aconteceu à deliberação, a pensar detidamente sobre as coisas, a ser racional? Modelos de tomada de decisões *racionais* se baseiam todos no pressuposto de que as pessoas tomam decisões após pesarem os custos e os benefícios das opções, e finalmente escolhendo a opção na qual os benefícios compensam os custos. Esses custos podem incluir fatores tais como utilidade, riscos, funcionalidade e qualidade.

O famoso psicólogo Herbert Simon propôs que, embora os seres humanos possam ser tomadores de decisões racionais, essa racionalidade possui *limites* ou limitações. Na sua teoria de *racionalidade limitada*, Simon propõe que, pelo fato de o ambiente ser algo tão complexo, uma pessoa que toma uma provável decisão possivelmente não conseguirá pesar racionalmente todas as opções a fim de chegar a uma decisão ideal. Assim, decisões racionais são limitadas e, portanto, têm que estar baseadas em informações definidas, ágeis e em estimativas sensatas. Simon não se lamenta a esse respeito, ele afirma que a racionalidade limitada é um fato da cognição e da mente humana, e normalmente origina decisões relativamente consistentes e boas.

Dan Ariely, em seu bem conhecido livro *Previsivelmente Irracional: como as situações do dia a dia influenciam as nossas decisões* (Editora Campus, 2008), tratou com mais detalhes do conceito de racionalidade limitada. Ele identificou experimentalmente muitas situações nas quais as decisões se baseavam em informações não apenas incompletas, mas às vezes também absolutamente irracionais e fundamentadas em informações deficientes. Como resultado disso, as pessoas tomavam decisões irracionais. O que é interessante é que Ariely demonstra que as pessoas tomam essas decisões irracionais de formas previsíveis:

» **Relatividade:** Às vezes uma escolha entre duas opções se baseia na relação entre elas, e não na absoluta qualidade de cada escolha. Por exemplo, nas eleições presidenciais brasileiras, muitas pessoas dizem que não gostam de nenhum dos dois candidatos, mas acabam escolhendo aquele que estabelecem como sendo "menos ruim".

» **É de Graça:** Coisas de graça são boas, não são? Bem, nem sempre, mas às vezes uma escolha não tão boa é feita (irracionalmente) por causa de sua condição de gratuidade. Esperar em uma fila por três horas para conseguir um brinde pela compra de alguma coisa nem sempre vale a espera.

» **No Calor do Momento:** Decisões tomadas quando você está emocionalmente estimulado são diferentes das escolhas que faz quando está calmo. Isso é um pensamento das antigas, mas que vem a calhar quando se trata de senso comum e tomada de decisões, ainda que as pessoas violem esse conselho o tempo todo. Decisões tomadas quando as emoções continuam exacerbadas podem ser previsivelmente irracionais.

Supostamente, o raciocínio e a capacidade de resolver problemas logicamente são duas das capacidades primárias que pretendem distinguir os homens dos animais. No caso de você estar se perguntando, os seres humanos podem raciocinar, os animais não. Eu sei que esse fato pode ser colocado em debate, especialmente se você considerar todo o comportamento humano e as decisões que claramente não se baseiam na razão, mas pense comigo. Eu estou falando de capacidade, não de desempenho.

Resolvendo problemas

Resolver problemas soa como algo bem direto. Você tem um problema, você o resolve. Alguma vez você já assistiu a um programa de televisão dos anos 1980 chamado *MacGyver – Profissão: Perigo*? MacGyver podia resolver simplesmente qualquer problema que cruzasse seu caminho. Ele conseguia transformar um palito de dente em um Jet Ski ou em um lançador de foguetes. Eu me sentava na poltrona e assistia estupefato, e então pegava minha caixa de ferramentas e desmontava a torradeira, tentando transformá-la em um receptor de satélite — quatro horas depois, eu tinha somente uma pilha de partes e não tinha mais como fazer torradas. Claramente, MacGyver tinha habilidades bem melhores para a resolução de problemas do que eu.

Newell e Simon (1972) são quase os padrinhos da psicologia de resolução de problemas. Quase todas as pesquisas sobre esse assunto citam o estudo deles. Eles definiram estas etapas básicas do processo de resolução de problemas:

1. **Reconhecer que existe um problema**
2. **Elaborar uma representação da situação que inclua o estado inicial do problema e o objetivo final (uma solução)**
3. **Criar e avaliar possíveis soluções**
4. **Selecionar uma solução para ser experimentada**
5. **Executar a solução e determinar se ela realmente funciona**

DICA

Essas etapas são identificadas algumas vezes pelo acrônimo IDEAL, formulado por Bransford e Stein em 1993:

I — Identifique o problema

D — Defina e represente o problema

E — Explore possíveis estratégias

A — Aja

L — Lance um olhar para trás e avalie seus efeitos

O mundo tem tantas estratégias de resolução de problemas quanto a quantidade de problemas que existem, mas a maioria das pessoas tende a usar as mesmas estratégias repetidamente. Por exemplo, *tentativa e erro* é uma maneira muito popular de se resolver um problema. Eu já vi crianças pequenas usarem tentativa e erro para colocar as formas em seus respectivos encaixes em um balde. Uma criança pegará o bloco circular e tentará colocá-lo em todas as aberturas até que consiga encaixá-lo, e então passar para o próximo bloco.

A estratégia de tentativa e erro é bastante ineficiente, mas às vezes é a única estratégia disponível, em particular para situações que não têm nenhuma definição clara para o problema, quando parte do processo é descobrir qual é o problema.

Aqui estão mais algumas técnicas usuais de resolução de problemas:

- **Análise meio-fim:** Esta estratégia envolve a divisão do problema em subproblemas menores para serem resolvidos a fim de chegar ao resultado final.

- **Trabalhar de trás para a frente:** Esta forma de resolver um problema é como separar alguma coisa e juntar novamente a fim de descobrir como o objeto (ou o problema) é construído.

- **Tempestade de ideias (brainstorming):** Uma técnica que envolve elaborar a maior quantidade possível de soluções para o problema sem que nenhuma edição seja feita no caminho. Não importa o quão inverossímil, inexequível, idiota ou ridícula sejam as soluções, você simplesmente as coloca para fora e as elimina depois que não puder mais pensar em qualquer solução possível. Até mesmo minha ideia de fazer com que o Super-Homem use sua respiração supercongelante para deter o aquecimento global pode ser incluída nesta técnica.

- **Analogias e metáforas:** Estas estratégias envolvem o uso de um problema paralelo ou similar que já tenha sido solucionado para resolver um problema não relacionado anteriormente. A crise dos mísseis cubanos foi como um jogo movido a energia nuclear de quem tinha mais medo, e quem estremecesse, piscasse ou ficasse com mais medo primeiro seria o perdedor. Eu acho o que presidente Kennedy era muito bom nesse jogo.

Pensando que Você É Muito Inteligente

Agir de forma inteligente é talvez o ápice e o mais grandioso processo cognitivo da mente humana. Afinal de contas, o processo cognitivo de gerenciamento das informações e dos diversos componentes da atenção, de se lembrar das coisas, e assim por diante, deveria servir para criar alguma coisa útil, certo? Certamente é possível enxergar a inteligência como um produto coletivo da cognição humana que dá origem à nossa capacidade de atingir metas, de se adaptar e de atuar no mundo. Isto é o *comportamento inteligente*.

Já há muito tempo que os psicólogos vêm tentando descobrir o que é a inteligência. Existem muitos exemplos que fundamentam a teoria de que os seres humanos não são inteligentes. É só dar uma olhada nesses vídeos caseiros atrapalhados. Um cara se esquece de desligar a energia antes de trocar os fios elétricos de um cômodo ou um viajante tenta alimentar um urso e quase vira o jantar dele. Talvez eu me divirta com as desventuras das pessoas flagradas pela câmera, porque elas não podiam ter sido menos inteligentes. Ou talvez eu ache graça por não estar no lugar deles.

LEMBRE-SE

As pessoas têm maneiras diferentes de resolver problemas, aprender, pensar de forma lógica, usar bem a linguagem, entender e desenvolver conceitos, lidar com abstrações, integrar ideias, alcançar objetivos, e assim por diante. Esta lista impressionante de habilidades humanas representa algumas das ideias que fazem da inteligência o que ela realmente é; essas habilidades *são* a substância da inteligência. Para uma definição mais concreta, a *inteligência* pode ser entendida como um conjunto de habilidades cognitivas que permitem que uma pessoa aprenda com a experiência, se adapte ao mundo de maneira bem-sucedida e consiga ir além das informações que lhe são apresentadas pelo ambiente em que está inserida.

Considerando os fatores da inteligência

Com toda a certeza, a inteligência é um conjunto de habilidades cognitivas, mas deve existir uma construção unificada chamada de "inteligência" que possa ser medida e quantificada, certo? Os psicólogos acreditam que sim, e já há muito tempo eles vêm trabalhando incansavelmente para testar e medir a inteligência. Como parte desse trabalho, os psicólogos têm desenvolvido testes de inteligência e trabalhado com militares, escolas e empresas, tentando classificar diferenças de inteligência individuais para serem usadas em seleções de emprego, honras acadêmicas e promoções. Dentre todos esses testes surgiu o conceito de "g" como um fator de inteligência geral e mensurável.

O fator g é composto por subcomponentes conhecidos como *fatores s.* Juntos, os fatores g e s abrangem o que é chamado de *teoria dos dois fatores de inteligência*:

» **Fator g:** Alguns psicólogos criaram um teste de habilidade mental e o aplicam a muitas pessoas. Quando uma pontuação é calculada e se atingiu uma média das habilidades, um fator de inteligência geral é estabelecido. Este é o fator número um da teoria dos dois fatores, comumente chamado de *fator g,* ou fator de inteligência geral. Ele se destina a representar a inteligência em termos gerais com base em seu desempenho nesse tipo de teste de inteligência.

» **Fator s:** A pontuação individual em cada um dos testes de habilidades específicos representam os fatores s. Uma pontuação de fator s representa a habilidade de uma pessoa em uma área específica. Coloque todos os fatores s juntos e você terá o fator g. Os fatores s de inteligência mais comumente medidos incluem a memória, a atenção e a concentração, a compreensão verbal, o vocabulário, as habilidades espaciais e o raciocínio abstrato.

Sendo assim, a inteligência, segundo a teoria psicométrica, é uma pontuação em um teste de inteligência. Como isso é possível? Cada teste é feito de subtestes, e normalmente as pessoas que alcançam a pontuação mais alta em um teste se saem bem nos outros testes também. Isso revela que há uma relação entre as habilidades individuais como avaliadas pelos subtestes, e fundamenta, assim, toda a relação desse conceito geral de inteligência.

PAPO DE ESPECIALISTA

Em uma teoria correspondente, o psicólogo e pioneiro das pesquisas sobre a inteligência Louis Thurstone (1887-1955) criou uma teoria de inteligência chamada de teoria das *aptidões mentais primárias*. Ela consiste basicamente no mesmo conceito da parte do fator s da teoria dos dois fatores, só que é um pouco mais detalhada. Para Thurstone, a inteligência é representada pelos diferentes níveis de desempenho de um indivíduo em sete áreas: compreensão verbal, fluência verbal, números, memória, espaço, percepção de velocidade e raciocínio. Contudo, o trabalho de Thurstone recebeu pouquíssimo apoio em termos de pesquisas.

Olhando mais de perto

Os psicólogos continuam a dividir a inteligência geral em dois fatores específicos. A *Teoria das Capacidades Cognitivas de Cattell-Horn-Carroll* (Teoria CHC) propõe que "g" é composto por habilidades cognitivas múltiplas que, quando consideradas em seu conjunto, criam "g". Os trabalhos iniciais dos primeiros que contribuíram com a teoria CHC, Raymond Cattell, John Horn e John Carroll, convergiram em direção à criação de um modelo de inteligência geral que consistia em dez estratos com inúmeras habilidades individuais dentro desses mesmos estratos. São os seguintes:

- » **Inteligência cristalizada (Gc):** conhecimento abrangente e adquirido
- » **Inteligência fluida:** habilidades de raciocínio e de solução de problemas
- » **Raciocínio quantitativo:** habilidades quantitativas e numéricas
- » **Habilidades de leitura e escrita:** leitura e escrita
- » **Memória de curto prazo:** memória imediata
- » **Armazenagem e recuperação de longa duração:** memória de longo prazo
- » **Processamento visual:** análise e uso das informações visuais
- » **Processamento auditivo:** análise e uso de informações auditivas
- » **Rapidez de processamento:** pensar rápido e automaticamente
- » **Rapidez de decisão e reação:** chegar a uma decisão e reagir rapidamente

Os pesquisadores continuam a trabalhar com o modelo CHC e desenvolveram programas de pesquisa buscando ampliar os dez estratos. Muitos profissionais acreditam que as habilidades sensoriais e motoras precisam ser incorporadas a essa teoria mais plenamente, e os pesquisadores estão observando fatores "experimentais", tais como habilidades táteis (toque), capacidades cinestésicas (movimento), habilidade olfativa (sentido do cheiro) e a capacidade psicomotora e de velocidade. Espera aí, você quer dizer que eu posso ser alguém que cheira de forma inteligente?

Muitos pesquisadores da inteligência e profissionais aceitaram a CHC como um triunfo da psicologia da ciência e o modelo consensual das concepções psicométricas da inteligência. Ela é, contudo, um modelo de trabalho, e muitos investigadores e teóricos da inteligência consideram a teoria CHC como um começo firme ou segundo ato, mas não a palavra final em termos de inteligência.

Adicionando a malandragem

Robert Sternberg desenvolveu a *teoria triárquica* da inteligência em parte para tratar da controvérsia da malandragem, que defende que muitas pessoas podem ser inteligentes quando estão no universo acadêmico ou na sala de aula, mas lhes falta um conhecimento de senso comum na vida real ou em questões práticas. Um mito urbano diz que Albert Einstein, inquestionavelmente talentoso em matemática e física, não conseguia amarrar seus próprios sapatos. Eu não sei se isso é ou não verdade, mas Sternberg parece concordar que um aspecto importante de ser inteligente é possuir um bom nível de senso comum ou de inteligência prática. Os três componentes de inteligência dessa teoria são os seguintes:

» **Componencial:** A *inteligência componencial* depende dos mesmos fatores medidos pelos testes de inteligência tradicionais (memória, fluência verbal, e assim por diante). Esse é o aspecto da inteligência proveniente dos livros. Sternberg enfatizou que essas habilidades muitas vezes estão desconectadas da vida, das questões e dos problemas cotidianos. Parece que Einstein tinha esse componente.

» **Experiencial:** A *inteligência experiencial* engloba a habilidade de lidar com dois tipos diferentes de problemas: novos problemas e problemas rotineiros. Ela requer a capacidade de reconhecer novos problemas, em oposição aos problemas cotidianos, e buscar e criar soluções, além de implementá-las.

» **Contextual:** A *inteligência contextual* é um tipo de inteligência prática que permite que as pessoas circulem em suas vidas diárias sem andar na frente dos carros, mandar os policiais para o inferno ou deixar o lixo se acumular até o teto. Este é o aspecto da malandragem que às vezes parece faltar aos psicólogos, segundo o ponto de vista de seus pacientes.

Sobressaindo-se com múltiplas inteligências

Alguma vez você já se perguntou o que faz de Michael Jordan um jogador de basquete tão bom? E quanto a Mozart? Ele escreveu óperas inteiras de uma só tacada, sem modificar nada depois. Isso é bem impressionante! De acordo com Howard Gardener (1983), cada um desses homens exibe um tipo específico de inteligência.

LEMBRE-SE

Gardener criou uma teoria chamada de *inteligências múltiplas* a partir da observação de pessoas extremamente talentosas e com dons excepcionais. Ele propôs a existência de sete tipos de inteligência, que normalmente são deixados de lado nas teorias convencionais sobre a inteligência:

» **Habilidade corporal cinestésica:** Michael Jordan parece ter muito dessa habilidade. As pessoas que têm um alto grau de habilidade corporal cinestésica apresentam uma coordenação superior entre as mãos e os olhos, um ótimo sentido de equilíbrio e um entendimento aguçado e controle sobre o corpo quando praticam atividades físicas.

» **Habilidade musical:** Se você consegue bater o pé ao mesmo tempo que bate palmas, então você tem um pouco de inteligência musical — um pouco. As pessoas que têm um alto grau de inteligência musical possuem uma habilidade natural para ler, escrever e tocar música excepcionalmente bem.

» **Habilidade espacial:** Alguma vez você já se perdeu em seu próprio quintal? Se a resposta for afirmativa, provavelmente você não tem um grau muito alto de inteligência espacial. Essa inteligência tem a ver com a capacidade de circular e se mover pelo espaço e com a habilidade de imaginar cenas tridimensionais.

» **Habilidade linguística:** Essa é a habilidade natural para ler, escrever e falar bem. Poetas, escritores e oradores articulados têm um alto grau dessa habilidade.

» **Habilidade lógico-matemática:** Essa inteligência inclui a capacidade de resolver problemas matemáticos básicos e complexos.

» **Habilidade interpessoal:** O dom da palavra e toda a encenação do vendedor de carros usados são bons exemplos de inteligência interpessoal. Uma pessoa que gosta de se relacionar com outras pessoas, que tem boas habilidades de conversação e que sabe como interagir e se relacionar bem com outros tem um grau alto de habilidade interpessoal.

» **Habilidade intrapessoal:** Você se conhece bem? A inteligência intrapessoal está ligada à capacidade de entender seus motivos, emoções e outros aspectos de sua personalidade.

Qualquer um de nós pode ter graus diferentes das inteligências descritas por Gardener. Eu posso ser um jogador de beisebol espetacular e um perito em matemática, mas ser incapaz de levar uma conversa adiante, me perder voltando para casa depois de fazer compras e não ter a mínima ideia de como me sinto sobre tudo isso.

Atingindo a nota ideal — em uma curva

Psicólogos são pessoas que gostam de medir coisas, especialmente coisas relacionadas ao comportamento humano e aos processos de pensamento, tal como as habilidades cognitivas. Medir e documentar diferenças individuais é o alvo principal da ciência da psicologia aplicada.

LEMBRE-SE

Não importa que você adote a CHC, o modelo de Sternberg ou o conceito de múltiplas inteligências, só não esqueça do conceito de média. É considerado que a inteligência exista na população humana junto com a chamada distribuição normal. Uma distribuição normal é, em essência, um conceito estatístico relacionado à variação final de qualquer traço em particular ou fenômeno psicológico de uma população.

Os indivíduos se diferenciam no quão inteligente eles são. Uma distribuição normal (veja a Figura 6-1) é estabelecida presumindo-se que, se a população inteira fizesse um teste de inteligência, a maioria das pessoas se concentraria em pontuações médias, com alguma variação — desde ligeiramente menor que a média até levemente mais alta que a média. A distribuição normal também é chamada de *Curva de Sino*, porque se parece com um sino com um centro volumoso e achatamentos nas pontas da direita e da esquerda. A maioria das pessoas está em algum ponto da variação média da inteligência. Cada vez menos pessoas estão em níveis de inteligência que estão próximos à ponta mais alta ou à ponta mais baixa do espectro.

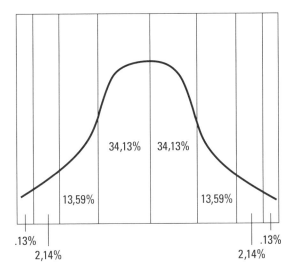

FIGURA 6-1: Distribuição normal.

Na ponta mais alta da curva de inteligência estão as pessoas consideradas bem-dotadas intelectualmente, e na ponta mais baixa, aquelas consideradas intelectualmente deficientes (veja o Capítulo 13 para saber mais sobre deficiências intelectuais).

Seres brilhantes

Einstein era um gênio, certo? Mas o que exatamente é um gênio?

Os psicólogos normalmente preferem se referir a pessoas superinteligentes como intelectualmente superdotadas, em vez de utilizar o termo gênio. Mas não existe nenhuma marca de pontuação unificada em um teste de inteligência que determine a genialidade. Uma pontuação padrão de inteligência média é 100, e, em termo gerais, qualquer pontuação acima de 120 é considerada superior. A superdotação é atribuída a pessoas no topo de 1% a 3% da população. Ou seja, dentre 100 pessoas, somente uma, duas ou três são consideradas superdotadas.

CUIDADO

Muitos psicólogos são cautelosos ao definirem a superdotação em termos tão numéricos e estatísticos e alertam para o fato de que contextos culturais e sociais também precisam ser levados em consideração. Uma pessoa considerada um gênio em uma dada cultura pode ser um louco em outra? Não estou muito certo se a coisa é assim tão drástica, mas é importante considerar que a superdotação é multifacetada e não pode ser tão facilmente atrelada a uma marca de pontuação.

Inúmeras tentativas têm sido feitas para precisar uma definição de superdotação intelectual. O eminente psicólogo norte-americano Robert Sternberg sugere que ser superdotado é mais do que ter habilidades superiores com relação ao processamento e à análise das informações; também abrange ter uma capacidade superior para capitalizar e aprender sobre as experiências de alguém, a fim de resolver rapidamente problemas futuros e automatizar a resolução de problemas. Ele propõe que pessoas superdotadas são particularmente habilidosas em se adaptar e selecionar excelentes ambientes, de forma que vai além do processamento básico das informações e do que é considerado como inteligência em geral ou "g".

Os pesquisadores continuam a analisar o conceito de superdotação intelectual, e uma constatação frequente é a de que indivíduos superdotados possuem fortes *habilidades metacognitivas*, ou conhecimento de seus próprios processos mentais e como regulá-los. Essas três estratégias metacognitivas específicas são muitas vezes utilizadas por indivíduos superdotados:

- » **Codificação Seletiva:** Distinguir entre informações relevantes e irrelevantes
- » **Combinação Seletiva:** Reunir elementos aparentemente distintos de um problema para criar uma nova solução
- » **Comparação Seletiva:** Descobrir conexões novas e não óbvias entre informações novas e antigas

Compreendendo a Linguagem

Definitivamente, a inteligência é o coroamento da conquista da cognição, juntando as peças isoladas dos processos para criar seres que aprendem e se adaptam, você e eu! Mas parar na inteligência subestima a condição humana, porque uma das outras extraordinárias e sofisticadas séries de processos consegue realizar o objetivo unificado da linguagem.

A mente humana cria, utiliza e entende a linguagem. Ela é uma das habilidades cognitivas mais sofisticadas e únicas que os seres humanos possuem. É verdade que outras espécies se comunicam com sons e que têm algum tipo de "linguagem" — pense em baleias e pássaros —, mas quando foi a última vez que um golfinho contou uma história ou escreveu o equivalente do *sus scrofa domesticus* (porcos) a um *Romeu e Julieta* (essa obra seria MacBacon)?

A linguagem como processo cognitivo já foi ampla e entusiasticamente debatida e continua sendo um dos focos centrais da psicologia cognitiva. O estudo da linguagem em geral é chamado de *linguística*, e o estudo psicológico da linguagem é chamado de *psicolinguística*.

Com a Babel ligada

Talvez um das coisas mais extraordinárias no que diz respeito à linguagem é que você e eu em algum momento aprendemos a usá-la. Os bebês não nascem sabendo falar. Eles levam seu tempo, absorvendo e aprendendo. E por fim vão surgindo sons, palavras, frases, parágrafos, histórias e tratados.

No Capítulo 12, apresentarei as etapas do desenvolvimento da linguagem para que você tenha uma compreensão acerca dos tipos de linguagem que deveriam acontecer em cada momento. Esta seção descreve os modelos cognitivos subjacentes a como a linguagem se desenvolve em primeiro lugar.

Diversos modelos de desenvolvimento da linguagem existem nos campos da linguística e da psicolinguística, mas os três mais importantes são o *Inatista*, o *Behaviorista* ou Comportamental e o *Interacionista*.

Inatista

Noam Chomsky, um filósofo, linguista e pensador político, é o principal defensor da teoria inatista. O ponto central do argumento inatista é o de que a linguagem é algo inato, algo com o qual essencialmente já se nasce, e conectado a seu DNA e ao desenvolvimento do cérebro. De muitas formas, a linguagem simplesmente se desenvolve da mesma maneira que o cérebro, o fígado, o pâncreas e até mesmo aquela marca de nascença esquisita em suas costas.

As regras da linguagem são inatas e se encontram reunidas no que Chomsky chama de Gramática Universal. Todos os falantes no mundo, independentemente das diferenças em suas línguas individuais, têm essa gramática universal como parte de seu substrato genético humano. As crianças podem até mesmo criar suas próprias linguagens ou diversas formas de gírias com suas próprias regras e estruturas gramaticais devido a algo que Chomsky chama de *dispositivo de aquisição da linguagem* — um módulo ou mecanismo cognitivo inato que é ativado pela linguagem no ambiente. Observe que, de acordo com essa visão, o módulo só é acionado, não envolve nenhum aprendizado do ambiente.

Behaviorista ou Comportamental

O modelo behaviorista ou comportamental diz que a linguagem é fruto do aprendizado. As pessoas a aprendem observando a outras pessoas falando no mundo e por meio de processos de condicionamento clássico e operante (veja o Capítulo 8 para saber mais sobre o condicionamento clássico e operante). Uma das evidências que apoiam a perspectiva behaviorista é o fato de que se pode levar meses e às vezes anos para que uma pessoa desenvolva as habilidades linguísticas apropriadas. Os behavioristas acreditam que isso ilustra o processo de aprendizado.

Interacionista

Essência ou estímulo? Os dois! De acordo com este modelo, a linguagem é inata e aprendida. Uma versão da teoria interacionista que se destaca é a abordagem do interacionismo social, que defende que os pais e os falantes maduros que já dominam a linguagem moldam e proporcionam um apoio de aprendizado para aqueles que estão aprendendo a linguagem, guiando-os em direção a obter um uso maduro e correto da linguagem por meio das interações sociais.

Sons, mordidas, pedaços e peças

Para entender como a mente constrói a linguagem, os pesquisadores a dividiram em diferentes partes. Tudo indica que a linguagem pode ser compreendida em termos das regras para sua utilização, o que é conhecido como *gramática*. A gramática é dividida em três partes:

- **Fonologia:** as menores unidades da fala (fonemas) que determinam como os sons são utilizados para compor as palavras
- **Sintaxe:** maneiras nas quais as palavras e as frases são combinadas para formar sentenças
- **Semântica:** significado

Estima-se que existam em torno de 800 diferentes fonemas na família das línguas humanas. Os falantes da língua inglesa usam 52; algumas línguas usam mais de 100. Pense sobre como as diversas línguas soam. Algumas parecem ser mais rápidas do que outras. Algumas usam sons guturais e outras ainda têm um aspecto suave e leve. Línguas diferentes possuem usos diferentes de sons e fonemas (a menor unidade distintiva de som em uma língua).

Veja só esta frase: Loja à João foi. Ela soa correta para você? Provavelmente não, pois as regras da sintaxe determinam como as frases devem ser arranjadas de forma que façam sentido para uma determinada língua. Além disso, mudanças sutis no posicionamento das palavras dentro de uma frase podem mudar o significado de uma frase em particular e transmitir uma ideia muito diferente. Tome o exemplo das seguintes palavras e veja como rearranjá-las muda radicalmente o significado de cada frase: roubou, Luis, banco, o.

Luis roubou o banco.

O banco roubou Luis.

Essas duas frases têm um significado bem diferente uma da outra. São usadas as mesmas palavras, mas os significados são diferentes, dependendo da sintaxe. De qualquer forma, coitado do Luis.

Eu percebi um fenômeno interessante quando realizei um teste cognitivo e administrava testes de vocabulário. Determinadas definições erradas ocorriam inúmeras vezes. Eu perguntava a uma pessoa o significado da palavra "ontem", e ela respondia "As coisas que eu fiz ontem". Agora, eu não tenho certeza do que isso quer dizer propriamente, mas o fato dessa definição, embora não seja realmente a correta, aparecer repetidas vezes é algo fascinante. Para essas pessoas, "ontem" se refere ao conjunto de ações nas quais ele ou ela se envolveu no dia anterior. A palavra significa algo diferente para eles do que significa para mim.

Pelo fato de eu não saber realmente sobre o que eles estão falando, nós não estamos realmente nos comunicando ou compreendendo um ao outro. A outra pessoa não está respondendo à regra semântica de gramática que determina a definição compartilhada e acordada sobre a palavra "ontem". As regras semânticas determinam que os significados das palavras são universais ou amplamente compreendidos e acordados, o que possibilita a comunicação. Quando você diz "elefante", eu sei que você está falando sobre um animal grande com uma longa tromba por causa da semântica. Tudo isso também se aplica às linguagens de sinais, que possuem sua própria gramática e que se desenvolvem da mesma maneira que as linguagens faladas, desde que haja um ambiente de sinais rico ao redor da criança surda.

> **NESTE CAPÍTULO**
>
> Descobrindo por que você faz o que faz
>
> Os altos e baixos da vida, e o meio-termo
>
> Pensando antes de agir
>
> Refletindo sobre o amor e a guerra
>
> Adaptando a cabeça e o coração

Capítulo 7

Como Você Se Sente em Relação a Isso?

Por que as pessoas se levantam e vão trabalhar todos os dias? Por que minha prima adolescente colocou um piercing no umbigo? Por que as pessoas vão à academia? Falando francamente, eu acho que a melhor parte da psicologia é poder fazer todas essas perguntas interessantes!

Mas nem sempre há muito mistério por trás do porquê de as pessoas fazerem o que fazem. A maioria de nós trabalha para pagar as contas e para ganhar dinheiro para sair de férias e ter conforto e diversão. Você come para se manter vivo. Você tolera os vizinhos irritantes para evitar ser preso. Todas essas coisas fazem sentido e normalmente não demandam muitas considerações. Mas quando alguém faz algo extraordinário, extremamente difícil ou horrendo, surge a pergunta "Por quê"?

Os traumas, especialmente quando causados por outra pessoa, muitas vezes deixam alguém confuso e precisando de respostas. Por que alguém faria uma coisa dessas comigo? As respostas podem ajudar as pessoas a chegar a um acordo sobre como se sentem.

Mas a busca por respostas nem sempre foca no que é negativo. Veja só o exemplo de Madre Teresa. Ela dedicou grande parte da vida trabalhando com doentes e pobres na Índia. Viveu em uma pobreza miserável, sacrificando todo o conforto a fim de ajudar os pobres e aparentemente esquecidos. Por que ela faria algo assim? A dedicação de Madre Teresa à sua vocação e dever religioso foi algo extraordinário. Ela suportou as mais duras condições e se manteve firme em seu caminho; sua motivação era resistente e inabalável. Suas ações eram o resultado do amor pelas pessoas que ela ajudava?

Neste capítulo apresento a abordagem psicológica da motivação. Simplesmente saber a psicologia de uma ação deixa um buraco no que você sabe sobre comportamento se você não sabe por que alguém escolheu um determinado curso de ação — ou ao menos por que ele ou ela acha que está fazendo alguma coisa.

Além de analisar as diversas teorias da motivação, também dou uma olhada nas emoções, que alguns psicólogos rotulam de fatores motivadores primários para todos nós. Os psicólogos fazem um grande estardalhaço no que diz respeito às emoções por causa do papel fundamental que elas têm no comportamento humano e nos processos mentais. A pergunta "Por que fazemos o que fazemos?" tem muito a ver com a maneira como nos sentimos.

Um relato muito popular sobre ir a um psicólogo é que ele sempre perguntará: "Como você se sente em relação a isso?". Então qual é o grande problema dos sentimentos e emoções? A maior parte das pessoas concorda que estar com fome ou cansado pode ser algo importante. Mas, espera aí. Estar com fome é um sentimento? E quanto a estar cansado? Parece que algumas pessoas não reconheceriam uma emoção mesmo que ela aterrizasse na porta de sua casa. Por outro lado, algumas pessoas parecem estar "em contato" com suas emoções um pouco demais. Só para constar: fome e cansaço não são considerados emoções. Mas, tal como comer e dormir, as emoções são importantes para a sobrevivência psicológica.

Chamando o Tony para Ajudar com a Motivação

Tony Robbins, um palestrante motivacional norte-americano, construiu um império de milhões de dólares ajudando pessoas a encontrar o estímulo necessário para começar a se mexer. Não estou familiarizado com as especificidades de sua técnica e nem tenho muita certeza se sua abordagem de motivação realmente funciona, o que sei é que ele tem um verdadeiro exército de celebridades que corroboram a técnica. E, de um ponto de vista comercial, realmente não importa se sua técnica realmente funciona. A questão é que as pessoas querem ser motivadas. As pessoas precisam ser motivadas. E elas estão gastando muito dinheiro para descobrir como se motivar da maneira que Tony Robbins o faz.

É difícil imaginar a vida sem motivação. Sem um incentivo para fazer as coisas, talvez eu ficasse sentado no sofá o dia inteiro, comendo salgadinhos e vendo televisão. Nem todo mundo quer salvar o mundo ou encontrar a cura para o câncer! Seja lá o que eu decida fazer, os psicólogos que estudam a motivação acreditam que algum processo psicológico é responsável por meu comportamento.

Nas seções seguintes descrevo as diversas teorias relacionadas às fontes e às estruturas da motivação — desde as necessidades biológicas básicas até a busca por independência e liberdade.

LEMBRE-SE

VOCÊ GOSTARIA DE UM POUCO DE ADRENALINA COM AQUELE URSO?

Ao longo do curso da evolução humana, determinados comportamentos foram naturalmente selecionados (colocados na pilha de "manter"), porque contribuíam para a sobrevivência de indivíduos específicos em uma espécie. Imagine um grupo de pessoas que vive em uma floresta com lobos, ursos e diversos outros tipos de animais perigosos. Agora imagine que um grupo de três homens e três mulheres dessa comunidade encontrassem um urso. Um dos homens e uma das mulheres começam a correr assim que veem o urso e conseguem escapar. Outro homem e outra mulher ficam parados, imóveis de tanto medo. Eles se transformaram no almoço do urso. O casal que restou tenta lutar contra o urso com paus e pedras, mas perdem a batalha.

Se o homem e a mulher que fugiram decidissem ter um filho, há uma boa chance de que ele fosse também um bom corredor, quando se trata de encontros com ursos. Os outros dois casais (os que congelaram de medo e os que lutaram) morreram, então não podem ter filhos. Essa é uma ilustração grosseira de como a evolução seleciona as características que nos ajudam a sobreviver. Aqueles que sobrevivem se reproduzem. Podemos supor seguramente que o casal que fugiu tem um instinto melhor do que os outros dois casais. Seus instintos foram melhores no sentido de que foram capazes de continuarem vivos. Os instintos que nos ajudam a nos manter vivos permanecem em nossa carga genética.

CAPÍTULO 7 **Como Você Se Sente em Relação a Isso?** 117

Confiando em seus instintos

As plantas crescem em direção à luz do sol porque querem? Seria possível que uma pequena planta rebelde, a ovelha negra das samambaias, começasse a crescer em direção à sombra só para ser diferente? Não, uma planta não poderia realizar essa proeza nem se assim o quisesse. As plantas crescem em direção à luz do sol porque não conseguem evitar. Elas precisam da luz do sol para sobreviver. Isso é um instinto.

LEMBRE-SE

Um *instinto* é um comportamento automático, involuntário e não aprendido que acontece em resposta a um gatilho específico, ou um *estímulo*. Vários exemplos do que se consideram instintos humanos podem ser encontrados nas frases que as pessoas usam todos os dias: o instinto maternal, o instinto de sobrevivência, o instinto assassino, o instinto visceral, e assim por diante. Os instintos motivam no sentido de que você faz o que faz porque tem que fazer isso. Você toma determinadas atitudes automática e involuntariamente.

James McDougall formulou uma maneira de classificar alguns de nossos instintos básicos. Ele acreditava que um instinto pode ser identificado ao localizar seu objetivo pretendido. Ele identificou vários instintos, incluindo a paternidade e a maternidade, a busca por comida e o acasalamento. Se você estiver à procura de uma forma de aliviar sua culpa por comer tantos cheeseburgers, poderá usar a desculpa não científica e inconsistente: é apenas seu instinto de buscar comida que o está levando a isso!

Muitas pesquisas sobre instintos têm sido feitas com animais. Os instintos também são chamados por esses pesquisadores de "padrão modal de ação". Os gansos voam para o sul durante o inverno. Por quê? Talvez eles gostem dos bares à beira das piscinas na Flórida ou talvez seja um instinto. Konrad Lorenz fez pesquisas extensas investigando os comportamentos instintivos dos animais. A abordagem específica de Lorenz é conhecida como abordagem etológica da motivação; e de acordo com Petri, um etologista, comportamentos instintivos possuem *energias de ação específicas* — a ideia de que um gatilho específico desencadeia um instinto de ação. Todos os comportamentos instintivos possuem um gatilho ou gatilhos específicos chamados de *estímulos-chave*. Passar perto de uma boa cafeteria é um estímulo-chave para meu instinto por café. Talvez a cafeína tenha ajudado meus ancestrais a sobreviverem. Eu fico imaginando se havia uma Starbucks na Europa do período Neolítico. Estímulos-chave chegam do ambiente. Estímulos-chave que provêm de outros membros de um grupo de animais são chamados de liberadores.

Os estímulos-chave criam comportamentos que são fixos e automáticos. Esses comportamentos são chamados de *padrões de ação fixa*. Um dos exemplos mais conhecidos de um padrão de ação fixa é algo que Lorenz chama de cunhagem ou estampagem (do inglês, *imprinting*). A estampagem é um tipo de ligação instintiva entre um filhote e seus progenitores. Lembra-se daquele desenho animado em que o patinho, logo após sair de dentro do ovo, começa a seguir o primeiro animal que vê pela frente, mesmo que não seja outro pato? Isso é estampagem.

Sentindo-se carente

Muitas pessoas podem se identificar com preocupações acerca de dinheiro e finanças. Tenho certeza de que até mesmo os bilionários do mundo passaram algumas noites em claro em suas vidas contando mentalmente seus dólares. Alguns aprenderam a viver dentro de seus orçamentos, guardando dinheiro para a hipoteca, prestações de carros, planos de saúde e contas domésticas — e até mesmo separando algum dinheiro para um pouco de diversão, se sobrar algum. Quando comecei a viver dentro de meu orçamento, uma coisa estranha aconteceu. Quando ia a uma loja e via alguma coisa de que gostava, tal como um par de sapatos ou alguma ferramenta extravagante, me perguntava se realmente precisava daquilo. Parte da arte de administrar finanças tem a ver com descobrir de que você realmente precisa e quais são suas prioridades financeiras.

Primeiro eu gasto meu dinheiro no que preciso. Minhas necessidades constituem um forte determinante no que diz respeito ao que faço com meu dinheiro. E talvez eu possa até dizer que sou *impulsionado* (ou empurrado) por minhas necessidades prioritárias. Satisfazer minhas necessidades é um dos mais importantes, senão o maior impulso, de minha vida. As necessidades impulsionam meu comportamento, elas me motivam.

LEMBRE-SE

Clark Hull elaborou uma teoria que enfatizava a necessidade de satisfação. As necessidades são criadas a partir de duas coisas: *homeostase* e *restauração do equilíbrio*. Eu vivencio a homeostase quando minhas necessidades são satisfeitas e me sinto equilibrado — quando não estou necessitando de nada. Quando minhas necessidades não estão sendo atendidas, me encontro fora de equilíbrio e então sou motivado a restaurá-lo por meio da satisfação de minhas necessidades.

A teoria de Hull é chamada de *teoria da redução do impulso*, porque as pessoas são compelidas a satisfazerem suas necessidades. Impulsos são motivações em direção à satisfação e à homeostase. Existem dois tipos de impulsos:

» As necessidades biológicas que são necessárias à sobrevivência são chamadas de *impulsos primários*. Fome, cansaço e sede são todos exemplos de impulsos primários. Se você pensar sobre isso, os impulsos primários desempenham um papel bastante importante no cotidiano das pessoas. Uma boa parte do dia gira em torno de satisfazer a fome e conseguir abrigo.

» Qualquer outro impulso fora do impulso primário é chamado de *impulso secundário*. Muitos deles são aprendidos nas famílias, nos grupos sociais e na cultura em termos mais amplos. A importância dos impulsos secundários é determinada por como eles são associados aos impulsos primários. As pessoas são compelidas a irem para a escola e obterem boas notas para que consigam ter uma vida melhor e sustentem a si mesmos e a suas famílias. Os impulsos secundários não têm nenhum valor inerente; somente importam quando relacionados aos impulsos primários.

Uma das limitações da teoria da redução do impulso é que ela não deixa espaço para as necessidades que parecem somente perifericamente relacionadas com nossa sobrevivência biológica. Um dia surfando é capaz de restaurar meu equilíbrio homeostático? Que necessidade básica o surf satisfaz? Eu posso ir um pouco além e dizer que faço questão de ir surfar, porque se eu não for, ficarei deprimido e não serei capaz de ir trabalhar e, por conseguinte, não conseguirei comer. Isso transformaria surfar em um impulso secundário ao final de uma longa cadeia de outros impulsos secundários. Mas a maioria das pessoas provavelmente não reduz, de qualquer maneira consciente, cada uma de suas atividades ao denominador comum mais baixo da sobrevivência biológica.

Embora tecnicamente essa teoria não seja sobre o instinto, a teoria motivacional de Abraham Maslow afirma que as motivações originam-se de um conjunto básico de necessidades que você naturalmente procura alcançar. Maslow acredita que algumas necessidades são mais básicas do que outras. Comer é mais básico do que conseguir uma nota dez na prova final de inglês. Ambas são necessidades (de qualquer forma, para algumas pessoas), mas uma é mais fundamental do que a outra.

LEMBRE-SE

Maslow criou uma lista de necessidades prioritárias que organizou em um triângulo chamado de *hierarquia das necessidades*:

» No nível mais baixo e mais fundamental estão as *necessidades físicas básicas* por comida, água e sono. Essas necessidades direcionam o comportamento até que sejam satisfeitas.

» O nível seguinte do triângulo contém as necessidades *por segurança e proteção*, tal como abrigo apropriado e proteção.

» *Amor e sentido de pertencimento* é o próximo nível de necessidade.

» O quarto nível de necessidade é a *autoestima*, com a busca por situações que aumentem a autovalorização.

» A *autorrealização* — a necessidade de realizar nosso mais alto potencial e de viver em um alto nível de conscientização de nós mesmos e de nossos desejos — é o nível mais alto. Quando alguém alcança a parte mais alta do triângulo/hierarquia, tem uma experiência culminante, ou um sentimento de que os sinais chegam ao mais alto nível de motivação. Embora seja importante destacar que, até mesmo para quem consegue a autorrealização, essas experiências culminantes são breves e pouco frequentes. Uma pessoa não se estabelece em um nível de experiências culminantes.

Despertando o interesse pela costela de primeira

A *teoria do nível ideal de excitação* é considerada uma versão mais sofisticada da teoria da redução do impulso. No lugar de ter seus impulsos apenas direcionados no sentido de minimamente satisfazerem suas necessidades biológicas básicas, esta teoria afirma que as pessoas estão motivadas a alcançar o mais alto grau de satisfação possível.

O que eu quero dizer com "o mais alto grau de satisfação possível"? Pense nisso como a "teoria da costela de primeira" da estimulação. Quando meu corpo precisa de energia, eu sinto fome e revelo um impulso primário ou motivação de comer alguma coisa. Agora, se essa teoria fosse a "teoria do hambúrguer" da estimulação ou a "teoria do nível mínimo de estimulação", então eu simplesmente compraria um cheeseburger gorduroso de qualquer drive-thru de estrada e acabaria logo com isso. Mas por que eu comeria um hambúrguer se posso comer um bife? Eu posso satisfazer minha necessidade primária e ao mesmo tempo desfrutar de um excelente sabor.

LEMBRE-SE

Um outro elemento da teoria do nível ideal de excitação tem a ver com o impulso de buscar o melhor (ideal) nível de excitação a fim de maximizar o desempenho. Em um exemplo de como a teoria do nível ideal de excitação pode funcionar, em 1908, os psicólogos Yerkes e Dodson descobriram que as pessoas desempenham melhor suas atividades quando estão moderadamente estimuladas — nem tão relaxadas, nem tão nervosas. Isso é chamado de *lei de Yerkes e Dodson*.

ASSOCIAÇÃO LIVRE

Alguma vez você já teve que fazer uma apresentação em frente a um grupo grande ou em uma sala de aula? Você ficou nervoso? Se a resposta for afirmativa, quão nervoso você ficou? Você ficou nervoso a ponto de vomitar ou desmaiar? Ficar assim tão nervoso constitui um nível de excitação extrema; e se alguma vez você já sentiu isso, sabe que isso não contribui para um desempenho top de linha. Da mesma maneira, se a pessoa estiver relaxada demais, pode não se empenhar muito em se preparar propriamente e, dessa forma, fazer uma péssima apresentação. O melhor é realmente ficar no meio-termo entre os dois estados.

Como é bom conseguir fazer ligações interurbanas mais baratas

Quando entro em casa e vejo a luzinha vermelha de minha secretária eletrônica piscando, fico imaginando quem pode ter ligado. Será que foi algum amigo com quem não converso há tempos? Algum parente que não vejo há muito tempo? Não, era só uma daquelas empresas irritantes de telefonia interurbana tentando me convencer a trocar de operadora.

Uma boa parte das investidas de marketing estão fundamentadas em uma teoria motivacional chamada de *teoria das expectativas*. Essa teoria defende que as motivações são resultantes de uma análise individual do potencial de recompensas e sua associação a um determinado comportamento e à probabilidade de obtenção dessas recompensas. Os mensageiros da telefonia interurbana apostam suas fichas em que eu associarei uma troca de operadora com a expectativa de uma recompensa. Essa é uma maneira direta, mas poderosa, de motivar as pessoas, especialmente se você conseguir que acreditem que as recompensas provavelmente chegarão por si mesmas!

A *teoria do incentivo*, que se assemelha muito à teoria das expectativas, simplesmente afirma que estamos motivados a buscar recompensas e a evitar experiências negativas, tais como a dor. Minha experiência com o spam comercial em meu e-mail me levou a esperar pela dor quando vejo minha caixa de entrada cheia de propaganda indesejada de coisas das quais não preciso e que supera aquela esperada recompensa de economizar alguns trocados com suas "grandes promoções". O que eu espero, seja se isso for realmente o caso ou não, no final das contas, tem um efeito poderoso em meu comportamento. Quando me deparo com esses e-mails, nem mesmo me dou ao trabalho de os abrir, simplesmente os apago.

Encarando sua teoria do processo oponente

Algumas vezes sou motivado a fazer coisas que não são muito divertidas, tal como malhar — ao menos para mim isso não é muito divertido. Talvez algumas pessoas gostem de malhar. Mas a questão é que as pessoas podem adotar comportamentos que são superficialmente mais penosos do que prazerosos. Isso não quer dizer que elas tenham alguma necessidade ou instinto masoquista. Motivações que aparentemente parecem penosas e não muito prazerosas podem ser às vezes explicadas pela *teoria do processo oponente*, que afirma que as pessoas são motivadas não pela resposta ou pelo estímulo inicial, tal como a dor de uma malhação pesada, mas pelo resultado obtido após a resposta inicial, tal como o reflexo de um corpo tonificado, em forma e saudável olhando de volta para mim do espelho.

Para cada resposta que ocorre existe uma reação oposta chamada de *processo oponente*. Após ser exposto a um estímulo em particular por algum tempo, a resposta inicial diminui, e a resposta oposta se fortalece.

Muitas pessoas gostam de comer comidas apimentadas. Pessoalmente, gosto de sentir o gosto de minha comida, e não a senti-lo por 20 minutos depois que eu a mordo, mas cada um tem seu gosto particular. Qual é a resposta oposta, o processo oponente, das comidas picantes? São as endorfinas — aqueles analgésicos naturais liberados pelo corpo para combater a dor.

As comidas apimentadas realmente queimam quimicamente a língua, e o corpo combate essas queimaduras com esses analgésicos naturais. É uma sensação boa quando esses analgésicos de endorfina entram em ação para aliviar a queimadura. As pessoas que gostam de comidas apimentadas acham que a comem por causa do condimento, mas, de acordo com a teoria do processo oponente, eles não passam de um bando de viciados em endorfina. É isso aí, elas queimam suas línguas a fim de se beneficiar com a reação oposta ou do *oponente* de liberação de endorfina!

A teoria do processo oponente tem sido usada para explicar a problemática às vezes aflitiva que é o vício nas drogas. É claro que, quando uma substância ou droga é utilizada, a pessoa fica alta, eufórica e experimenta sentimentos agradáveis. Contudo, assim que os efeitos da droga passam, fica uma sensação desagradável causada pelos seus efeitos posteriores. De acordo com a teoria do processo oponente, a pessoa viciada, então, usa a droga novamente para obter um alívio para essas sensações desagradáveis. Eles não a usam necessariamente para o barato inicial que a droga dá — mas sim para aliviar os efeitos negativos posteriores.

Sabendo quem manda

É provável que a liberdade seja o melhor motivador dentre todos os outros. Ao longo da história, as sociedades e os grandes grupos sacrificaram suas vidas em nome do direito de determinarem seus próprios destinos, tomar suas próprias decisões e serem os senhores de suas próprias vidas. A Declaração de Independência dos Estados Unidos da América, de autoria de Thomas Jefferson, talvez seja o documento por excelência de tal autodeterminação, do direito de determinar as ações de alguém sem ser compelido por outros ou por uma influência externa.

Edward Deci e Richard Ryan propuseram uma teoria psicológica da motivação conhecida como *teoria da autodeterminação* (SDT, do inglês *self-determination theory*); ela afirma que as motivações humanas de competência pessoal, autonomia psicológica e vínculo social constituem o centro daquilo que rege o comportamento das pessoas. Esses caras podem até mesmo ser considerados os "Thomas Jeffersons" da psicologia motivacional. Eles propõem e se utilizam de pesquisas para fundamentar o conceito de que as necessidades de se sentir competente, autônomo e parte de alguma coisa são necessidades universais e encontradas em todas as culturas. Essas necessidades são consideradas necessárias para que as pessoas tenham um sentido de bem-estar e para atuar e alcançar um nível de excelência nas tarefas que desempenham na vida, tais como trabalho, escola e relacionamentos. A SDT reconhece dois tipos diferentes de motivação:

» A motivação autônoma é *intrínseca*, ou interna, a uma pessoa; vem de dentro e reflete um sentido de não coerção e liberdade de escolha.

» A motivação controlada é uma função de contingências, recompensas ou castigos externos, tais como vergonha, retribuição ou reconhecimento público.

A motivação controlada está relacionada aos sentimentos de ser pressionado a pensar, sentir ou agir de acordo com padrões externos que sejam opostos ao parâmetro interno de um indivíduo. Um exemplo histórico maravilhoso de motivação autônoma vem da grande norte-americana Rosa Parks, uma mulher afro-americana que desafiou a segregação racial nos EUA ao sentar-se nos assentos "só para brancos" em um ônibus público. Ela teve coragem suficiente para se sentar em um assento que ela mesma escolheu. Apesar da pressão para se conformar, ceder e ter sua motivação "controlada", *ela escolheu* onde se sentar, estava motivada autonomamente e mudou a história. Segundo a SDT, é muito melhor estar no controle de si mesmo, ser seu próprio patrão e preservar a liberdade de fazer escolhas; isso satisfaz uma necessidade humana básica e impulsiona a motivação.

Deci e Ryan consideram a autonomia como sinônimo de estar no controle de si mesmo, regular-se e se empenhar na *autorregulação*. Considerando que a SDT se refere a uma necessidade e motivação humana de ser autônomo e estar em controle de si mesmo, a *autorregulação* é um conjunto de controles psicológicos sobre as emoções, o comportamento e os pensamentos de uma forma coerente com relação às metas pessoais. A SDT pode ser considerada o "por quê" do comportamento humano, mas a autorregulação é o "como".

A psicóloga Andrea Burger define a autorregulação como uma capacidade individual de monitorar e moldar a cognição, a emoção e o comportamento para a realização de objetivos e/ou se adaptar às demandas de situações específicas. O comportamento autorregulado está associado ao pensamento controlado, focado e atento e à ação oposta à atitude impulsiva e reativa. A autodeterminação, aparentemente, não é possível sem a autorregulação adequada.

É muito bom ser autônomo e estar no controle de si mesmo, mas muitas pessoas já tiveram a experiência de se decepcionar depois que resolveram fazer uma dieta, se exercitar, parar de fumar ou mudar algum outro aspecto indesejável de seus comportamentos. Elas "querem" fazer uma dieta, mas comem demais. Elas querem se exercitar, mas, em vez disso, acabam vendo o filme que alugaram.

É aqui que entra o conceito de força de vontade. Há uma luta por autocontrole em andamento, uma luta da vontade. Roy Baumeister define a *força de vontade* como a habilidade de resistir a tentações de curta duração a fim de obter objetivos de longo prazo. Alguns psicólogos consideram a força de vontade como um elemento lógico da autorregulação, para que se esteja em controle de si mesmo diante de motivações ou impulsos competitivos ou contraditórios. Você pode fazer dieta e perder peso ou desfrutar de um prato cheio de frango xadrez e inchar de tanto comer.

Nos anos de 1960, o psicólogo Walter Mischel fez uma série de experimentos muito simples, mas poderosos, conhecidos popularmente como o "teste do marshmallow". Basicamente, uma pequena recompensa é oferecida, algo como um marshmallow, ao sujeito da experiência, uma criança, mas ela é avisada pelo pesquisador de que poderá conseguir uma recompensa maior caso não coma o marshmallow enquanto o pesquisador está ausente da sala por um breve período de tempo. Se eles adiarem sua gratificação por esse curto período de tempo, receberão uma recompensa maior. Bem, algumas crianças conseguiram fazer isso, outras não. Aquelas que conseguiram foram consideradas como tendo habilidades mais fortes para adiar a gratificação. Pesquisas de acompanhamento feitas com as mesmas crianças muitos anos depois mostraram que aquelas que conseguiram adiar tinham resultados acadêmicos melhores e menos propensão a se tornarem obesas.

As pesquisas sugerem que a força de vontade é uma capacidade psicológica que existe em todas as pessoas em maior ou menor escala. Ela tem sido comparada a um "músculo mental", que pode crescer, fortalecer, enfraquecer, cansar e até mesmo atrofiar. A força de vontade forte tem sido associada ao sucesso em mudanças de comportamento, tais como parar de fumar ou seguir um programa de exercícios. Já o estresse e a necessidade de resistir demais à tentação têm sido apontados como enfraquecedores da força de vontade. Este é o motivo pelo qual provavelmente seja uma boa ideia evitar ir a uma loja de donuts quando tudo o que se quer é uma xícara de café. A menos, é claro, que você já tenha "escolhido" comer uma torta de maçã ou uma trança de chocolate.

Lançando Inúmeros Poemas Ruins: Emoções

Até aqui, nenhuma das teorias sobre motivação tratou sobre o poder que as emoções têm para estimular a ação ou iniciar um comportamento. Ainda assim, as emoções e motivações estão intimamente relacionadas. Quando eu preciso de alguma coisa, sou motivado a satisfazer essa necessidade. Quando meu estômago ronca, eu sei que estou com fome. Mas como posso saber quando outras necessidades de cunho mais psicológico não estão sendo atendidas, tal como a necessidade de autoestima? Quando determinadas necessidades pessoais não estão sendo atendidas, as emoções enviam um sinal. As emoções podem apontar para o fato de que você não está alcançando seus objetivos motivacionais (na forma de decepção, por exemplo) ou que, por outro lado, está satisfazendo seus objetivos motivacionais (talvez sob a forma de felicidade).

Nas seções seguintes eu defino a emoção, investigo suas funções e discuto como elas podem ser "usadas" para melhorar seu funcionamento.

LEMBRE-SE

Uma *emoção* é um fenômeno complexo que possui três elementos interligados:

- **Experiência subjetiva:** Quando tenho uma emoção em particular, chamo isso de um *sentimento*. Minha experiência de tristeza pode consistir em querer chorar e não ter energia ou motivação. Essa é minha experiência de tristeza; é subjetiva.

- **Reação fisiológica:** Todas as emoções são compostas por reações que envolvem o cérebro e a atividade do sistema nervoso. Quando estou com raiva, meu coração bate acelerado e meu nível de respiração aumenta. Quando estou triste, posso me sentir cansado.

- **Elemento expressivo:** Cada emoção é expressada e comunicada de uma forma única. As expressões faciais, a linguagem corporal, a postura, as palavras, as frases, os gestos e inúmeros outros meios de expressão acompanham e comunicam a experiência de uma emoção.

Outra teoria sobre as emoções que ganhou muito apoio ao longo dos últimos anos vem da psicologia evolucionária. Os psicólogos que aderem a essa perspectiva veem os comportamentos específicos e os processos mentais como respostas adaptativas desenvolvidas por meio da seleção natural. As emoções são vistas como parte desse processo de adaptação.

OS SENTIMENTOS PODEM SALVAR VIDAS

Além de sinalizar se uma pessoa atingiu ou não seus objetivos, as emoções têm algumas outras funções. Elas preparam as pessoas e as alertam para situações potencialmente perigosas. Gavin De Becker exalta muito essa função das emoções em seu livro *O Dom do Medo* (Editora Caleidoscópio, 2009). Resumindo em uma única frase, o medo salva nossas vidas. Alguma vez você já esteve em uma situação em que teve a sensação de que alguma coisa estava errada? Essa "sensação" eram suas emoções o alertando sobre a presença de um perigo em potencial do qual você pode não ter se dado conta ou observado conscientemente. De Becker defende que se deve ouvir a esta voz com mais frequência e ficar mais sintonizado com ela como uma poderosa ferramenta de sobrevivência.

Emoções positivas podem proporcionar um alívio para os desafios e problemas da vida. A felicidade dá uma sensação boa. Como seria a vida se você nunca se sentisse feliz? Extremamente infeliz, obviamente! É mais fácil ter um bom relacionamento com alguém que é feliz. A felicidade também leva as pessoas a socializarem mais, o que pode levar a um romance, que por sua vez pode levar a filhos, e assim passar adiante seja lá quais os genes que trabalharam para criar aquele procriador feliz em primeiro lugar. Emoções positivas têm um potencial para fazer com que as pessoas fiquem mais atraentes e permitem uma conexão social.

Cosmides e Tooby propuseram uma ampla série de programas comportamentais e mentais (pense em programas de computador) que ajudam as pessoas a enfrentar os desafios de sobrevivência. Cada programa funciona independentemente, o que cria um pesadelo logístico. Se você acha que se preparar para acampar é logisticamente difícil, tente coordenar todos os comportamentos e processos mentais que os seres humanos possuem! É aí que entram as emoções. A visão das emoções de Cosmides e Tooby é como uma espécie de "programa principal", trabalhando para organizar e integrar todos esses comportamentos e pensamentos. A partir dessa perspectiva, as emoções cumprem uma função reguladora. Elas ajudam as pessoas a descobrirem o que precisam fazer em uma situação em particular e se conseguiram ou não alcançar um objetivo desejado.

Descobrindo o que vem antes, o corpo ou a mente?

Se as emoções consistem em três componentes — experiência subjetiva, reações fisiológicas e o elemento expressivo —, qual deles vem primeiro? Será que eu penso e sinto raiva antes que meus músculos se tensionem? Eu digo que estou com raiva antes de saber que estou com raiva? Compreender como funciona esse processo pode ser confuso, é como usar o dilema do ovo e da galinha para as emoções. Mas não se preocupe, o fazendeiro Cash — sim, sou eu mesmo! — está aqui para ajudar você a pôr todos os ovos na cesta certa. Três teorias principais tratam da ordem de nascimento dos componentes da emoção.

Teoria de James-Lange

A *teoria de James-Langue* tenta dar um sentido a toda essa confusão. Quando uma pessoa se depara com uma situação ou estímulo que leva a uma reação emocional, seu corpo reage primeiro. Há uma série de reações físicas automáticas aos estímulos emocionais. Os sistemas sensoriais respondem mandando sinais para os centros emocionais do cérebro, criando um estado de excitação. Após essa reação fisiológica, o cérebro analisa o que está acontecendo. Por fim, depois da excitação e da avaliação é que a experiência subjetiva da emoção acontece. O cérebro então reconhece, por exemplo, o medo, após interpretar essa longa cadeia de reações fisiológicas. A expressão emocional surge após o reconhecimento de uma experiência de emoção.

Primeiro você vê o urso. E então seu coração começa a palpitar e outras reações fisiológicas relacionadas ao medo acontecem. Você pensa consigo mesmo que seu coração está batendo rápido, que está correndo do urso e que tem de estar assustado. Só depois dessa análise é que você será capaz de comunicar que está realmente "assustado".

Teoria de Cannon-Bard

A *teoria de Cannon-Bard* acerca das emoções é uma variação da teoria de James-Lange. Essa teoria também propõe que a reação fisiológica aos estímulos acontece antes da experiência subjetiva de uma emoção, mas há uma pequena reviravolta nessa teoria. Ela não concorda que as complexas atividades de ativação dos músculos e suas ações subsequentes (tal como correr de um urso) são os primeiros processos fisiológicos envolvidos nisso.

Em primeiro lugar são ativadas partes específicas do cérebro consideradas menos sofisticadas, de acordo com a teoria de Cannon-Bard. Essas partes "inferiores" do cérebro então enviam sinais simultaneamente às três áreas "de nível superior" do cérebro: a área da avaliação, a área da excitação e a área da experiência. Quando comparada com a teoria de James-Lange, a diferença principal é que a excitação, a análise, a experiência e a expressão ocorrem todas ao mesmo tempo, mas somente depois que áreas mais básicas do cérebro são sugeridas ou ativadas.

Então eu encontro o urso, as áreas inferiores de meu cérebro são ativadas e eu corro, analiso a minha corrida, percebo que estou assustado e grito "Me ajudem, eu vou morrer", tudo ao mesmo tempo. Se isso o fascina, dê uma olhada no Capítulo 3 para ler mais sobre o cérebro.

Teoria bifatorial

Stanley Schacter, da Universidade de Columbia, e Jermone Singer, da Universidade de Penn State, são psicólogos que elaboraram uma terceira variação sobre o processo emocional. A *teoria bifatorial* deles se utiliza de elementos da teoria de James-Lange e da teoria de Cannon-Bard, mas mudam só um pouquinho as coisas. Em vez de ter uma reação inicial do corpo ou das áreas inferiores do cérebro seguida pelo processo de avaliação, a teoria bifatorial afirma que as reações psicológicas e a avaliação cognitiva ocorrem juntas, criando um ciclo de retorno e coproduzindo a experiência subjetiva de uma emoção. Informações sobre as situações e o ambiente são usadas no processo de avaliação. A excitação emocional é vista como genérica (não específica a uma emoção em particular) até que uma avaliação seja feita.

Segundo esta teoria, eu vejo o urso ao mesmo tempo em que experimento a excitação fisiológica e a avaliação cognitiva. "Meus sentidos estão despertos e há um animal perigoso na minha frente. Eu devo estar assustado."

Expressando-se

Quando uma pessoa sorri é porque ela está feliz? E o que dizer sobre alguém que fica te encarando, estufa o peito e fica com a cara vermelha? Você poderia adivinhar que emoções ele está experimentando? Claro que pode! Todas as emoções têm um elemento expressivo e comunicativo que consiste de sinais verbais, expressões faciais, contato visual e outros movimentos corporais e expressões não verbais.

Algumas pessoas acreditam que os componentes expressivos das emoções são inatos. O mesmo acontece com a capacidade de discernir o que alguém está sentindo ao observar essas expressões. Algumas expressões emocionais parecem ser universais, tal como sorrir quando se está feliz e franzir a testa quando se está triste.

Determinadas situações também colocam restrições nesses aspectos das emoções. Embora nem sempre seja o caso, normalmente as pessoas não se alegram ou riem em funerais e geralmente não gritam com raiva quando alguém as elogia ou lhes dá um presente. Em algumas culturas, os funerais são assuntos silenciosos e melancólicos, nos quais há pouquíssima exibição de emoções, embora em outras culturas pode talvez haver uma enorme profusão de emoções, com as pessoas gritando, batendo nas próprias cabeças e se agarrando ao caixão do defunto.

A cultura tem muito a ver com como e quando as emoções são expressadas, incluindo que emoções são apropriadas para se sentir e expressar.

INJETANDO UM POUCO DE DIVERSÃO

Considere a experiência a seguir: uma dose de epinefrina é dada a alguns voluntários em uma pesquisa que ativa seu sistema nervoso simpático. Isso aciona suas reações do tipo "lutar ou correr". A alguns voluntários se diz qual será o efeito da injeção, e a outros conta-se alguma coisa enganosa ou simplesmente não se diz nada sobre a injeção. Então os indivíduos são colocados em um de dois grupos: um grupo de situações de raiva ou um grupo de situações de euforia. Ao grupo da raiva pedem que preencham um formulário ultrajante que foi pensado exatamente para fazer com que fiquem com raiva. O grupo da euforia é colocado em uma sala com um pesquisador que está rindo, sorrindo e se divertindo!

Ambos os grupos receberam a mesma droga, e dessa forma seus corpos produziram a mesma reação fisiológica e o mesmo tipo de excitação. Mas você acha que eles experimentaram a excitação como se fossem as mesmas emoções? Os voluntários do grupo da raiva disseram que se sentiram com raiva, e os voluntários do grupo da euforia disseram que se sentiram felizes. Lembre-se de que ambos os grupos tiveram a mesma excitação psicológica e, assim, toda a emoção experimentada era baseada na informação fornecida a eles por sugestões ambientais aplicadas à experiência genérica de excitação do sistema nervoso autônomo. Bem como a teoria bifatorial previu, os voluntários aparentemente rotularam sua excitação fisiológica por meio da avaliação da situação ou do contexto.

A fala dá expressão aos sentimentos de diversas maneiras:

» **Velocidade da fala:** A velocidade da fala pode aumentar ou diminuir dependendo de como uma pessoa está se sentindo.

» **Tom de voz:** A voz de uma pessoa pode ser amigável ou aguda, e essa variação de tom diz muito sobre as emoções que estão sendo vivenciadas.

» **Volume:** O volume da voz também transmite informação. Quando alguém está com raiva ou entusiasmado, pode falar mais alto, por exemplo.

Se você quiser parecer calmo quando estiver com raiva, faça um esforço para falar devagar, usar um tom de voz suave e manter o volume baixo. Se você estiver querendo intimidar alguém, fale rápido, em um tom áspero e bem alto. Isso mandará o sinal de que você está zangado.

Os seres humanos vivenciam muitas emoções diferentes: medo, tristeza, exaltação, repugnância, só para citar alguns. Pare por um segundo para pensar sobre sua vida: quais são as emoções que você experimenta com mais frequência? Como terapeuta, já vi todo tipo delas, mas amor e raiva são dois dos sentimentos que estão sempre aparecendo — talvez mais do que qualquer outro. As pessoas querem conversar sobre querer amor, não conseguir amor, dar amor, e assim por diante. Elas também querem expressar sua raiva em um lugar seguro, onde sabem que não sofrerão nenhuma retaliação.

Sentindo o poder do amor

O amor faz o mundo girar. Ou é o dinheiro? Não importa se é o amor que faz o mundo girar ou não, isso não diminui o poder que ele parece ter sobre a maioria das pessoas que querem amor, mesmo que não queiram admitir isso às vezes. É uma sensação boa ser amado e amar outra pessoa. Eu acho que a maioria das pessoas teria dificuldades para argumentar que há apenas muito do maldito amor no mundo.

Se você acha que o amor é uma coisa mágica, espero não o desapontar com a análise psicológica dele. Elaine Hatfield e Richard Rapson, psicólogos da Universidade do Havaí, identificaram dois tipos específicos de amor:

» **Amor passional:** Amor intenso com uma qualidade sexual ou romântica. É o tipo de amor que Romeu e Julieta tiveram um pelo outro. Mas não é o tipo de amor que você tem por sua avó!

» **Amor companheiro:** Esse é o amor entre amigos e familiares. Aqui não há muita paixão, mas existem altos níveis de apego, compromisso e intimidade.

Robert Sternberg criou uma teoria que esboça seis formas de amor. Cada forma se distingue por graus variados de *paixão*, um forte desejo por outra pessoa e a expectativa de que o sexo com ela será gratificante; *compromisso*, a convicção de que a pessoa ficará com você, não importa o que aconteça; e *intimidade*, a capacidade de compartilhar nossos sentimentos e pensamentos profundos e mais secretos com outra pessoa.

LEMBRE-SE

A seguir estão as seis formas de amor de Sternberg que se baseiam em vários níveis de paixão, compromisso e intimidade:

- » **Simpatia:** Aqui há intimidade, mas nenhuma paixão ou compromisso. O relacionamento com um terapeuta é um bom exemplo desse tipo de amor. Eu posso contar a meu terapeuta meus pensamentos e sentimentos, mas não necessariamente sinto paixão ou me sinto comprometido com ele.

- » **Paixão:** Aqui existe a paixão, mas sem intimidade ou compromisso. Esse tipo de amor é como a luxúria. É a versão do amor na forma de uma única noite de paixão ou na gamação do colegial.

- » **Amor vazio:** Isto é o que têm as pessoas que estão comprometidas, mas não compartilham nenhuma paixão ou intimidade. Algumas pessoas casadas estão comprometidas umas com as outras por necessidade ou conveniência e permanecem juntas apesar da falta de paixão ou intimidade.

- » **Amor romântico:** Esse é o mais alto grau de compromisso e paixão, mas oferece baixos níveis de intimidade. Romeu e Julieta parecem que estavam sob o feitiço do amor romântico. Não vejo como eles poderiam se tornar íntimos, já que nunca tiveram realmente a chance de conversar.

- » **Amor companheiro:** Essa forma de amor tem compromisso e intimidade, mas falta paixão. Uma amizade realmente sólida é um exemplo dele.

- » **Amor consumado:** Eu acho que Sternberg usou *consumado* para descrever essa forma de amor porque ele é o pacote completo: altamente apaixonado, um sólido compromisso e uma profunda intimidade. Aí não há outra denominação melhor do que "consumado".

Será que as bases do amor são formadas na infância? Alguns psicólogos acham que nossos relacionamentos enquanto adultos são extensões de nossos vínculos da infância. Crianças que têm conexões saudáveis têm relacionamentos adultos mais maduros, com altos níveis de intimidade e confiança, e se sentem confortáveis com altos graus de interdependência. Crianças que vivenciaram conexões angustiantes ou ambivalentes com as primeiras pessoas que cuidaram delas podem "se apaixonar" com muita facilidade, buscando uma proximidade extrema logo de início e reagindo de forma intensa a qualquer sinal de abandono. A personagem de Glenn Close no filme carregado de drama *Atração Fatal* deve ter tido muitas dificuldades com seus vínculos de infância. As crianças que evitam a interação social tendem a se sentirem desconfortáveis com a proximidade e têm dificuldade em serem dependentes de outras pessoas em seus relacionamentos adultos.

Hatfield e Rappon propuseram que as pessoas possuem modelos de amor na forma de esquemas ou roteiros mentais. Modelos são formados no início da vida e são revisados e consolidados ao longo dos anos, à medida que os indivíduos vivenciam diversas experiências de relacionamento com outras pessoas. Esses modelos moldam o que uma pessoa pensa sobre relacionamentos e determinam as expectativas que ela tem sobre como entrar em relacionamentos. Parece que muitas das pessoas que participam de programas de encontros amorosos de televisão têm alguns esquemas de amor bastante interessantes, exatamente porque algumas de suas expectativas são, por assim dizer, interessantes.

LEMBRE-SE

Existem seis esquemas básicos de amor que se aplicam aos relacionamentos amorosos. Cada esquema se diferencia pelo nível de conforto que a pessoa tem em termos de proximidade e independência e do quão ávida por um relacionamento romântico ela está.

» **Casual:** Nada de compromisso aqui. Interessado em um relacionamento livre de problemas. Só em sonho!

» **Pegajoso:** Busca a proximidade (um pouco demais) e tem medo da independência. Alguém tem uma espátula?

» **Instável:** Não fica à vontade nem com a proximidade nem com a independência. Não consegue se decidir? Tire um cara ou coroa já!

» **Seguro:** Fica confortável tanto com a proximidade quanto com a independência e não apressa as coisas.

» **Irrequieto:** Tem medo de demasiada proximidade e fica perfeitamente confortável com a independência. Não corra!

» **Desinteressado:** Simplesmente não está interessado em toda a coisa do relacionamento.

Todos têm uma opinião sobre cada um desses esquemas de amor. É difícil julgar quem usa um tipo ou outro de esquema. Diferentes esquemas parecem ser aplicados a diferentes períodos da vida, mas muitas pessoas se esforçam para se enquadrar no esquema seguro. Se alguém sente que seu esquema está causando problemas em sua vida, a terapia é um bom lugar para trabalhar essas questões.

Reconhecendo a raiva

Falando em problemas, a raiva é um problema que merece muita atenção. De um lado, a raiva pode ser reprimida e não expressada o suficiente. Mas, por outro lado, a raiva também é manifestada de maneiras inapropriadas e extremas todos os dias. De qualquer forma, a raiva é uma emoção natural e tão importante para os relacionamentos humanos quanto é o amor.

Alguma vez você já viu uma camiseta com a frase "Eu não sou preconceituoso, eu odeio todo mundo" impressa? Uma mensagem maravilhosa, não é mesmo? Ela está no mesmo nível daqueles adesivos de para-choques com o personagem de desenho Calvin, da história em quadrinhos norte-americana *Calvin e Haroldo*, urinando em tudo, desde os símbolos de diferentes fabricantes de carros até a Receita Federal. Às vezes simplesmente parece que há muito mais raiva por aí do que se poderia imaginar.

E de onde vem a raiva? Existem muitas teorias. Uma delas é a de que a raiva é uma consequência da vivência de sentimentos negativos ou dolorosos. Todo tipo de coisa pode levar a sentimentos negativos: condições físicas desagradáveis, dor física, limites em nossos movimentos e até mesmo barulho alto. Eu gosto de me referir a esta teoria como o "fator rabugento". Os psicólogos teorizam que os seguintes fatores desencadeiam a raiva:

- » **Sentir-se deprimido:** As pessoas deprimidas têm um risco maior de sentir raiva. Até mesmo a tristeza e o luto podem gerar sentimentos de raiva. Não é muito incomum que as pessoas fiquem com uma raiva extrema quando alguém próximo a elas morre.

- » **Ser separado daquilo que deseja:** Quando as pessoas não são capazes de se envolver em uma atividade desejada ou levar a cabo uma ação desejada, tendem a ficar com raiva. Sroufe propôs a existência de um sistema de *raiva*, que funciona como se fosse uma panela de pressão. Uma pessoa se torna cada vez mais frustrada à medida que seus desejos e atividades são impedidos todas as vezes, o que ao final a leva a experimentar a raiva com o bloqueio. Não existem orientações nesta teoria acerca de onde estão os pontos de ruptura.

- » **Separação de figura(s) de ligação:** Uma *figura de ligação* é alguém com a qual tenhamos nos apegado ou com quem tenhamos formado um vínculo emocional forte. Quando alguém com o qual você tem uma ligação te deixa, pode ser que você reaja sentindo raiva. Esses tipos de reações de raiva foram determinados pelos pesquisadores que observaram as reações de crianças pequenas quando separadas de suas mães. Isso parece acontecer também a adultos. Alguma vez você já viu alguém ter um acesso de raiva quando seus companheiros românticos querem terminar a relação? Infelizmente, essa tem sido a história que acontece em muitos dos horrendos crimes relacionados a questões românticas.

Embora possa ser algo bastante destrutível, a raiva é uma emoção válida e importante e há pontos positivos nela. Ela pode ser algo bastante adaptável. Pode ajudar na autodefesa, estimular a ambição e, às vezes, até prevenir que alguém aja agressivamente para com outra pessoa. Se alguém tiver a intenção de o machucar, às vezes uma exibição de raiva poderá fazer com que essa pessoa pense duas vezes antes de o fazer.

CUIDADO

Lembre-se de que algumas pessoas reagem à raiva com mais raiva ainda, então seja cuidadoso quando utilizar essa tática. A raiva pode mobilizar muita energia física em um curto período de tempo. Se duas pessoas com muita raiva se encontrarem, quem será o primeiro a recuar? Talvez nenhuma das duas. Quando eu trabalhava no sistema penitenciário, testemunhei isso muitas vezes. Caras durões com muito a provar revidavam raiva com mais raiva, e o resultado não era nada bonito; normalmente ambos ficavam bastante machucados e colocavam em risco também outros companheiros e funcionários correcionais.

A raiva não precisa ser algo destrutível, contanto que seja expressada apropriada e construtivamente. As pesquisas demonstram que as crianças que expressam sua raiva apropriadamente têm menos problemas emocionais e sociais à medida que crescem. Bebês e crianças de até três anos às vezes usam a raiva como um sinal de que estão frustrados e que estão precisando de ajuda com alguma coisa, tal como comer.

Conferindo a felicidade

Outro dia, no meio do dia, enquanto eu trabalhava, surpreendi a mim mesmo me sentindo bem e particularmente positivo e parei para pensar sobre o que estava fazendo, o que acontecia a meu redor e o que poderia estar criando aquela experiência positiva. Será que eu estava feliz?

Filósofos, poetas e muitos cinquentões que estão passando pela crise da meia-idade concordariam: a felicidade é um conceito ilusório. Os psicólogos não discordam. A definição exata da felicidade e como estudá-la e pesquisá-la tem sido algo controverso, em parte porque as pesquisas demonstram de forma consistente que a felicidade é mais do que ter uma experiência de emoções positivas. A felicidade pode ser compreendida como uma experiência multifacetada que consiste de muitas coisas, incluindo a visão pessoal de alguém sobre satisfação de vida, crenças positivas sobre a vida e ter uma média maior de emoções positivas do que negativas. Nas pesquisas em psicologia, a felicidade é considerada sinônimo de bem-estar.

Será que minha experiência positiva no outro dia foi produto da excelente xícara de café que tomei, do inesperadamente delicioso burrito que comi no café da manhã, do acolhimento caloroso dos funcionários da clínica ou da minha sensação de ser útil a meus primeiros poucos pacientes? Quais foram os ingredientes de minha felicidade naquele dia? Quais são os ingredientes de meu bem-estar?

Tome o exemplo de duas pessoas: uma tem um bom emprego, amigos, uma esposa carinhosa e filhos bem-comportados; a outra tem trabalhos instáveis, poucos amigos e nenhuma esposa. Qual dessas duas pessoas é mais feliz? Esta questão toca na essência da abordagem da felicidade conhecida como *bem-estar subjetivo* (BES).

Ed Diener, psicólogo da Universidade de Illinois, escreveu alguns trabalhos importantes sobre o bem-estar subjetivo e o processo de autoavaliação envolvido. A abordagem BES da felicidade postula que o bem-estar é essencialmente a emoção positiva mais forte que uma pessoa pode vivenciar, na medida em que reflete sobre isso e avalia sua vida. A BES é o tipo de abordagem da felicidade "seja lá o que faça você feliz". A resposta à questão inicial seria quem quer que avalie sua vida mais positivamente — a pessoa sociável com o bom emprego ou o cara solteiro com trabalhos instáveis. Talvez nenhum dos dois, talvez os dois, enfim, a resposta não virá de alguma lista objetiva do tipo "ingredientes para a felicidade". A pessoa mais feliz dentre as duas é aquela que individual e subjetivamente julga a si mesmo como feliz. Simples assim!

Talvez essa abordagem pareça um tanto simplista, mas para outras pessoas ela é absolutamente profunda. Seja lá qual desses posicionamentos uma pessoa escolha, a teoria do bem-estar subjetivo de felicidade deixa o julgamento acerca da felicidade de uma pessoa para que cada indivíduo o julgue por si mesmo.

Alguns acham que a abordagem BES da felicidade é limitada demais, porque não trata por que e como alguém tem um alto grau de BES ou em que se baseia para suas avaliações de BES. Ela não trata do que "leva" ao BES e, portanto, não é prescritiva, não ajuda, não pode ser aprendida e nem ensinada.

O psicólogo C.D. Ryff apresenta uma abordagem da felicidade mais "do tipo lista", conhecida como *Abordagem do Bem-estar Psicológico*. O modelo de Ryff propõe

- **Autoaceitação:** Sentir-se positivo sobre si mesmo
- **Relacionamentos positivos com outras pessoas:** Bons relacionamentos
- **Autonomia:** Ser independente, com autocontrole e autodeterminação
- **Domínio do ambiente:** Ser capaz de escolher e criar ambientes que sejam adequados às suas necessidades e desejos
- **Propósito de vida:** Ter crenças que agreguem significado à sua vida
- **Crescimento pessoal:** Desenvolver seu potencial e crescer como pessoa

Martin Seligman é outro psicólogo que aborda a felicidade de uma perspectiva mais ampla do que a abordagem de BES "seja lá o que faça você feliz". Os ingredientes para a felicidade e para a boa vida propostos por Seligman foram expressos no acrônimo *PERMA* (para as iniciais em inglês, *positive emotions, engagement, (positive) relationships, meaning e accomplishment*):

- **Emoções positivas:** Sentir-se bem com mais frequência do que se sentir mal
- **Comprometimento:** Sentir-se absorvido e altamente focado no que está fazendo — análogo a estar "absorto" durante um evento esportivo ou compondo uma peça musical

- » **Relacionamentos (positivos):** Ter bons relacionamentos com pessoas boas na sua vida
- » **Significado:** Uma sensação de que seus esforços e talentos estão a serviço de um propósito maior que você mesmo
- » **Realização:** Domínio e sucesso no mais alto nível ou em uma busca em particular, seja no trabalho, no esporte ou nos estudos

Se juntarmos os modelos BES, Abordagem do Bem-estar Psicológico e PERMA, fica parecendo que algum grau de avaliação subjetiva positiva, bons relacionamentos, domínio e significado são os elementos centrais para uma boa vida, para a felicidade. Assim, da próxima vez que eu estiver me sentindo feliz, pode ser apenas o resultado de uma boa xícara de café e um burrito no café da manhã (BES), funcionários atenciosos (bons relacionamentos) e saber que estou ajudando alguém (domínio e significado)!

Descobrindo a inteligência de seu coração: Inteligência emocional e estilos

Em 1996, o psicólogo Daniel Goleman apresentou ao grande público o conceito de *Inteligência Emocional* em seu livro, *Inteligência Emocional: A Teoria Revolucionária que Redefine o que É Ser Inteligente*. Desde então, uma grande quantidade de pesquisas em Inteligência Emocional (IE) — a capacidade de uma pessoa de perceber, controlar e utilizar suas emoções de uma maneira produtiva — tem sido realizada. A IE tem sido comparada a uma forma de inteligência, porque é vista como uma habilidade ou capacidade mental particular, e tem sido encontrada como associada a alguns resultados positivos na vida de uma pessoa, da mesma forma que ser tradicionalmente (cognitivamente) inteligente tem sido, como com o sucesso no trabalho.

Os psicólogos Mayer, Salovey e Caruso definem a IE como a capacidade de saber os motivos das emoções com precisão e usar esse conhecimento para melhorar a reflexão. O Dr. Reuvan Bar-On considera a IE como um conjunto de habilidades emocionais que ajudam uma pessoa a lidar com o mundo e seu ambiente e ser bem-sucedida neles. Talvez um exemplo de comportamento ou habilidade "emocionalmente não inteligente" possa ilustra melhor a questão. Uma vez vi um colega muito respeitado gritar e repreender um estudante de graduação durante uma reunião de funcionários por ter cometido um erro simples em uma documentação. Isso causou um tumulto muito grande, porém mais tarde soubemos que esse mesmo colega havia recebido notícias muito estressantes sobre sua saúde pessoal apenas alguns minutos antes da reunião. O pobre estudante foi o alvo de um monte de emoções que não merecia receber. Esse colega claramente não estava consciente sobre como suas emoções estavam atuando nessa interação. Não foi muito inteligente, e por certo não foi um exemplo de uma IE muito alta.

Richard Davidson, em seu livro *O Estilo Emocional do Cérebro: Como o Funcionamento Cerebral Afeta Sua Maneira de Pensar, Sentir e Viver* (Editora Sextante), leva o conceito de emoção talvez um pouco mais além da concepção de uma "habilidade" ou de uma "capacidade" em seu modelo de estilo emocional. Para Davidson, é menos sobre IE e mais sobre as respostas predominantes consistentes de uma pessoa a suas experiências de vida. Davidson propõe as seguintes seis dimensões para determinar o estilo emocional de uma pessoa:

- **Resiliência:** A rapidez com que se recupera de um estresse ou desafio
- **Atitude:** Por quanto tempo consegue manter uma perspectiva positiva
- **Intuição social:** Quão bom você é em detectar os sinais sociais
- **Autoconsciência:** A facilidade que tem para perceber sensações corporais relacionadas a emoções
- **Sensibilidade ao contexto:** O quanto você é bom em usar seu entorno para regular suas emoções
- **Atenção:** O quanto você é focado

Tanto a abordagem da inteligência emocional quanto a do estilo emocional observam as emoções de uma perspectiva mais ampla que coloca a "habilidade" e a capacidade emocional como centrais para que se saiba como lidar com as coisas e ter sucesso. Não basta ter uma inteligência "acadêmica", você tem de ser "inteligente no coração" — saber como você se sente, o que fazer sobre isso e como usar isso a seu favor.

> **NESTE CAPÍTULO**
>
> Tocando o sino para Pavlov
>
> Ensinando novos truques a um cachorro velho
>
> Fazendo conexões e ficando condicionado
>
> Reforçando comportamentos e punindo culpados
>
> Lutando contra a extinção
>
> Programando recompensas

Capítulo 8

Batendo à Porta do Aprendizado: Cães, Gatos e Ratos

Os atletas estão entre algumas das pessoas mais supersticiosas que existem — só perdem nesta categoria para os apostadores. Quando eu jogava beisebol universitário, tinha um companheiro de time, um arremessador, que usava a mesma camiseta sem lavar enquanto continuasse vencendo. Alguns de nós secretamente torcíamos para perder, para que ele lavasse a camiseta. Alguns outros atletas usam amuletos, fazem rituais ou adotam rotinas mirabolantes para se manter no caminho da vitória.

Eu mesmo também tinha algumas superstições durante meus anos de beisebol universitário. Para começar, eu não podia tirar a sujeira apenas de uma das minhas chuteiras (tênis) com meu taco. Eu tinha de tirar a sujeira das duas, mesmo que a outra estivesse limpa. E quando eu corria pelo campo, nunca pisava na linha de demarcação. Os outros jogadores nunca me questionaram sobre minhas superstições; eles também tinham seus próprios hábitos estranhos.

Quando comecei a estudar psicologia, me perguntava de onde vinham essas coisas. O que poderia me fazer acreditar que eu jogaria mal se pisasse na linha demarcatória do campo? É possível que alguma vez eu tenha pisado naquela linha e tenha tido um jogo ruim. Eu vi uma conexão entre o que eu fiz (pisar na linha de demarcação) e o que me aconteceu (tive um jogo ruim). Eu fiz uma conexão entre meu comportamento e uma consequência, neste caso, uma consequência negativa. Os psicólogos chamam isso de *aprendizado supersticioso*.

Quando existe uma conexão verdadeira entre o que você faz e um fato em particular que acontece logo depois, seja isso positivo ou negativo, ocorre um tipo específico de aprendizado. Você aprende que, quando você faz alguma coisa, a ação é seguida de uma consequência. Os behavioristas usam o acrônimo A-B-C (do inglês *Antecedent*, *Behaviour* e *Consequence*): Antecedentes (o que acontece antes) → Comportamento (a ação executada)→ Consequência (o que acontece depois da ação). Todo o aprendizado é um processo de *condicionamento*, um tipo de aprendizado no qual se faz uma associação entre fatos.

Neste capítulo descrevo os processos de aprendizado e indico como esses comportamentos aprendidos se aplicam ao *condicionamento clássico*, um tipo de aprendizado no qual dois fatos são associados entre si, além do *condicionamento operante*, um aprendizado no qual uma consequência importante segue uma resposta específica, fazendo com que seja mais ou menos provável que venha a acontecer novamente.

Tanto o condicionamento clássico quanto o operante levam ao aprendizado. O que é "aprendido" no condicionamento clássico é que dois estímulos que anteriormente estavam dissociados agora estão "relacionados" ou *associados*. Um bom exemplo disso é algo chamado aprendizado de *aversão pelo paladar*. Uma vez comi um coquetel de camarão, passei mal e vomitei. Desde então, só de pensar em coquetel de camarão eu fico enjoado. Aprendi que coquetel de camarão e doença estão relacionados, pelo menos para mim. *Aprendi também* que o *gosto* de camarão era algo *aversivo*, porque estava associado à minha náusea.

No condicionamento operante, a associação aprendida é entre um comportamento em particular e o que acontece depois disso, a consequência. Se você conseguir um peixe em um ponto específico de pescaria em um lago ou rio, você saberá, daquele momento em diante, que poderá continuar indo àquele lugar toda vez que for pescar. O que você aprende é que seu ato de pescar (comportamento) no lugar X (contexto) resultou em uma *consequência positiva* ou uma recompensa. A receita daquela recompensa aumenta a probabilidade de que você repita o comportamento que a desencadeou da próxima vez que se encontrar na mesma situação.

O condicionamento clássico tem a ver com dois estímulos que se tornam relacionados um com o outro. O condicionamento operante denota uma relação de dois estímulos que cada vez mais aumentam a probabilidade de que um comportamento ocorrerá novamente (ou não).

Aprendendo a Se Comportar

Você já vivenciou ou ao menos já viu muito disso, e eu não estou julgando ninguém — muito. É como um ataque de raiva com todos seus principais ingredientes: a vergonha parental, o desprezo ao seu redor, a criança fora de controle. E somente o cobiçado brinquedo, o chocolate ou o consentimento tem o poder de acabar com isso. Desesperado, você desiste, e a criatura hostil sossega.

A maior parte das pessoas parece concordar que fazer um escândalo para realizar um objetivo emocional ou físico é um *comportamento aprendido*, uma reação que é ensinada ou adquirida pela experiência. Assim, quando uma ataque de birra explode, os pais tendem a ser os responsáveis por ensinar às crianças que ter um ataque é algo que funciona. Porque funciona mesmo! Uma criança escandalosa e agitada muitas vezes acaba conseguindo o que quer; as crianças observam que isso funciona para outros (aprendizado observacional) e vivenciam os resultados quando fazem a birra (condicionamento operante). Então por que não criar um espetáculo?

Há mais de cem anos, um grupo de filósofos britânicos fez essa mesma pergunta enquanto tentavam compreender a natureza do aprendizado. Eles observaram que quando duas experiências aconteciam no mesmo tempo (contiguidade temporal) e espaço (contiguidade espacial), se tornavam associadas umas às outras. Em outras palavras, as pessoas aprendem que, quando um fato ou objeto A ocorre, também acontece o fato ou objeto B. Isso pode soar como uma fofoca — "A e B estão sempre juntos!". A autoestrada e o trânsito ficam juntos; hambúrgueres e batatas fritas não fazem planos individuais; e birras andam de mãos dadas com brinquedos novos. Eles se juntam. Eles estão associados!

Escândalos em público ganham em associações. A criança percebe que "toda vez que estou em uma loja, meu comportamento terrível leva a um brinquedo novo nas mãos". E, infelizmente, para o pai ou a mãe cansada, estressada e impaciente, a frequência acaba entrando no jogo também. O pai ou a mãe aprende que comprar um brinquedo faz com que o escândalo termine — um alívio rápido para quem está farto! À medida que a cena continua a se desenrolar mais vezes, uma associação ainda mais forte toma forma.

A boa notícia é que o comportamento aprendido pode ser desaprendido por meio dos mesmos processos de aprendizado, o que também é chamado de condicionamento.

Babando como os Cachorros de Pavlov

Essa é uma imagem bem nojenta, não é mesmo?

Pessoalmente, eu preferiria ir ao dentista a fazer uma pesquisa sobre os padrões de salivação dos cachorros. Mas isso sou eu. No entanto, um homem corajoso, o fisiologista russo Ivan Pavlov, estava pronto para realizar esse trabalho. Na verdade, Pavlov estava estudando a digestão nos cachorros quando se viu interessado em como a apresentação da comida automaticamente ativava uma resposta de salivação nos cachorros que ele estava estudando. Ele descobriu que a formação de saliva era algo automático.

ASSOCIAÇÃO LIVRE

Experimente isto: pense em alguma coisa realmente gostosa e observe se você começa a salivar automaticamente. Funcionou? Deveria ter funcionado, pois a salivação é uma reação reflexa à comida. É a maneira que o corpo tem de se preparar para receber a comida. A saliva ajuda a quebrar a comida em pedaços passíveis de serem digeridos.

Nesta seção descrevo como Pavlov compreendeu por que certas associações desencadeiam determinadas reações naturais e, desse modo, descobriu o condicionamento clássico. Eu também saliento como as associações podem mudar para modificar reações aprendidas específicas.

Respostas e estímulos condicionados

Pavlov construiu um aparelho para coletar saliva diretamente das glândulas salivares dos cachorros a partir do momento em que elas entravam em ação. Assim, ele conseguia medir o quanto de saliva os cachorros produziam reflexivamente. Imagine um cachorro amarrado em uma gaiola com um tubo conectado a suas glândulas salivares e esse cientista doido contando cada gota de saliva. Nem mesmo Hollywood poderia ter imaginado uma cena mais excêntrica.

A esta altura, provavelmente Pavlov estava feliz com sua pesquisa sobre digestão canina; mas um dia ele notou algo estranho — às vezes os cachorros salivavam mesmo que não estivessem diante de comida. O que estava acontecendo? Haveria alguma outra coisa provocando essa salivação?

Pavlov apresentou uma explicação *associacionista*. Ou seja, os cachorros aprenderam a associar outros estímulos à comida. Mas o que estava desencadeando essa reação?

Pavlov conduziu toda uma série de experimentos a fim de entender como os cães tinham aprendido a associar automaticamente estímulos sem comida à comida de uma forma que produzisse a salivação. Um desses experimentos era algo parecido com o seguinte:

1. Pavlov colocava seus cachorros nas coleiras com os tubos coletores de saliva conectados às suas glândulas salivares.

2. Ele tocava uma sineta e observava se os cachorros salivavam ou não. Nesse caso, descobriu que não o faziam.

3. Então ele tocava a sineta, esperava alguns segundos e mostrava a comida aos cães. Eles salivavam.

4. Ele repetia o toque da sineta e a apresentação da comida várias vezes. Esses pareamentos de duas ações, a propósito, são chamados de ensaios.

5. Depois que Pavlov se satisfazia com o número de ensaios, somente tocava sineta, sem a comida.

6. Ele descobriu que o som da sineta sozinho provocava a salivação!

LEMBRE-SE

O *condicionamento* se refere ao aprendizado por meio do processo associativo, ou seja, aprender com as experiências. A descoberta de Pavlov se tornou conhecida como *condicionamento clássico*.

Após realizar esses experimentos, ele identificou os quatro elementos necessários para que o condicionamento clássico aconteça:

» **Estímulos incondicionados (EI):** A comida que Pavlov dava a seus cachorros, o *estímulo incondicionado*, é o que desencadeia a resposta incondicionada. A comida incita a salivação.

» **Respostas incondicionadas (RI):** Os cachorros de Pavlov automaticamente, ou reflexivamente, salivavam quando presenteados com comida. Eles não precisavam aprender ou serem condicionados a salivar diante da comida. Pavlov chamava isso de resposta *incondicionada*, ou *não aprendida*. Ela acontecia sem que houvesse um aprendizado. Era um reflexo.

» **Estímulos condicionados (EC):** A sineta que Pavlov tocava em um experimento emblemático, chamado de *estímulo condicionado*, é o fator que os cachorros aprenderam a associar com a comida por meio do processo de ensaios pareados. Após ensaios suficientes, um estímulo condicionado produz uma resposta própria.

» **Respostas condicionadas (RC):** Depois que o EC começa a produzir a RI sem o EI, a resposta é chamada de *resposta condicionada*. De uma forma simbólica, esse sistema se parece um pouco como a Tabela 8-1.

TABELA 8-1	Condicionamento Clássico
Número do Ensaio	Resultado
	EI → RI (a comida automaticamente gera salivação)
1	EC + EI → RI (sineta + comida geram salivação)
2	(sineta + comida geram salivação)
3	(sineta + comida geram salivação)
4-9	(sineta + comida algumas vezes mais geram salivação)
10	EC → RC (a sineta sozinha gera a salivação)

Tornando-se extinto

O poder do condicionamento clássico é bem impressionante. Apenas reflita — se você parear apropriadamente dois estímulos, o EC sozinho irá, em algum momento, fazer o trabalho. Mas quando o pareamento cessa, e o EC está produzindo uma resposta sozinho, o poder do EC eventualmente desaparece. Se um EC é apresentado vezes suficientes sem o EI, o EC eventualmente deixará de provocar a RC.

Esse fenômeno é chamado de *extinção* e é uma forma de reverter o processo de condicionamento clássico. Por exemplo, os cachorros de Pavlov aprenderam a salivar quando ouviam o som de uma sineta. Mas e se a sineta continuasse a ser tocada sem que a comida fosse entregue, os cachorros eventualmente parariam de babar quando ouvissem a sineta.

Mas espere, ainda há mais!

Uma coisa ainda mais interessante acontece se o EI é reintroduzido algum tempo depois que tenha sido extinto — é a *recuperação espontânea*. A essa altura, a capacidade do EC de provocar a resposta vem se recuperando, e, mais uma vez, o EC desencadeia a RC. Isso quer dizer que você poderá usar técnicas de condicionamento clássico para ensinar novos truques a um cachorro velho, mas também poderá reverter esse processo por meio da extinção. Com essa habilidade, você nunca será o cara chato da festa que fica sentado em um canto. Você poderá deslumbrar seus novos amigos com truques de condicionamento clássico e vir ao resgate dos pais de algum reizinho birrento com fome de brinquedos novos ensinando-os a simplesmente pararem de ceder e permitir que a extinção tome conta da situação.

ASSOCIAÇÃO LIVRE

Aqui está um truque de festa divertido, caso você esteja pensando em testar sua própria habilidade no que diz respeito ao condicionamento clássico.

1. Junte um grupo de pessoas — família, amigos, colegas de trabalho, ou quem você quiser. Pegue alguns pacotes de pó de mistura para limonada. Esse pó é bem ácido sem açúcar. Dê um pacote a cada um dos participantes.

2. Peça a cada uma das pessoas do público para mergulhar um dedo na limonada e dar uma lambida. (Isso é o EI.) Peça que observem se suas bocas salivaram. Eles deveriam ter salivado. Se não, veja se consegue algumas pessoas que babem melhor.

3. Agora escolha um EC (uma sineta, uma luz, um apito, ou o que for). Passe pelo processo de pareamento do EC com o ato de provar a limonada (EC → EI → RI, repetidas vezes).

4. Depois de 10 a 20 ensaios, repasse alguns ensaios onde você apenas apresenta o EC e pede aos participantes que observem se suas bocas salivaram. Eles deveriam salivar! Isso é o condicionamento clássico.

5. Se seu público realmente estiver disposto a passar esse tempo com você, agora você poderá começar a brincar com a extinção e a recuperação espontânea!

Vale a pena mencionar outra forma de reverter os efeitos do condicionamento clássico. Você fez o teste da limonada e foi bem-sucedido ensinando seus sujeitos pavlovianos a babar sob seu comando. Se você quiser mudar o efeito, escolha outro EI que gere outra resposta (RI) e condicione classicamente os sujeitos de seu experimento a seu novo EI. Esse processo é chamado de *contracondicionamento*.

O contracondicionamento funciona especialmente bem se o novo EI gera uma resposta que seja incompatível com a antiga RC. Se a EI antiga for a boca salivar, talvez você possa escolher uma nova que faça com que a boca fique seca. Mas eu não sei bem como isso poderia ser feito — talvez comendo-se areia.

Mas eu garanto que se você condicionar classicamente a que a sineta leve a comer areia, será muito difícil que a sineta consiga voltar a provocar uma salivação na boca... a menos que, é claro, você reverta o processo todo novamente. Apenas se assegure de dar a seus sujeitos um tempo de vez em quando, e não tente a coisa toda de comer areia na prática em um jogo de salão, isso foi só um exemplo!

Generalizando e discriminando classicamente

Você deve estar pensando: "Grande coisa. Cachorros aprendem a salivar ao ouvirem uma sineta, e daí?".

Bem, se você é assim tão difícil de impressionar, deveria saber que o condicionamento clássico é, na verdade, um fenômeno muito importante em termos de sobrevivência humana. Ele ajuda as pessoas a aprenderem as coisas com uma simples associação, sem esforço, e isso pode ser muito benéfico. Em outras palavras, depois que um EC se transforma em algo associado com um EI, a ponto de o EC gerar a RC sozinho, esse aprendizado pode ser automaticamente ampliado por meio de um processo conhecido como *generalização*.

A generalização acontece quando algo parecido com o EC — chamarei isso de EC-2 — provoca a RC, mesmo que o EC-2 nunca tenha sido antes associado com o EI original. Por exemplo, se você aprender a associar determinados gestos faciais, tal como um rosnado ou uma risada de escárnio, com uma eventual violência, então o rosnado ou a risada de escárnio (EC) gerará medo (RC), enquanto um único soco no ar ou uma ameaça verbal (EI) provocava um medo no passado. Você pode, então, generalizar o rosnado e a experiência de medo ligando-os a um contato visual direto e não desviado (EC-2). Essa generalização pode salvar seu pescoço. A generalização ajuda as pessoas a se adaptarem, porque reações aprendidas são aplicadas a novas situações.

CUIDADO

No entanto, a generalização pode ser um tiro pela culatra. Se, por exemplo, eu for atacado por um pit bull cinza, pode ser que eu fique com medo todas as vezes que vir um cachorro cinza de qualquer tipo, até mesmo um chihuahua. Esse "aprendizado exagerado" pode limitar meu comportamento e causar um sofrimento desnecessário, porque eu fico com medo de cachorros que não oferecem perigo algum a mim. Assim, no lugar de somente evitar pit bulls cinzas, eu evito todos os cachorros.

Outro exemplo de generalização do tipo que sai pela culatra vem de experiências traumáticas de veteranos de guerra que sofrem de estresse pós-traumático. Se eles vivenciaram explosões muito ruidosas e tiroteios intensos e desenvolveram uma reação de medo muito forte a esses eventos, esses veteranos podem reagir a um estouro no cano de escape de um carro ou a algum outro barulho alto da mesma maneira que reagiam aos tiros em uma zona de guerra. Isso pode tornar a vida bastante difícil, especialmente para as pessoas que moram em áreas urbanas, cercados por muito barulho.

Quando as pessoas começam a generalizar demais os comportamentos aprendidos, há a ausência de um processo chamado de *discriminação*. Você sabe como *discriminar*, ou dizer qual é a diferença, entre estímulos tais como o som de um tiro potencialmente fatal e o mero som irritante do escapamento de um carro. A discriminação é aprendida quando um EC-2 (ou 3, ou 8, ou 25) se apresenta vezes suficientes sem que provoque uma reação. Fica evidente que somente o EC, e não o EC-2, irá necessariamente gerar a RC.

Regras condicionantes

Se tudo que se precisa para desencadear uma resposta natural para um estímulo não natural é parear um estímulo natural com um não natural e apresentá-los juntos por um tempo, não dá para ficar muito mais fácil.

Mas não tão rápido! O processo soa tão direto quanto possível, mas algumas regras específicas precisam ser seguidas, a fim de que se atinja o condicionamento.

A fim de que as associações possam ser formadas, elas precisam estar em conformidade com duas regras muito importantes:

» **Contiguidade:** As associações somente são formadas quando os fatos acontecem juntos. Por exemplo, eu fico deprimido toda segunda-feira de manhã quando acordo e penso que tenho de voltar a trabalhar. Portanto, para mim, o trabalho e o ato de acordar estão associados.

» **Frequência:** Quanto mais frequentemente dois (ou mais) fatos acontecem juntos, mais forte é a associação entre eles.

Contiguidade, quando um fato segue a outro no tempo, é um pré-requisito indispensável para que o condicionamento clássico aconteça. Pense sobre o seguinte: e se Pavlov tivesse tocado a sineta (EC) depois de oferecer a comida (EI)? E se ele tivesse tocado a sineta 15 minutos antes da comida? O EC tem que vir imediatamente antes do EI a fim de que a associação se forme.

Cada um desses cenários de sequências e tempo representam técnicas de condicionamento que não são muito efetivas. Se Pavlov apresentasse o EI antes do EC, que é um processo conhecido como *condicionamento retroativo*, ou os cachorros não fariam associação alguma ou teriam feito uma associação frágil. Se ele tocasse a sineta bem antes da comida, um processo chamado de *condicionamento de traços*, os cachorros teriam formado uma associação frágil, se é que teriam sequer feito uma associação.

A melhor maneira de assegurar que uma associação sólida ou formada mais rapidamente seja feita durante o processo de condicionamento é seguindo as seguintes orientações:

» Apresente o EC logo antes do EI e mantenha o EC ativado ou ao redor até que o EI apareça. Dessa maneira, o EC é percebido como estando contíguo ao EI.

» Realize muitos ensaios com o EC e com o EI pareados frequentemente. A força da associação é um produto direto da frequência do pareamento.

» Utilize um EC forte ou intenso para condicionar mais rapidamente. Uma luz brilhante condiciona mais rápido do que uma luz fraca. Uma sineta com um som mais alto condiciona mais rápido do que uma de som baixo.

Mas eu não quero induzi-lo ao erro de pensar que tudo o que você tem de fazer é apresentar um EC intenso antes de um EI frequentemente para obter um condicionamento clássico. Apesar de a regra de contiguidade afirmar que, se dois estímulos são contíguos, uma associação será formada, na verdade a coisa não é tão simples assim.

A culpa disso é de um irritante estudante de graduação chamado Robert Rescorla, que questionou se a contiguidade era suficiente. Talvez ele tenha achado que tudo parecia simples demais.

Rescorla propôs que outra regra — a regra da *contingência* — fosse adicionada à lista de requisitos de condicionamento. A ideia dele era a de que um EC não tinha de ser apenas contíguo a um EI, mas também deveria ser um previsor preciso do EI. Em outras palavras, se o EC for apresentado em momentos aleatórios (em 1 minuto, 7 minutos, 2 minutos ou 12 minutos, por exemplo) com o EI, então o EC não é um previsor confiável do EI. O aprendiz (animal ou humano) não obterá nenhum poder de previsão com a vivência do EC, então o EC não consegue desencadear a RC. Portanto, o EC precisa ser apresentado junto com o EI, de forma que quem está aprendendo possa antecipar, com um grau razoável de certeza, que o EI está para chegar em pouco tempo.

Acrescentar outra regra aos requisitos do condicionamento clássico de Pavlov é um feito notável para um estudante de graduação. Mas Rescorla ainda não tinha acabado. Mais tarde, ele e outro psicólogo, Allan Wagner, fizeram outra enorme contribuição para a teoria do aprendizado. Você está pronto para ela?

O modelo Rescorla-Wagner (1972) simplesmente afirma que, a fim de que um EC seja eficaz ao máximo, o EI tem de ser inesperado. O processo de aprendizado é dependente do elemento surpresa. Se alguém que está aprendendo espera o EI toda a vez que vê o EC, então ele ou ela aprende a associar isso apropriadamente, mas, por fim, a força da associação atinge um máximo. No início a força aumenta dramaticamente e então se eleva à medida que o EC deixa de ser novidade e se torna mais "previsível". Portanto, o poder que uma associação tem para provocar uma RC é sua capacidade de surpreender. Quanto mais novo é o EC, mais forte é a associação.

Batalha das teorias: Por que o condicionamento funciona?

Saber como realizar o condicionamento clássico é útil (leia a seção anterior neste capítulo "Respostas e estímulos condicionados" para aprender acerca do expertise deste truque), e a resposta condicionada possibilita que as pessoas aprendam sobre seu ambiente de maneiras a melhorar sua adaptabilidade e uma pequena coisinha chamada sobrevivência. Mas por que o condicionamento funciona? Por que os estímulos não relacionados previamente se tornam associados uns aos outros?

Pavlov acreditava que a ativação simultânea de duas áreas distintas no cérebro forma associações entre um EC e um EI. Essa ativação tem como consequência a formação de um novo atalho entre as duas áreas. É como se sentar ao lado de um estranho no ônibus e, em meio à conversa que é jogada fora educadamente, vocês percebem que os dois conhecem a mesma pessoa. Essas duas pessoas não relacionadas previamente se tornam associadas por meio dessa associação comum, e uma nova conexão nasce.

Clark Hull apresentou uma explicação alternativa. Ele acreditava que a associação formada é, de fato, entre o EC e a RI, que então se torna a RC. Os cientistas estão no auge de sua criatividade quando descobrem como fazer que duas teorias diferentes compitam uma com a outra na previsão do resultado de um experimento. Essa criatividade faz com que seja possível para eles imaginar um teste experimental crítico. Holland e Staub partiram para testar a teoria de Hull. Eles condicionaram ratos utilizando barulho e grãos de comida.

Segundo Pavlov, os ratos aprenderam a associar o barulho à comida. Mas Holland e Staub confrontaram a ideia de Pavlov com a de Hull ao tentarem fazer da comida um EI não atraente. Primeiro, eles ensinaram os ratos a associarem o barulho (EC) à comida (EI). Depois eles os colocaram em uma plataforma giratória e os fizeram girar até que ficassem nauseados. Aqui, eles ensinaram os ratos a associarem comida à náusea. Então, após girá-los por um tempo, apresentam novamente o barulho, e os ratos não respondem a isso. E isso tudo "desvaloriza" a comida ao associá-la à náusea.

Pavlov achou que a conexão original era entre o barulho e a comida. Mas Hull previu que desvalorizar o EI não faria diferença na resposta dos ratos, ele propôs que a associação crítica se forma entre o barulho (EC) e o comer (RI). Embora ter desvalorizado o EI realmente tenha feito uma diferença. Girar os ratos na plataforma giratória e tornar a comida menos atrativa a eles como resultado não deveria ter feito diferença, de acordo com Hull, mas ele estava errado. Uma conexão precisa existir entre o EC e o EI, o EC não pode ser deixado de fora do ciclo para que o condicionamento possa ocorrer.

Então Pavlov é o campeão do dia!

E isso não significa simplesmente um apego à tradição. Isso realmente tem um valor previsível. Contudo, o aprendizado não para por aqui. Dê uma olhada no Capítulo 9 para embarcar em novas aventuras para aprender sobre o aprendizado.

Estudando os Gatos de Thorndike

O condicionamento operante acontece em todas as facetas da vida cotidiana — em casa, no local de trabalho e em espaços públicos. Pais utilizam recompensas, ou condicionamentos operantes, para que consigam que seus filhos façam o dever de casa ou cumpram seus afazeres. A seguir veremos como funciona o condicionamento operante.

Todo mês eu recebo um pagamento por meu trabalho. Eu estou sendo pago para simplesmente me sentar de papo para o ar e ocupar espaço? Não, eu sou pago para desempenhar os deveres relacionados a meu trabalho, ou seja, trabalhar. Eu faço alguma coisa, e alguma coisa acontece. Eu trabalho, e sou pago por isso. Será que eu trabalharia se eu não recebesse um pagamento? Provavelmente não, por duas razões.

A primeira é: eu tenho coisas melhores a fazer com meu tempo do que trabalhar de graça. (Os meus credores de cartão de crédito também não ficariam muito felizes comigo.) Segundo, de acordo com a teoria do condicionamento operante, eu trabalho *porque* eu recebo um pagamento. Aquela "coisa" que vem a seguir a meu ato de trabalho é uma recompensa, uma consequência positiva.

Quando faço algo como trabalhar em meu emprego, alguma coisa acontece: eu recebo um pagamento. E então o que acontece? Eu continuo indo trabalhar todos os meses, assim, aquele contracheque que eu recebo deve estar fazendo algum efeito em mim. Lá no início dos anos de 1900, Edward Thorndike criou uma teoria, chamada de *lei do efeito*, que tratava dessa ideia de uma consequência que tem um efeito no comportamento.

Thorndike decidiu observar esse fenômeno fazendo pesquisas com gatos. Ele construiu a *caixa problema*, feita de caixotes de madeira com ripas espaçadas e uma porta que era aberta por meio de um mecanismo especial. Thorndike colocou um gato faminto dentro da caixa e fechou a porta. Ele, então, colocou um pouco de comida em uma vasilha do lado de fora da caixa, de uma forma que o gato pudesse ver pelo espaço entre as ripas do caixote. Soa um pouco cruel, não é? O gato tentava alcançar a comida através dos espaços abertos, mas a comida ficava fora de seu alcance. A única maneira de o gato conseguir a comida era se Thorndike ou o gato abrissem a porta.

Obviamente, não seria Thorndike quem abriria a porta, afinal, ele estava realizando um experimento. Era o gato quem tinha de descobrir uma maneira de ele mesmo abrir a porta. Mas você não vê muitos gatos por aí abrindo portas. Então, o que ele fez? É uma coisa cheia de suspense, não é? O que será que faria o pequeno gato faminto lá dentro da caixa problema? Ele abriria a porta e comeria vorazmente o prêmio que era a comida que estava fora de seu alcance apenas alguns minutos atrás? Ou ele morreria faminto nas mãos de um psicólogo diabólico?

O gato tinha que descobrir como abrir a porta, e Thorndike era um homem paciente. Ele esperou e observou, esperou e observou. O gato andava pela caixa, enfiava as patinhas para fora, miava, balançava as paredes e agia de várias maneiras aleatórias dentro da caixa. Mas então algo extraordinário aconteceu. O gato acidentalmente atingiu o trinco que segurava a porta fechada, e a porta milagrosamente se abriu! Viva! O gato conseguiu comer, e todos viveram felizes para sempre.

O que Thorndike aprendeu com esse pequeno experimento?

Nada. Ele ainda não tinha terminado.

Então ele colocou o pobre gato novamente dentro da caixa. Nenhum problema com isso, certo? O gato sabia o que fazer, é só bater no trinco, gatinho! Mas quando ele entrou novamente na caixa, se comportou como se não soubesse que tinha que bater no trinco para abrir a porta. Ele começou a agir da mesma maneira aleatória novamente.

Mas não tenha medo, por fim o gato abriu o trinco por acidente de novo e novamente se viu recompensado com o acesso à comida. Thorndike continuou realizando esse experimento repetidas vezes, e observou algo extraordinário. A quantidade de tempo que o gato levava para descobrir que o trinco era a chave para a liberdade — bem, para a comida! — foi gradualmente diminuindo nos ensaios subsequentes. Por que o gato estava ficando mais rápido? Thorndike propôs que a comida ajudou o gato a aprender a associação entre liberar o trinco e escapar.

A lei do efeito de Thorndike afirma que uma resposta que resulta em uma satisfação mais forte para um organismo (por exemplo, animal ou humano) será mais provavelmente associada à situação que a precedeu. Quanto maior a satisfação, maior a ligação entre a situação e a resposta.

Basicamente, a consequência de conseguir comer como recompensa por ter aprendido a abrir a caixa. O comportamento do gato para abrir a porta da caixa é como meu trabalho, e a comida dele é como meu contracheque.

Então, voltando à minha pergunta inicial, sobre se meu contracheque tem ou não um efeito em mim — a verdade é que eu continuo trabalhando, da mesma forma que o gato de Thorndike continuou abrindo a caixa para conseguir a comida. Portanto, a consequência de minha ação parece me levar a desempenhar aquela ação novamente.

Reforçando o Caso do Rato

Quando uma consequência de uma ação ou de um fato aumenta a probabilidade de que essa ação ou fato aconteça de novo, essa consequência é chamada de *reforço*. É como uma recompensa, e recompensas muitas vezes motivam uma repetição das ações que fizeram merecer a recompensa. O condicionamento operante trata dos efeitos que os reforços exercem no comportamento.

B. F. Skinner, um dos psicólogos mais famosos de todos os tempos, seguiu os passos de Thorndike no uso de animais para investigar o condicionamento operante. Ele construiu uma caixa com uma alavanca dentro e a chamou de *caixa de Skinner*. Quando o animal pressionava a alavanca, um grão de comida caía de um comedouro para dentro da caixa. Skinner queria ver se os ratos colocados nas caixas poderiam aprender a pressionar a alavanca para que pudessem receber a comida.

Essa tarefa era muito mais difícil do que se poderia imaginar. Os ratos não estão acostumados a pressionar alavancas para conseguir comida. Skinner então teve de facilitar um pouquinho o processo com um procedimento chamado de *modelagem*, uma técnica para recompensar aproximações bem-sucedidas a um objetivo. Skinner recompensava os ratos com comida por desempenharem um comportamento que estava próximo, mas não exatamente igual, à resposta exigida. A modelagem era feita gradualmente, a fim de que os ratos chegassem, por fim, ao ponto em que pressionavam a barra e recebiam os reforços de comida.

Depois que os ratos pegaram o esquema da coisa, eles aprenderam a pressionar a barra por comida da mesma forma que os gatos de Thorndike aprenderam a abrir a porta. Os ratos aprenderam porque a recompensa da comida os ensinou como pressionar a barra.

Encontrando o reforço certo

Nos casos tanto dos gatos de Thorndike quanto dos ratos de Skinner, os sujeitos aprenderam porque foram recompensados com comida. Comida é uma recompensa poderosa para os animais, mas é apenas um tipo de reforço. Qualquer coisa que aumente a probabilidade de que um comportamento ocorra novamente pode ser usada como recompensa ou reforço. Pode ser alimento, dinheiro, recesso ou férias. Também pode ser alguma coisa intangível, como aprovação, elogio ou atenção de uma outra pessoa.

Existem dois tipos básicos de reforços

- » O **reforço positivo** é o uso de qualquer reforço que aumente a probabilidade de que um comportamento ocorra novamente.
- » O **reforço negativo** ocorre quando a remoção de estímulos negativos leva a um aumento da probabilidade de que um comportamento ocorra novamente. Um bom exemplo disso é quando um aluno fica muito agitado na sala de aula durante uma tarefa da qual ele esteja tentando escapar ou evitar. O professor o manda para fora da sala e reforça negativamente seu comportamento de agitação. O professor pensa que está punindo o aluno, mas, na verdade, o aluno está conseguindo escapar de uma exigência à qual ele é contra.

A ideia básica do condicionamento operante é a de que o comportamento que está sendo reforçado (seja positiva ou negativamente) tem mais probabilidade de acontecer de novo. Mas seria isso verdadeiro para todos os reforços? Seriam todos os reforços criados da mesma forma? Se Skinner tivesse dado aos ratos cinco dólares para cada vez que pressionassem a alavanca, ainda assim eles teriam aprendido a resposta?

Provavelmente não. Diferenças entre reforços existem e afetam o impacto que eles têm nas respostas. Nem todas as consequências são recompensadoras ou reforçadoras, já que elas variam de pessoa para pessoa (ou de animal para pessoas).

Há dois tipos de reforços que são eficazes:

LEMBRE-SE

» Os **reforços primários** são recompensas que não requerem modelagem ou treinamento prévio para que sejam eficientes. A comida ou as sensações físicas prazerosas podem ser dadas como exemplos deles.

Em 1971, David Premack formulou a ideia interessante de que os reforços primários podem ser identificados observando-se aquilo que as pessoas fazem na maior parte de seu tempo. Se elas passam a maior parte do tempo vendo televisão, andando de bicicleta ou dormindo, então essas atividades poderão ser consideradas como reforços primários. Seu *princípio de Premack* afirma que respostas de alta probabilidade podem ser usadas para reforçar respostas de baixa probabilidade. Isso é o mesmo que usar sorvete para fazer com que seu filho coma vegetais. Se eles quiserem o sorvete (alta probabilidade), eles comerão os vegetais (resposta de baixa probabilidade).

» Os **reforços secundários** são aqueles que são reforçados por meio da experiência e do aprendizado. Esse resultado acontece quando se associa o reforço secundário ao reforço primário utilizando-se as técnicas de condicionamento clássico (veja a seção anterior neste capítulo "Respostas e estímulos condicionados").

O melhor exemplo de um reforço secundário é o dinheiro. Nós não nascemos sabendo o valor do dinheiro (e alguns de nós nunca aprendem). Mas acabamos aprendendo o valor do dinheiro quando vivenciamos sua associação com as coisas de que gostamos, tal como comida, roupas, abrigo e carros caros. Então o dinheiro "adquire" seu valor para nós quando é associado a reforços primários. Em algumas instituições, como escolas e hospitais, os cuidadores recompensam os comportamentos apropriados com *pontos*, que depois poderão ser trocados por recompensas específicas. Esse tipo de sistema é chamado de economia das fichas, e funciona como se fosse uma moeda local.

Após identificar o que um sujeito considera como reforço, torna-se possível influenciar o comportamento fornecendo recompensas pelo desempenho das respostas apropriadas.

Por exemplo, considere uma gerente de escritório que está com dificuldades para conseguir que seus funcionários voltem do almoço na hora certa. O que ela pode fazer? Primeiro ela precisa descobrir o que funciona como reforço para o grupo ou para cada indivíduo. Nem todas as recompensas são consideradas como reforços para todas as pessoas. Então ela tem que começar a recompensar qualquer um que realize o comportamento desejado, que neste caso é voltar do almoço na hora certa. Ela poderia dar-lhes pequenos presentes, dinheiro ou adesivos com carinhas sorridentes.

Ou ela poderia se utilizar de reforços negativos. Por exemplo, poderia mandar um funcionário bem irritante almoçar com os que costumam chegar tarde (alguém que reclama muito e aumenta a ansiedade de todo mundo com a ideia de chegar atrasado). Os que se atrasam odeiam tanto ouvir o funcionário queixoso reclamar que começam a voltar mais cedo só para evitar ter que ficar ouvindo o chorão se queixando sem parar.

Esse conceito de reforço negativo confunde muita gente. Como é possível que tirar alguma coisa ou remover um estímulo nocivo possa aumentar a probabilidade de um comportamento? Pode ser que você já tenha tido alguma experiência com esta tática caso já tenha tido um filhote de cachorro que não parava de chorar enquanto você tentava dormir. Se você colocasse o filhote em outro quarto ou na garagem, provavelmente responderia ao choro se levantando e indo ver se estava tudo bem com a linda criaturinha. O que aconteceu quando você foi ver o filhote? Provavelmente ele parou de chorar. Se, então, você voltou para a cama, eu aposto que o chorão o acordou de novo menos de dez minutos depois.

O problema nessa situação é que seu comportamento estava sob o controle do reforço negativo. O choro do filhote era um estímulo nocivo (e irritante). Quando você foi até a garagem, o choro cessou, aumentando a probabilidade de você voltar até o filhote toda a vez que ele chorasse. Você estava negativamente reforçando sua ida até o filhote — e ele conseguiu um reforço positivo por chorar! Ops!

Usando a punição

Tanto os reforços positivos quanto os negativos são consequências que provavelmente incentivarão determinados comportamentos. Mas o que se pode dizer sobre aquela outra consequência, a *punição*? A punição é qualquer consequência que diminui a probabilidade de uma resposta e não necessariamente alguma coisa que normalmente se pensa como um castigo. Por exemplo, se toda vez que você liga para um determinado amigo ele parece distraído, como se não estivesse ouvindo o que você está dizendo, é possível que você experimente sentimentos negativos de não ser valorizado, e essa "punição" poderá levá-lo a ligar menos para essa pessoa.

Um tipo de punição é a direta — a introdução de algo nocivo ou aversivo.

Outro tipo de punição, a *punição negativa*, tem a ver com a remoção de um reforço, tal como tirar a bicicleta de uma criança. Novamente, enquanto reforço, a punição pode ser uma questão muito individual: o que alguém vivencia como contrário ou punição pode não se aplicar a outra pessoa.

A punição é usada para influenciar o comportamento das pessoas o tempo todo. Os pais punem os filhos. Os tribunais punem criminosos condenados. As empresas de cartão de crédito punem as pessoas por seus pagamentos atrasados. Mas a punição funciona?

LEMBRE-SE

A punição pode ser um meio muito poderoso e eficaz para diminuir a frequência de um comportamento, mas é bom ter algumas coisas em mente:

» A punição deveria ser aplicada da forma menos intensa possível, a fim de que produza a resposta desejada. Contudo, aqueles que a recebem podem precisar se ambientar com cada aumento subsequente da punição. E, além disso, saiba que as punições excessivamente intensas são problemáticas. Para que as punições sejam eficazes por um longo período de tempo, você terá de ajustar sua intensidade de uma maneira que isso faça sentido.

» Para ser eficaz, o castigo precisa ocorrer o mais rápido possível para a resposta sendo punida. Se um pai ou uma mãe espera três semanas para punir uma criança por quebrar um abajur, é provável que a criança fique sem entender nada sobre o porquê de estar sendo punida, portanto, a punição acaba não tendo nenhum efeito no sentido de dissuadir um determinado comportamento no futuro.

» O castigo deve ser firme, consistente e acompanhado de uma explicação clara sobre a razão pela qual ele está sendo aplicado.

Existem questões éticas associadas às punições, o que significa que ela tem de ser pensada com muito cuidado em todas as situações.

CUIDADO

É claro que muitas pessoas se sentem desconfortáveis com a ideia de infligir dor ou sofrimento a outra pessoa a fim de modificar seu comportamento. O uso de uma punição pode ter algumas consequências negativas:

» **Medo:** Quando as pessoas são punidas de uma forma eficaz, podem aprender a antecipar futuras punições e desenvolver uma ansiedade grave enquanto esperam pelo que obviamente acontecerá. Isso pode ter um efeito perturbador na vida da pessoa que está sendo punida, o que pode levar à fuga ou apatia.

» **Agressão:** Eu já trabalhei tanto em cadeias quanto em presídios e pude ver vários homens ficarem com mais raiva e mais agressivos em consequência das condições severas que tinham que enfrentar enquanto estavam encarcerados. Quando chega a hora de essas pessoas serem liberadas e encararem o mundo de uma forma remodelada, elas estão disfuncionais e institucionalizadas, e muitas vezes são incapazes de fazer a transição para o mundo lá fora como consequência de sua punição.

A pessoa que aplica a punição pode se tornar um EC aversivo por meio do condicionamento. Por exemplo, uma criança pode evitar um de seus pais, que muitas vezes é o que aplica a punição nela. A contiguidade faz o trabalho — aquela pessoa está lá toda vez que sou advertido ("Só espere seu pai chegar em casa." Obrigada, mamãe).

Programando e escolhendo o momento certo para o reforço

Alguma vez você já se perguntou por que as pessoas continuam a voltar inúmeras vezes a lugares como Las Vegas e Atlantic City para doar seu dinheiro para o fundo de expansão do cassino? O fator mais importante com relação a apostas é o fato de que o maior ganhador é sempre a casa, o cassino. Todo mundo sabe disso, e mesmo assim algumas pessoas não conseguem ficar longe de lá.

As pessoas continuam voltando por causa de algo chamado *programação de reforço*, uma programação ou determinação para com as respostas ao reforço e quando reforçá-las. Existem quatro programações básicas de reforço, cada uma delas com diferentes efeitos para a resposta em questão:

- Razão fixa (tipos contínuos e parciais)
- Razão variável
- Intervalo fixo
- Intervalo variável

Recompensas contínuas

Talvez a forma mais comum de reforço seja o chamado *reforço contínuo*, no qual a razão é de um por um. Um comportamento, uma recompensa. E se refere a reforçar um comportamento toda vez que ele ocorre. Toda vez que eu puxo a alavanca da máquina de caça-níqueis, eu ganho! Sim, é claro, é bom sonhar.

O reforço contínuo é bom para a fase de modelagem do aprendizado (veja "Reforçando o Caso do Rato", anteriormente, para uma discussão sobre modelagem) ou para o que é chamado de *fase de aquisição*. Aprender um comportamento novo leva tempo. O reforço contínuo acelera o processo de aprendizado.

O problema com o reforço contínuo, contudo, é que ele desaparece rapidamente. Se recebo um reforço toda vez que volto do almoço para trabalhar na hora certa, então é provável que eu pare de voltar do almoço na hora certa se meu chefe parar de me dar esse reforço por meu comportamento.

Passando a mão na cabeça de vez em quando

Muitas vezes, o reforço em nosso mundo é intermitente e esporádico. É claro que nós não ganhamos todas as vezes que puxamos a alavanca da máquina de caça-níqueis. B. F. Skinner não projetava caça-níqueis.

B.A. Loser, o psicólogo comportamental de cassinos, o fazia. Reforço em uma base menos frequente (por exemplo, exigir mais de uma resposta) é chamado de *reforço parcial*. Há dois tipos de programas de reforço parcial, e cada um é dividido ainda mais pelo quão previsível ou aleatório são os reforços.

» O primeiro tipo de reforço parcial é chamado de *razão programada, que envolve a exigência de mais de uma resposta para que se obtenha uma recompensa*. Com um esquema de razão, o reforço somente é concedido depois que um número específico de respostas tenha sido dado. Se um pai ou uma mãe usa essa programação com seus filhos, talvez ele ou ela somente dê uma recompensa por um determinado número de notas 10 que seu filho tire em seu boletim ou depois de um determinado número de vezes que a criança limpe o quarto. Os esquemas de razão podem, então, variar com base no número fixo de respostas ou no número variável de respostas que são exigidas para que o reforço seja recebido.

- Uma programação de reforço de *razão fixa* sempre tem a ver com um reforço para o mesmo número de determinadas respostas. Se eu for recompensar meu filho a cada duas notas 10 que ele tirar, isso nunca mudará, há um reforço a cada duas notas 10.

- Uma programação de reforço de *razão variável* está associada a dar um reforço para um número variável de respostas fornecidas. Pode ser que eu dê um reforço a meu filho agora a cada duas notas 10, mas depois pode ser que eu passe a dar um reforço a cada uma nota 10, três notas 10 ou dez notas 10 mais tarde. O que é importante nesta abordagem é manter aquele que recebe o reforço na incerteza. Usar esta técnica tem um efeito poderoso na persistência de uma resposta, porque as pessoas continuam adotando o comportamento requisitado, pois não sabem quando o reforço chegará. Uma razão variável é muito mais resistente à extinção do que o reforço constante.

» O outro tipo de programação de reforço parcial, o *esquema de intervalo*, se fundamenta na quantidade de tempo que se passou entre os reforços. Você ainda tem que dar uma resposta para conseguir uma recompensa, mas tem que esperar algum tempo até que sua resposta "funcione".

- Eu recebo meu salário uma vez por mês. O tempo determina quando sou pago. Minha programação de pagamento é um exemplo de um esquema de reforço de *intervalo fixo*. Esse cronograma de pagamento nunca varia.

- O outro tipo de esquema de intervalo é o *intervalo variável*. Aqui as respostas são reforçadas por uma quantidade variada de tempo que se passou desde o último reforço. Esta abordagem seria como receber o pagamento ao final de um mês, e então receber dois dias depois, e novamente três semanas depois, e assim por diante. Programações de intervalos variáveis são também muito resistentes a extinção, pela mesma razão que as programações de razão variável, pois aquele que responde nunca sabe quando receberá um reforço, e assim tem que continuar respondendo para descobrir.

A jogatina é motivada por uma programação de intervalo variável de forma que as pessoas continuem colocando o dinheiro lá, esperando pelo grande prêmio.

Tenho certeza de que você já ouviu "Não se pode ganhar se não se joga". Da próxima vez que você achar que está no "momento" ou destinado a ganhar, porque você esteve sentado à frente da mesma máquina por três dias sem tomar banho, dormir ou ter comido nada, lembre-se de que esta é a variável. Você nunca sabe quando terá êxito com a máquina. Então tente administrar sua raiva se você finalmente desistir e a próxima pessoa que se sentar na mesma máquina ganhar tudo!

É por essa razão que isso é chamado de jogo de azar.

A escolha do momento certo para o reforço também é decisivo. As pesquisas mostram que o reforço precisa acontecer imediatamente, ou o mais rápido possível, logo a seguir à reação desejada. Se você esperar demais, a conexão entre a resposta e o consequente reforço se perde. Os ratos de Skinner nunca teriam descoberto como pressionar aquela alavanca se tivessem recebido um cupom de comida que seria reembolsado somente depois de cinco visitas à Loja de Comida de Rato de Luxo — no lugar de uma gratificação imediata por sua façanha.

Tornando-se Consciente do Controle de Estímulos e da Generalização Operante

Alguma vez você já notou como as pessoas diminuem a velocidade na estrada quando veem um guarda de trânsito? Isso acontece provavelmente porque em algum momento elas já receberam multas deles. O que acontece quando um bom e velho guarda-civil (não um policial rodoviário ou de trânsito) está na estrada? Ninguém diminui a velocidade. Eles simplesmente o ignoram. Seria isso um exemplo de estrondoso desrespeito à lei? Não, isso é um exemplo de *controle de estímulo*, a ideia de que uma resposta pode variar de acordo com uma função do estímulo presente no momento do reforço ou da punição. Embora todas as autoridades que aplicam a lei possam dar multas por velocidade, a maioria de nós sabe que os guardas-civis normalmente não aplicam multas nas estradas. O estímulo tem efeitos diferentes em nosso comportamento, porque estes levam a consequências diferentes. A punição somente vem dos guardas de trânsito ou dos policiais rodoviários.

Às vezes, quando aprendemos uma resposta devido a um reforço, podemos *generalizar* automaticamente aquela reação a um outro estímulo parecido. Se eu generalizasse minha experiência com multas de guardas de trânsito para guardas-civis, eu diminuiria a velocidade também diante deles. Ou, se eu recebesse um reforço por voltar do almoço na hora certa, eu também poderia generalizar esse comportamento para chegar pontualmente para trabalhar de manhã. A generalização ajuda a acelerar o processo de aprendizado, porque não temos tempo de receber um reforço para cada uma das respostas que provocamos.

Descobrindo a Discriminação Operante

Às vezes as pessoas podem exagerar no aprendizado de uma resposta ou comportamento. Elas então se empenham na resposta, quando não deveriam fazer isso, porque generalizaram um pouquinho demais.

Acho que isso algumas vezes acontece aos psicoterapeutas. Poderíamos estar em uma situação social, fora do trabalho, quando alguém começa a falar sobre como seu dia foi difícil. E aí pode ser que escape um "Diga-me como isso afeta você". Todos olham para o psicoterapeuta em questão como se ele fosse um charlatão. E talvez seja hora de tirar umas férias.

Eu também já vi este fenômeno em filmes. Um ex-policial tem uma resposta exagerada quando vê seu neto apontar uma pistola de água para ele, e derruba a criança para "remover a ameaça". Esses são problemas de *discriminação*, responder a apenas um de dois ou mais estímulos em particular. O problema é solucionado apresentando ambos os estímulos a alguém e só reforçando a resposta que seja correta. Coloque o vovô no meio de um assalto e jogue o neto dele com uma pistola de água no meio da confusão. Só reforce o vovô detetive quando ele for bem-sucedido em neutralizar a ameaça do ladrão (estímulo 1), e não por derrubar o neto (estímulo 2). Assim ele aprende a discriminar entre uma ameaça real e uma que não oferece nenhum perigo.

4
Eu, Você e Tudo o que Está Entre Nós

NESTA PARTE...

Descubra as teorias da personalidade, os tipos mais comuns de personalidades e tópicos como conhecer a si mesmo, desenvolver sua identidade, estabelecer relacionamentos e comunicar-se.

Conecte-se com as pessoas à sua volta e descubra a influência que as outras pessoas têm sobre seu comportamento e as diferentes maneiras de as pessoas se comportarem em grupos.

Dê uma olhada na psicologia do desenvolvimento e siga o desenvolvimento desde a concepção do bebê até a adolescência.

Acenda um charuto e familiarize-se com o trabalho de Sigmund Freud sobre a estrutura da psique e sua famosa teoria do desenvolvimento psicossexual, incluindo os mecanismos de defesa, negação e repressão (e ainda descubra os outros teóricos que vieram depois dele).

Atualize-se com as abordagens contemporâneas acerca da psicologia do anormal, incluindo as explicações neuropsicológicas e cognitivas para problemas psicológicos tais como transtornos de ansiedade, depressão, esquizofrenia e o transtorno de estresse pós-traumático.

> **NESTE CAPÍTULO**
>
> Se dando conta de que a música continua a mesma
>
> Reconhecendo o poder do ego
>
> Cumprimentando as pessoas e os objetos ao nosso redor
>
> Aprendendo comportamentos com outras pessoas
>
> Sendo um bom representante
>
> Descobrindo os traços de personalidade com os quais você nasceu

Capítulo 9

Desenvolvendo uma Personalidade Vencedora

Do nada, sua velha amiga Maria entra em contato com você. Como você está empolgado para ter notícias dela, decide encontrá-la para um café e para colocar os papos em dia. Enquanto você espera por ela na cafeteria, alguém toca seu ombro.

Você se vira, olha para a desconhecida e pergunta: "Posso ajudá-la?".

"Sou eu, a Maria!"

Finalmente você se dá conta de que é sua amiga, mas você não a reconheceu. Ela está mais velha, engordou e está com um corte de cabelo diferente. Ela está realmente muito diferente. Parece que muita coisa mudou, mas será mesmo que mudou?

Após algum tempo conversando, você começa a enxergar novamente aquela "velha amiga". Ela ainda tem o mesmo sorriso, o mesmo brilho no olhar, a mesma risada, o mesmo senso de humor, a mesma afetuosidade e a mesma paixão pela vida. Se você fechasse os olhos e somente escutasse suas palavras e sua voz, sem se voltar para aparência física dela, que inicialmente não reconheceu, com certeza a reconheceria num instante.

Maria mudou de um modo impressionante. Mas você também reconhece o quanto ela não mudou nada. Você então percebe que ela é a mesma pessoa com quem você cultivou laços de amizade há tantos anos. Seu corpo, sua aparência, seu endereço, suas roupas e seus relacionamentos mudaram, mas seu "eu", sua "Mariazisse", a essência do que ela é continua a mesma.

Essas características estáveis são o que o famoso psicólogo Philip Zimbardo descreve como uma série complexa de qualidades psicológicas únicas que influenciam o comportamento, o pensamento e as emoções em todas as situações e momentos que se vivenciam — o que é uma definição prática excelente do que é a personalidade.

LEMBRE-SE

A *personalidade* é um sistema estável de tendências do agir, do pensar e do sentir-se de maneira específica.

Descrever a personalidade de alguém é, em essência, elaborar toda uma imagem dessa pessoa a partir dos diversos fragmentos de informação disponíveis sobre ela que são possíveis de serem verificados com o passar do tempo e das mudanças de circunstâncias.

As teorias da personalidade pressupõem que uma série de características gerais específicas podem servir como um resumo, o qual pode dizer um pouco sobre como as pessoas são. As qualidades que surgem à sua mente logo de cara quando você pensa sobre uma pessoa são normalmente também as qualidades mais importantes dessa pessoa. Quanto mais fundamental é essa qualidade, mais útil se torna esse aspecto no sentido de prever um comportamento individual e para que se possa distingui-lo das outras pessoas.

Aquelas "Mariazisses" da Maria são sua personalidade. É o que faz com que ela seja única no mundo. Sua personalidade é o que faz de você único. Dezenas ou centenas de pessoas pelo mundo afora podem ter o mesmo nome que o seu ou talvez até se pareçam com você, mas ninguém tem uma personalidade idêntica à sua.

Se você vai a uma festa depois do trabalho, você é a mesma pessoa que é no trabalho? É claro que sim! Pode ser que você aja de uma maneira um pouco diferente, mas é muito provável que você ainda seja basicamente a mesma pessoa. E isso acontece por causa de sua personalidade, de seu conjunto único de componentes psicológicos e físicos que determinam quem você é.

Neste capítulo descrevo o campo de ação da psicologia da personalidade e trato das suas diversas grandes teorias, incluindo as abordagens psicanalíticas, as de aprendizado social e aquelas que se baseiam nos traços característicos de uma pessoa.

LEMBRE-SE

À medida que você avançar na leitura acerca das teorias da personalidade, tenha em mente que ninguém se encaixa perfeitamente em nenhuma dessas categorias. Um conceito muito importante em psicologia é o princípio das *diferenças individuais*. Ninguém é uma teoria da personalidade: as teorias são ferramentas para se compreender a complexidade do comportamento, dos pensamentos e das emoções humanas.

Sabendo Quem É Nerd

Pode ser até que você não se dê conta disso, mas você tem uma teoria da personalidade que usa para classificar e distinguir as pessoas.

Quando eu frequentava o ensino médio, as classificações mais comuns eram nerds, atletas e baladeiros. Com certeza, este é um esquema simplista, mas de vez em quando era útil, como se fosse uma espécie de atalho para conhecer as pessoas. É claro que não daria para as conhecer individualmente, mas assim seria possível saber alguma coisa sobre elas para manter o relacionamento rolando.

Cada pessoa é um teórico da personalidade em graus variados de sofisticação, e grupos específicos de teóricos da personalidade circulam por aí. Durante séculos, astrólogos, físicos, teólogos, poetas e outros profissionais vêm tentando classificar as pessoas, cada um utilizando algum tipo diferente de percepção sobre a personalidade, a fim de desenvolver suas teorias.

Considere a seguinte descrição de personalidade:

Você possui uma capacidade enorme que não usa a seu favor.

Algumas vezes você tem dúvidas sobre se tomou a melhor decisão ou se fez a coisa certa.

Às vezes você é sociável, mas outras vezes, fica na sua.

Segurança é um dos objetivos de sua vida.

Essas características descrevem você? Se sim, você está pensando agora que há um chip secreto de computador, analisador de personalidades, bem no meio da lombada deste livro? Ou será que as descrições acima são tão vagas e generalizadas que se aplicam praticamente a todo o mundo?

Eu voto na última resposta.

O *efeito Barnum* se refere às teorias da personalidade que são tão gerais que podem ser aplicadas a quase todas as pessoas; essas teorias fornecem pouquíssima informação específica sobre um indivíduo em particular. É chamado assim por causa de P. T. Barnum, o famoso dono de circo que alegava ser perito em uma técnica de descrição da personalidade apresentada em seus espetáculos de adivinhação.

Depois de aprender sobre o efeito Barnum, espero que você nunca mais olhe para um biscoito da sorte ou um horóscopo da mesma maneira.

As teorias da personalidade podem ser classificadas nas seguintes categorias gerais:

- Teorias psicanalíticas e psicossociais
- Teoria de aprendizado social
- Teoria cognitiva
- Teorias de traços característicos

Entrando no Clima com Freud

Sigmund Freud, um neurologista austríaco do século XIX, formulou uma das teorias mais completas já elaboradas acerca da personalidade humana. A profundidade de sua análise e o alcance de suas ideias ainda não encontraram nenhum concorrente à altura.

Esta seção examina as teorias de Freud sobre a memória, os instintos e os famosos mecanismos de defesa (na verdade, muito do trabalho nessa temática foi desenvolvido por sua filha, Anna Freud), e como esses conceitos contribuem para a formação de uma personalidade única.

E, é claro, nenhuma discussão sobre Freud jamais poderia ser completa sem mencionar sua teoria de desenvolvimento psicossocial e suas ideias sobre Édipo e o sexo.

Tendo memórias singulares

Que tipo de personalidade você teria se alguém apagasse todas as suas memórias? Seu aniversário de 16 anos? Seu baile de formatura? A mudança para seu primeiro apartamento? Será que você seria apenas um pedaço de carne vazio, que só come, dorme e vagueia sem rumo?

Freud acreditava que as lembranças e a forma como estão organizadas na mente compõem uma parte vital da personalidade. Ele propôs três divisões básicas de lembranças que são diferenciadas de acordo com o grau de consciência ou percepção que cada pessoa tem em cada uma delas:

» **Consciente:** Sua consciência ativa representa seu nível consciente de percepção. Aqui você está consciente daquelas coisas que são atuais e que acontecem no momento, como o livro que está em seu colo, sua capa amarela, as palavras do texto em linhas horizontais, e seu estômago roncando porque você já não come nada há seis horas. Sua *percepção* consciente é dominada pelas coisas que você está ouvindo, vendo e sentindo.

» **Pré-consciente:** O pré-consciente é feito de lembranças comuns, tais como aniversários, celebrações e como andar de bicicleta. As pessoas raramente estão ativamente conscientes das lembranças na pré-consciência, a menos que estas sejam deliberadamente invocadas ou ativadas. Mas, mesmo assim, as lembranças pré-conscientes ainda desempenham um papel muito importante na modelagem da personalidade.

» **Inconsciente:** As lembranças e as experiências das quais não se está consciente são parte da coleção de informações inconscientes. Essas lembranças estão localizadas nas profundezas de sua mente e são difíceis de serem acessadas. Sendo assim, da próxima vez que você não conseguir responder a uma pergunta difícil, simplesmente diga a quem está perguntando que a resposta está trancada a sete chaves no mais profundo de seu inconsciente. Existem milhares de coisas que acontecem dentro de sua mente das quais você não está consciente; para as quais você está inconsciente ou não percebe que estão lá.

Na verdade, Freud acreditava que a mente inconsciente estava repleta de todas aquelas lembranças, pensamentos e ideias desconcertantes, perturbadoras e horrendas demais para serem mantidas na mente consciente. Esse é o refúgio de seus conflitos e desejos mais básicos, além de seus sentimentos mais verdadeiros, sem qualquer filtro ou sem passar pela revisão delicada da vida cotidiana. Seu inconsciente não mente!

LEMBRE-SE

Suas lembranças conscientes, pré-conscientes e inconscientes ajudam a fazer de você um indivíduo único, proporcionando todas aquelas peculiaridades especiais da sua personalidade que seus amigos amam tanto.

Botando a mão na massa com o id, o ego e o superego

Freud teria sido um excelente roteirista em Hollywood. Sua "história" da personalidade é repleta de desejo, poder, controle e liberdade. O enredo é complexo, e os personagens competem entre si. A personalidade pode ser vista como um tipo de teatro que é encenado dentro da mente. Segundo Freud, "você" é um produto do quão competitiva é a interação entre as forças mentais e as estruturas.

Os gregos antigos acreditavam que todas as pessoas eram atores no teatro dos deuses acima delas. Freud propunha que você e eu atuamos no drama de nossa mente, impulsionados pelo desejo e puxados pela consciência. Sob aquilo que aparece na superfície, a personalidade de uma pessoa representa seus profundos embates internos de poder.

Três atores principais atuam nessa peça:

- **Id:** Controla as motivações e os impulsos
- **Ego:** Negocia com o id, agrada ao superego
- **Superego:** Mantém os indivíduos na linha e no bom caminho

Cada um desses personagens — ou partes de uma pessoa — tem sua própria ideia de como a história dessa peça deveria se desenrolar. Cada um deles tem fortes motivações e defende a si mesmo.

Querendo isto para o id

O componente estrutural inicial e primeiro personagem no teatro da personalidade de Freud é o *id*. Alguma vez você já sentiu um impulso, um ímpeto ou um desejo tão forte que simplesmente tinha que ser satisfeito e ao qual você não conseguiu controlar? Um carro novo, um desejo sexual, um trabalho dos sonhos? A resposta provavelmente é um estrondoso "sim"!

De onde um tal desejo pode ter vindo?

De acordo com Freud, o desejo surge de uma parte de sua personalidade chamada de *id*, localizada nas profundezas da mente. O id contém todos os impulsos animais e primitivos mais básicos, que demandam satisfação. É o Mr. Hyde surgindo de dentro do reprimido Dr. Jekyll (O médico e o monstro). É aquele diabinho que se senta em seu ombro e sussurra a seu ouvido, induzindo a tentações e incitando-o.

O id é uma espécie de contêiner que retém os desejos. Implacavelmente motivado por uma força que Freud chamou de *libido*, a energia coletiva de instintos e vontades vitais de sobrevivência, o id tem que ser satisfeito! Você nasce com o id a todo o vapor. Ele não sofre a regulação e nem é afetado pelas restrições do mundo real.

Quando um bebê fica com fome — e eu quero dizer realmente com fome —, ele fica sentado quietinho, entende que os adultos estão ocupados naquele momento e espera até que alguém possa vir alimentá-lo? Qualquer um que já tenha saído da cama no meio da noite para alimentar um bebê sabe a resposta a essa pergunta.

Mas eu não quero dar uma má reputação ao id. Onde nós estaríamos sem o desejo? O desejo nos impulsiona ao longo da vida; ele leva você a buscar as coisas de que precisa para sobreviver. Sem seu id, você morreria — ou somente seria uma pessoa realmente chata até que isso acontecesse. Uma grande parte de sua personalidade é composta por seus desejos e por suas tentativas de os satisfazer.

Se sentindo bem com o ego

Não seria ótimo se você pudesse conseguir tudo o que quisesse, onde e como quisesses? Afinal de contas, o id quer o que o id quer.

Infelizmente, a maioria de nós sabe que a coisa é muito diferente. Pode ser frustrante quando um desejo não se concretiza ou é suprimido. Ponha a culpa disso tudo em seu ego.

O *ego* é o segundo aparato mental da personalidade. A principal função do ego é mediar as demandas do id perante o mundo externo — a realidade. (Siga o exemplo da música do Rolling Stones, "You Can't Always Get What You Want" — em português, "Você Não Pode Sempre Ter o que Quer".)

O ego é como um agente esportivo de um atleta realmente talentoso. E apesar de o atleta exigir um contrato de milhões de dólares, o agente o alerta de que ele pode estar pedindo dinheiro demais e, assim, pode perder o emprego. Então o ego negocia com o id a fim de conseguir o que quer sem que isso custe muito em longo prazo. O ego executa essa importante tarefa ao converter, desviar e transformar as poderosas forças do id em formas de satisfação mais realistas. Ele se empenha em domar o poder do id, regulando-o a fim de alcançar a satisfação, apesar das limitações impostas pela realidade.

O julgamento final

O trabalho do ego de mediador das disputas quase constantes entre o id e a realidade é continuamente microgerenciado e julgado pelo superego. O *superego* é o outro nome de sua consciência. Ele espera que seu ego seja forte e eficiente em sua luta contra a força da libido.

Normalmente, a consciência de uma pessoa vem de seus pais ou de uma figura paternal. À medida que cresce, a pessoa internaliza seus padrões, aqueles mesmos padrões que fazem com que você se sinta culpado quando conta uma mentira ou sonega o imposto de renda. Mas será que todo mundo tem uma consciência? A consciência é algo que pode variar em diversos graus, algumas pessoas têm menos e algumas têm mais. Determinadas pessoas ao longo da história cometeram atos de violência tão terríveis que parece que não tinham nenhuma consciência. Há uma grande chance de que pessoas assim tenham uma ausência da capacidade básica de sentir culpa, então nada as detém de colocarem em prática suas fantasias violentas.

Essa é uma característica fundamental das personalidades psicopatas (para saber mais sobre distúrbios psicológicos, veja o Capítulo 13).

Pensando em sexo

É como se estivéssemos lendo uma manchete de jornal: "A Satisfação Sexual Estimula o Desenvolvimento da Personalidade!".

Não é bem assim, mas o componente psicossexual de desenvolvimento da personalidade de Freud era definitivamente sobre o prazer. A busca de Freud pela resposta para a pergunta sobre o que faz com que uma personalidade seja diferente da outra o levou a teorizar que as pistas para compreender a singularidade da personalidade de uma pessoa podem ser encontradas em sua infância. Eureca, a infância é o destino!

A personalidade com a qual você vive hoje — aquela que joga charme para conseguir um namorado, faz listas sobre o que fazer, mas nunca cumpre, e faz questão de que o banheiro esteja sempre brilhando de tão limpo — foi forjada e modelada no alvorecer de seus primeiros anos de vida e nos conflitos de sua infância. Na verdade, de acordo com Freud, você se torna um produto final único quando chega à puberdade.

O modelo de desenvolvimento da personalidade de Freud propõe que uma pessoa passa por uma série de fases pelas quais cresce e amadurece. Em cada fase, o indivíduo fica focado em uma parte específica do corpo, conhecida como *zona erógena*. É algo parecido com se concentrar em ter um abdômen sarado quando você tem 18 anos e em uma preocupação com a gordura localizada quando você tem 40; cada um tem um destaque em um momento diferente de sua vida. O prazer buscado por seus instintos inatos se concentra no desejo e na gratificação sexual, por meio da estimulação adequada de cada uma das zonas erógenas. Se apropriadamente estimulada, você avança para o mais alto grau do ápice psicossexual de Freud, a maturidade sexual e psicológica. Se isso não acontece, você ficará fixado em uma zona em particular e preso àquela fase específica do desenvolvimento da personalidade.

As fases, de acordo com a idade, são as seguintes:

- **Oral:** Do nascimento aos 18 meses
- **Anal:** Dos 18 meses aos 3 anos
- **Fálico:** Dos 3 anos até cerca de 7-8 anos
- **Latência:** De 7-8 anos até a puberdade
- **Genital:** Da puberdade até a vida adulta

O modelo de desenvolvimento da personalidade de Freud é algo como ter cinco personalidades em miniatura que duram alguns anos até que você atinja a maturidade. O modelo nos faz lembrar de um típico calouro do ensino médio que começa o ano na escola com uma personalidade e ao final do mesmo ano já está com uma persona completamente nova, com um novo guarda-roupa e uma linguagem secreta. Uma hora ele é um nerd, rato de biblioteca e, no minuto seguinte, parece saído de uma banda de rock.

Cada uma das fases da personalidade apresenta um desafio único, e a teoria diz que, se você conseguir ser bem-sucedido na superação do desafio, adquire uma personalidade madura plena. (Essa é a personalidade saída de uma banda de rock para você!) No entanto, se de alguma maneira você falha na superação do desafio de uma fase, você ficará preso, ou fixado lá. E é daí que muito de sua singularidade pessoal vem, de seu "empacamento" ou fixação em um estágio específico do desenvolvimento da personalidade.

Abrindo sua enorme boca

A *fase oral* é a primeira fase do desenvolvimento da personalidade de Freud. Do nascimento até cerca dos 18 meses de idade, a vida do bebê se concentra na boca. A principal tarefa desta fase é satisfazer o desejo oral ao estimular a zona erógena da boca. Observe o reflexo de sucção do bebê e a forma como sua cabeça e sua boca se viram para suas bochechas quando encostado suavemente. Os bebês nascem com o sentido do paladar muito desenvolvido, e sua boca é a ferramenta mais sofisticada que eles possuem para explorar seu mundo. A boca supera muito a mão e os dedos como instrumento para agarrar o mundo à sua volta.

Um dos primeiros objetos do mundo externo que possibilita uma satisfação oral ao bebê é o peito da mãe, que é a sua principal fonte de conexão e satisfação. Mas algum dia, todos os bebês têm de desmamar do peito da mãe. O que estou querendo dizer é: quando foi a última vez que você viu uma criança de 10 anos mamando? Mas o processo de desmamar representa para o bebê seu primeiro conflito entre desejo e realidade.

Se um bebê não consegue desmamar ou se o faz de maneira severa ou incompleta, ele pode ficar fixado na fase oral. E ele desenvolverá um *caráter oral* no qual é dominado por sentimentos de dependência e desamparo. Os bebês não são capazes de prover uma satisfação autônoma a si mesmos; enquanto estiverem na fase oral, dependem inteiramente de outras pessoas (mais especificamente, de suas mães).

O OUTRO (A MÃE)

Para muitas pessoas, o primeiro ser humano que conhecem é a mãe. Com exceção das enfermeiras e do obstetra na sala de parto, o rosto da mãe é o primeiro rosto que você vê. Você é dependente dela para tudo — ela é o centro de seu mundo — por um tempo bem longo. Pela maior parte do mundo, as mães ocupam um lugar de elevada consideração. Já ouvi dizer que a tatuagem mais comum nos EUA é a palavra "Mãe" dentro de um coração.

Por fim, quando um bebê tem sucesso ao superar o desafio de desmamar e ganha o controle sobre a capacidade de satisfazer seus desejos, consegue avançar para a próxima fase do desenvolvimento da personalidade.

ASSOCIAÇÃO LIVRE

Reserve alguns minutinhos para refletir sobre sua infância. Pode ser difícil recordar seus primeiros anos de vida, mas a maioria das pessoas consegue evocar algo em torno dos 2 ou 3 anos de idade. Você usou chupeta? Por quanto tempo? Você chupava seu dedão? Afinal, quão oral você era? Você morde as tampas de suas canetas agora? Você tem um sarcasmo mordaz? Freud talvez seria tentado a dizer: "Você está fixado".

Assumindo o controle sobre suas fezes

A segunda fase de desenvolvimento da personalidade de Freud gira em torno do foco erógeno da *fase anal*. Pense no prazer e em sua impiedosa libido buscando a satisfação. Pense sobre defecar. O que você disse?

É isso mesmo. Freud destacou o controle que uma pessoa adquire sobre o ato de defecar como o centro do prazer dos 18 meses aos 3 anos de idade. O conflito principal para os bebês dessa fase é o controle! Nesse momento da vida, as crianças querem ter a capacidade de defecar quando e onde quiserem. Como em suas calças! Mas a realidade de, às vezes, ter que segurar as assusta, evocando imagens de longas viagens no carro da família: "Já chegamos? Eu tenho que ir ao banheiro!".

Quem e o que impedem o prazer de defecar seja lá quando se tenha vontade? Nossos pais e as limitações da realidade o fazem. (Encontre mais informações sobre as limitações da realidade na seção "Botando a mão na massa com o id, o ego e o superego", anteriormente neste capítulo.) Na verdade, algumas de suas características na vida adulta podem ser consequência de como seus pais lidaram com sua adaptação para que começasse a usar o troninho. Segundo Freud, sua criatividade e sua produtividade são indicadores do quanto a passagem pela fase anal foi bem-sucedida.

Se você estiver preso na fase anal, você está dominado pela satisfação anal. Essa satisfação pode vir de uma das seguintes maneiras:

» Se você é bagunceiro, desleixado ou não tem cuidado com as coisas, isso indica uma rebelião de caráter expulsivo contra o controle parental.

» Se você é retraído, obstinado e obsessivo por limpeza, você aprendeu o controle como reação à sua experiência de aprender a usar o vaso sanitário.

De qualquer uma dessas maneiras, você está no controle da situação. A maturidade e o sucesso na fase anal têm como resultado a capacidade que você tem de se controlar. Então, deixa sair, mas se assegure de que saia no lugar e momento certo.

172 PARTE 4 **Eu, Você e Tudo o Que Está Entre Nós**

Casando-se com sua mãe

Logo quando você pensou que todos os traços de sua personalidade já tinham sido descritos, Freud aparece com a terceira fase: a *fase fálica*. Eu prometi a você sexo, e chegou a hora da entrega — bem, algo parecido com isso. A criança de três a cinco anos se concentra na estimulação erógena da área genital, no pênis ou na vagina mais especificamente.

Na fase fálica, a gratificação começa com o autoerotismo. Isso significa que você *se masturba*. Mas a necessidade de satisfação logo se volta para seus pais, normalmente para o progenitor do sexo oposto. À medida que a satisfação sexual aumenta, a criança se encontra na esfera de uma das contribuições mais controversas e estranhas de Freud para o estudo da personalidade, o complexo de Édipo, que basicamente afirma que o menino vê sua própria mãe como um objeto sexual de desejo, causando um conflito inevitável com seu próprio pai.

Enquanto adultos, muitas pessoas se retraem diante da ideia de se casar com alguém sequer parecido com sua mãe ou pai; a ideia de ter relações sexuais com alguém que o faz lembrar de seu pai ou mãe provavelmente soa como algo indecente, mas é provável que todos nós já tenhamos conhecido algum menino ou menina que queira crescer para um dia se casar com um de seus pais.

Só tem um problema: praticamente todas as culturas do planeta possuem um tabu contra o sexo entre pais e filhos.

Freud observou que as crianças da fase fálica da personalidade alternam entre a autogratificação e a busca pela gratificação do progenitor do sexo oposto. Mas o tabu não é a única coisa que se interpõe no caminho da criança, o outro progenitor parece estar perigosamente no caminho, um obstáculo. Como será que seu pai se sentiria, você pensa, se você tentasse ficar com sua mãe? Contudo, para a libido não há limites, e ela precisa ser satisfeita. E assim deduz que o progenitor do sexo oposto é o objeto de desejo correto.

O REI ÉDIPO

Freud encontrou um respaldo para suas ideias sobre o desejo sexual de uma criança por seus pais na famosa (ou talvez nem tanto) peça da Grécia Antiga *Édipo Rei*. A história básica é sobre um rei que tem um filho que, segundo uma profecia, matará o rei e se casará com a rainha. Para prevenir que isso aconteça, o rei leva a criança para a floresta e a deixa lá para morrer. Contudo, a criança é encontrada por alguns camponeses e é criada de tal maneira que se torna um adulto saudável. Um dia, a criança retorna à cidade para fazer fortuna. Na estrada, a caminho dela, ela encontra o rei, mas nenhum dos dois tem consciência da relação que possuem um com o outro. Um confronto ocorre entre os dois, e o rei é morto. Quando o filho chega à cidade, logo faz a fortuna desejada, ascendendo ao topo da sociedade cívica. Por fim, atrai a atenção da rainha em luto, com quem acaba por se casar, cumprindo, assim, a profecia.

Por quê?

LEMBRE-SE

É nesse ponto que Freud fica um pouco complexo. Basicamente, todas as crianças estão inicialmente atraídas pela mãe, porque muitas vezes ela é a primeira pessoa que cuida delas. Ela é sua fonte primária de prazer e satisfação. Ela é o fim para todos e será a satisfação de todos os problemas. Mas, a partir deste ponto, as crianças são separadas por sexo (ou gênero, como a maioria das pessoas se refere).

» **Meninos:** Para a criança do sexo masculino, a atração pela mãe continua a se desenvolver no que Freud chama de *complexo de Édipo*. O pai do menino o impede de chegar até sua mãe, e isso acaba sendo realmente frustrante para a criança. A coisa toda é tão ruim que, por fim, se traduz em um verdadeiro ódio pelo pai.

Esse complexo é repleto de conflitos, já que os meninos ficam com medo de seus pais pelo fato de quererem suas mães somente para eles. Freud chamou esse medo de *angústia de castração*. O menino tem medo de que seu pai corte seus genitais. Por causa desse medo, o menino toma uma rota alternativa: se não pode derrotá-lo, junte-se a ele. O Júnior aprende a se identificar com o pai, adotando sua masculinidade, e começa a buscar sua própria "mãe" nas garotas. Ele não pode ter relações sexuais com sua mãe, mas pode viver isso indiretamente por meio de seu pai. Isso o supre com um acesso simbólico à sua mãe e satisfaz seu desejo libidinal nessa fase de desenvolvimento da personalidade.

» **Meninas:** Freud foi extremamente criticado por negligenciar a sexualidade feminina. E por isso ele se voltou novamente para os gregos antigos, encontrando um conto edipiano parecido sobre uma mulher chamada Electra. Nessa história, a personagem arruma alguém para matar sua mãe a fim de se vingar da morte de seu pai.

Para as meninas, a atração muda da mãe para o pai, porque as meninas se ressentem de suas mães por uma razão muito estranha, a *inveja do pênis*. Segundo Freud, as meninas deixam de desejar suas mães porque se dão conta de que elas não têm um pênis. Como poderiam ter relações sexuais com suas mães sem um pênis? Então o que acontece com aquela filosofia de "não posso derrotá-lo, junto-me a ele"? Ao contrário dos meninos, as meninas não conseguem se identificar com seus pais, porque não têm um pênis. Então o que elas deveriam fazer? Elas passam o resto da vida procurando por um pênis. Basicamente, passam o resto da vida em busca de um homem que as complete.

Você deve estar aí sentado agora mesmo dizendo para si mesmo: "Fala sério, isso é um pouco demais!".

DICA

Essa é uma reação comum às ideias de Freud. Para se beneficiar de suas ideias e deixar para trás a natureza absurda de algo como desejar ter relações sexuais com sua mãe e assassinar seu pai, pense nelas como uma metáfora, uma analogia. As ideias de Freud são mais bem compreendidas quando processadas simbolicamente. Por exemplo, tente imaginar Édipo como uma criança frustrada que tem que dividir a atenção de sua mãe com seu pai. Papai está no caminho, ele precisa cair fora. Não se envolva demais nesse drama.

Isso é realmente muito para a cabeça de uma pessoa, eu sei, e tudo isso parece um pouco estranho. Eu disse um pouco? Tudo bem, isso tudo é realmente estranho! E como isso tudo se relaciona com a personalidade de alguém?

Freud acreditava que, se um menino ou um homem fosse bem-sucedido na tarefa de se alinhar com seu pai, ele acabaria por transformar esse conflito em um esforço profundo por sucesso e superioridade na sociedade. Em algum momento da história, isso pode ter significado conquistar mulheres, conquistar o mundo dos negócios e se tornar o capitão do time de futebol.

A superioridade pode significar algo diferente no contexto da cultura atual, talvez possa estar mais ligada a dominar as próprias limitações ou superar algum desafio pessoal significativo. Era isso que ele considerava como sendo uma resposta bem-sucedida à angústia da castração dos meninos na fase fálica.

Mas nem todos os homens conseguem chegar a este ponto. Se um menino falha em juntar forças a seu pai e fica fixado, é como se ele estivesse castrado, de acordo com Freud. Ele se torna um "fracasso na vida", incapaz de batalhar por conquistas por causa de sua culpa incapacitante gerada pela competição com seu pai pela atenção da mãe.

Com um desfecho bem-sucedido para o complexo de Electra, uma menina está perfeitamente apta a lidar com seus relacionamentos sexuais e íntimos na fase adulta. E, assim, transforma sua inveja do pênis em uma busca saudável por um bom marido "paterno". Mas, se falhar, se torna fixada e possivelmente excessivamente sedutora e paqueradora. Eu sei, eu sei... mas a liberação feminina só ocorreu muito tempo depois de Freud!

Tirando uma folga

Com a resolução bem-sucedida dos conflitos de cada fase anterior, as crianças entram em um momento mais tranquilo de seu desenvolvimento psicossexual, chamado de *latência*. A libido perde força sobre a personalidade, e os impulsos sexuais param de dominar. As crianças encontram mais liberdade para ampliar as habilidades que adquiriram em cada fase subsequente.

A latência dura desde por volta dos 6 anos de idade até a puberdade. As coisas se acalmam, por assim dizer. Não há mais a rivalidade com o progenitor do sexo oposto. Não há nenhuma batalha pelo controle sobre a satisfação. É hora para as explorações sociais básicas, como fazer amigos e a formação de grupos sociais.

Eu acho que esse período se encaixa um pouco melhor na noção que todo o mundo tem de infância do que as fases anteriores de Freud. Com certeza ela é menos perversa e perturbada por conflitos.

Atingindo a maturidade sexual

Com o início da puberdade, a viagem tranquila da latência se torna novamente turbulenta. As chamas de conflitos passados são reavivadas. O desejo volta a dominar a cena na *fase genital*, mas dessa vez é diferente. A criança autocentrada em busca de prazer das fases anteriores dá lugar a uma forma de satisfação mais madura. Uma preocupação com o prazer alheio começa a moldar o direcionamento do desenvolvimento psicossexual, e a criança agora está aberta a aprender como se envolver em relacionamentos de amor mutuamente satisfatórios.

LEMBRE-SE

Freud nunca propôs que todas as pessoas poderiam chegar a esse ponto de maturidade plena. Isso seria mais como um ideal, algo pelo qual você se esforça por alcançar, um projeto para a vida inteira. Mas se alguém não consegue chegar lá (pelo menos em parte), pode facilmente ser arrastado de volta para o falicismo egoísta, que parece evocar imagens do amante egoísta que não se importa com o prazer de seu parceiro. Contanto que consiga o que quer, está tudo bem para ele. Mas se você conseguir chegar lá, vai fazer com que Don Juan morra de inveja! Você será atencioso e realmente se importará se a outra pessoa com quem está interagindo também está feliz.

A MENININHA DE FREUD

Anna Freud era filha de Sigmundo Freud. Ela seguiu os passos do pai e fez contribuições substanciais à sua teoria da personalidade. Por alguma razão, os Freud enfatizaram a ansiedade e a proteção em seu trabalho sobre a personalidade. Esse é o tipo de coisa que faz com que nos perguntemos como será que era o lar em que Anna cresceu.

Agora eu posso entender. Ela chega em casa com uma nota 6 em seu trabalho final de psicologia. Como ela pôde ter errado aquela pergunta sobre o id, o ego e o superego? Talvez ela estivesse ocupada demais pensando sobre mecanismos de defesa.

Anna usou muito do que seu pai criou e o aplicou aos problemas infantis para ajudar crianças na terapia. As complementações que fez às teorias de Freud fundamentaram e ampliaram seu trabalho inicial. Muitas pessoas nunca ouviram falar dela, mas não tenha dúvida — Anna parece ter herdado o mesmo dom do pai de compreender a personalidade humana.

Mantendo-se na defensiva? Eu não!

Um dia, enquanto você está caminhando calmamente por sua trilha favorita nas montanhas, um urso aparece na sua frente, com as patas para cima, parecendo estar com muita fome. O que você faz? Fica e luta com ele ou sai correndo?

Se essa situação representa uma ameaça real à sua vida, então talvez você tenha de se defender. Mas será que a defesa de seu corpo contra danos físicos é a única situação na qual você se coloca na defensiva? Às vezes, a reputação de uma pessoa ou sua posição perante a comunidade podem ser questionadas. Não há dúvida, às vezes você tem de se defender ou se proteger psicologicamente. Esse é um aspecto importante da personalidade.

LEMBRE-SE

Anna Freud (a filha de Sigmund) foi quem desenvolveu o conceito de mecanismos de defesa. Você pode ter medo de qualquer coisa: ursos, valentões ou fofoca. Algumas pessoas até assustam a si mesmas. Você pode ter medo da ira de sua própria consciência — ou da ferramenta dela, a culpa.

"Pare de ficar tanto na defensiva!" É algo que você provavelmente já ouviu. Mas não se preocupe, todo mundo é defensivo. Freud acreditava que as formas específicas que você usa para defender a si mesmo contra suas ansiedades são fortes determinantes de sua personalidade como um todo. Como você lida com as coisas? Como você se defende psicologicamente? Como você se protege de pensamentos dolorosos, compulsões ou impulsos irrefreáveis?

Os Freud propuseram diversos tipos de mecanismos de defesa importantes. Contudo, lembre-se de que os mecanismos de defesa não são usados conscientemente. Uma pessoa não decide simplesmente adotar um mecanismo de defesa. Na verdade, eles acontecem em um nível inconsciente:

» **Repressão:** Manter um pensamento, sentimento ou lembrança de uma experiência fora de sua consciência. É a abordagem do "esqueça isso!". Muitas coisas podem ser objeto de repressão, incluindo desejos proibidos ou uma situação dolorosa e emocionalmente difícil.

» **Negação:** Recusar-se a aceitar que alguma coisa existe ou aconteceu. A negação também pode estar associada à alteração do significado de um fato a fim de que seu impacto seja desviado. Se alguma coisa importante para você dá errado, você pode simplesmente dizer para si mesmo: "Afinal, isso não era lá mesmo muito importante". Essa é a típica resposta de "dor de cotovelo".

» **Projeção:** Atribuir um impulso, compulsão ou aspecto ameaçador de si mesmo a outra pessoa. Se você é do tipo que acha que o melhor ataque é uma boa defesa, você deve usar muito a projeção. Em vez de reconhecer que você está bravo com alguém, acusa o outro de estar bravo com você.

» **Racionalização:** Criar uma explicação aceitável, mas incorreta de uma situação. Uma vez eu conheci um ladrão habitual que só roubava grandes empresas. Ele nunca pensaria em roubar uma família comum, por exemplo, mas as grandes lojas que se cuidassem! Ele justificava essa atitude dizendo que as grandes empresas faziam dinheiro "roubando as pessoas", assim, ele só estava tentando empatar esse jogo. Um Robin Hood da era moderna, eu acho. Infelizmente, para ele, o juiz que ele teve que encarar quando foi pego não era fã de contos de fadas.

» **Intelectualização:** Pensar em alguma coisa lógica e friamente, sem emoções. Por exemplo:

Terapeuta: "Sr. Jones, sua esposa o deixou e recentemente o senhor perdeu seu emprego. Como isso tudo o afeta?"

Paciente: "Eu achei que a organização da minha casa melhorou muito, agora há menos desordem; as coisas dela ocupavam muito espaço. No que diz respeito a meu emprego, a economia vem desacelerando já faz algum tempo e eu pude perceber o que estava para acontecer."

» **Formação reativa:** Fazer o oposto do que você realmente gostaria de fazer. Você já saiu de seu caminho para ser legal com alguém de quem você realmente não gosta? Isso é um exemplo de formação reativa.

» **Regressão:** Voltar a alguma forma anterior ou mais infantil de defesa. O estresse físico e psicológico pode, às vezes, levar as pessoas a abandonarem seus mecanismos de defesa mais maduros. Se você usa o recurso de se lamuriar quando pede um aumento a seu chefe, pode considerar essa atitude como uma exibição de regressão.

CUIDADO

Os Freud fizeram contribuições sem precedentes para a compreensão de como as formas específicas com as quais as pessoas lidam com o mundo a seu redor integram suas personalidades básicas. Seria um equívoco presumir que defender a si mesmo psicologicamente é um comportamento negativo; é básico à sobrevivência. As defesas o protegem e previnem que você se sobrecarregue. Sem elas você entraria rapidamente em um caminho rumo a um colapso nervoso.

Indo Além de Freud

Você conhece o ego? O ego é o mestre negociador de Freud entre o desejo e a moralidade.

Apesar de muitas pessoas se impressionarem, tanto no passado quanto hoje em dia, com as ideias de Freud, muitos de seus colegas e contemporâneos decidiram seguir seus próprios caminhos e desenvolveram suas próprias teorias da personalidade. Muitos deles achavam que Freud não havia dado crédito suficiente ao ego no que diz respeito a moldar a personalidade dos indivíduos. A maioria dessas pessoas acreditava que o ego era mais do que um mero mediador. Para alguns deles, o ego se tornou sinônimo da própria personalidade.

> **SENTINDO-SE FRENOLÓGICO?**
>
> Durante os séculos XVIII e XIX, um cientista chamado Franz Joseph Gall tentou classificar as personalidades das pessoas com base nas formas de seus crânios e nos padrões singulares das protuberâncias em suas cabeças. Mas não se preocupe, ninguém mais usa essa técnica — ao que tudo indica, as protuberâncias nos dizem quase nada. Na verdade, muitos pensadores que fizeram contribuições legítimas em outras áreas elaboraram teorias inúteis para a personalidade. Teorias ruins sobre a personalidade muitas vezes são as culpadas por algo chamado de *efeito Barnum* (descrito na seção anterior deste capítulo, "Sabendo Quem É Nerd"). Embora uma boa teoria da personalidade seja difícil de aparecer, pode conduzir a descrições precisas dos indivíduos e faz com que seja possível distinguir as pessoas umas das outras.

Heinz Hartmann

Heinz Hartmann foi um seguidor de Freud que liderou a dissidência e marchou em direção a dar uma ênfase maior ao papel do ego na personalidade. Para Hartmann, o ego desempenhava dois papéis principais na modelagem da personalidade:

- » Redução dos conflitos
- » Promover a adaptação

Sigmund Freud falou muito a respeito dos conflitos entre o id, o ego e o superego. Basicamente, ele propôs que há muita tensão entre o que uma pessoa deseja e a realidade da satisfação desses desejos de uma forma socialmente aceitável e apropriada.

A ideia de Hartmann sobre o ego é parecida com a de Freud no sentido de que ele ajuda a satisfazer o desejo do id e dá uma apaziguada nas regras do superego. Mas o ego, segundo a concepção de Hartmann, tinha um papel autônomo de uma forma que Freud nunca havia mencionado.

De acordo com Hartmann, o ego é uma parte central da personalidade que tem seu próprio desejo ou necessidade de satisfação; o ego de Freud atua mais como um juiz, sem nenhum propósito próprio. O que satisfaz o ego, segundo Hartmann? Pensar, planejar, imaginar e integrar são todas as coisas atraentes do ego de Hartmann. Quando os seres humanos se envolvem com esses processos, uma grande satisfação vem junto, e essa realização impulsiona as pessoas em direção a uma maior independência e autonomia. Ser independente e autossuficiente é um sentimento recompensador. As crianças ficam muito felizes com a perspectiva de serem vistas como crianças crescidas, e não mais como bebês. Mal sabem o que as aguarda quando realmente chegarem à vida adulta... coitadas.

Robert White

Nos anos 1950, Robert W. White, outro psicanalista, fez algumas contribuições às ideias de Hartmann sobre o ego. A batalha pela autossuficiência e a satisfação decorrente dela originam-se do impulso que White chamou de *motivação de eficácia* — a motivação ou necessidade de sentir que você provocou um impacto ou teve um efeito em seu ambiente. É como ter um pequeno ativista comunitário dentro de nós, nos empurrando para fazer a diferença, mas de uma maneira pessoal e individual.

White acrescentou outra necessidade a essa ideia, a *motivação da competência* — a necessidade de causar um impacto efetivo no mundo. Dessa forma, causar um impacto não é bom o suficiente; há uma satisfação maior quando esse impacto é efetivo. E isso é mais do que uma motivação eficaz, você precisa causar um impacto competente. Eu me pergunto se os adolescentes que picham paredes não estão lá somente satisfazendo suas motivações de eficácia, sem se importar muito com a motivação da competência. Pode me chamar de maluco, mas rabiscar seu nome em uma parede não me parece algo lá muito artístico. Mas não me entenda mal, eu já vi algumas obras de arte em grafite bastante impressionantes. O que me espanta mesmo são os "pichadores".

LEMBRE-SE

As necessidades de eficiência e de competência impulsionam as pessoas a dominarem alguma coisa, há um desejo de ser uma pessoa eficiente. Jogos infantis como "Rei da Montanha" e "Siga o Líder" parecem refletir uma necessidade de estar no comando. Mas Hartmann e White não estavam querendo dizer que todo o mundo tem uma necessidade de ser líder, apenas de serem líderes de si mesmos — de ter autocontrole. As pessoas buscam ativamente informações e estímulos para que possam dominar seu mundo e a si mesmas — o Destino Manifesto da personalidade.

Mas a dominação também não é a questão aqui. A satisfação saudável dessas motivações é uma adaptação adquirida por meio do controle apropriado dos impulsos e da flexibilidade, quando confrontados com os ajustes e desafios necessários. Eu posso me sentir como um mestre se consigo submeter outras pessoas ao que eu quero, mas isso não seria uma satisfação saudável de uma necessidade de ter o domínio sobre alguma coisa.

ATUANDO EM EQUILÍBRIO

A capacidade de controlar seus impulsos e se adaptar às demandas de uma situação é chamada de *controle de ego*. Mas não se deixe levar muito por ele, pois isso pode se tornar excesso de controle. E muito trabalho e pouca diversão faz do Jack um bobão. (Eu sempre me perguntei de onde veio esta expressão, mas acho que não foi dos psicólogos). O equilíbrio entre a falta de controle total e uma postura rígida demais é importante. Flexibilidade é a chave!

Erik Erikson

Erik Erikson tinha fortes laços com a teoria psicanalítica da personalidade de Freud, mas normalmente não era considerado um psicanalista por si só. No entanto, Erikson tinha algumas ideias que influenciaram muito e que estavam enraizadas na teoria da personalidade psicanalítica. Ele não gastou muito tempo falando sobre o cobiçoso id ou o crítico superego. Erikson tinha seu foco no ego — mas de uma maneira muito diferente da de Freud.

Erikson enxergava a personalidade como um produto das interações sociais e das escolhas que uma pessoa faz na vida. Ele apresentava o ego "em desenvolvimento" como uma identidade pessoal, formado e moldado pelas experiências de um indivíduo. Em outras palavras, à medida que você se relaciona com outras pessoas, passa por uma série de oito fases nas quais o objetivo é desenvolver um sentido de si mesmo coerente, um reconhecimento sólido sobre quem você é.

Cada fase representa um desafio ou uma crise na qual você vai em uma ou outra direção. Quando você alcança uma bifurcação de personalidade no caminho, suas escolhas têm um forte impacto em quem você é.

Aqui estão as fases do desenvolvimento psicossocial de Erikson:

» **Confiança básica *versus* desconfiança:** No primeiro ano de vida (a menos que alguém esteja fixado ou preso em uma fase em particular), a experiência básica de interação com alguém que cuida de nós de modo atencioso, sólido e confiável se transforma na confiança básica que temos em relação ao mundo. A confiança básica inclui a confiança que se tem em si mesmo e ter a consciência de que, mesmo que não haja ninguém disponível para cuidar de você, saberá se cuidar.

Mas o que acontece se mamãe e papai falharem? Se uma criança vivencia uma falta significativa na recepção de cuidados e se suas necessidades não são adequadamente atendidas, pode ser que ela nunca aprenda a confiar em seu ambiente. Cuidados inconsistentes ou intermitentes também podem levar a uma falta de confiança. De qualquer maneira, quando o sentido de confiança básica de uma criança é abalado, pode levá-la a se afastar ou até mesmo algumas vezes a um isolamento completo em relação a seus relacionamentos.

» **Autonomia *versus* vergonha e dúvida:** Quando uma criança atinge entre 13 a 36 meses de idade, suas capacidades se desenvolvem rapidamente no sentido de uma independência com relação a quem cuida dela ou em um sentido de vergonha ou dúvidas em relação a si mesmo, e insegurança. Se mamãe e papai são autoritários demais, dizendo o tempo todo para as crianças dessa faixa etária que não toquem nas coisas, não falem e não experimentem a sua recém-descoberta confiança, elas podem desenvolver um sentido de vergonha e dúvida sobre si mesmas.

CAPÍTULO 9 Desenvolvendo uma Personalidade Vencedora   181

» **Iniciativa *versus* culpa:** Esta fase se caracteriza pela continuidade do desenvolvimento no sentido de independência da pessoa por meio de um comportamento canalizado, objetivo e responsável. As ações passam a conter um sentido menor de rebelião e mais um sentido de autoiniciativa. Durante esse período, que ocorre quando uma pessoa tem entre 3 e 6 anos de idade, os desejos ímpares de uma criança afloram, e uma definição realmente começa a aparecer em sua pequena personalidade.

Eu tenho que admitir que tenho problemas. Odeio que me chamem de irresponsável. Talvez eu esteja preso a esta fase. Mas não importa, eu me sinto realmente culpado quando não ajo de forma responsável. Isso é o que pode acontecer quando uma criança na idade pré-escolar fracassa em desenvolver um sentido de iniciativa. A culpa pode surgir se você se sentir ansioso demais ou mal orientado em suas ações. É o sentimento de se decepcionar. Você não está cortando isso! Você é preguiçoso! Você é irresponsável! Socorro, preciso de terapia!

» **Indústria *versus* inferioridade:** "Hora de crescer!" — Isso é que Erikson diz que as pessoas mais ouvem entre os 6 anos e a adolescência. Brincar despreocupadamente e fazer experiências com seu ambiente já não é mais tolerado. Os pais esperam que a criança alcance alguma coisa quando se envolve em alguma atividade. Colorir dentro das linhas.

Se uma criança vê a hora de brincar como uma chance de relaxar e de se livrar um pouco das pressões do dia na escola, é sinal de que está indo em direção à inferioridade? Não, usar a hora de brincar para relaxar é importante e tem um propósito. Mas se uma aparente falta de direcionamento objetivo se mostra no comportamento geral da criança na maior parte do tempo, com um sentimento de ser um frouxo ou de não ter um propósito na vida, isso, sim, pode levá-la a se sentir inferior.

» **Identidade *versus* confusão de identidade:** Durante a adolescência, os jovens vivenciam novas identidades e visões sobre si mesmos. Há uma pressão nessa fase no sentido de descobrir quem você realmente é e mostrar ao que veio. Erikson chamou isso de *crise de identidade*. Se um adolescente consegue passar com sucesso pelas águas turbulentas da confusão de identidade da adolescência, ele acaba por adquirir uma noção de si mesmo mais sólida e uma identidade mais clara. Caso isso não aconteça... bem, uma *confusão de identidade* é o estado que se perpetua com uma crise de identidade não resolvida. Às vezes os adolescentes se perdem na busca confusa por uma identidade genuína, e alguns deles se fecham e nunca conseguem realmente sentir o verdadeiro sentido de si mesmos.

» **Intimidade *versus* isolamento:** De acordo com Erikson, os tempos loucos de solteirice precisam chegar ao fim em algum momento, e a capacidade de um indivíduo para encontrar alguém e desenvolver intimidade se torna a tarefa principal no desenvolvimento da personalidade. Depois que a pessoa descobre quem é, passa a desenvolver relações mais próximas com outras pessoas que sabem como realmente são. O objetivo nesta fase é a intimidade.

- » **Produtividade *versus* estagnação:** Em algum momento, uma pessoa tem a necessidade de que precisem dela e de sentir como se estivesse orientando a próxima geração. O desejo de deixar um legado e ter um impacto nos mais jovens se desenvolve durante a idade adulta. Quando as pessoas sentem que não fizeram nada ou não podem fazer nada pelas gerações seguintes, desenvolvem um sentido de estagnação no lugar da produtividade.

- » **Integridade *versus* desespero:** À medida que a vida vai gradualmente desacelerando e a velhice começa a aparecer lentamente, muitas vezes as pessoas param para refletir sobre tudo o que conseguiram alcançar na vida. Eles refletem sobre se suas vidas foram bem vividas ou foram desperdiçadas. Se uma pessoa tem um sentido de satisfação com o modo como viveu sua vida, ela sente a integridade, que consiste em um sentido de totalidade ou de estar completo. Caso contrário, o desespero é o que se seguirá. Você já se perguntou por que as pessoas idosas gostam de contar histórias sobre sua vida?

Relacionando-se com Objeto(s)

Durante a última metade do século XX e início do século XXI, outras contribuições no sentido de expandir a teoria freudiana apareceram entre as forças mais dominantes da teoria da personalidade. Os trabalhos dos teóricos contemporâneos são considerados mais "interpessoais"; duas das teorias mais populares são a *Psicologia do Self*, de Heinz Kohut, e a teoria das *Relações Objetais*.

Tanto para a Psicologia do Self quanto para a teoria das Relações Objetais, as personalidades são o produto de como as representações mentais do self de uma pessoa e seus relacionamentos com outras pessoas, além das interações desses conceitos em um cenário social, são guardadas e tratadas. Ou seja, o foco é em uma ideia de self em termos de pessoas reais e seus relacionamentos com elas.

A Psicologia do Self

Heinz Kohut propôs que a experiência subjetiva de uma pessoa com o self é um aspecto central da personalidade. O self de Kohut é essencialmente um sinônimo da personalidade. E ele sugere que, a fim de que uma pessoa desenvolva e mantenha uma experiência de um self coeso, duas necessidades precisam ser atendidas: uma necessidade de ser "espelhado" (ter as ações e desejos de alguém refletidos por quem cuida dele) e uma necessidade de experimentar um "outro" de uma forma idealizada.

O espelhamento acontece quando alguém que cuida de outra pessoa estabelece um laço, reflete um sentimento de volta e aceita a pessoa. Isso satisfaz a necessidade de se sentir, por fim, valorizado, e leva a uma versão saudável de autoestima (não exagerada). Isso é designado de *grandiosidade saudável*. Uma vez testemunhei um pai encorajando seu filho durante um teste psicológico. Toda vez que o menino respondia a uma pergunta, fosse a resposta correta ou errada, o pai dizia: "Você é meu campeão!". O menino ficava radiante! Uma necessidade a menos para ser atendida.

Mas apesar de o self estar se sentindo grandioso, uma necessidade de experimentar aquele que cuida de uma forma idealizada, maior e mais forte permanece. Para que uma personalidade saudável se desenvolva, deve haver um equilíbrio entre um self grandioso e o outro idealizado. Uma pessoa pode ser ao mesmo tempo confiante e se sentir segura com as outras pessoas, e estes dois polos formam o âmago da personalidade, de acordo com Kohut.

Relações Objetais

A teoria das Relações Objetais não é bem uma teoria, está mais para um conjunto de teorias de vários pensadores. Quatro colaboradores bastante conhecidos desse corpo de pensamento são Melanie Klein, Ronald Fairbairn, D. W. Winnicott e Margaret Mahler. Mahler desenvolveu uma boa síntese de muito do trabalho de seus colegas, e por isso ela é o foco central dessa discussão.

LEMBRE-SE

Todos os colaboradores da teoria das relações objetais compartilham duas ênfases amplas:

» A ideia de que o padrão de relacionamentos de uma pessoa com os outros é estabelecido durante as interações que ela vivencia na primeira fase de sua infância

» O pressuposto de que, seja lá qual for o padrão formado, ele tende a aparecer recorrentemente ao longo da vida de uma pessoa

Mahler afirmava que os bebês nascem sem a capacidade de distinguir a si mesmos das coisas que não sejam atribuídas ao self. Isso sugere que os recém-nascidos se encontram virtualmente em um estado de fusão psicológica com os objetos em seu ambiente.

É possível que as leitoras que são mães e que vivenciaram a experiência de gerar um bebê saibam um pouco sobre o que estou falando. Na realidade, uma mãe e seu feto estão biologicamente interligados. Eles não estão grudados pelo quadril, mas, aparentemente, por toda parte. Eles estão fisicamente conectados; quando algo acontece com a mãe, também acontece ao feto, e vice-versa.

Mahler amplia essa ideia para um contexto mais psicológico. Quando um bebê nasce, ele está em um estado de fusão de personalidade com sua mãe ou com a primeira pessoa que cuida dele. Isso se dá por causa do amor bonito e harmonioso que sentem um pelo outro? Não exatamente. Essa fusão tem mais a ver com a dependência do recém-nascido e suas habilidades de sobrevivência não desenvolvidas.

À medida que uma pessoa cresce e sua personalidade se desenvolve, essa fusão se rompe, e o bebê gradualmente desenvolve uma personalidade mais diferenciada, que é separada e distinta da personalidade da mãe — e também dos outros.

Com o objetivo de uma personalidade inteiramente diferenciada em mente, Mahler apresentou as seguintes fases do desenvolvimento da personalidade:

» **Fase autista (do nascimento aos 2 meses de idade):** O bebê ainda se encontra em um estado adormecido de isolamento psicológico que é parecido com o que tinha quando estava no útero. Esse é um momento de total união; o bebê não consegue distinguir entre ele mesmo e sua mãe. Na cabeça do bebê, a mãe é uma extensão dele mesmo. A fase autista é um sistema fechado, e toda a energia emocional continua referenciada ao próprio corpo do bebê, e não direcionada para fora para objetos externos a ele.

» **Simbiose (dos 2 aos 6 meses):** Agora uma consciência vaga de um "outro" começa a aparecer. Esse outro é vivenciado como alguma coisa que satisfaz a fome, a sede e outros desconfortos. O relacionamento é como se o outro existisse somente para servir às necessidades do bebê. (Às vezes eu tenho a impressão de que alguns maridos à moda antiga pensam exatamente isso de suas esposas!) No entanto, ainda não há nenhuma distinção entre o "eu" e o "você". Nós somos um só.

» **Incubação (dos 6 aos 10 meses):** Neste ponto, o mundo do bebê começa a se abrir um pouquinho e se expande. A "incubação" é um sentido de diferença entre o recém-nascido e os objetos em seu ambiente. Contudo, isso pode ser algo assustador, e o conforto da simbiose ainda é muito recente. À medida que os bebês começam a psicologicamente se abrir para o mundo grande e cruel, eles muitas vezes precisam levar algo junto em sua jornada. Essa coisa confortadora é chamada de *objeto transicional*. Você se lembra do Linus, da história em quadrinhos *Peanuts*? Ele carregava seu cobertor, que era seu objeto transicional, para onde quer que fosse. Isso o confortava. Linus parecia ter um pouco mais de 10 meses, então ele claramente tinha alguns problemas.

Os bebês também desenvolvem uma estranha ansiedade durante a incubação. Essa *ansiedade a estranhos* é o sentimento de ficar desconfiado e às vezes até mesmo sentir medo de pessoas que eles nunca viram antes.

» **Treinamento (dos 10 aos 16 meses):** Essa é a fase na qual Joãozinho começa a se empolgar com sua independência. Neste ponto, as crianças estão completamente conscientes de sua separação e experimentam essa independência. Alguns psicólogos acreditam que as crianças passam por esta fase novamente quando iniciam a adolescência. Alguma vez você já ouviu uma criança dessa idade usar a palavra *não*? Aposto que sim! A repetição do uso do *não* é um ótimo exemplo do "treinamento" para a independência. Então, da próxima vez que algum malcriado de apenas 15 meses gritar um sonoro "Não!" para você, seja paciente. Logo ele se dará conta de que está sozinho neste mundo grande e assustador. Soa um pouco cruel, não é?

» **Aproximação (dos 16 aos 24 meses):** Logo que o Júnior pensa que está comandando o show, alguma coisa começa a acontecer com sua confiança — ele percebe que está sozinho. Isso pode ser bastante assustador para qualquer um, mas especialmente para uma criança de um ano e meio. A solução? Reatar os laços com a mamãe! Isso é um pouco como voltar para casa depois de não conseguir pagar o aluguel de seu primeiro apartamento, embora eu não tenha tanta certeza do quão constrangido um bebê de 20 meses ficaria.

» **Constância do objeto (dos 24 aos 36 meses):** Depois que a criança volta para casa, por assim dizer, ela eventualmente acaba sendo capaz de desenvolver um sentido de self forte o suficiente e se sente segura para sair novamente com seu próprio ser psicológico por aí. Esse sentido estável de self é desenvolvido em parte pela criança que percebe que existe alguma consistência entre seu humor instável e seu estado mental. Pode soar um pouco estranho pensar que apenas porque há uma mudança de humor, uma criança da fase de pré-constância do objeto experimentaria um sentido de si mesmo menos estável, mas é isso mesmo que acontece. Antes dessa fase, a cada humor e pensamento passageiro, as crianças vivenciam uma incerteza quanto a sua identidade. Mas quando essa fase começa, desenvolvem um sentido mais seguro de si mesmas.

Aprendendo com os Outros

O tema da ligação entre televisão e violência tem causado muita controvérsia ao longo dos últimos anos. Muitos acreditam que a enxurrada de imagens violentas tem criado um caráter mais violento para nossa sociedade. Não há discussão de que a violência nas escolas norte-americanas está mais alta do que nunca, mas por que isso acontece?

A violência é um assunto complexo, e muitas de suas causas e explicações têm sido colocadas em debate. Algumas teorias propõem que a simples razão disso seria o fato de que há mais personalidades violentas no mundo nos dias de hoje. Depois de ter lido sobre todas as teorias da personalidade aqui discutidas, o que você acha sobre o conceito de uma personalidade violenta?

Em 1977, Albert Bandura conduziu um estudo, agora famoso, que investigava a possibilidade de personalidades violentas e o transformou em uma teoria mais ampla da personalidade. Hoje em dia esse experimento é chamado de *Experimento do João Bobo*. João Bobo é como são chamados aqueles bonecos inflados de plástico com uma base mais pesada que balançam para a frente e para trás quando se bate neles. Esse experimento consistia em colocar um adulto chutando e socando um João Bobo e uma criança assistindo a isso. Depois, a criança era posta na sala sozinha com o boneco. Será que você consegue adivinhar o que acontece? Joãozinho se transforma em um pequeno Rocky Balboa. Ele chuta e dá socos no João Bobo da mesma forma que viu o adulto fazê-lo.

A *teoria do aprendizado social* de Bandura explica esse fenômeno. Basicamente, as pessoas aprendem alguma coisa simplesmente assistindo ou observando-a. Essa é uma daquelas teorias "ah vá!" da psicologia. Mas, convenhamos, ninguém antes tinha colocado a teoria em prática da maneira que Bandura o fez. A teoria do aprendizado social se transformou em uma teoria muito importante sobre a personalidade e seu desenvolvimento. Nossas personalidades são produto de nossas experiências de aprendizado observacionais das pessoas que nos rodeiam. Não passamos de um bando de imitadores. Se você observar a seus pais agindo de maneira detestável, provavelmente você também agirá assim.

Bandura continuou a ampliar sua teoria da personalidade de imitação, tratando da questão de por que as pessoas fazem o que fazem. Em outras palavras, o que motiva as pessoas a agirem de determinadas maneiras?

A fim de tratar essa questão, Bandura apresentou dois conceitos muito importantes:

» A **autoeficácia** é uma crença pessoal na capacidade que se tem para executar um comportamento de forma bem-sucedida. Essa crença se baseia naquilo que Bandura chamou de *processo de autoconhecimento*, que é simplesmente uma análise das ações de uma pessoa — uma avaliação de seus sucessos e fracassos. Desse processo surge uma noção acerca das capacidades que a pessoa possui, e ela é motivada por suas crenças sobre sua capacidade de ser bem-sucedida e desencorajada por fracassos que ela presume que terá. Você faz o que acredita que possa fazer, e vice-versa.

» O **autorreforço** é algo tão simples quanto recompensar a si mesmo por fazer coisas. Alguns pais dão a seus filhos recompensas ou benefícios por fazerem seus deveres de casa ou arrumarem seus quartos. Bandura acredita que todo o mundo faz isso a si mesmo em alguma medida e que a maioria das pessoas se beneficiaria se fizesse mais isso. Então, da próxima vez que você fizer alguma coisa, dê alguma recompensa a si mesmo. Isso ajudará muito em sua autoeficácia.

Representando a Nós Mesmos

Alguns psicólogos enfatizam a forma como as pessoas representam a si mesmas e suas vivências do mundo como aspectos centrais da personalidade e do comportamento. Provavelmente você já esteve em alguma festa de escritório ou em alguma festa de feriado na escola onde algum gênio tenta ser útil dando a todo o mundo um crachá de identificação. Eu sempre fico tentado a escrever alguma bobeira ou usar o nome de outra pessoa em meu crachá.

O crachá é uma forma bruta de representação ou apresentação de si mesmo a outras pessoas. Às vezes eu coloco um apelido no meu — já tive alguns. Os apelidos são bons exemplos de um "crachá de identificação" que diz um pouco mais sobre uma pessoa do que seu nome comum. Quando você encontra alguém com apelidos tais como "Gambá" ou "Doidão", você tem uma impressão diferente do que teria se eles tivessem apelidos como "Canhoto" ou "Magrão".

Crachás, apelidos e nomes comuns são todos exemplos de representações de quem você é. Eles são formas práticas e abreviadas de organizar todo um amontoado de informações sobre alguém. Alguma vez você já esteve conversando sobre um filme e esqueceu do nome do ator principal? "Você sabe, aquele cara, daquele filme com aquela mulher?" Simplesmente dizer "Brad Pitt" é muito mais fácil do que explicar as características da pessoa toda vez que quiser falar sobre ela. Essa forma de organizar informações sobre as pessoas e o mundo é produto da tendência da mente humana de impor ordem e estrutura às nossas experiências.

Esquemas

A representação estruturada da experiência se baseia nas recorrências das qualidades similares de uma pessoa ou experiência com relação a fatos repetidos. Essa sequência toma a forma de *esquemas*, ou de construções mentais para "Zé", "Brad Pitt" ou "eu". O Zé é aquele meu vizinho que põe a música alta demais. Brad Pitt é um ator famoso, a quem todos os homens invejam. E eu? Eu sou aquele cara que tem inveja do Brad Pitt. Depois que essas representações estruturadas do eu e dos outros se desenvolvem, as pessoas podem usá-las para reconhecer e entender as novas informações com as quais se deparam; as representações influenciam como uma pessoa interage com o mundo.

Esquemas inúteis são enfatizados na terapia focada em esquemas desenvolvida pelo Dr. Jeffrey Young.

Os psicólogos da personalidade cognitiva destacam as representações da experiência fundamentadas em esquemas como a construção organizacional central da personalidade humana. Dois tipos básicos de esquemas desempenham o papel de estabelecer regularidades e padrões de personalidade: os autoesquemas e os esquemas socialmente relevantes.

> Os **autoesquemas** são as unidades organizadas de informação que se tem sobre si mesmo; às vezes são chamados de *autoconceitos*. Qual é o conceito de "você" ou "eu"? Uma discussão mais aprofundada de como a identidade de uma pessoa se desenvolve seria ir além do âmbito desta seção, mas sem entrar em detalhes, o que se pode dizer é que sua identidade é representada por esquemas.

> Os **esquemas sociais** são redes conceituais integradas que incorporam seu próprio sentido de identidade e as opiniões que os outros têm sobre você. Esses esquemas fornecem informações detalhadas sobre alguém, desde dados demográficos (como a idade de alguém) até seus valores, e essa informação pode ser atualizada automaticamente por meio da experiência ou revista com atenção e esforço conscientes.

Roteiros

Esquemas socialmente relevantes estão associados à representação de categorias de outras pessoas, ambientes, comportamentos sociais e expectativas estereotipadas. Às vezes eles são chamados de roteiros, sequências organizadas de ações que são normalmente esperadas nas mais diversas situações. Um ator em um filme está apresentando sua personalidade de fora da tela ou simplesmente seguindo um roteiro que o diz como atuar, quando falar, quando chorar, e assim por diante? É claro que é um roteiro.

Agora imagine que todas as pessoas que você vê em um dia estão interpretando seu próprio roteiro de uma "personalidade", escrito pelo autor da experiência e do desenvolvimento. Esses roteiros determinam o modo como eles interpretam — o que dizem e o que fazem. E essa é a essência dos roteiros da teoria da personalidade. Muito simples, não é mesmo?

Não seja tão apressado! A noção de que personalidades são, na verdade, algo bastante complexo faz todo o sentido. Walter Mischel (1980) fez uma tentativa de acrescentar um pouco de sabor à versão bem seca dos roteiros da personalidade. Ele apresentou cinco maneiras nas quais a personalidade individual de uma pessoa é mais do que simplesmente roteirizada em uma situação: *competências*, *estratégias de codificação*, *expectativas*, *valores subjetivos* e *mecanismos de autorregulação*.

> A personalidade é muito mais do que aparenta, e um aspecto importante é a coleção única de um indivíduo de suas habilidades e capacidades para a resolução de problemas e para analisar o mundo. Mischel as chamou de *competências*.

A forma como você se empenha e supera os desafios de sua vida, em parte, define sua personalidade. Você é do tipo "batalhador" ou é um "analisador"?

Alguma vez você já construiu algo como um quarto extra, uma casinha de brinquedo ou talvez uma casa de cachorro? Como você se saiu? Algumas pessoas se sentam e projetam tudo de antemão, desenhando uma planta com medidas e especificações precisas. Outros simplesmente pegam o que acham que vão precisar e vão descobrindo as coisas à medida que o fazem. Uma boa maneira de testar a si mesmo é com algo que eu chamo de "Teste das Instruções". Quando você compra alguma coisa que precisa ser montada, você lê as instruções ou as deixa de lado?

» Pelo fato de a teoria cognitiva da personalidade colocar tanta ênfase nas informações e como elas são armazenadas e interpretadas, um aspecto importante da personalidade está ligado às estratégias e construções utilizadas para organizar as informações. Esse é o processo de construção desses complexos esquemas e roteiros que ao final servirão para orientar seu comportamento. As *estratégias de codificação* são a forma singular de uma pessoa de gerenciar e interpretar o mundo. É muito fácil ver duas pessoas que testemunharam exatamente o mesmo fato interpretarem a mesma situação de duas maneiras completamente diferentes. Qualquer um que já tenha tido uma discussão com uma esposa, um marido ou alguma pessoa importante em sua vida pode confirmar isso!

» Você é simplesmente tão especial quanto suas expectativas de uma situação. Você é um eterno otimista ou um pessimista? As *expectativas* nada mais são que esperanças ou previsões de que um fato necessariamente seguirá a outro. Essas expectativas estabelecem as regras sobre o que fazer e como administrar situações específicas. Se as regras condizem com a realidade de uma situação, então o comportamento será eficaz e um sentimento de domínio se desenvolverá. Se não, acho que a única opção é continuar tentando.

» Você trabalha de graça? Poucos de nós fazem isso. A maioria de nós trabalha com o estímulo de ganhar dinheiro. Os incentivos atuam como motivadores para se chegar a um determinado comportamento. No entanto, as pessoas não são todas atraídas pelas mesmas coisas. Os *valores subjetivos* representam as coisas que são importantes para os indivíduos e determinam o que eles estão dispostos a fazer para obtê-las. Mas, olha só, se você gosta de receber estrelinhas de ouro em seu contracheque em vez de um aumento por um trabalho bem-feito, fique à vontade. Isso é o que faz de você uma pessoa única.

» Quais são seus objetivos de vida? Você tem um plano de vida ou um plano de ação? Pode ser que você não tenha se dado conta, mas, de acordo com Mischel, todos nós temos o que ele chamou de *sistemas de autorregulação e planos*. Você traça uma meta, vai em busca dela, analisa se conseguiu realizá-la ou não, e faz os ajustes necessários. Cada um de nós tem uma forma singular de fazer isso que caracteriza nosso estilo pessoal.

Por fim, segundo esta visão representacional da personalidade, o modo como uma pessoa vê a si mesma e ao mundo, e as maneiras pelas quais essas visões são planejadas na forma de planos de ação comportamental, tudo isso representa a personalidade.

Em Busca dos 5 Fatores Mágicos

As pessoas já não nascem com suas personalidades? Talvez, no lugar de toda aquela psicodinâmica de Freud e dos objetos relacionais de Kohut e Klein, só existam, na verdade, qualidades fixas de "pessoalidade" presentes desde o começo. Em essência, é esse o posicionamento das *teorias dos traços* da personalidade. As teorias dos traços são derivadas diretamente da descrição e mensuração das características encontradas na população em geral e não estão vinculadas a nenhuma teoria em particular, tal como a teoria psicanalítica ou cognitiva. Um *traço* é uma característica estável da personalidade de uma pessoa que a leva a se comportar ou pensar de uma determinada maneira. Os traços não variam conforme as situações. Eles se movimentam com a pessoa por todas as situações e circunstâncias com as quais ela se depara.

LEMBRE-SE

As teorias dos traços propõem que existe uma série fundamental de traços de personalidade em graus variados em todas as pessoas enquanto uma característica comum e universal do ser humano. Os seres humanos andam eretos e têm um coração, cérebro grande e traços de personalidade. Cachorros, por outro lado, caminham em quatro patas, possuem um coração, cérebro médio e nenhum traço de personalidade. Espera aí, eu conheço alguns adoradores de cães por aí que simplesmente pararam de ler o livro neste ponto. Relaxe. Tenho certeza de que o Totó tem alguns traços de personalidade, mas isso já é outra história.

Gordon Allport (1897–1967) abordou a personalidade de uma perspectiva diferente de outros psicólogos. Ele estudou a linguagem como meio de determinar que traços constituíam o cerne da personalidade. Allport analisou as palavras utilizadas para descrever pessoas e as reduziu a três categorias essenciais de traços:

» **Traços cardinais:** Uma característica única que orienta a maior parte das atitudes de uma pessoa. Pense em um aspecto da personalidade que melhor descreva alguém que você conhece: legal, atencioso, esquentado ou arrogante.

» **Traços centrais:** Os cinco a dez traços principais que compõem as características mais relevantes da personalidade de uma pessoa. Por exemplo, quando você descreve seu amor, é provável que você se refira a ele ou ela como: divertido, cheio de consideração, intelectual, tranquilo e autêntico.

» **Traços secundários:** Características menos influentes que afetam uma quantidade menor de situações do que os traços predominantes.

Essencialmente, Allport iniciou seu método de tentar filtrar a personalidade a partir de uma grande lista de descritores até chegar a uma lista pequena de traços. Outro psicólogo, Raymond Cattell, deu continuidade a esse método e desenvolveu um teste de personalidade (para mais detalhes sobre testes de personalidade, veja o Capítulo 14) que mediu 16 traços (essenciais), chamados de *16 pf* (16 fatores da personalidade, do inglês, *personality factors*).

Hans Eysenck, outro psicanalista, foi ainda mais longe usando o mesmo método e concluiu que todas as personalidades consistem em graus variados de três traços:

» **Extroversão:** Sociável, extrovertido e ativo

» **Neuroticismo:** Tenso, ansioso e com sentimento de culpa

» **Psicoticismo:** Agressivo, frio e egocêntrico

A conclusão de uma abordagem focada nos traços durante longos anos de pesquisa sobre a personalidade teve como consequência um modelo de características de personalidade empiricamente aceitável e, em linhas gerais, bem-aceito, conhecido como "Big Five" ou *modelo de cinco fatores*. Esse modelo estabelece um conjunto de cinco características que são consideradas os aspectos mais essenciais da personalidade. Pense em cada fator como uma continuidade dos níveis altos e baixos desses traços característicos:

» **Abertura para a Experiência:** Uma pessoa "aberta" é antes de tudo independente, em vez de conformada, é mais imaginativa do que prática e prefere a variedade à rotina.

» **Escrupulosidade:** Uma pessoa consciencisa é mais cuidadosa, em vez de descuidada, disciplinada e não impulsiva, e bem organizada.

» **Extroversão:** Pessoas extrovertidas gostam de conversar, adoram uma boa diversão e são sociáveis.

» **Amabilidade:** Pessoas amáveis são mais empáticas do que críticas, atenciosas e nada distantes, e agradecidas.

» **Neuroticismo:** Neuróticos são caracteristicamente tensos, ansiosos e inseguros.

Qual é sua fórmula para alcançar esses cinco fatores mágicos? Existe uma ampla variedade de combinações possíveis entre os fatores dessa lista. Isso deixa um bom espaço para a expressão da individualidade, e levando-se em consideração o fato de que esses fatores nada mais são do que dimensões do ser, eles simplesmente estão presentes em bilhões de pessoas no planeta.

> **NESTE CAPÍTULO**
>
> Conhecendo a si mesmo
>
> Conectando-se com os outros
>
> Curtindo a família
>
> Saindo com os amigos
>
> Começando a conhecer você... e eu
>
> Comunicando-se com os outros

Capítulo 10
Pegando o Primeiro Barco para Sair da Ilha do Isolamento

Um dos elementos que distinguem a psicologia das outras ciências sociais é o foco de suas investigações e aplicações. Embora os psicólogos realmente às vezes se concentrem nos grupos, a maioria de seu trabalho está focada nos indivíduos. A terapia, por exemplo, é normalmente um assunto da esfera individual, mesmo que seja em uma terapia de grupo.

Os norte-americanos adoram o clássico indivíduo. Durante anos John Wayne andou por aí olhando para todos do alto de sua independência. Rambo derrotou sozinho divisões inteiras de soldados inimigos. Esses caras encaravam as coisas sozinhos. Eles eram indivíduos que resistiam às pressões para seguir as determinações da maioria. Eles pareciam saber quem eram e por isso nunca estavam dispostos a comprometer sua própria identidade. Às vezes, isso é o que se chama de integridade — que é uma palavra que se encaixa perfeitamente bem a esse contexto, pois um de seus significados é "totalidade" ou "plenitude", e esses caras eram indivíduos completos. Eles tinham personalidades fortes e dominantes. Sabiam exatamente quem eram, e ninguém era capaz de dizer a eles o contrário.

Contudo, caso você ainda não tenha notado, os psicólogos são pessoas do tipo para quem nada é garantido. Se eu atendesse John Wayne em uma sessão de terapia e ele chegasse lá com sua atitude machona do tipo "Eu sei quem sou e não vou mudar", eu morderia a isca. Eu diria: "Tudo bem, quem é você?". É fácil acreditar que é algo líquido e certo se saber quem é. Até que alguém nos faça essa pergunta, a maioria de nós anda por aí supondo que sabe quem é. Essa é a velha questão do self. O que é o self, e como eu sei se tenho um? Qual é minha identidade? Quem sou eu?

Sentindo-se Autoconsciente

Alguma vez você já viu um cachorro olhando para um espelho? Às vezes eles latem para si mesmos, outras ficam lá parados com um olhar confuso. Acredite ou não, a capacidade de se reconhecer em um espelho é algo bastante avançado, e os cachorros ainda precisam provar que podem fazer isso. Alguns psicólogos argumentam que essa é uma capacidade exclusiva dos seres humanos, embora algumas pesquisas tenham demonstrado que chimpanzés adolescentes, as pegas (um tipo de pássaro), elefantes e orangotangos possuam essa capacidade.

Quando desenvolvemos um sentido de consciência própria, atingimos um estado de autoconsciência. Por que eu falo "desenvolvemos"? Não temos consciência de nós mesmos quando nascemos? Na verdade, pode levar até cinco ou seis meses até que um bebê consiga desenvolver qualquer coisa que, de longe, se pareça com algo como autoconsciência.

A técnica do espelho é uma das ferramentas que os psicólogos usam para testar os níveis de consciência de recém-nascidos e crianças pequenas. A forma mais simples desse teste consiste em simplesmente colocar uma criança em frente a um espelho e observar suas reações. Alguns pesquisadores demonstraram que os bebês de 5 a 6 meses de idade se aproximarão do espelho e tocarão a imagem refletida, sugerindo que pensam que é outro bebê, ou, ao menos, algo diferente deles.

Em 1979, Michael Lewis e Jeanne Brooks-Gunn realizaram uma versão sofisticada do teste do espelho. Eles aplicaram um pouco de blush no nariz de dois grupos de crianças — um grupo de 15 a 17 meses de idade, e outro de 18 a 24 meses de idade. A ideia era: se os bebês olhassem para o espelho e vissem o blush no nariz, tocariam nele ou tentariam removê-lo de alguma maneira. Mas isso requer que a criança perceba que a pessoa no espelho é ela mesma. Então o que aconteceu? Apenas alguns poucos bebês do grupo de 15 a 17 meses realmente se aproximavam do espelho e tocavam o nariz, mas a maioria dos bebês do grupo de 18 a 24 meses o fazia. Assim, as crianças mais velhas tinham uma probabilidade maior de reconhecer a si mesmas refletidas no espelho.

LEMBRE-SE

Autoconsciência e consciência de si mesmo são a mesma coisa. Ser autoconsciente significa apenas estar consciente de si mesmo. Mas qualquer coisa que seja demais pode ser ruim. Geralmente, quando alguém diz que é "autoconsciente", quer dizer que está consciente de alguma falha. Esse não é o tipo de autoconsciência de que estou falando nesta seção.

Aqui eu estou falando sobre os seguintes tipos específicos de consciência:

- » Consciência corporal
- » Autoconsciência privada
- » Autoconsciência pública

APARECENDO NU EM PELO

Eu costumava ter um sonho recorrente em que eu estava nu em um lugar público. Em um desses sonhos, eu estava de volta ao primário, e a única coisa que estava vestindo era um casaco de pele, sem nada por baixo. Fiquei bastante preocupado pensando sobre o que esses sonhos significavam. Será que eu tinha algum fetiche com casacos de pele ou era um exibicionista? Eu fiquei feliz em saber que esses sonhos tinham provavelmente a ver com a autoconsciência. Cada um de nós já vivenciou diferentes situações que exemplificam o sentimento de estar extremamente autoconscientes de alguma coisa ou sentir-se exposto. Para algumas pessoas, a situação é falar em público; para outras, é dançar em uma boate ou usar nada além de um casaco de pele.

Tomando consciência de seu corpo

A consciência corporal começa com uma pergunta muito simples: onde começo e onde termino fisicamente? Você se lembra do filme *Malícia*, com Bill Pullman, Nicole Kidman e Alec Baldwin? Em uma cena, Bill e Alec estão sentados em um bar, e Alec pede a Bill para nomear a parte de seu corpo que ele considera a mais dispensável. Em outras palavras, Alec quer que Bill escolha a parte de seu corpo que ele poderia perder sem que isso representasse um golpe muito severo a seu sentido de self. Se você já viu o filme, sabe por que ele fez essa pergunta horripilante. Ele já podia prever qual seria o resultado.

Qual é a parte de seu corpo mais importante para a noção que você tem de si mesmo? Pode soar estranho, mas ser capaz de dizer qual é a diferença entre seu corpo e o de outra pessoa é fundamental para a autoconsciência. Pense nos recém-nascidos. A conexão física entre uma criança e a mãe que a amamenta é inegável, e a compreensão que uma criança tem acerca da diferença ou da separação em relação à mãe se desenvolve lentamente, ao longo de um período de vários meses.

Mantendo a privacidade

Você se conhece bem? Você é daquele tipo que está sempre tentando compreender a si mesmo? O foco interno de seus pensamentos, sentimentos e motivações e o sentido de self geral são chamados de *autoconsciência privada*. Quando você "olha para dentro", você está autoconsciente de forma privada. Mas se você olhar um pouco demais "para dentro", você pode ficar "separado" de uma maneira privada.

Exibindo-se

Um dia, eu estava saindo de manhã para trabalhar, quando, ao sair de casa até o carro, percebi que tinha esquecido uma coisa. Eu estalei os dedos, dei uma piscadinha, uma meia-volta e entrei novamente em casa. O que significa tudo isso? Essas atitudes parecem saídas de um episódio de *Seinfeld*, mas eu aposto que você os reconhece — esses pequenos gestos que você faz quando esquece alguma coisa. Por que os fazemos? Se não os fizesse, eu pareceria um idiota indo para meu carro e depois voltando para casa sem nenhuma razão aparente. E por que eu preciso de uma razão? Porque alguém estava me vendo!

Esse é o fenômeno da *plateia invisível* — um sentimento de que você está em exibição quando está em público e de que as pessoas o estão observando. Adolescentes parecem que estão sempre em um palco. Se tropeçam em um buraco na calçada, ficam extremamente vermelhos e saem rindo. Isso é um exemplo de *autoconsciência pública*, a noção que se tem de estar na presença de outras pessoas, nossa imagem pública — com outros realmente nos observando ou não.

O aspecto que mais salta aos olhos no que diz respeito à autoconsciência pública é a consciência e o foco nas aparências. As pessoas não gastam bilhões de dólares por ano em boas roupas, mensalidades de academia e dietas por nada. A autoconsciência pública representa uma grande parte de quem você é e como vê a si mesmo.

Identificando a Si Mesmo

Perguntar a outras pessoas é uma maneira fácil de descobrir quem você é. Sua identidade muitas vezes está profundamente ligada à forma como as outras pessoas o veem. Quando você se olha no espelho, o que você vê? Você alguma vez já se perguntou como as outras pessoas o veem? Elas veem a mesma pessoa que você vê no espelho? A parte do conceito que você tem de si mesmo e que se baseia nas reações das outras pessoas e visões que elas têm de você é chamada de *self especular*, um dos conceitos mais básicos de self. As pessoas são, afinal, criaturas sociais, e seria difícil de contestar a ideia de que, ao menos em parte, o autoconceito de uma pessoa depende da visão dos outros.

Daniel Stern (um psicanalista notável, especializado em desenvolvimento infantil) propôs uma teoria de autoconceito que possibilita uma boa visão sobre como as pessoas desenvolvem um "self" único. A partir dos estudos com crianças, ele propôs que todas as pessoas nascem com a habilidade inata para se tornarem conscientes de si mesmas por meio de uma série de experiências que vivenciam.

LEMBRE-SE

As pessoas nascem com o *self emergente*, que basicamente consiste de experiências subjetivas de alegria, sofrimento, raiva e surpresa. Sentimentos! O *self essencial* começa a surgir entre a idade de 2 a 4 meses, quando as lembranças começam a se formar e as pessoas desenvolvem uma percepção de suas capacidades físicas. A seguir vem o *self subjetivo*, que aparece quando a criança percebe que é capaz de compartilhar suas experiências com outras pessoas. Um bom exemplo disso é quando um bebê tenta dar a você um pouco da bebida de sua mamadeira antes de beber. E, por fim, o *self verbal* se desenvolve à medida que usamos a linguagem para organizar um sentido do self.

Arnold Buss, um pesquisador e psicólogo norte-americano, fornece uma boa definição para o significado de *identidade*. Dois aspectos compreendem a identidade de uma pessoa:

>> Identidade pessoal

>> Identidade social

Forjando uma identidade pessoal

Minha *identidade pessoal* compreende as coisas que fazem com que eu me destaque em meio à multidão — como meu bíceps enorme e minhas proezas atléticas. Na verdade, estou pensando em alguma coisa mais psicológica, apesar de a aparência física também compor em parte a identidade pessoal de uma pessoa.

De acordo com Buss, a identidade pessoal é composta por um *self público* e um *self privado*, cada um deles contendo seus próprios elementos.

Três aspectos importantes compõem o *self público*:

» **Aparência**: Como mencionado anteriormente na seção "Exibindo-se", ter consciência de sua aparência é uma parte importante da identidade de uma pessoa. Essa não é uma perspectiva unicamente ocidental. As culturas ao redor do mundo se empenham em elaborar formas sofisticadas de melhorar as aparências e aumentar a beleza pessoal, conforme a definição de cada cultura em particular. Alguns filósofos afirmam que um senso de estética é essencial para se ter uma vida satisfatória — e crucial para o autoconceito de uma pessoa.

» **Estilo:** George Clooney, Johnny Depp e Jay Z têm estilo. A maneira como eles falam, sua linguagem corporal e suas expressões faciais são inegavelmente "eles". Todo mundo tem uma forma peculiar de falar e de se mover. Até mesmo a letra de uma pessoa é única. Essas coisas compõem o estilo de uma pessoa. Mas não fique confuso com os exemplos de Clooney, Depp e Z, pois estilo não tem nada a ver com ser "descolado". Meu estilo é único para mim, seja ele bacana ou não. É o estilo "Dr. Cash", e não importa o que os outros digam, eu acho que meu estilo é muito legal.

» **Personalidade:** As teorias da personalidade procuram dar conta da individualidade utilizando como base as diferenças entre as personalidades. Se alguém colocasse minha personalidade dentro do corpo de outra pessoa, será que alguém me reconheceria? Talvez não logo de cara, mas eles poderiam eventualmente começar a notar que algo está acontecendo, porque as personalidades fazem com que as pessoas sejam únicas; elas fazem com que uma pessoa seja identificável. As personalidades são duráveis e não mudam facilmente. Devido à sua consistência e estabilidade, as personalidades são bons exemplos representantes do que uma pessoa é, mesmo que de vez em quando ela aja de maneira diferente. O Capítulo 9 trata do tema da personalidade.

VOCÊ É O QUE VOCÊ FAZ

O aspecto mais interessante sobre a identidade é que, à medida que as pessoas envelhecem, a forma como elas se definem muda. As crianças do ensino fundamental muitas vezes definem quem elas são pelas coisas que fazem. Crianças muito pequenas podem se identificar dizendo: "Eu corro, eu brinco, eu ando de bicicleta". Quando essas crianças se tornam adolescentes, isso muda para conceitos psicológicos como crenças, motivações, desejos e sentimentos. "Eu quero sair para dançar" ou "Eu me sinto muito triste hoje". E como os adultos se definem? Provavelmente combinando os dois tipos de autodefinição: atividades e conceitos psicológicos. Algo como "Eu sou um psicólogo triste que não sabe jogar golfe".

O *self privado* é composto por características que são difíceis de serem vistas e observadas pelos outros. Quando um paciente vem para a psicoterapia, o psicólogo pode ter dificuldades para o ajudar se ele se recusar a falar sobre seu self privado — seus pensamentos, sentimentos, sonhos e fantasias.

- » **Pensamentos:** Saber o que alguém está pensando é uma coisa difícil, a menos que a pessoa diga alguma coisa. Algumas pessoas têm mais talento do que outras para descobrir o que os outros estão pensando, mas a verdade é que tudo não passa de um processo sofisticado de adivinhação. Meus pensamentos são únicos para mim.

- » **Sentimentos:** Os profissionais de saúde mental muitas vezes avaliam novos pacientes em hospitais psiquiátricos usando algo chamado de *exame do estado mental*. O profissional observa o paciente, em parte para descobrir como ele se sente. Esse aspecto observável sobre como alguém se sente é a *aparência*. Mas e o que a pessoa diz? Muitas vezes eu não consegui ver a depressão de uma pessoa, nem mesmo quando ela mesma me diz que está extremamente triste. Isso é chamado de *estado de espírito*, a experiência privada do sentimento próprio de uma pessoa. Quando os pacientes me dizem como se sentem, tenho de acreditar na palavra deles. É bem difícil dizer a alguém que ele não está triste se ele está dizendo a você que está.

- » **Devaneios/Fantasias:** Quem você seria sem seus devaneios e fantasias? Novamente, as fantasias são normalmente privadas, especialmente as de caráter sexual. As suas são únicas para você e definem quem você é.

Esculpindo uma identidade social

Qual é seu nome? De onde você é? Qual é sua religião? Cada uma dessas perguntas compõem um aspecto de sua *identidade social* — aquelas coisas que o identificam com uma categoria social específica.

As *filiações de grupo* se referem a coisas tais como suas vocações e clubes sociais. Muitas pessoas identificam a si mesmas pelo tipo de trabalho que fazem para viver. "Eu sou um bombeiro!", "Sou policial". Eu sou um psicólogo. Mas outra dimensão importante da identidade social são os clubes e círculos sociais aos quais uma pessoa se afilia. Seria muito difícil negar a forte identificação que muitos universitários têm com suas fraternidades. Outras pessoas se veem mais como "cowboys", só porque põem um par de botas, um jeans e um chapéu e vão dançar em linha em um clube de velho oeste local. Não importa o que você curta, isso muitas vezes dá a você um sentido de singularidade que vai além dos outros aspectos da identidade pessoal. Sua identidade social é composta por determinados fatores de identidade que, quando colocados juntos, formam seu "você" social. A esses fatores se incluem o parentesco, a raça e a etnicidade e as crenças religiosas.

Parentesco

A maioria das pessoas percebe o parentesco como algo crucial para a identidade social. Seus parentes são sua "família", e muitas pessoas herdam o último nome de suas famílias de origem. Nos EUA, os sobrenomes são nomes legais e uma forma bastante confiável de identificar as pessoas. Embora muitas pessoas tenham o mesmo nome, muitas outras não o tem.

Na cultura árabe, o último sobrenome não é a primeira forma de identificar o parente de alguém. Legalmente, os últimos sobrenomes são muitas vezes usados para identificação, mas uma pessoa é socialmente identificada por quem é seu pai, e um pai é identificado por quem é seu filho mais velho. No lugar de ser o "Sr. Nasser Khoury", um indivíduo nesta cultura seria o "Pai do Josef" ou "Abu Josef". O filho, "Josef Khoury", seria "Filho de Nasser" ou "Bin Nasser", ou "Josef Nasser". Para saber mais sobre o tema da família, veja "Divertindo-se com a Família e os Amigos", mais adiante neste capítulo.

Etnicidade e nacionalidade

A *etnicidade* é outro aspecto importante da identidade social e é definida como uma classificação de pertencimento a um grupo em particular, tendo como base uma tradição cultural parecida. Muitas vezes é possível encontrar essas categorias comuns nas candidaturas a emprego ou escolas. As categorias podem ser bastante arbitrárias em seus nomes, mas incluem muitas informações. Algumas pessoas se sentem mais à vontade não identificando as diferenças étnicas entre as pessoas, porque temem ser discriminadas. Mas a etnicidade constitui uma boa parte do que as pessoas são e da cultura que orienta suas vidas.

Nacionalidade não é a mesma coisa que etnicidade. Eu posso ser nascido e criado no Canadá mas ter uma etnicidade japonesa. Tanto a etnicidade quanto a nacionalidade são partes importantes de informações sobre uma pessoa, porque um cidadão peruano de descendência japonesa é provavelmente diferente de um cidadão canadense de descendência japonesa.

Filiações de grupo e religião

As *afiliações de religião* afetam a identidade social de uma pessoa em diversos graus. Em Israel, por exemplo, a maioria dos habitantes da cidade de Nazaré é de etnicidade árabe, mas existem dois grupos religiosos distintos: muçulmanos e cristãos. A identidade religiosa de um indivíduo representa um aspecto fundamental que determina quem ele é. Alguns norte-americanos se identificam fortemente com suas denominações religiosas: católicos-romanos, presbiterianos, luteranos, muçulmanos, judeus, hindus, e assim por diante.

Juntando um pouco de autoestima

Infelizmente, às vezes ter *um self especular* pode ser uma coisa ruim. (Veja "Identificando a Si Mesmo", anteriormente neste capítulo). Contanto que as outras pessoas tenham uma boa imagem de você, tudo vai bem. Mas muitas vezes as coisas não são bem assim. As crianças, por exemplo, algumas vezes são depreciadas, colocadas para baixo ou são verbalmente abusadas por seus próprios pais. Até mesmo os adultos sabem que os outros nem sempre têm muito apreço por eles e, assim, muitas pessoas não têm muita consideração por si mesmos.

Desculpem-me pela introdução deprimente, mas muitas pessoas compreenderam o conceito de *autoestima*, uma avaliação individual de seu próprio valor por meio da sua ausência. A maioria das pessoas que conheço consegue identificar muito rapidamente se alguém que conhecem tem uma autoestima baixa. É muito fácil encontrar pessoas nessa situação. O que quero dizer é: alguma vez você já reparou na seção de autoajuda das livrarias? Normalmente ela é bem grande, mas eu ainda estou para ver uma seção "Você Já É uma Ótima Pessoa!" nas livrarias e bibliotecas que frequento.

LEMBRE-SE

Buss fornece uma boa análise de seis fontes fundamentais de autoestima:

» **Aparência:** As pessoas normalmente se sentem melhor consigo mesmas quando se sentem atraentes. Muitas pesquisas em psicologia social já demonstraram que as pessoas consideradas atraentes recebem mais favores e são preferidas para participar de interações sociais do que as que não o são. Ser atraente significa sentir-se bem!

» **Capacidade e performance:** As pessoas sentem-se bem consigo mesmas quando conseguem tirar boas notas, se saem bem no trabalho e são bem-sucedidas no que fazem. Quanto mais uma pessoa consegue se realizar, mais provável é que ela se sinta bem consigo mesma.

» **Poder:** Quando uma pessoa sente que está no controle da própria vida, há uma probabilidade maior de se sentir bem consigo mesma. Existem ao menos três subfontes de um sentido de poder: a dominância, o status e o dinheiro. A dominação pode ser obtida por meio da coerção, da competição ou da liderança. O status e o dinheiro, na maioria das vezes, falam por si mesmos. Não estou dizendo que pessoas desconhecidas e pobres se sintam mal consigo mesmas, mas provavelmente elas se sentiriam melhor se tivessem algum status e uma conta de banco mais abastada.

» **Recompensa social:** Três tipos de recompensa social tendem a fazer com que as pessoas se sintam bem com o que são.

- *Afeição:* As pessoas gostam de você.
- *Elogio:* Alguém diz que você está fazendo um bom trabalho.

- *Respeito:* Outras pessoas valorizam suas opiniões, pensamentos e atitudes.

» **Elementos vicários:** Essa fonte de autoestima tem tudo a ver com o sentimento de se sentir bem consigo mesmo mais por causa de coisas "de fora" do que "de dentro". A glória refletida faz com que você se sinta bem, porque você recebe um estímulo por estar rodeado ou associado ao sucesso, poder ou pessoas populares. É a forma de autoestima do tipo "Eu conheço pessoas famosas". Ter boas posses materiais também pode fazer com que algumas pessoas se sintam melhor consigo mesmas.

» **Moralidade:** A moralidade está ligada a ser uma boa pessoa e a viver de acordo com os padrões e regras sociais de conduta que você admira. Ser uma boa pessoa nunca machuca a autoestima. Para a maioria, a moralidade é um termo relativo. Mas quando alguém sente que a alcançou (como quer que a pessoa a defina) em uma dada situação, é provável que ela tenha uma autoestima positiva.

Além dessas fontes de autoestima, alguns pesquisadores também sugerem que determinados aspectos da personalidade podem ter um impacto nesse quesito. Timidez e isolamento social têm sido associados com um sentimento de baixa autovalorização. No outro lado da moeda, as pessoas que são otimistas e sociáveis normalmente relatam que se sentem melhor consigo mesmas. Tudo indica, então, que ser sociável e ter bons relacionamentos são importantes para que uma pessoa se sinta bem consigo mesma. Isso traz à tona o tema dos relacionamentos, à medida que deixo para trás o reino do self isolado.

Apegando-se

Indiscutivelmente, os seres humanos são criaturas sociais. Alguns são muito sociais, outros nem tanto, mas a maioria das pessoas sente um desejo de socializar pelo menos um pouquinho. Na verdade, se uma pessoa tem um desinteresse extremo em interações sociais, pode ser que ele tenha uma forma de doença mental chamada de *desordem de personalidade esquizoide*. Os distúrbios de personalidade são tratados com maior profundidade no Capítulo 13.

Os relacionamentos humanos mais básicos são entre duas pessoas — marido e mulher, irmão e irmã, amigo e amigo. Como você marca a divisão entre seu self isolado e as pessoas no mundo a seu redor? Os psicólogos abordaram esse problema observando aquele que normalmente é o primeiro relacionamento de uma pessoa: mãe e filho. Eu percebi que esse não é o primeiro relacionamento para todas as pessoas. Algumas pessoas são criadas por seus avós ou por pais adotivos. Assim, na atualidade, o primeiro relacionamento que uma pessoa tem é com aquela primeira pessoa que cuidou dela, que pode ou não ser sua mãe.

Percebendo que até mesmo os macacos ficam tristes

Muitas vezes os pesquisadores analisam esse primeiro relacionamento entre o bebê e quem cuida dele utilizando um conceito chamado de *apego*. John Bowlby é considerado a figura mais proeminente em termos de pesquisa sobre o apego. (Você acha que isso significa que ele tem uma autoestima elevada?) A teoria de Bowlby afirma que os bebês são essencialmente dependentes de quem cuida deles, já que são estes que suprem as necessidades para a vida (alimento, abrigo, estímulo, amor e assim por diante). Para a maioria, os bebês são seres desamparados, exceto no que diz respeito à sua capacidade de "se apegar" e estabelecer um relacionamento com seu(s) cuidador(es) primário(s). Essa conexão ou apego assegura que as necessidades do bebê sejam satisfeitas.

Quando um bebê se encontra em uma situação ameaçadora, ele procura se reconectar com seu cuidador primário. Isso é chamado de *comportamento de apego* — qualquer coisa que uma criança faça para se manter próxima a alguém que ela entende que é aquele que lida de uma maneira melhor com o mundo. O cuidador primário é visto como uma *figura de apego*. Se você sabe que sua figura de apego está disponível quando precisa dela, se sente mais seguro.

Bowlby entendia o apego como um aspecto essencial para levar uma vida produtiva e psicologicamente saudável. Na verdade, quando há a falta de apego, muitas vezes os bebês sofrem com depressão, ansiedade e um bem-estar psicologicamente pobre em termos gerais. Na década de 1950, por exemplo, os profissionais de saúde mental começaram a investigar os efeitos da internação de bebês em hospitais e instituições por um longo período e conseguiram documentar a presença de problemas graves em decorrência dessa situação. Eram inegáveis os efeitos adversos de um cuidado inadequado ou a falta dele durante a primeira infância. As crianças precisam ter acesso a quem cuida delas, os quais conhecem e com os quais estão conectados.

Em 1959, Harry Harlow, psicólogo da Universidade de Wisconsin, conduziu uma experiência interessante com macacos. Ele colocou bebês de macacos em uma gaiola com duas versões diferentes de bonecos de mães macacas. Um dos bonecos era feito de tecido macio, mas não tinha nenhuma comida, e o outro era feito de arame, mas possuía comida para alimentar os bebês. Os macacos preferiram o contato com o boneco macio ao boneco de arame, apesar de este último estar com a comida. Harlow conduziu um outro experimento no qual privou os bebês de macacos rhesus do contato social com outros macacos por até seis meses. Quando esses macacos eram soltos e voltavam ao convívio social, seus comportamentos lembravam o de um ser humano deprimido e ansioso, com altos níveis de retração, um comportamento de autoflagelação (tal como morder a si mesmos) e nervosismo.

Apegando-se com estilo

Deveria ser inegável que o apego representa um relacionamento essencial para todas as pessoas, mas tenho certeza de que você sabe bem que entre o ideal e a realidade pode haver uma enorme distância, e isso vale também para o conceito de apego humano. Algumas pessoas fazem terapia hoje em dia por causa dos relacionamentos bem longe do ideal que tiveram com seus cuidadores primários. Então, se Bowlby nos apresentou o ideal, o que mais existe por aí?

Diversas teorias de *estilos de apego* tratam das variações acerca do relacionamento ideal de Bowlby. Eles usaram a técnica da *situação estranha* para determinar a natureza e a extensão do apego em crianças. Na situação estranha, uma criança e seu cuidador primário são colocados em um quarto com alguns brinquedos. Logo o cuidador primário se levanta e sai do quarto. Os pesquisadores observaram e registraram a reação da criança. Após um certo espaço de tempo, um estranho entra no quarto, e a reação da criança é novamente registrada. Por fim, o cuidador primário volta ao quarto, e então o comportamento da criança é registrado uma última vez.

Os pesquisadores conceberam a situação estranha a fim de determinar se uma criança usa seu cuidador primário como uma base segura para explorar o ambiente. Uma criança vê aquele que a cuida como uma *base segura* — um lugar seguro do qual parte para as explorações do mundo, mas também alguém para quem poderá voltar em segurança, caso necessite. A situação estranha observou as reações visando responder a estas questões:

» Quando o cuidador primário da criança sai, ela faz uma gritaria ou reage com um protesto?

» Se há um protesto, é por que a criança prefere estar com o cuidador primário ou é por que ela teme que o cuidador não volte?

» Quando ele retorna, a criança o acolhe em sua volta ou reage de alguma outra maneira, como ressentida ou distante?

As repostas a essas perguntas levaram à descrição de três estilos de apego básicos:

» **Seguro:** Crianças que desenvolveram um apego seguro apresentam o seguinte comportamento:
  - Elas usam o cuidador primário como uma base segura da qual podem partir para explorar seu ambiente.
  - Protestam um pouco quando eles saem, mas ao final se acalmam, parecendo confiar que eles retornarão.

- Enquanto estão com estranhos ou outros adultos, são simpáticas, mas nada muito exagerado.
- Quando se reúnem novamente, se dirigem ao cuidador primário e buscam uma conexão.

» **Ansioso/ambivalente:** Crianças com apego ansioso/ambivalente agem da seguinte maneira:
- Elas não usam seus cuidadores primários como bases para exploração.
- Às vezes resistem ao contato inicial com seus cuidadores primários, mas ao mesmo tempo têm muita dificuldade de romper esse contato após o terem estabelecido.
- Elas evitam estranhos ou são, às vezes, agressivas na presença deles.
- Choram excessivamente quando ocorre a separação e são difíceis de serem consoladas.

» **Fuga:** Crianças com apegos de fuga agem da seguinte maneira:
- Parecem precisar de menos contato com seus cuidadores primários.
- São indiferentes quando deixadas sozinhas ou choram somente porque estão sozinhas, e não porque parecem sentir falta do cuidador primário.
- Quando o cuidador primário retorna, elas o evitam ou o ignoram.

Antes que alguém decida conceber seu próprio experimento de "situação estranha" em casa para ver o quanto seus filhos o amam ou não, deixe-me falar sobre a *qualidade do ajuste*, que se refere a quanto o cuidador primário e a criança se combinam de uma forma harmoniosa, em termos de temperamento e personalidade. Essa adequação pode ter um efeito no estilo do apego e deveria ser considerada antes que qualquer um se rebaixe à categoria de um pai ou mãe horrível ou uma criança "incapaz de ser amada".

Aqueles que cuidam e os bebês podem às vezes parecer que estão envolvidos em uma dança harmoniosa, perfeitamente sincronizados um com o outro. Outras vezes, parece que ambos têm dois pés esquerdos. Se uma mãe é nervosa e energética, pode ser que ela não se dê bem com um bebê meloso — e vice-versa. O estilo da interação e o quão suave ela acontece é um fator poderoso no estabelecimento de um apego seguro. Então, se você está com problemas e acha que seu filho é pouco apegado, dê uma olhada no estilo da interação e veja se há alguma coisa que você possa fazer diferente para melhorar essa situação.

Divertindo-se com a Família e os Amigos

Você já se perguntou por que tanta gente fica deprimida durante as festas de final de ano? Talvez elas não estejam ansiosas por se endividar para comprar todos aqueles presentes. Ou talvez essas festas as façam se lembrar do quanto são solitárias. Mas eu não acredito em nada disso. E aqui vai minha explicação: as festas de fim de ano significam ficar com a família, e as famílias fazem um ótimo trabalho constrangendo e depreciando um ao outro, comentando sobre problemas como sobrepeso e ficar careca ou salários lastimáveis. Isso tudo pode ser bastante deprimente! Felizmente, as famílias também são boas para coisas mais positivas.

Uma *família* consiste em ao menos duas pessoas relacionadas pelo sangue, casamento ou adoção. Parece que as famílias mudaram bastante nos últimos 20 anos, inclusive com um número cada vez maior de famílias de pais solteiros, casamentos entre homossexuais e famílias misturadas por divórcios. Muitos casamentos acabam em divórcios, então as crianças estão aprendendo a lidar com dois grupos de pais, meio-irmãos e a dividir suas férias. Mas, apesar de a face moderna da família ter mudado, muitas de suas funções básicas continuam as mesmas.

O *modelo McMaster de funcionamento familiar* se divide em sete componentes principais do... você adivinhou, funcionamento familiar:

» **Resolução de problemas:** A capacidade que a família tem para resolver problemas e manter seu bom funcionamento.

» **Comunicação:** A clareza e a franqueza da troca de informações dentro de uma família. Você sabia que este componente estava chegando.

» **Papéis:** Os diferentes comportamentos e responsabilidades de cada membro da família no sentido de satisfazer as necessidades básicas, desempenhar tarefas domésticas e prover apoio emocional e sustento.

» **Capacidade de resposta afetiva:** A capacidade que cada um dos membros da família tem para expressar e vivenciar uma gama de intensidade e qualidade de emoções.

» **Envolvimento afetivo:** O interesse da família como um todo nos valores, atividades e interesses dos demais.

» **Controle do comportamento:** As regras e padrões de conduta. Arrotar à mesa de jantar nunca foi uma coisa muito engraçada em minha família — mesmo que estivéssemos bebendo refrigerante e comendo couve-flor!

» **Funcionamento geral da família:** A capacidade que uma família tem de realizar suas tarefas diárias em função das outras seis áreas. Se você tivesse que dar uma nota para sua família, qual seria?

LEMBRE-SE

FILHOS DO DIVÓRCIO

Os efeitos do divórcio nas crianças têm sido um tema controverso desde que alguém assinou pela primeira vez um desses famosos papéis. E muitos pais ficam juntos "pelo bem das crianças". No entanto, a maior parte das pesquisas tende a mostrar que as crianças não são necessariamente afetadas adversamente pelo divórcio de seus pais. Os meninos parecem se sair um pouco pior do que as meninas em longo prazo, mas as pesquisas apontam que o indicador mais importante de como as crianças lidarão com um divórcio é a natureza do casamento. Se os pais sempre brigam e têm um relacionamento tumultuado enquanto casados, então também o divórcio provavelmente irá mal e terá um impacto negativo no ajuste das crianças. Muitas vezes os pesquisadores aconselham os casais a não discutirem questões relacionadas ao divórcio na frente das crianças e a manter o conflito geral a um mínimo possível a fim de evitar estresse e tensão excessiva, evitando a dificuldade em lidar com o problema por parte das crianças.

Educando com estilo

Recentemente, um grande amigo meu teve um bebê. Assim que eu me preparava para oferecer a ele alguns conselhos de psicologia sobre educação de crianças, ele começou a falar sobre todos os conselhos que as pessoas vinham lhe dando e como isso o chateava. Resolvi guardar minha opinião para mim mesmo. "Chorar oxigena os pulmões." "Não dê chupetas a bebês." Existem quase tantas opiniões sobre como educar crianças quanto há pessoas no planeta. Felizmente, os psicólogos vêm tentando simplificar as coisas.

Diana Baumrind, uma psicóloga clínica e especialista em desenvolvimento, tomou para si a tarefa de tentar simplificar o ato de educar em algo um pouco mais administrável. Ela identificou estes três estilos principais de educar: *autoritário*, *autoritativo* e *permissivo*:

» **Autoritário:** Estes pais são rígidos e ditatoriais. Algumas crianças se sentem como prisioneiros dentro de sua própria família; os pais são exageradamente rigorosos e não ouvem o que as crianças têm a dizer. Eles são como sargentos na hora de educar. O que dizem é definitivo, e não há discussão sobre isso. Infelizmente, toda essa dureza é um tiro que tende a sair pela culatra. Os pais autoritários tendem a ter filhos que são ou passivos demais ou excessivamente rebeldes e, às vezes, hostis. Esse tipo de pais pode aprender muito com o próximo estilo de educação.

» **Autoritativo (Que exerce autoridade sem ser autoritário):** Estes pais tendem a adotar uma abordagem parental com um estilo mais democrático. Os pais das gerações anteriores muitas vezes criticam como os pais "de hoje" tentam argumentar demais com seus filhos. "O que essa criança precisa é de umas boas palmadas!" Os pais autoritativos escutam seus filhos e permitem que eles deem suas opiniões, ainda que consigam ao mesmo tempo manter a autoridade e o controle parental. As crianças parecem prosperar em um ambiente assim e tendem a ser mais sociáveis, se sentem mais capazes e, em geral, mais bem ajustadas à medida que crescem.

» **Permissivo:** Existem dois tipos de pais permissivos:

- **Indulgentes:** Você já foi alguma vez a uma daquelas festas de quintal regadas a cerveja na época do colégio? Eu também não, mas ouvi dizer que elas podem ser bem loucas. Eu sempre me perguntei onde estavam os pais daquelas crianças. Ah, já sei: elas tinham "pais legais". Pais que são indulgentes estão muito comprometidos com seus filhos, mas evitam o controle, a autoridade e a disciplina. Às vezes eles até mesmo permitem que seus filhos tenham um comportamento questionável só para não alienar seus filhos.

- **Indiferentes:** Esses pais são negligentes devido a uma série de possíveis fatores, incluindo obsessões profissionais, abuso de drogas ou egocentrismo. Seja lá qual for a razão pela qual algumas pessoas adotam este estilo, pais permissivos tendem a ter filhos que relatam se sentirem mal equipados para lidar com as demandas da escalada rumo ao amadurecimento.

Abraçando o inimigo: Irmãos

Alguma vez você já se perguntou para que servem os irmãos? Aqueles dentre vocês que são filhos únicos talvez já tenham fantasiado em ter um irmão ou uma irmã. E aqueles que têm irmãos devem estar pensando que essas criaturas só servem para brigar ou roubar seu namorado. Mas os psicólogos descobriram que, na verdade, há muito mais por trás de tudo isso.

Os irmãos têm um efeito poderoso no desenvolvimento de uma pessoa. Eles criam um ambiente familiar que seria muito diferente sem eles. Irmãos também são uma boa fonte de amizade, companheirismo e afeição. Às vezes eles podem até mesmo desempenhar o papel de modelo a se seguir. Aqui estão três outras funções distintas que os irmãos desempenham uns para os outros:

» **Regulação mútua:** Agindo como uma caixa de ressonância e base de testes para novos comportamentos, como praticar um discurso de rompimento antes de o dizer para o namoradinho desavisado

» **Serviços diretos:** Facilitando os fardos domésticos e às vezes fornecendo apoio prático, tal como caronas, ajuda com o dever de casa ou conselhos de moda

» **Apoio:** Ajudando uns aos outros em momentos de necessidade ao estabelecerem alianças e apoiando-se mutuamente

Muitas pessoas estão familiarizadas com as rivalidades e a discórdia entre irmãos. Pesquisas demonstram que as qualidades negativas mais comuns associadas a irmãos sejam os antagonismos e as discussões. Algumas pessoas acham que as brigas acabam à medida que as pessoas amadurecem, mas a verdade é que o caráter emocional básico das relações entre irmãos permanece bastante estável ao longo do tempo. As interações podem mudar, mas os sentimentos se mantêm, em grande medida, os mesmos.

Ficando íntimo

Como é mesmo o velho ditado? "Amigos são para sempre?" Ou seria "Diamantes são para sempre"? Nunca me lembro ao certo. Eu não tenho muitos diamantes, então, de qualquer maneira, isso não importa. Mas eu tenho amigos, e a amizade é um componente importante na vida de uma pessoa. Por que nós nos lembramos do nome do Tonto? Porque ele é o amigo do Cavaleiro Solitário.

Os psicólogos Willard Hartup e Nan Stevens realizaram uma ótima análise de uma pesquisa relacionada ao tema da *amizade*. Basicamente, eles definem a amizade como um relacionamento entre pessoas que mutuamente se atraem e que se envolvem em um relacionamento recíproco de troca. Amigos são diferentes de não amigos no sentido de que nossos relacionamentos são normalmente mútuos. As amizades giram muito em torno de dar e receber e dar de novo, na maior parte das amizades.

Bons amigos dão apoio e ajudam as pessoas a lidarem com os problemas da vida. Mas fazer amigos não é algo necessariamente fácil; requer uma boa dose de habilidade social. Não é ruim se você for socialmente bem ajustado. Ser igualitário e justo também ajuda. E saber como administrar conflitos quando eles surgem ajuda a manter as amizades que você cultiva.

Quem são seus amigos? Eu acredito que eles sejam pessoas muito parecidas com você. Os amigos são normalmente pessoas similares em idade, gênero, etnicidade e capacidade. Muitas vezes amigos também têm um estilo de vida parecido. Em termos gerais, à medida que as pessoas envelhecem, os amigos tendem a ser as pessoas com as quais você trabalha, o que significa que eles provavelmente também são da mesma classe socioeconômica que a sua. Isso ainda se mantém relativamente verdadeiro, apesar da popularidade das mídias sociais e do uso da internet como ferramenta social. Que droga, acho que isso significa nada de amigos ricos para mim!

As amizades tendem a ter um efeito positivo no bem-estar psicológico de uma pessoa. Pessoas que têm boas amizades tendem a ser mais sociáveis, prestativas e confiantes. Os amigos fazem bem à sua saúde. Então saia de casa e vá fazer alguns amigos!

Compreendendo a Percepção de uma Pessoa

Os seres humanos são seres sociais, e não é pequena a parte da sobrevivência que depende da capacidade de uma pessoa compreender o ambiente humano. A compreensão de toda a engrenagem social — incluindo alianças, inimigos, alocação de recursos, divisões de trabalho, relacionamentos, comunicação e autoconsciência — é algo vital. Cada pessoa precisa ter um nível básico de habilidade social para que consiga se dar bem em um ambiente humano. O pesquisador e psicólogo Ewing Phillips oferece uma boa definição de trabalho para a *habilidade social*: a capacidade de se comunicar e interagir com os outros de uma forma que permita que as necessidades e os objetivos de uma pessoa sejam alcançados sem que interfiram nos objetivos dos outros.

Nesta seção descrevo três habilidades sociais muito importantes: a compreensão do comportamento dos outros, a compreensão de seu próprio comportamento e o ato de se comunicar.

Explicando os outros

As pessoas estão sempre observando umas às outras. Quando você vai a um lugar público, como um parque ou um shopping cheio de gente, com que frequência você simplesmente observa as pessoas? Você pode observar as roupas das pessoas, as bolsas que elas carregam ou sobre o que elas estão conversando. Você nota todo o tipo de coisas sobre elas e usa suas observações para tirar conclusões.

Não acredita em mim? Quantas vezes você decidiu que o adolescente com cabelo roxo e piercing no nariz só está querendo chamar a atenção? Quando foi a última vez que você deduziu que a mulher dirigindo uma picape novinha com as crianças no banco de trás era uma dona de casa de classe média com um marido bem-sucedido pagando suas contas? De onde as pessoas tiram essas ideias? Talvez o garoto de cabelo roxo esteja fazendo um experimento psicológico. Talvez a mulher seja uma executiva e mãe solteira. Como você pode saber? Se você é como a maioria das pessoas, quase que instintivamente começa a tirar conclusões sobre as outras pessoas se baseando no que você vê, escuta e vive.

A área da psicologia que se dedica a compreender como as pessoas saem por aí achando coisas sobre as pessoas, incluindo a si mesmas, é conhecida como *cognição social*. Ela tenta decompor os processos mentais que acontecem quando as pessoas observam, pensam e fazem interferências sobre o comportamento de outras pessoas.

Supondo

Tentar explicar o comportamento das outras pessoas pode ser difícil. Não dá para olhar dentro da cabeça delas, assim, você só consegue supor o que está acontecendo por lá. Mas isso não impede as pessoas de tentar explicar as atitudes umas das outras. Na verdade, isso é tão comum que existe até uma palavra para isso. O processo complexo de tirar conclusões sobre as intenções e características das outras pessoas, tendo como base as observações pessoais delas, é um processo cognitivo social chamado de *percepção pessoal*. Quase todo o mundo usa alguma suposição no processo de percepção pessoal, incluindo as seguintes:

>> As pessoas são *agentes causais*; desempenham um papel ativo e intencional na produção do próprio comportamento. Ninguém ou nada além delas mesmas provoca o modo como elas se comportam de uma determinada maneira.

>> As pessoas são como eu, pensam e sentem da mesma maneira que eu. Pensar dessa forma permite que as pessoas utilizem a si mesmas como base para entender as outras pessoas.

Julgando apressadamente

Alguma vez você já se apaixonou à primeira vista? Eu sempre me perguntei como isso funciona. Como é possível se apaixonar por alguém apenas olhando para ele ou ela? Talvez a pesquisa na área dos *julgamentos instantâneos* possa ajudar a responder a essa pergunta. Os julgamentos instantâneos das pessoas são avaliações imediatas, automáticas e inconscientes.

LEMBRE-SE

Os julgamentos instantâneos seguem dois tipos de sugestão:

>> **Sugestões estáticas:** Coisas que são relativamente imutáveis sobre uma pessoa, como aparência, gênero e tipo de corpo (excluindo-se aqui o modo de vestir). As pessoas usam esta informação para fazer *julgamentos avaliativos* sobre outras pessoas, e estes podem ser corretos ou equivocados. Eu posso avaliar uma pessoa com um estilo de cabelo específico como relaxada e fácil de lidar (longo e meio hippie), ou posso vê-la como nerd e tenso (estilo de cabelo militar). De qualquer maneira, estou usando um aspecto da aparência física de alguém para fazer um julgamento sobre que tipo de pessoa ela é.

>> **Sugestões dinâmicas:** Coisas que tendem a mudar dependendo da situação, como expressões faciais, roupas e maneirismos. Quando vejo uma pessoa sorrir, posso avaliar que ela é feliz em geral, ou posso supor que ela apenas ouviu uma piada engraçada. De qualquer maneira, estou usando uma informação relativamente básica para fazer avaliações instantâneas sobre a personalidade ou a vida de uma pessoa.

Causando uma boa impressão

Os julgamentos instantâneos são realmente apenas o começo das tentativas de entender as outras pessoas. Todos nós fazemos julgamentos apressados e normalmente estamos inconscientes de que isso está acontecendo. No processo de *formação de impressão*, as pessoas vão além dos julgamentos apressados e fazem deduções mais aprofundadas sobre o tipo de pessoa que alguém é.

Solomon Asch, na Swarthmore College, elaborou uma conhecida teoria de formação da impressão que foca na existência de traços cruciais que dão colorido às interpretações e significados que são percebidos a partir dos traços observados. É como se as pessoas tivessem um sentido interno que diz que alguns traços andam juntos. Por exemplo, uma pessoa atraente pode conseguir mais facilmente que alguém a ajude a trocar um pneu furado do que uma pessoa sem grandes atrativos. Isso pode estar relacionado a uma pressuposição de que o atributo de ser atraente está automaticamente conectado ao atributo da gratidão. Eu não vou ajudar alguém que não é atraente e nem expressa gratidão a trocar o pneu de seu carro.

A teoria da personalidade implícita

Na década de 1950, Jerome Bruner e Renato Tagiuri consideraram o sentido interno dos aspectos que andam juntos como parte da *teoria implícita da personalidade*. As pessoas aprendem que certos traços andam juntos, seja porque lhes foi dito que era assim ou porque fizeram essa observação. Já me disseram mil vezes que pessoas educadas não interrompem, então eu acho que sou bastante rude, porque eu interrompo as pessoas o tempo todo. Em minha teoria de personalidade implícita, interromper e ser rude "andam" juntos.

Basicamente, as teorias de personalidade implícita são estereótipos. Os estereótipos são uma consequência inevitável das tentativas de dar sentido ao mundo social. Os estereótipos são atalhos do raciocínio. É impossível que alguém consiga armazenar avaliações independentes sobre cada uma das pessoas que já encontrou na vida. Isso ocuparia um espaço muito grande na memória humana. Em vez disso, as pessoas categorizam-se umas às outras, e às vezes essas categorizações resultam na formação de estereótipos. Infelizmente, na tentativa de simplificar o mundo, muitas vezes as pessoas generalizam exageradamente os aspectos negativos das outras pessoas, o que também leva muitas vezes ao preconceito e ao racismo.

Compreendendo as causas do comportamento dos outros

Julgamentos instantâneos que se baseiam em informações limitadas não são o único atalho de raciocínio; a maioria das pessoas também tenta determinar por que uma pessoa fez o que fez ou o que causou um comportamento em particular. Isso é chamado de *atribuição*, um processo no qual o comportamento de uma pessoa está ligado a causas internas ou externas.

LEMBRE-SE

Quando uma pessoa faz uma atribuição, ela normalmente considera três elementos importantes de informação:

» **Consistência:** As pessoas geralmente se comportam da mesma maneira toda vez que uma situação em particular ocorre.

» **Singularidade:** Quando uma pessoa se comporta de maneira diferente com pessoas diferentes e/ou em diferentes situações, seu comportamento é considerado "singular".

» **Consenso:** Todos estão de acordo que todas as pessoas agem de uma maneira em particular quando se empenham em atividades específicas ou dentro de contextos específicos.

Inúmeras combinações possíveis desses três elementos de informação existem em graus variados, e essas variações fornecem pistas para definir se um comportamento é interna ou externamente motivado. Por exemplo, a combinação de um alto grau de consistência e um baixo grau de singularidade e consenso leva a uma *atribuição pessoal* (causas internas ou explicação para o comportamento de uma pessoa). Quando eu ajo de forma consistente nas situações, toda vez reajo ao mesmo estímulo da mesma maneira, e ajo de maneira diferente do que as outras pessoas nas mesmas situações, é provável que isso seja uma coisa minha. Um alto grau de consistência, singularidade e consenso leva a uma atribuição externa. Quando eu ajo da mesma maneira nas situações, mas reajo de maneira diferente — mas da mesma forma que outras pessoas o fazem nessa situação ao mesmo estímulo, isso ocorre provavelmente devido à situação ou ao ambiente externo. Então a que você atribuiria minha paixão pela música polca? Não é todo mundo que gosta de polca?

Todo esse julgamento leva à questão de pensar se as pessoas são ou não precisas em suas atribuições. Um equívoco consistente é chamado de *erro de atribuição fundamental*. Na maior parte do tempo as pessoas subestimam o papel das causas externas como determinantes do comportamento das outras pessoas. Há uma tendência a ver o que as pessoas fazem como inerente a elas, provocadas pelo agente, pela falta de informações significativas sobre o comportamento da pessoa nas situações. Quando estiver em dúvida, atribua isso ao agente. Quanto mais informação você tiver, melhor juiz você será.

Inversamente, as pessoas também têm uma tendência a ver seus próprios comportamentos mais como um resultado de causas externas do que proveniente do comportamento de outras pessoas (Jones e Nisbett). Isto é chamado de *efeito ou viés do agente observador*. Novamente, essa tendência provavelmente se dá devido ao fato de as pessoas terem acesso a mais informação sobre si mesmas.

Da mesma forma, quando o assunto é sucesso e fracasso, as pessoas tendem a atribuir seus sucessos a causas internas e seus fracassos a causa externas. E isso se reverte para os sucessos e fracassos das outras pessoas.

CAPÍTULO 10 **Pegando o Primeiro Barco para Sair da Ilha do Isolamento** 213

Explicando-se

As pessoas famosas que fazem propaganda na televisão realmente usam os produtos que promovem? A Beyoncé realmente bebe Pepsi? E Lebron James usa mesmo um smartfone da Samsung? E Shaquille O´Neil realmente dirige um Buick? Talvez sim, talvez não. Eu não conheço a Beyoncé, o Lebron ou o Shaq, assim, tudo o que posso fazer é supor. Mas digamos que, para o bem da discussão, eles realmente usem os produtos que endossam. Se eu perguntasse a eles por que o fazem, o que eles diriam, e o que essas respostas diriam a você sobre o quão bem essas pessoas se conhecem?

Os pesquisadores Leon Festinger e James Carlsmith realizaram um experimento clássico que oferece alguma compreensão sobre a "pergunta de Lebron James". Eles pediam aos sujeitos da pesquisa para executarem uma tarefa chata e sem graça, e então ofereciam dinheiro a eles para dizer às outras pessoas que a tarefa era realmente interessante. Haviam dois grupos. A um grupo pagaram $1 cada, e ao outro foram pagos $20 cada. Os sujeitos que receberam apenas $1 relataram que a tarefa era mais interessante do que os que receberam $20, quando perguntados sobre seus sentimentos verdadeiros em oposição a seus sentimentos "endossados". O grupo dos $20 criou uma lacuna maior entre as ações dos sujeitos e o que eles achavam que sentiam. Esse experimento demonstra uma *dissonância cognitiva*, o processo de mudar as crenças de uma pessoa para que se combinem com suas ações. Se eu fizer algo que contradiga minhas crenças e eu não puder pensar em outra explicação plausível (como me pagar um dinheirão para mentir — os $20 de então valeriam cerca de $150 agora), eu alteraria minhas crenças para que elas se ajustassem a meu comportamento.

Os sujeitos que receberam $1 devem ter compreendido que, se foram subornados com um mísero dólar, talvez eles não estivessem tão entendiados assim. Quanto maior o suborno, mais temos a percepção da tarefa como sendo contrária às nossas crenças verdadeiras. Nesse caso, o dinheiro extra funciona como uma explicação fácil para o nosso comportamento.

O que isso nos diz sobre nossos famosos garotos-propaganda em comerciais? Se eles realmente usam os produtos que endossam, o fazem porque não querem admitir que endossam esses produtos somente por causa do dinheiro. Lebron não quer admitir para si mesmo que, na verdade, quer um iPhone, mas endossa a Samsung porque adora o dinheiro que consegue por dizer que esse é o telefone que prefere. Então ele pode mudar sua atitude para que combine com seu comportamento.

A dissonância cognitiva diz muito sobre como as pessoas sabem coisas sobre si mesmas e se envolvem no processo de *autoatribuição*. Daryl Bern, da Universidade de Cornell, desenvolveu uma teoria de autopercepção que afirma que as pessoas conhecem suas próprias atitudes ao tirar conclusões baseadas na observação de seu próprio comportamento da mesma maneira que observam os outros. Você se conhece da mesma maneira que conhece os outros — observando comportamentos.

Ao tentar entender a si mesmo e julgar seu próprio comportamento, você pode ser culpado por algumas distorções bastante interessantes. Aqui estão três distorções comuns:

» **Efeito do falso consenso:** Esta é uma tendência a superestimar o quão comum suas opiniões e comportamentos são, especialmente os indesejáveis. "Todo o mundo está fazendo isso!" As pessoas tendem a ver um consenso que é consistente com suas opiniões, ele existindo ou não.

» **Efeito da falsa singularidade:** Há uma máxima nos Alcoólicos Anônimos, "Você é definitivamente único". A frase é usada para as pessoas que pensam que seus problemas são tão diferentes dos das outras pessoas que não é possível que alguém o consiga entender. O efeito da falsa singularidade é a tendência de subestimar o quão comuns são as crenças de alguém, especialmente as desejáveis.

» **Autoincapacitação:** Quando eu estava na faculdade e sabia que tinha uma prova difícil chegando — uma daquelas na qual eu tinha certeza de que me daria mal mesmo se estudasse muito —, eu simplesmente não estudava nada. Dessa forma, quando eu fosse reprovado, eu poderia culpar o fato de não ter estudado, em vez de culpar minha falta de capacidade ou inteligência. Quando as pessoas criam desculpas para o fracasso a fim de proteger sua autoestima ou autoimagem, elas estão empregando uma atitude de autoincapacitação.

Comunicar-se É Algo Mais Fácil na Teoria do que na Prática

Um dos apelidos de Ronald Reagan era "O Grande Comunicador". Supostamente, ele realmente conseguia ser bem-sucedido na comunicação de suas ideias, e as pessoas reagiam bem a seus discursos. Pessoalmente, não passei muito tempo analisando as habilidades de comunicação de Reagan. Mas esteja você negociando com nações como presidente dos EUA ou tentando comprar um hambúrguer no drive-thru, as habilidades de comunicação são vitais para que você seja uma pessoa com habilidades sociais.

Owen Hargie, Christine Saunders e David Dickson, da Universidade de Ulster, desenvolveram um modelo de *comunicação interpessoal* que identificava diversos elementos importantes do processo de comunicação. Todos os episódios de comunicação são direcionados a objetivos, e vários deles podem ser perseguidos simultaneamente. Uma conversa varia conforme a função do objetivo intencionado. Se meu objetivo é visitar um velho amigo, posso conversar sobre coisas diferentes do que se estivesse conduzindo uma avaliação psicológica.

Existem também diversos *processos de mediação* que moldam o processo da comunicação. Qualquer processo psicológico que afete a satisfação de um objetivo comunicativo ou o resultado de uma comunicação pode ser um processo de mediação. Um processo importante é chamado de *foco* (aquilo em que uma pessoa presta atenção), que pode ter um grande impacto. O modo como você conecta informações conversacionais em curso com um conhecimento prévio também é importante, e a *inferência* — ir além da superfície da informação que está sendo comunicada — também é importante.

Outro aspecto fundamental do processo de comunicação é o *feedback*, que é a informação que me é fornecida por outra pessoa sobre o quanto eu estou efetivamente me comunicando, e como uso isso. Se você usar o feedback para mudar o modo como se comunica, então você pode satisfazer melhor os objetivos de uma conversação. Mas algumas pessoas parecem simplesmente divagar, indiferentes aos sinais das outras pessoas que mostram que a conversa não está fazendo o menor sentido. Esses divagadores não estão captando o feedback. Aqui vai uma dica: quando alguém dorme enquanto você está conversando com ele, este é um feedback importante.

Ser um grande comunicador envolve ser bom em três habilidades de comunicação importantes: fazer perguntas, explicar e ouvir.

Fazendo perguntas

Uma característica importante de todas as comunicações efetivas é o processo de *questionamento*. As perguntas são uma boa maneira de iniciar uma conversa, juntar informações e expressar à outra pessoa que você está interessada no que ela está dizendo. Existem diversos tipos de perguntas, tais como:

- **Recordação:** Uma pergunta como "Onde você estava na noite de 12 de novembro, às 22 horas?" está pedindo que você se lembre de uma informação básica. Só tenho um pequeno conselho caso a polícia lhe faça esta pergunta: chame um advogado.
- **Hipotética:** Perguntas pensadas para gerar algum pensamento criativo, tal como "Se você pudesse ter qualquer emprego do mundo, qual seria?".

Outras perguntas que pedem a quem responde para analisar, avaliar ou resolver um problema muitas vezes têm diferentes formatos que solicitam diferentes tipos de respostas:

- Perguntas com um **fim fechado** requerem apenas um sim ou não ou uma resposta de identificação.
- Perguntas com um **fim aberto** requerem descrição e elaboração.

Ser um bom questionador é uma arte. Dar a quem responde um contexto e uma estrutura muitas vezes o ajuda a elaborar respostas que satisfaçam a sua necessidade real de informação. Você pode começar dizendo "Eu tenho três questões principais". O ponto fundamental é dar pistas à pessoa sobre o que você está tentando aprender.

Explicando

Além de ser bom em fazer perguntas, o dom da conversa muitas vezes requer um certo grau de habilidade para se explicar. A explicação fornece informações e clareia mensagens, que muitas vezes são usadas para demonstrar o aspecto de alguma coisa.

Quando você estiver frisando alguma coisa em uma conversa, muitas vezes um indivíduo pode melhorar seu argumento fornecendo uma explicação consistente com o posicionamento que está sendo tomado. Boas explicações são claras, focadas e conectadas com a base de conhecimento do ouvinte. Ser breve e evitar palavras para tapar buracos como "hã", "né" e "sabe" também ajuda. Esses termos interrompem a fluência da comunicação e podem levar à perda de interesse.

Algumas vezes ajuda fazer uma pausa e uma revisão de maneira que o ouvinte possa organizar e absorver o que já foi explicado. Também é muito importante usar uma linguagem apropriada ao público ou ao ouvinte. Se você é técnico, vulgar ou básico demais, pode perder o interesse de seu interlocutor.

Ouvindo

Um terceiro aspecto crítico da comunicação efetiva é escutar. Conversas de mão única representam desculpas pobres para a comunicação. Se ninguém está escutando, não existe o "co" da comunicação.

Seguem aqui algumas boas orientações para ser um bom ouvinte:

» **Foco:** Desligue a televisão, coloque o telefone de lado, reduza os ruídos externos e não fique inquieto ou se distraia com as coisas a seu redor. Fazer seu imposto de renda ou ficar olhando para o celular enquanto alguém está falando é uma forma de dizer que você não está realmente escutando.

» **Limpe sua mente:** Esteja ciente de suas tendências e ideias preconcebidas e se prepare mentalmente para prestar atenção e absorver as informações que estão sendo oferecidas pela outra pessoa.

» **Comprometimento mental:** Mantenha-se focado fazendo perguntas para esclarecer o que o interlocutor está dizendo.

> **Espere:** Não interrompa, se puder evitar. Responda quando a outra pessoa terminar seu raciocínio.

> **Processe:** Identifique mentalmente o ponto principal da comunicação do interlocutor e organize o que ele está dizendo a você em categorias tais como quem, o quê, quando, por que e como.

> **Mantenha-se aberto e atento:** Não utilize técnicas de bloqueio, tais como negar os sentimentos da pessoa ou mudar de assunto. Aceite o que a pessoa está dizendo.

> **Demonstre atenção:** Mantenha o contato visual, balance a cabeça, oriente seu corpo em direção ao interlocutor e mantenha uma postura aberta. Não cruze seus braços ou vire de costas para o interlocutor.

Afirmando-se

Um dos problemas mais comuns que vejo em minha prática clínica é que as pessoas não sabem como se posicionar e comunicar suas necessidades de uma maneira direta e confiante. Reclamações acerca de colegas que pressionam, chefes estúpidos e cônjuges ranzinzas são comuns como resultado para essa falta de assertividade. Para algumas pessoas, a assertividade parece surgir naturalmente, elas simplesmente são boas em dizer às pessoas o que pensam sem desencorajar ninguém.

LEMBRE-SE

Eu não estou falando em ser agressivo, o que muitas vezes envolve um certo nível de hostilidade e negação dos direitos da outra pessoa na interação. Eu estou falando sobre algo um pouco mais leve do que a agressão, *assertividade*.

A assertividade pode ser definida como defender os direitos de alguém e a expressão dos pensamentos, sentimentos e crenças de uma pessoa de uma maneira direta, honesta e apropriada, que respeite as outras pessoas. Alguma vez alguém furou a fila em que você estava no supermercado? Você disse à pessoa para ir para o final da fila ou você ficou na sua, mas ficou bastante ressentido depois? Já pediu comida em um restaurante e recebeu algo que você não pediu? Você comeu o que entregaram ou devolveu a comida que veio errada? Parece fácil, mas muitas pessoas não diriam nada, porque temem ser vistas como babacas, que não gostem delas ou porque podem ferir os sentimentos dos outros.

A assertividade é uma habilidade social que você pode aprender. Normalmente, quando as pessoas melhoram sua assertividade, a qualidade geral de seus relacionamentos melhora. Elas não sentem mais como se não pudessem dizer o que realmente pensam ou que precisam ficar calados pelo bem da amizade. Quando as pessoas aprendem a se comunicar assertivamente, despertam para todo um novo domínio de possibilidades na comunicação.

Você quer ser mais assertivo? *Assertivas básicas* são expressões tais como "Não, eu não gosto desse filme" ou "Obrigado, eu já comi o bastante de bolo de frutas". Assertivas empáticas são afirmações usadas para transmitir que você entende o posicionamento da outra pessoa mesmo que não concorde. "Eu entendo que você prefira fast-food a comida italiana, mas o que eu quero mesmo é um espaguete."

Quando alguém começa com uma assertiva básica e então avança para afirmações mais diretas com pouca ambiguidade, ele está engajado em uma *assertividade escalonada*. Essa é uma habilidade boa para ser usada com vendedores chatos, assim como demonstra este exemplo:

Vendedor: Posso ajudá-lo a encontrar alguma coisa?

Cliente: Não, obrigada.

Vendedor: Bem, nós estamos com ótimas promoções na seção feminina hoje.

Cliente: Eu realmente não estou interessada.

Vendedor: E o que acha de...

Cliente: Por favor, já é a terceira vez que peço para que me deixe em paz, eu não quero sua ajuda.

Uma ferramenta útil na linguagem assertiva é a "afirmação do eu" — usar um posicionamento mais pessoal do que apontar para o comportamento da outra pessoa e usar a palavra "você". Em vez de dizer a meu chefe que ele tem me perseguido e está começando a me deixar com raiva, posso dizer: "Tenho a sensação de que você está colocando uma pressão injusta sobre mim, e eu estou me sentindo frustrado". É mais fácil falar do que fazer, eu sei, mas funciona muito bem. Experimente!

O que segue é uma lista rápida de estratégias de defesa verbais que você pode usar contra pessoas manipuladoras e rudes:

» **Disco arranhado:** Simplesmente ficar se repetindo o tempo todo. "Eu disse não! Que parte do não você não entendeu? Vou dizer de novo. Não! Não!"

» **Nebuloso:** Concordar com o que a pessoa está dizendo, mas sem mudar de posição. "Você está certo, eu deveria cuidar mais daquilo que como. Eu engordei um pouco." Mas na verdade pensando consigo mesmo: "Eu vou comer o que eu quiser. Quando será que vou me livrar desse babaca?".

» **Metanível:** Levar uma conversa a um nível mais abstrato do que a conversa original. "Eu acho que isso é um bom exemplo do quanto pode ser difícil transmitir uma mensagem. Muitas vezes me pergunto como poderíamos resolver isso." Eu gosto de chamar esse tipo de abordagem de jogada de inversão do velho terapeuta! "Qual seria o peso ideal de qualquer maneira? Antigamente ser gordo era um sinal de beleza e prosperidade. Eu sou bonito e próspero, não gordo."

> **NESTE CAPÍTULO**
>
> Correspondendo às expectativas
>
> Nadando com a corrente
>
> Agindo como um fã
>
> Persuadindo com decisão
>
> Agindo de maneira hostil
>
> Ajudando os outros
>
> Descobrindo como as pessoas são parecidas

Capítulo 11
Adaptando-se Como um Contorcionista: A Psicologia Social

Nunca vou me esquecer do dia em que assisti a um vídeo no noticiário no qual dois grupos de monges budistas trocavam socos pelo controle de um monastério. Eu fiquei chocado vendo pessoas que, em minha visão estereotipada, deveriam ser pacíficas agindo de maneira tão violenta — e um contra o outro! A imagem era perturbadora, mas também era uma demonstração poderosa de como uma situação ou a influência de um grupo pode incitar comportamentos individuais. Esses indivíduos, que na maior parte do tempo se comportavam de modo pacífico, pareciam dominados por uma situação que desencadeou neles o envolvimento em um comportamento que provavelmente eles mesmos não saberiam explicar, caso alguém lhes perguntasse.

Pode ser verdade que um indivíduo seja empurrado e puxado pela dinâmica de sua personalidade e aja instintivamente, baseando-se em sua configuração genética. O comportamento também parece variar no que diz respeito à função do pensamento. Contudo, a psicologia seria algo incompleto se não considerasse as influências sociais nos comportamentos e nos processos mentais.

A *psicologia social* é o estudo das causas sociais e suas influências no comportamento.

Há muito tempo os psicólogos sociais vêm apontando para o fato de que muitas das respostas às perguntas sobre o comportamento humano encontram-se na compreensão das influências sociais, tais como regras de grupo, conformidade e pressão do grupo. Este capítulo explora essas e outras influências sociais sobre o comportamento e salienta o forte impacto de estar na companhia de outras pessoas. A influência das forças sociais no comportamento individual não pode ser subestimada.

O estudo das influências sociais completa o modelo biopsicossocial do comportamento humano. (Veja o Capítulo 2 para saber mais sobre o modelo biopsicossocial.)

Fazendo a Sua Parte

A menos que você seja um eremita e viva sozinho em uma cabana no meio do deserto, você existe dentro do contexto de uma *matriz social* — uma configuração multifacetada de relacionamentos sociais que vão desde o vínculo de um pai ou uma mãe com seu filho até as interações entre colegas de trabalho. Imagine a si mesmo no meio de um enorme círculo cheio de anéis, sendo que cada anel representa um nível de organização social.

Cada um desses círculos carrega consigo uma série de comportamentos esperados — regras que ditam o que cada indivíduo deveria supostamente fazer. As expectativas de comportamento ou regras de cada grupo social são chamadas de *normas*. As culturas têm normas, as famílias têm normas, e até as subculturas têm normas.

Uma subcultura pode ser um pequeno grupo social muitas vezes organizado em torno de uma atividade recreativa. Uma gangue pode ser considerada um subgrupo dentro de sua própria subcultura. As gangues têm suas próprias linguagens, estilos de vestir e rituais que delineiam regras claras para o comportamento de cada um de seus membros. É sobre esse tipo de estrutura social que estou falando quando uso o termo *norma*.

Normalmente os norte-americanos gostam de ver a si mesmos como resistentes individualistas, retrocedendo ante a ideia de seguir normas cegamente. Mas as normas não são de todo algo ruim. Elas simplificam situações sociais complexas, permitindo que as pessoas reflitam sobre as coisas, além de funcionar com um guia sobre como agir e o que dizer em situações específicas. As normas servem como "atalhos mentais", e, assim, as situações sociais funcionam mais facilmente quando essas normas são claras.

Algumas normas parecem ser universais. Em 1965, o psicólogo Roger Brown descobriu que as pessoas quase universalmente falam de uma maneira mais respeitosa com outras pessoas de situação social mais alta e são mais informais com as pessoas de condições mais baixas. Essa maneira de se dirigir aos outros está edificada até mesmo dentro da estrutura de algumas línguas, incluindo o espanhol e o francês. O modo apropriado de conjugar um verbo depende do quão bem você conhece a pessoa com quem está falando.

Certamente, normas universais existem, mas também suas variações. Se você é um cristão palestino, é costume e parte de suas normas de conduta resistir firmemente a qualquer comida oferecida a você enquanto estiver visitando a casa de alguém e somente aceitá-la após muita insistência do anfitrião. Já os norte-americanos, por outro lado, podem até mesmo pedir algo para beber ou comer enquanto estiverem visitando a casa de alguém, sem pestanejar. Uma outra variação comum entre as normas culturais está relacionada à espera em uma fila. Parece que algumas culturas não apreciam a ordenação de uma única fila para pedir comida em uma lanchonete, mas outras já apreciam. A norma do *espaço pessoal* (o espaço físico ou área a nosso redor) também pode variar de acordo com a cultura. Algumas culturas parecem valorizar o espaço pessoal mais do que outras.

DEIXANDO-SE LEVAR

Definições de papéis constituem um poderoso determinante de comportamentos e podem às vezes subjugar personalidades e preferências individuais. Em 1972, Phil Zimbardo, psicólogo e professor emérito de psicologia da Universidade de Stanford, conduziu um experimento famoso que ficou conhecido como o *experimento da prisão de Stanford* e que ilustra muito bem o poder do desempenho de papéis. Estudantes universitários foram recrutados para participar de uma situação de simulação de prisão no qual eram aleatoriamente designados a serem guardas ou detentos. O experimento foi executado em uma prisão recriada no porão do prédio do curso de psicologia da Universidade de Stanford.

O experimento revelou que as pessoas pareciam saber naturalmente quais eram os papéis desempenhados tanto para os detentos quanto para os guardas, mas Zimbardo teve de interromper o experimento no prazo de uma semana por causa do que viu acontecer. Os estudantes universitários, que em outras circunstâncias pareciam normais e saudáveis, começaram a levar seus papéis demasiadamente a sério. Os guardas tratavam os detentos de forma desumana e com um severo desdém, e os detentos começaram a verdadeiramente odiar os guardas e se concentravam unicamente em contornar o sistema "prisional" e sobreviver.

Em outras palavras, os alunos se envolveram tanto com seus papéis que se esqueceram do que aquela situação representava na realidade.

LEMBRE-SE

Um *papel* é um tipo de norma específica que define como uma pessoa deve agir em uma situação específica. Cada indivíduo possui determinados papéis para desempenhar (estudante, empregado, irmão, irmã, pai, mãe, e assim por diante) que determinam diferentes comportamentos em diferentes situações. Normalmente, os indivíduos possuem papéis claros para desempenhar em situações específicas.

Formando Grupos

Em um episódio clássico de *Além da Imaginação*, todo mundo fazia cirurgia plástica quando chegava à adolescência e todos escolhiam a mesma transformação, de modo que todos parecessem iguais — um tipo de boneco Ken para os homens e um rosto de Barbie para as mulheres. Nesse episódio, uma menina decide manter sua aparência natural de quando nasceu e, por conseguinte, é atormentada e ridicularizada por seu desejo. Ela sofreu uma enorme pressão para se conformar, ceder à pressão do grupo e seguir a corrente.

Essa dinâmica é uma parte muito realista no que diz respeito à vida cotidiana dentro de uma comunidade. Os grupos exercem todos os tipos de pressão sobre seus membros individuais. Algumas vezes os grupos possuem regras muito claras e explícitas que mantêm as pessoas na linha; em outros casos, as regras ou pressões são mais sutis.

Nesta seção destaco as influências sociais e de grupo e os determinantes do comportamento de um indivíduo. Isso inclui uma discussão sobre como os indivíduos se conformam e reagem às pressões do grupo e influenciam uma dedicação às tarefas e sobre o modo como as pessoas tratam umas às outras e "policiam" o pensamento umas das outras.

Conformando-se

O *conformismo* é uma mudança no comportamento que surge como resultado de uma pressão de grupo real ou concebida. A maioria das pessoas se surpreende ao perceber o quanto os indivíduos se conformam. O que quero dizer é: quantas casas roxas há no seu quarteirão? Aposto que não são muitas.

Em um estudo de 1937, Muzafer Sherif, um dos fundadores da psicologia social, investigou o quanto as pessoas mudavam seus julgamentos ao saber como outras pessoas respondiam a determinadas questões. Pedia-se aos voluntários que estimassem com que rapidez uma luz atravessava um quarto escuro. Sherif descobriu que, quando outras pessoas estavam presentes e ofereciam uma estimativa diferente, o voluntário mudava sua resposta a fim de ficar mais alinhado com as respostas dadas pelos outros. O conhecimento das respostas das outras pessoas influenciava as respostas dos voluntários.

CHOCANTE, NÃO É?

Em 1965, Stanley Milgran, psicólogo da Universidade de Harvard, conduziu um experimento sobre a obediência que chegou aos limites de uma situação extrema. Na verdade, a situação chegou a tal ponto de extremismo que o mesmo experimento não seria permitido nos dias de hoje, pois não passaria pelo necessário crivo ético. Os sujeitos dessa pesquisa se sentavam junto a um painel de controle com um interruptor que aplicava choques elétricos nesses "voluntários" do outro lado de uma divisória. Os sujeitos da pesquisa eram, na realidade, examinadores que fingiam participar do experimento como voluntários reais.

A premissa era: o sujeito deveria levar um choque a cada vez que desse uma resposta errada. Para cada resposta errada subsequente, o choque ficava cada vez mais forte. Os choques começavam com 75 volts e podiam chegar a até 450 volts.

A certa altura, os voluntários gritavam e suplicavam para que os voluntários verdadeiros parassem de aplicar os choques. Um examinador ficava parado próximo aos sujeitos, vestido com jaleco e com uma prancheta na mão, insistindo para que o voluntário verdadeiro continuasse com o experimento e continuasse a aplicar os choques, apesar dos protestos do falso voluntário do experimento e seu óbvio sofrimento.

Na realidade, os voluntários falsos não receberam absolutamente nenhum choque, só fingiam que os levavam. Mas se faça a seguinte pergunta: "Quando eu teria parado de dar os choques?". Talvez você pense que pararia no minuto em que o sujeito começasse a gritar e lhe pedisse para parar. Tenho certeza de que os voluntários do estudo de Milgram pensaram a mesma coisa.

Contudo, o resultado chocante (desculpe pelo trocadilho, mas não resisti) foi o de que 63% dos voluntários verdadeiros da pesquisa chegaram até os 450 volts em termos de concordância (ou obediência) com o examinador! E essa é uma voltagem potencialmente mortal.

Em 1955, Solomon Asch, outro pioneiro em psicologia social, descobriu a mesma coisa quando agrupou algumas pessoas e pediu que estimassem os comprimentos de algumas linhas. Os voluntários mudaram suas respostas a fim de acompanhar o consenso do grupo. Ambos experimentos são bons exemplos de como um indivíduo pode se conformar quando pressionado pelo grupo, mesmo que essa pressão seja sutil.

A *obediência* é uma forma extrema de conformidade e muitas vezes envolve ir contra o melhor julgamento ou as intenções mais verdadeiras de uma pessoa. Quando penso em obediência, visões de uma escola de adestramento canino aparecem em minha cabeça — eu parado, com uma coleira em volta de meu pescoço, pulando para receber meu agrado por ter feito o que queriam de mim. Soa um pouco demais, não é?

CAPÍTULO 11 **Adaptando-se Como um Contorcionista: A Psicologia Social**

LEMBRE-SE

Eu gostaria de pensar que eu recusaria veementemente participar de um experimento no qual tivesse que torturar alguém com choques elétricos, mas a maioria dos voluntários de um famoso estudo seguiu as ordens e não parou de aplicar os choques (veja a box da página anterior, "Chocante, não é?"). Por quê?

Existem oito fatores que parecem aumentar a conformidade e a obediência:

- » **Distância emocional:** Quanto mais contato pessoal alguém tem com um indivíduo, menor a probabilidade de ele agir sem compaixão para com essa pessoa. É mais difícil ser cruel com o outro quando a vítima tem um rosto.

- » **Proximidade e legitimidade de autoridade:** Quando uma figura de autoridade está próxima, há uma probabilidade maior de obediência. A legitimidade da autoridade também entra em jogo. É mais provável que você obedeça a um indivíduo que pense que tem uma autoridade genuína do que alguém que você ache que só está tentando impressionar.

- » **Autoridade institucional:** Quando uma figura de autoridade é parte de uma instituição aceita, há uma probabilidade maior de obediência. Em outras palavras, é mais provável que eu obedeça às sugestões de um juiz nomeado por um tribunal do que a um cara sentado a meu lado no ponto de ônibus (supondo que ele não seja um juiz). A autoridade institucional reconhecida tem um efeito poderoso sobre a obediência.

- » **Tamanho do grupo:** Grupos de três a cinco pessoas têm um efeito máximo na pressão da conformidade, já grupos contendo menos do que três e mais de cinco pessoas têm um efeito menos poderoso.

- » **Unanimidade:** Quando os grupos estão de pleno acordo, é mais difícil que um único indivíduo consiga resistir à conformidade.

- » **Coesão:** Quanto mais um grupo sente que está destinado a ficar junto e seja firmemente organizado, maior o poder do grupo sobre seus membros. Um exemplo é que eu costumava jogar softbol em um time sem uniforme, e isso simplesmente dava a sensação de não estar muito certo. Precisávamos de uniformes para ser um time de verdade. Uniformes são uma das formas de aumentar a coesão, porque estar parecido com os outros em um grupo fortalece seu senso de unidade.

- » **Status:** As pessoas que estão em uma posição social mais alta do que a sua tendem a ter mais influência sobre sua obediência/concordância.

- » **Resposta pública:** As pessoas se conformam mais quando seus comportamentos são tornados públicos. É mais fácil discordar privada ou anonimamente.

Apesar de a conformidade e a obediência não serem necessariamente coisas ruins, aprender a resistir a ambas pode ser importante — caso seja necessário. É só pensar na Alemanha nazista, talvez o mais horrendo exemplo dos perigos da conformidade, para entender por que manter um certo grau de diversidade individual é importante em qualquer grupo social.

A melhor maneira de prevenir a conformidade pode ser manter um sentido de respeito pela singularidade humana. Liberdade de expressão e tolerância religiosa também são boas proteções contra a conformidade. Se as pessoas se sentem confortáveis sendo elas mesmas e podem expressar livremente o que pensam, a conformidade passa a ser algo um pouco mais difícil (veja a seção "Farinha do Mesmo Saco... Ou Não", mais adiante neste capítulo, para saber mais sobre preconceito e estereótipos).

Saindo-se melhor quando se recebe ajuda

"Em uma equipe não há espaço para o eu!" Muitos treinadores usam essa frase em suas conversas de vestiário, tentando transmitir a ideia de que quanto melhor uma equipe joga junto, melhores serão os resultados. E os psicólogos sociais descobriram que até certo ponto essa ideia é verdadeira. Quando estamos diante de outras pessoas, ficamos mais psicologicamente entusiasmados e energéticos, e os comportamentos dominantes se fortalecem. Esse fenômeno é chamado de *facilitação social*.

Robert Zajonc, professor emérito na Universidade de Stanford, descobriu que quando uma pessoa faz algo relativamente simples e rotineiro, estar na presença de outros melhora seu desempenho. Mas quando uma tarefa é complexa, ter outras pessoas por perto pode atrapalhar a performance. Então pode ser uma boa ideia participar daquele concurso de matemática bem longe do Madison Square Garden. Embora dobrar a roupa no jardim seja provavelmente aceitável.

Relaxando

Quando estava em meus primeiros anos do ensino secundário, os professores muitas vezes me chamavam para participar de projetos em grupo. Normalmente, a coisa toda funcionava da seguinte maneira: quatro alunos menos motivados fariam um grupo com a criança "inteligente" e deixariam que ela fizesse todo o trabalho. Os pupilos desafiados motivacionalmente então assinavam seus nomes no projeto a fim de obter o crédito.

Esse é um exemplo de *vadiagem social* — a tendência das pessoas de despender menos energia e esforço quando envolvidas em uma tarefa de grupo que ignora a prestação de contas.

Em 1979, os psicólogos Latane, Kipling, Williams e Harkins descobriram, por exemplo, que quando as pessoas eram colocadas em grupos de seis e instruídas a bater palmas tão alto quanto pudessem, a quantidade de barulho produzido era menor do que quando uma única pessoa batia palmas sozinha. As pessoas vagabundeiam quando se envolvem em atividades em grupos. Os vagabundos são *caroneiros*, pessoas que descansam sobre os esforços das outras pessoas dentro de um grupo, tal como aquelas crianças que apenas movem os lábios no coral da escola.

Ei, se ninguém é capaz de dizer se eu estou ou não cantando, então por que eu deveria me esforçar? De qualquer maneira, eu não ganharei crédito por meus esforços individuais.

Mantendo-se anônimo

Alguma vez você já se perguntou por que os grupos de pessoas que fazem coisas realmente horríveis muitas vezes usam uniformes? Olhe só o exemplo da Ku Klux Klan. O que é essa coisa com os chapéus pontiagudos? Os pesquisadores descobriram que diminuir a identidade individual e tornar a responsabilidade individual difusa reduz as inibições das pessoas. Os uniformes reduzem a singularidade dos membros individuais tanto quanto suas inibições. Essa dinâmica pode ter como consequência pessoas fazendo coisas que talvez não fariam caso estivessem sozinhas ou fossem mais facilmente identificadas. Quando isso acontece, as pessoas se tornam *desindividualizadas*.

Um certo grau de liberdade parece acompanhar o ato de se misturar à multidão ou se manter anônimo. Talvez as pessoas fiquem menos temerosas de serem pegas fazendo algo ruim nessa situação. Descobriu-se que as crianças, por exemplo, roubam mais quando estão desindividualizadas.

Parece que o anonimato e uma falta de identificação única podem facilitar o comportamento antissocial — algo sobre o qual devemos refletir quando se leva em consideração o quão anônima uma sociedade pode ser. Algumas pessoas nem mesmo conhecem seus vizinhos do lado. Então, novamente, com as mídias sociais e a internet se tornando ainda mais difundidas, viver anonimamente está se tornando cada vez mais difícil.

Pensando como um só

Os grupos tanto podem ter efeitos positivos quanto negativos no comportamento dos indivíduos. Você pode desempenhar algumas tarefas muito melhor quando está trabalhando em grupo e ficar preguiçoso quando executa outras.

Em 1971, Irving L. Janis, um psicólogo pesquisador da Universidade de Yale e professor emérito na Universidade da Califórnia, Berkeley, apresentou um conceito relacionado a um efeito potencialmente adverso das participações em grupo: um fenômeno conhecido como *pensamento de grupo*. Quando os grupos trabalham para inibir discórdias e divergências a fim de manter a harmonia do grupo, eles estão comprometidos com o pensamento do grupo.

As divergências podem às vezes ameaçar a coesão de um grupo. Quando as pessoas começam a expressar ideias que são contrárias às visões do grupo, este às vezes reage negativamente. Galileu foi uma das vítimas mais famosas na história do pensamento de grupo. Ele descobriu evidências relativas ao sistema solar que desafiavam o pensamento predominante na época. Ele recebeu altas honrarias e elogios? Que nada! Ele foi encarcerado em uma prisão por ser herético, um dissidente.

Os grupos trabalham com afinco, tanto consciente quanto inconscientemente, para prevenir as dissidências. Janis identificou oito sintomas de pensamento de grupo que podem existir:

» **Ilusão de invulnerabilidade:** Quando os grupos pensam que são intocáveis, há uma probabilidade maior de que as dissidências sejam esmagadas.

» **Crença na superioridade moral do grupo:** Quando um grupo acredita que tem, com toda a certeza, uma superioridade moral, acaba por ignorar sua própria imoralidade.

» **Racionalização:** O grupo fica com uma mentalidade mais fechada quando justifica coletivamente suas ações.

» **Estereótipos relacionados à oposição:** Quando um oponente é visto de forma enviesada ou preconceituosa, as afirmações vindas dele que contradigam as visões do grupo são ignoradas mais facilmente.

» **Pressão para se conformar:** Uma forte pressão nos indivíduos para que concordem com a vontade do grupo e não discordem dele minimiza as divergências, pois aqueles que não se adaptam são expulsos do grupo.

» **Autocensura:** Em alguns casos, os membros do grupo preferem guardar as suas opiniões divergentes para si mesmos, em vez de fazer confusão.

» **Ilusão de unanimidade:** Divergências internas algumas vezes podem ser mantidas fora ou longe da visão global do grupo, e, dessa forma, dão a impressão de não existirem.

» **Sentinelas do pensamento:** Alguns membros do grupo adotam um papel ativo no sentido de protegê-lo contra as discordâncias ou as informações contrárias. Eles são como a "polícia do pensamento" no livro *1984*, de George Orwell.

O pensamento de grupo pode causar muitos problemas. Alternativas para o *status quo* podem não ser levadas em consideração, prevenindo assim um levantamento adequado acerca de qualquer problema que o grupo enfrente. Os riscos podem ser ignorados, e ao final o grupo pode tomar decisões que podem estar comprometidas.

DICA

Aqui estão algumas formas de evitar o pensamento de grupo:

» Encoraje a todos em um grupo a expressar suas próprias opiniões e pontos de vista.

» Convide pessoas de fora para participar do grupo e trazer visões alternativas.

» Peça a alguns membros do grupo para fazer o papel de advogado do diabo e, assim, trabalhar um pouco as ideias mais conflitantes.

Persuadindo

Muitas vezes eu gostaria de ter só um pouquinho mais de poder de persuasão. O maior exemplo desse poder vem da franquia cinematográfica *Guerra nas Estrelas*. Os guerreiros Jedi têm a habilidade de influenciar os pensamentos dos outros utilizando "A Força", nome dado ao "truque da mente Jedi". Na verdade, tenho quase certeza de que o cara que me vendeu o último carro que comprei usou esse truque Jedi comigo — mas acho que foi o lado escuro da Força. Estou divagando.

A *persuasão* é uma força poderosa em todas as interações e arranjos sociais. As pessoas não a utilizam apenas para vender produtos. Existem dois caminhos para a persuasão:

» **Via central:** A via central ocorre quando o "persuadido" processa ativamente a informação potencialmente persuasiva. Em 1991, Bas Verplanken, um professor de psicologia social da Universidade de Bath, descobriu que quando as pessoas pensam profundamente sobre alguma coisa, qualquer mudança associada à atitude ou opinião tem uma probabilidade maior de manter a modificação.

» **Via periférica:** Essa abordagem está ligada a conseguir que uma pessoa associe uma mensagem intencionada com determinadas imagens, algumas vezes positivas, e outras vezes negativas. Ela conta com a capacidade natural da mente de fazer associações entre as coisas. Você se lembra do condicionamento clássico? (Se não, dê uma olhada no Capítulo 8.) Exemplos de persuasão utilizando a via periférica podem incluir o uso da exibição de modelos com corpos sarados para vender adesões a academias.

DICA

Os psicólogos Petty e Cacioppo advertem para o fato de que, se você vai tentar persuadir as pessoas, não deve alertá-las de que fará isso. Distrair as pessoas que você espera persuadir ajuda, porque elas não serão capazes de preparar um contra-argumento muito forte para seus pedidos.

Além disso, quatro componentes principais compõem qualquer argumento persuasivo:

» **Credibilidade do comunicador:** É mais provável que uma mensagem seja persuasiva se expressada por alguém que tenha credibilidade.

   • Ter uma especialidade em alguma coisa é muitas vezes um forte indicador de credibilidade. As pessoas tendem a escutar especialistas. Mas é importante lembrar-se de uma coisa: só porque alguém diz que é um especialista, isso não significa que realmente o é. Quando estiver em dúvida, sempre verifique as credenciais da pessoa, incluindo a educação, o treinamento e a experiência.

- As pessoas têm mais probabilidade de serem persuadidas por alguém que é visto como confiável, por exemplo, um ator em um jaleco branco lançando um suplemento alimentar feito de ervas.

- Mensagens de pessoas atraentes são normalmente mais persuasivas. O termo *atraente* pode estar relacionado tanto ao apelo físico quanto à personalidade e ao carisma de uma pessoa.

- A similaridade também desempenha um papel importante. Quanto mais alguém é parecido com você, mais fácil é para ele o persuadir.

» **Abordagem de transmissão:** Será que a pessoa que persuade deveria apelar para a emoção de alguém ou à sua razão e ao pensamento crítico? Segue uma divisão dessas e de outras opções de transmissão de mensagem:

- *Abordagem da razão:* Em 1983, John Cacioppo e outros descobriram que quando se tenta persuadir pessoas altamente educadas ou analíticas, a melhor abordagem é aquela que apele para a razão. Esses indivíduos parecem gostar de raciocinar sobre as coisas, analisando as informações antes de tomarem uma decisão. Eles não são necessariamente mais inteligentes, mas normalmente são mais conscientes das informações mais recentes.

- *Abordagem emocional:* Aqueles que não têm tempo ou inclinação para ler cada avaliação de consumidor quando vão comprar um carro novo, têm uma maior probabilidade de confiar nas outras pessoas e ficar balançados diante de apelos emocionais. O processo de pensamento é o seguinte: "Minha irmã disse que amou seu carro novo. Acho que também vou comprar um."

- *Fator do medo:* Muitas mensagens persuasivas usam o medo para assustar as pessoas para que fiquem longe dos comportamentos danosos ou não saudáveis (encontre exemplos disso no Capítulo 18). Essas mensagens funcionam. Comerciais evocando medo estão por toda a parte — dizendo para que você pare de fumar, evite abusar das drogas, que vote nesse ou naquele candidato e definitivamente não na outra opção, por exemplo. Há apenas uma pegadinha. Se você for assustar as pessoas a fim de persuadi-las, você precisará fornecer informações concretas sobre como lidar ou mudar o comportamento delas, caso contrário o público pode congelar ou ficar completamente sem ação diante do medo.

- *Argumento bilateral:* Um argumento bilateral é aquele que reconhece o outro posicionamento, dando a impressão de imparcialidade e objetividade. Há anos que os publicitários vêm utilizando essa técnica, conduzindo "testes de gosto" e outros desafios comparativos com seus rivais. Você sabe o que eles estão tramando!

» **Comprometimento do público:** A melhor maneira de apresentar informações persuasivas é conseguir que seu público desempenhe uma participação ativa no processamento de seu argumento. O comprometimento ativo prende a atenção da outra pessoa e carrega uma expectativa de que ela compreenderá a mensagem, lembrará dela e então tomará uma atitude. À medida que a quantidade de energia que uma pessoa investe no processamento mental de uma mensagem aumenta, também aumenta a probabilidade de que ela a fixará. A recepção passiva de uma mensagem, como assistir a uma palestra, tem uma probabilidade menor de ter um impacto.

» **Idade do público:** As pesquisas mostram que as pessoas mais velhas têm uma probabilidade menor de mudar suas atitudes e opiniões do que pessoas mais jovens. Os vinte e poucos anos é a idade na qual as pessoas estão particularmente vulneráveis à persuasão. Esse é um período na vida de muitas pessoas quando as escolhas são abundantes e as informações são trocadas em um ritmo acelerado. Muitas pessoas dessa faixa etária estão na faculdade, entrando no mercado de trabalho e expandindo suas redes sociais. Elas estão expostas a todo um novo mundo de informações, e isso pode tornar mais difícil resistir à persuasão.

DICA

Você quer saber como pode resistir à persuasão? Com a enxurrada de mensagens persuasivas que você recebe diariamente, ajuda muito saber como se manter comprometido com suas próprias crenças e atitudes. O psicólogo William McGuire propôs que uma boa maneira de resistir à persuasão é por meio do processo de *inoculação de atitudes*, que envolve expor-se a argumentos frágeis ou mais frágeis contra sua posição a fim de inocular ou firmar sua resistência a contra-argumentos. Esse processo lhe dá a prática e a confiança para a refutação. É como se aquecer para um grande jogo. E se você precisa inocular a atitude ou o posicionamento de uma outra pessoa em uma questão específica, tente apresentar a ela argumentos opostos frágeis.

DICA

MUITO FÁCIL

Há um ótimo vídeo de rock, de uma banda chamada Cake, que demonstra perfeitamente a influência da participação daquele que é persuadido. No vídeo, um homem anda pela praia pedindo a pessoas reais que coloquem fones de ouvido e escutem a nova música deles. Essas pessoas são então encorajadas a fazer comentários sobre a música. Essa é uma técnica de propaganda muito mais poderosa do que se o homem simplesmente caminhasse com uma placa dizendo "Confira a nova música do Cake. Já nas lojas!". Os persuadidos estão participando de sua própria manipulação. É lindo. Eu não sei se os videomakers estavam pensando nisso quando fizeram este vídeo, mas, se estavam, acertaram em cheio uma extraordinária técnica de persuasão.

Agindo com Maldade

A maioria das pessoas provavelmente pensa em si mesmas como sendo civilizadas, mas é difícil ignorar toda a violência e ódio que parece prevalecer no mundo de hoje. Alguns dos mais horrendos atos da brutalidade humana foram cometidos nas décadas mais recentes — e não em alguma sociedade selvagem de um passado remoto. E, infelizmente, a maior parte das pessoas já vivenciou alguma forma de violência e agressão. Atrocidades monumentais afetando nações inteiras, bem como atos hediondos em escala menor entre os indivíduos, indicam que a agressão e a violência constituem fatos lamentáveis na vida humana.

Por que as pessoas agem de maneira a causar danos às outras pessoas? O que desencadeia a violência de uma pessoa? Os psicólogos têm buscado respostas para essas perguntas estudando a *agressão*, que é uma forma de violência. A *agressão* pode ser definida como qualquer comportamento que é dirigido e que tenha a intenção de ferir outras pessoas.

Existem dois tipos de agressão:

» A **agressão hostil** é motivada pela raiva e é um fim em si mesma.

» A **agressão instrumental** é usada para servir a algum outro propósito, tal como a intimidação ou a extorsão.

A maioria das teorias sobre a agressão se concentra em determinar por que a agressão hostil é cometida.

Agindo naturalmente

Uma ideia é a de que algumas pessoas já nascem com um instinto violento e uma predisposição genética para agir agressivamente. Parece mesmo que algumas crianças são naturalmente mais agressivas do que outras, e por isso os pesquisadores apoiam a teoria do assassino nato:

» Freud propôs que as pessoas já nascem com instintos agressivos, e estudos genéticos mostram que gêmeos idênticos têm uma probabilidade maior de serem mais equiparadamente agressivos do que os gêmeos fraternos (Rushton e outros, 1986).

» Algumas pesquisas também demonstram altos níveis do hormônio da testosterona tanto em homens quanto em mulheres que foram condenados por crimes violentos, quando comparados com os condenados por crimes não violentos (Dabbs, 1988).

Pode ser que o cérebro também tenha algo a ver com isso. Centros específicos no cérebro parecem estar implicados na produção e inibição de comportamentos agressivos. Há muito se tem observado que indivíduos com danos graves nos lóbulos frontais do cérebro têm mais dificuldades para controlar seus impulsos agressivos do que as pessoas sem esse problema, porque tal inibição é vista como uma das funções do lóbulo frontal. A dificuldade para controlar a agressão constitui um processo de desinibição.

Frustração

Ou talvez as pessoas violentas e agressivas simplesmente sejam frustradas. Eu sou um daquele tipo de motorista que fica furioso quando está preso em um engarrafamento e os outros motoristas se comportam de maneira rude. No entanto, não ando por aí xingando as pessoas da janela de meu carro nem me meto em brigas, mas com certeza fico bastante frustrado.

Em 1989, o psicólogo social Leonard Berkowitz, conhecido por sua pesquisa em agressão humana, descobriu que algumas vezes a frustração leva à agressão, e às vezes não. Quando alguém realmente fica frustrado, pode ficar com raiva, e quando uma pessoa se sente furiosa, já está predisposta a agir agressivamente. É como se o corpo e a mente estivessem preparados, em alerta, para agir com agressão. Esse desencadeamento vem da avaliação cognitiva de uma situação e normalmente de uma conclusão de que a pessoa que o está irritando fez isso de propósito. É provável que esse cenário produza uma resposta agressiva. Assim, se você pisar no calo de alguém, é bom esperar que ele perceba que tudo não passou de um acidente.

Fazendo o que se aprende

Para muitas pessoas, talvez a violência se reduza a um produto de seu ambiente. Uma pessoa agressiva talvez tenha aprendido a agir agressivamente observando outras pessoas agirem assim.

Albert Bandura, professor emérito da Universidade de Stanford, concordaria com isso. A *teoria do aprendizado social* defende que o comportamento agressivo é aprendido por meio da observação dos outros e vendo pessoas agressivas serem recompensadas por esse tipo de comportamento. Muitas vezes os meninos são recompensados por serem "durões". Lutadores de MMA (sigla em inglês para *Mixed Martial Arts*, ou Artes Marciais Mistas) e boxeadores recebem muito dinheiro para bater em outras pessoas. Alguns até podem dizer que as atitudes agressivas também são recompensadas regularmente em nossa sociedade. Que criança não veria os benefícios da agressão em um ambiente assim?

A violência na televisão e nos videogames vem sofrendo muitas críticas nos últimos anos por causa de sua conexão muito notável com o aumento dramático da violência entre os jovens. Os norte-americanos assistem muito à televisão. As crianças norte-americanas, particularmente, passam muito tempo em frente a diferentes tipos de telas.

CULPANDO A MÍDIA

Durante toda a minha vida assisti a programas violentos na televisão, mas não me considero uma pessoa violenta. A maior parte das pesquisas concluiu que existe uma correlação positiva moderada em termos de exposição à violência na mídia (filmes, televisão, música, internet e videogames). Ou seja, quanto mais violenta é a exibição da mídia para uma criança, mais alta é a possibilidade de que essa criança se comporte de maneira agressiva.

A Academia Norte-Americana de Pediatria afirma que "grandes evidências de pesquisa indicam que a violência na mídia pode contribuir para um comportamento agressivo, uma dessensibilização em relação à violência, a pesadelos e a um medo de ser ferido" nas crianças.

Minha questão é a seguinte: por que há tanta violência em nossa mídia? Isso oferece alguma coisa útil ao público? É uma técnica de persuasão para suscitar emoções e ser usada por corporações para vender seus produtos? Eu não sei ao certo, mas pode valer a pena investigar as razões por trás da inclusão de tanta violência na indústria do entretenimento.

Até mesmo em anos já tão distantes como 1972, as pesquisas da Gallup relatavam que os norte-americanos assistiam em média a sete horas de televisão por dia. Em 2012, esse número era mais ou menos o mesmo, de seis a sete horas por dia. Independentemente de sua opinião sobre a conexão entre a violência e a televisão, a verdade é que realmente há muita violência nesse veículo.

Em 1990, George Gerbner descobriu que sete entre dez programas continham cenas violentas, e que a programação de horário nobre continha cinco atos violentos por hora. Não há dúvida quanto a isso, a televisão distribui uma dose pesada de imagens violentas. Em 2006, um Comitê do Senado norte-americano descobriu que uma criança norte-americana mediana terá visto 200 mil atos violentos e 16 mil assassinatos na TV quando chegar à idade de 18 anos.

Estendendo uma Mão Amiga

Eu sempre fiquei maravilhado com pessoas como Madre Teresa, que devotaram toda a vida a ajudar os outros. O sacrifício de Madre Teresa foi inquestionável. O que leva as pessoas a ajudar os outros dessa maneira? Certamente, para a santa, não foi o dinheiro. Eu nunca vi a Madre Teresa dirigindo um Rolls-Royce por aí.

Um dos temas favoritos entre os psicólogos sociais é o *altruísmo*, que consiste em se preocupar e ajudar as pessoas sem pedir nada em troca. Talvez esses psicólogos estudem o altruísmo com tal zelo porque isso seja uma parte integrante da vida cotidiana. Constantemente as pessoas se veem diante de situações nas quais alguém precisa de ajuda, até mesmo se for em um comercial triste que passa tarde da noite mostrando crianças passando fome em outros países.

Eu acho que a maioria das pessoas gosta de ver a si mesmas como pessoas que ajudam os outros. Ou, se não são particularmente prestativas, então ao menos são desejosas de ajudar em determinadas situações ou quando a necessidade é muito séria.

O comediante Louis C. K. conta sobre suas viagens voando de primeira classe e vendo um soldado veterano de guerra sentado na classe econômica. Ele pensa em ceder seu lugar para ele, mas, na verdade, não desiste de seu assento. No entanto, ele se sente realmente bem consigo mesmo por pensar nisso. Na fantasia do Sr. C. K. ele foi uma pessoa muito prestativa. Ele se sentia orgulhoso com relação a desejar ajudar, mesmo sem ter feito nada na realidade. Muitas das pesquisas dos psicólogos sociais investigam por que, quando e quais são as pessoas que realmente ajudam. Algumas das descobertas podem ser surpreendentes, e até chocantes.

Em 1964, na cidade de Nova York, uma mulher chamada Kitty Genovese foi brutalmente assassinada do lado de fora de seu apartamento por um homem com uma faca. Ela lutou com o agressor e gritou por ajuda por quase 35 minutos. Ninguém foi ajudá-la. Em relatos posteriores ao acontecido, seus 38 vizinhos afirmaram que testemunharam o crime e escutaram seus gritos, mas não fizeram nada para a ajudar.

O que aconteceu nesse caso? Por que ninguém a ajudou? À medida que você leu esse relato, é provável que você tenha dito para si mesmo que você teria ajudado. Quando eu ouvi essa história pela primeira vez, pensei: "O que há de errado com essas pessoas?". Mas pense, não é provável que todas aquelas 38 pessoas fossem frias, indivíduos insensíveis que não se importaram com uma mulher ser assassinada enquanto ouviam a tudo isso. Em vez disso, eles foram influenciados por um princípio de psicologia social no qual as situações sociais têm uma influência poderosa sobre o comportamento dos indivíduos. A história de Kitty Genovese ilustra o ponto principal da psicologia social — o poder de uma situação é o fator principal na determinação do comportamento de um indivíduo.

Por que ajudar?

Antes que eu apresente a você algumas das principais teorias sobre por que as pessoas executam atos altruístas, gostaria de conduzir um pequeno teste.

ASSOCIAÇÃO LIVRE

Da próxima vez que você estiver em um lugar público, tente fazer um desses experimentos:

- » **Experimento nº1:** Deixe cinco moedas caírem no chão perto de um grupo de pessoas e aja como se não tivesse notado. Cronometre o tempo que leva até que alguém o ajude. Tente se lembrar o quanto puder sobre essas pessoas.
- » **Experimento nº2:** Finja tropeçar e cair em um lugar público. Faça as mesmas observações. (Isso pode dar um vídeo interessante para o YouTube, mas não é recomendado fazê-lo por razões de segurança.)

Se você executou essas experiências, qual foi o resultado? Quem ajudou você? Quanto tempo levou até que você recebesse ajuda? Você sabe por que alguém resolveu ajudá-lo? Eu sei — provavelmente foi por causa de sua beleza estonteante! Mas, na verdade, acredite ou não, ser atraente não faz diferença. Eu vou falar sobre isso mais adiante neste capítulo.

As teorias sobre as razões pelas quais as pessoas na verdade ajudam as outras estão por todos os lados. Aqui estão algumas das mais populares:

- » **Teoria da troca social:** Ajudar é um tipo de processo de troca.
- » **Teoria do egoísmo:** Ajudar alguém pode levar a recompensas.
- » **Teoria genética:** Ajudar é um impulso genético.

Trocando produtos sociais

Os pesquisadores E. B. Foa e U. G. Foa apresentaram a *teoria da troca social*, a ideia de que ajudar é parte do processo recíproco de dar e receber "produtos" sociais como amor, apoio e serviços. Os indivíduos tentam minimizar os custos pessoais e maximizar os benefícios, exatamente como qualquer comerciante faz. Em situações de ajuda, se o benefício de ajudar é mais alto do que o custo de não ajudar, é mais provável que a pessoa ajude. Isso faz um pouco de sentido se você considerar que algumas vezes ajudar pessoas envolve colocar a nós mesmos em risco físico ou em um inconveniente sério.

Também apoiando essa teoria está a *norma de reciprocidade*, de A. W. Gouldner, que defende que uma norma cultural diz às pessoas que elas devem devolver a ajuda àqueles que as ajudaram. Uma mão lava a outra. Por sua vez, as pessoas não machucam aqueles que os ajudam. Nunca morda a mão que o alimenta! Só há uma pegadinha nessa teoria: às vezes as pessoas se sentem ofendidas se você oferece ajuda a elas. Se elas não conseguem retribuir o favor, podem se sentir rebaixadas com a oferta. A reciprocidade funciona melhor quando acontece entre iguais.

Procurando pelo número um

Na década de 1950, Ayn Rand escreveu *A Revolta de Atlas* (Editora Sextante), um famoso romance filosófico que promovia a "virtude do egoísmo". Se cada pessoa procurasse ser o "numero uno", tudo iria bem, diz a teoria.

Rand não estava sozinha quando pensava que o egoísmo não era algo tão ruim assim. Semelhante à teoria da troca social, a teoria do egoísmo argumenta que o comportamento prestativo é orientado pelos *próprios* interesses de uma pessoa. Você dá as coisas pensando em receber algo em troca? Algumas recompensas são externas, como elogio ou notoriedade, e outras são internas, como diminuir sentimentos negativos, tais como a culpa.

Motivado pelo amor que vem de dentro

Em 1991, o psicólogo social Daniel Batson veio ao resgate do sentido de bondade da humanidade com a teoria de que as pessoas ajudam as outras porque os indivíduos têm uma *empatia* natural por outras pessoas, especialmente por aquelas às quais estão ligadas.

Martin Hoffman, psicólogo e professor emérito da Universidade de Nova York, descobriu que até mesmo crianças parecem ter uma habilidade natural para "sentir por" outros. Elas choram quanto ouvem outro bebê chorar. Será que choram somente porque o som do bebê chorando está incomodando seus ouvidos? Provavelmente não. É mais provável que chorem porque se conectam com o sofrimento do outro bebê. As pessoas podem estabelecer uma relação entre se sentirem chateadas com a visão da desgraça de outra pessoa. Essa empatia natural pode encorajar um comportamento prestativo.

Com que frequência você ajuda aquelas pessoas que ficam paradas à beira da rua segurando placas do tipo "Trabalho em troca de comida"? Você sente alguma obrigação de ajudá-las? Elas estão esperando que sim. A *norma da responsabilidade social* defende que as pessoas deveriam ajudar quem precisa de ajuda. Em 1980, Bernard Weiner, na UCLA, contudo, descobriu que as pessoas normalmente aplicam essa norma somente a situações em que acreditam não ter sido provocadas pela negligência ou falha da pessoa que está necessitando de ajuda. Se eu achar que a pessoa somente precisa da ajuda porque ela "trouxe essa situação para si mesma", há uma probabilidade menor de adesão a essa norma de responsabilidade social.

Você acha que o cara em pé com a placa na mão na calçada fez algumas escolhas ruins ou de alguma maneira estragou as coisas? Pergunte a ele; você nunca saberá até que pergunte. Pode ser que você esteja fugindo de sua responsabilidade social se não oferecer alguma ajuda.

SIMPATIZANDO COM A EMPATIA

Algumas pessoas ficam confusas com a diferença entre empatia e simpatia. A *empatia* está associada a uma compreensão pessoal do sofrimento de alguém, e a *simpatia* é uma preocupação sobre o sofrimento de uma pessoa, mas de uma maneira distante e impessoal. Imaginar estar no lugar de outra pessoa é um tipo de empatia, e sentir pena de uma pessoa que está realmente usando sapatos desconfortáveis, por exemplo, é tarefa da simpatia.

Richard Dawkins também defendia a teoria genética em seu livro de 1976, *O Gene Egoísta* (Cia. das Letras), no qual propõe que as pessoas são altruístas porque seus genes as compelem a serem assim. A ideia de *proteção da parentela* afirma que os genes promovem um comportamento altruísta com relação a parentes ou familiares, a fim de assegurar a sobrevivência da configuração genética do grupo. Seguindo essa linha de raciocínio, existe uma probabilidade muito menor de que eu ajude alguém que não conheça. Por que eu ajudaria? Ele não compartilha dos mesmos genes que os meus.

LEMBRE-SE

Quanto mais material genético eu compartilho com alguém, maior a probabilidade de eu ajudar essa pessoa. Simples assim. Nada complicado.

Quando ajudar?

Uma das descobertas mais extraordinárias na pesquisa sobre o altruísmo é a ideia de que há uma probabilidade menor de que as pessoas ajudem quando estão na presença de outras pessoas do que quando estão sozinhas. Isso soa estranho, não é? Eu poderia pensar que o medo de parecer frio e indiferente diante de outras pessoas poderia encorajar as pessoas a ajudarem mais.

Mas a pesquisa mostra o contrário. Quando se está em meio a uma multidão, há uma probabilidade menor de se notar que outras pessoas precisam de ajuda. Em Nova York, por exemplo, as pessoas estão o tempo todo rodeadas por pessoas. É um lugar cheio de gente, e a maior parte das pessoas não tem como dispor de tempo para notar tudo e todos ao seu redor, e isso simplesmente devido ao absoluto volume de informação; é fácil desaparecer em meio à multidão.

Por estranho que isso possa parecer, quando os outros estão por perto, há também uma probabilidade menor de que se interprete o comportamento de alguém como precisando de ajuda. Aqueles que estão nas imediações olham para os outros buscando um sinal sobre como eles deveriam responder a uma situação. Se as outras pessoas não agem de maneira alarmante, então um indivíduo normalmente também não ficará alarmado (ou reagirá). Se a situação é ambígua e não expressa uma situação clara de ajuda, a interpretação de uma pessoa sobre o fato na presença de outros provavelmente será a de concluir que uma intervenção não é necessária. Essa situação é particularmente verdadeira se as outras pessoas forem estranhos.

Um último problema com relação a ajudar as pessoas diante de outros é chamado de *difusão de responsabilidade*. Normalmente as pessoas simplesmente assumem que outra pessoa cuidará seja lá do que quer que precise ser feito. Se ninguém mais está por perto, então eu sou aquele que restou. Eu tenho de ajudar. Mas se outras pessoas estão por perto, é fácil supor que elas farão isso. O que acontece quando todo o mundo assume que todos os outros oferecerão assistência? A ajuda não acontece.

Foi exatamente isso que dois pesquisadores, os psicólogos Latane e Darley, descobriram em um estudo de 1968, no qual os voluntários de um experimento presenciavam uma pessoa tendo convulsões de forma simulada. As pessoas que foram levadas a crer que estavam sozinhas relataram a emergência às autoridades mais rapidamente do que aquelas que acreditavam que eram apenas uma entre outras testemunhas.

Mas nem tudo o que diz respeito a grupos é ruim. Pesquisas mostraram que quando alguém em um grupo toma uma atitude, há uma probabilidade maior de que outras pessoas também se apressem a ajudar. Nesse cenário, as pessoas prestativas servem como *modelos pró-sociais* e são uma forte influência no comportamento altruísta. O problema é conseguir alguém para dar o primeiro passo. Até que alguém o faça, as forças negativas do efeito dos espectadores estão ativas. O *efeito do espectador* ou *apatia do espectador* é a dinâmica de não se envolver em uma situação quando há muitas pessoas ao redor, e é provável que você também fique lá, simplesmente parado. Então vá em frente e seja um herói. Dê o primeiro passo — alguém tem de fazer isso.

Quem dá e recebe ajuda?

Em minha vida pessoal, às vezes sinto necessidade de ajudar as pessoas e às vezes não. Às vezes eu prefiro assistir à televisão do que ajudar meus amigos a carregarem o novo sofá. Outros ainda parecem sempre ter ajuda à disposição quando precisam (diferente de meu amigo do sofá). Existem pessoas mais prestativas e que "atraem mais ajuda" do que outras?

E o que se pode dizer sobre como ajudar afeta os sentimentos? Eu sempre me perguntei sobre as origens da tradição de comprar charutos para os amigos quando seus filhos nascem. Até hoje eu não sei de onde veio isso, mas as pesquisas sobre o altruísmo demonstram que pessoas felizes tendem a ser mais prestativas ou a presentear (papai feliz, charuto de presente). Isso significa que as pessoas tristes não sejam de nenhuma forma prestativas? Isso na verdade depende do quão recompensador seja ajudar os outros para a pessoa que experimenta a tristeza. Se essas pessoas tristes não são demasiadamente autoabsorvidas e focadas demais em si mesmas, os atos altruístas podem ser muito recompensadores para elas. Se se sentir bem, faça o bem! Se se sentir mal, faça o bem! Soa como algo bom a se fazer, especialmente se eu estiver me sentindo mal.

Pessoas piedosas muitas vezes são vistas como prestativas. Muitas organizações sem fins lucrativos funcionam sob denominações religiosas. Mas será que as pessoas religiosas realmente são mais prestativas do que seus vizinhos não religiosos? Aqui está o que as pesquisas mostram: quando as pessoas sinalizam que a religião é algo muito importante em suas vidas, o que se descobriu é que tais dão 2,5 vezes mais dinheiro para a caridade do que aqueles que apontam que a religião não é muito importante. E o veredicto é — indivíduos religiosos são definitivamente generosos, e, segundo algumas descobertas em pesquisas, são mais generosos do que os indivíduos não religiosos.

Em 1986, os pesquisadores Eagly e Crowley descobriram que as mulheres são mais ajudadas do que os homens, e mulheres atraentes conseguem mais ajuda com mais frequência do que as não atraentes. Eu acho que os homens feios que andam por aí estão sem sorte. Felizmente para eles, as semelhanças com quem ajuda parece ser um fator em jogo. Quanto mais uma pessoa se parece ou se veste como eu (ou você), mais provável é que eu a ajude. Então é melhor cruzar os dedos e esperar que da próxima vez que você precisar de ajuda, a outra pessoa ache que você tenha uma boa aparência.

Farinha do Mesmo Saco... Ou Não

Eu acho que os aeroportos, em particular os aeroportos internacionais, são lugares extraordinários. A diversidade que há nesses lugares é incrível. Pessoas de todas as cores, formas, tamanhos, culturas e nacionalidades, todas sob o mesmo teto. Mas essa diversidade também fornece um solo fértil para a discriminação. Toda vez que pessoas com diferenças estão juntas, há um potencial para o preconceito.

Nesta seção apresento você ao preconceito, aos estereótipos e à discriminação, e descrevo como você pode responder a essas dinâmicas sociais.

Descobrindo tudo sobre os ismos

O *preconceito* é uma atitude, pensamento ou crença negativa e desrespeitadora sobre uma pessoa, tendo como base sua afiliação a um grupo em particular. Algumas agências de aplicação da lei têm sido acusadas de usarem uma prática preconceituosa e controversa conhecida como *perfilamento racial*, no qual os oficiais assumem que determinados indivíduos estão potencialmente envolvidos com atividades criminosas simplesmente porque pertencem a uma "raça" ou grupo étnico em particular.

Um exemplo bem conhecido de perfilamento racial vem acontecendo na segurança dos pontos de controle dos aeroportos, após os ataques terroristas em Nova York, Washington e na Pensilvânia, em 11 de setembro de 2001. Em consequência desses ataques, há uma inclinação maior para parar e questionar de uma maneira mais detalhada e intensa os indivíduos com aparência de descendência do Oriente Médio. Se isso realmente está ocorrendo, então a segurança nos aeroportos é culpada de perfilamento racial.

A psicóloga Lynne Jackson sugere que o preconceito é, em parte, baseado em *estereótipos*, crenças de que a maior parte dos membros de um grupo detém as mesmas características, traços e tendências comportamentais. Homens brancos não sabem pular ou dançar. Árabes são terroristas. Asiáticos não sabem dirigir. Essas afirmações generalizadas são ofensivas, não é mesmo? E essa é a questão com o preconceito baseado em estereótipos. Essas conclusões sobre os indivíduos que têm como base a ligação que possuem com um determinado grupo ao qual pertencem são desrespeitosas.

Além disso, as pessoas muitas vezes veem o que esperam ver. Então, se acontece de uma pessoa no grupo-alvo ter um comportamento condizente com o que nossos estereótipos preveem — bum! O estereótipo se fortalece. As outras pessoas no mesmo grupo que não se comportam de acordo com nossos estereótipos muitas vezes não são notadas.

Algumas formas comuns de preconceito incluem o seguinte:

» O **racismo** se concentra na "raça" ou etnicidade percebida em uma pessoa.
» O **sexismo** se baseia no gênero de uma pessoa.
» O **preconceito de idade** tem seu foco na idade de uma pessoa.
» O **preconceito contra pessoas com incapacidades físicas** se baseia exatamente nessas incapacidades.
» O **nacionalismo** se concentra na nacionalidade de origem de uma pessoa.
» O **preconceito contra pessoas com doenças mentais** tem relação exatamente com as incapacidades e doenças mentais de uma pessoa.

A intolerância religiosa (atitudes negativas sobre uma pessoa tendo como base suas crenças espirituais) e a homofobia (a aversão a pessoas com orientação homossexual) também são formas comuns de preconceito.

E o que dizer da *psicologofobia*? Esse medo irracional de que a ocupação de uma pessoa seja a de psicólogo e a crença de que todos os psicólogos são loucos, têm barba (se forem homens) e adoram dar conselhos de graça nas festas que frequentam. Tudo bem, eu inventei esse aqui e raspei minha barba. Mas que os psicólogos têm uma baita fama, ah, isso têm!

Os estereótipos podem ser conscientes ou inconscientes. Eu posso estar consciente ou não de minha crença estereotipada. Mas de onde vêm os estereótipos e seus subsequentes preconceitos? De uma perspectiva da teoria social do aprendizado, os preconceitos podem ser aprendidos. As pessoas certamente podem ser ensinadas a ter crenças específicas por seus pais, pela comunidade, por seus grupos de amigos e pela cultura.

Alguns teóricos propõem que o preconceito é uma consequência da evolução humana, que o processo mental é uma parte inerente da mente humana, a qual evoluiu para ajudar os seres humanos a identificar quem faz parte de seus grupos e quem não faz, quem representa um perigo ou é um competidor em potencial na briga pelos recursos.

E, no entanto, muitos psicólogos propõem que, em última instância, o preconceito é um processo de avaliação cognitiva que, em essência, é uma consequência da tendência da mente de juntar a informação, com o propósito de tornar as grandes quantidades de informação mais facilmente administráveis. O preconceito é um atalho mental. As pesquisas mostram que, nas situações em que as pessoas estão distraídas, cansadas ou desmotivadas, elas ficam mais vulneráveis a pensamentos preconceituosos e estereotipados. Lynne Jackson compara essa dinâmica com um tipo de "processo preguiçoso" que emerge quando as pessoas carecem dos recursos para que possam processar com cuidado as informações sociais.

Compreendendo a discriminação

A mente humana pode ter uma tendência a agrupar as pessoas na forma de preconceito, e muitas vezes isso não é um processo inofensivo. O preconceito pode levar à *discriminação* — o tratamento diferencial de uma pessoa ou grupo baseado em atitudes e crenças preconceituosas. O preconceito, embora talvez aparentemente natural, muitas vezes é implementado por grupos e indivíduos favorecidos contra grupos e indivíduos que desfrutam de níveis mais baixos de vantagens sociais.

Duas formas comuns de discriminação são as seguintes:

- » **Interpessoal:** Atitudes individuais de discriminação, como não escolher a criança baixinha para o time de basquete (Talvez essa criança até seja boa!)
- » **Institucional:** Políticas, procedimentos, regras, leis — leis sobre identificação de votantes que proíbem os pobres ou os idosos de votarem, porque eles não têm uma identificação apropriada, por exemplo — ou uma cultura dentro de uma organização que sistematicamente prejudique um grupo em detrimento de outros

Fazendo contato

O viés aparentemente automático do pensamento humano felizmente pode ser tratado por uma abordagem conhecida como *contato*, que foi formalmente estudada pelo psicólogo Gordon Allport. A tese do contato sustenta que quando um grupo de pessoas diferentes se junta para colaborar para alcançar um objetivo ou projeto em comum, as atitudes positivas de uns para com os outros aumentam, e as negativas diminuem. Mas isso não quer dizer que você pode fazer uma festa e chamar todos seus amigos diferentes e preconceituosos e eles aprenderão a se dar bem. Para funcionar, os encontros de contato precisam estar estruturados em torno do apoio à igualdade, cooperação e segurança.

Os psicólogos Pettigrew e Tropp analisaram centenas de estudos e propuseram os seguintes ingredientes principais de um "contato" bem-sucedido:

- A **redução da ansiedade** acontece por meio da exposição a outros sem que se sinta ameaçado ou prejudicado.
- O **aumento da empatia** é a consequência de se aprender sobre e com os outros.
- O **aumento do conhecimento** sobre os outros diminui os estereótipos.

Uma pessoa também pode diminuir suas atitudes estereotipadas e preconceituosas simplesmente tendo amigos e associados que sejam amigos ou estejam ligados a pessoas do outro grupo. Essa é uma situação de contato vicário e funciona no sentido de reduzir o preconceito e os estereótipos, pois uma pessoa na qual você já confia está demonstrando confiança em outra pessoa, o que significa que, em troca, você também pode confiar naquela pessoa.

Por exemplo, se seu melhor amigo de infância faz amizade com um colega que pertence a um grupo contra o qual você tenha algum preconceito, é provável que você se torne menos preconceituoso com relação àquela pessoa e ao grupo depois de saber que seu amigo de confiança aprecia a companhia deles.

As pesquisas também sugerem que normas culturais e de grupo que são claras e bem comunicadas *contra* o preconceito podem ter um grande impacto. Muitas vezes, o preconceito nos indivíduos é resultado da pressão do grupo para se conformar e adotar atitudes prejudiciais. Se girarmos essa situação para que tenha um efeito contrário, a mesma pressão para se conformar também pode ser uma poderosa influência.

> **NESTE CAPÍTULO**
>
> **Começando**
>
> **Explorando e dominando**
>
> **Experimentando**
>
> **Construindo e conectando**
>
> **Envelhecendo**

Capítulo 12

Crescendo com a Psicologia

Alguma vez você já se perguntou como seria ter um pai ou mãe que fosse psicólogo? E o que dizer se seus dois pais fossem psicólogos? Isso seria uma coisa boa ou ruim? Você pode imaginar que uma conversa típica à mesa de jantar seria algo mais ou menos assim:

Pai ou mãe: Como foi seu dia?

Criança: Foi bem.

Pai ou mãe: Bem, hein? É engraçado, pois não parece que alguém tenha tido um dia muito bom. O que foi, querido? Como realmente foi seu dia?

Criança: Eu me meti de novo em uma briga com aquele valentão grandão e idiota da escola. Bem, não foi bem uma briga. Ele simplesmente pegou minha lancheira e a jogou na lata de lixo.

Pai ou mãe: Como você se sentiu com relação a isso? Frustrado? Com raiva? Que papel você teve nessa situação?

Criança: Sabe, eu gostaria de ao menos uma vez na vida ouvir você dizer que fará alguma coisa a esse respeito ou me proteger de alguma maneira. Talvez você pudesse me ensinar a me defender. Estou cansado de fazer terapia na mesa do jantar. Vou para o meu quarto.

Pai ou mãe: Bem, eu acho que estraguei esse aí. Como me sinto com relação a isso?

Eu não sei se é necessariamente uma coisa boa ou ruim ter um pai ou mãe que seja psicólogo. Algumas pessoas parecem achar que isso produziria uma marca profunda em uma criança, porque tudo o que ela fizesse seria excessivamente analisado. Mas não é muito justo dizer algo assim. Se um pai ou mãe é pediatra, as pessoas esperariam que ele deixasse seu conhecimento médico fora de casa e não tratasse dos próprios filhos quando eles precisassem? É claro que não! Mas tudo pode ser exagerado.

Uma das maiores áreas de estudo na psicologia é a do desenvolvimento psicológico. Embora muitas pessoas pensem em crianças quando escutam essa terminologia, a psicologia do desenvolvimento abrange todas as etapas da vida humana. A *psicologia da longevidade* é o estudo do desenvolvimento psicológico desde a concepção até a morte.

Eu descrevo algumas das áreas que tradicionalmente são cobertas pela psicologia da longevidade em outros capítulos neste livro. O desenvolvimento da personalidade, por exemplo, é o foco do Capítulo 11. O autodesenvolvimento e o desenvolvimento dos relacionamentos são explorados no Capítulo 10. Portanto, este capítulo foca no desenvolvimento físico e motor, no desenvolvimento cognitivo e no desenvolvimento social.

Começando com a Concepção e o Nascimento

O processo do desenvolvimento psicológico de uma pessoa começa no momento da concepção. Os processos genéticos, que desempenham um papel importante no desenvolvimento futuro dos comportamentos e processos mentais, se originam a partir da união do óvulo feminino com o esperma masculino. Cada casal cria uma combinação genética nova, chamada de *genótipo* — que é a configuração genética de um indivíduo.

Por meio de um processo complexo que é melhor compreendido por geneticistas e biólogos, os genes se expressam em algo chamado de *fenótipo* — a manifestação efetiva dos códigos genéticos nos processos biológicos e psicológicos observáveis no modo como são moldados e impactados por nosso ambiente. Então isso significa que eu posso ter um genótipo para ser alto e musculoso, mas se eu sofrer de má nutrição e nunca me exercitar, posso ficar aquém de meu potencial genótipo.

Nesta seção apresento os aspectos relacionados à gravidez e o processo de desenvolvimento fetal.

X e Y se encontram...

Os espermas e os óvulos constituem células especializadas do corpo que contêm a metade do material genético necessário para que se possa fazer uma pessoa inteira. São chamadas de células sexuais, exatamente porque estão envolvidas na reprodução sexual.

Os seres humanos possuem 46 cromossomos. Você obtém 23 cromossomos de sua mãe e 23 de seu pai. As células sem relação com as sexuais contêm um conjunto completo de material genético com 46 cromossomos. Os cromossomos de uma pessoa determinam os aspectos únicos dessa configuração biológica e psicológica. Eles constituem os tijolos genéticos da construção celular.

O 23º par de cromossomos, os cromossomos sexuais, determinam o sexo da criança. Os cromossomos sexuais podem ser tanto de variação X quanto Y. As células do esperma podem carregar tanto um cromossomo X quanto um cromossomo Y, mas um óvulo só pode carregar um X. Quando o esperma e o óvulo se juntam, sua combinação única é que determina o sexo da criança.

Meninos têm um 23º par de cromossomos que contém um cromossomo X e um Y (XY). As meninas têm dois X (XX). Pelo fato de a mãe poder dar somente um cromossomo X e o pai poder dar tanto um X quanto um Y, a contribuição do cromossomo sexual do pai desempenha um papel decisivo.

O papel da genética no comportamento humano e nos processos mentais tem sido alvo de disputas há décadas, que ficaram conhecidas como o debate do *inato versus adquirido*. Os proponentes do argumento do inato acreditam que o comportamento é geneticamente determinado. A biologia é uma marca do destino, por assim dizer. Já os partidários da tese do adquirido acreditam que os ambientes nos quais uma pessoa cresce determinam sua configuração psicológica. Esse debate basicamente caiu por terra nos últimos 25 anos com o surgimento do posicionamento de meio-termo, que defende que tanto os fatores biológicos quanto os ambientais estão envolvidos, com diferentes pesos sendo atribuídos a um e outro, dependendo do processo psicológico em questão.

Unindo e dividindo tudo em uma noite

O desenvolvimento biológico começa com o processo de reprodução sexual. E é dessa maneira que o desenvolvimento psicológico começa, como também o comportamento, já que os processos mentais estão intrinsecamente vinculados ao desenvolvimento biológico. Para saber mais sobre a relação entre a psicologia e a biologia, volte ao Capítulo 3.

O processo de desenvolvimento começa logo depois que um homem e uma mulher têm relações sexuais:

Estágio germinal (da concepção a duas semanas)

1. **O esperma e o óvulo se encontram, combinando as metades de seus conjuntos de cromossomos.**

   Isso é a *fertilização* e acontece nas *trompas de Falópio*.

2. **De 24 a 30 horas se passam até que um *zigoto* unicelular (o óvulo fecundado) comece a se dividir.**

   Isso também ocorre nas trompas de Falópio. Por meio de um processo chamado *mitose*, cada cromossomo faz uma cópia de si mesmo e contribui com essa cópia para a formação de uma segunda célula. As células continuam a se dividir e a se multiplicar, repetindo esse processo ao longo do desenvolvimento fetal, e assim coloca esse desenvolvimento a caminho!

3. **De três a quatro dias se passam até que o óvulo fecundado chegue ao útero.**

   Ao chegar ao útero, a *implantação* ocorre. Durante esse processo, o óvulo fecundado se apoia na parede do útero e acaba por se fundir a ele, sendo implantado no revestimento do útero.

4. **O período embrionário começa.**

   Esse período ocorre cerca de 14 dias após o *estágio pré-embrionário*, ou quando se inicia o *período germinativo*. O período embrionário dura até o fim da oitava semana de gravidez.

Estágio embrionário (da 3ª até a 8ª semana)

5. **As células continuam a se dividir.**

   Começa a tomar forma algo nitidamente humano. Um sistema nervoso rudimentar e outros sistemas corporais começam a se formar.

Estágio fetal (da 9ª semana até o nascimento)

6. **O *período fetal* começa e dura até o nascimento.**

   Esse estágio começa no terceiro mês de gravidez e constitui um processo extremamente delicado. Dificuldades psicológicas podem às vezes ser remanescentes de problemas no cérebro fetal e no desenvolvimento do sistema nervoso. Deficiências mentais e de aprendizado e outros distúrbios cognitivos também podem às vezes estar ligados a dificuldades fetais.

LEMBRE-SE

É extremamente importante que as mães grávidas tenham uma nutrição adequada, evitem doenças infecciosas e eliminem o uso de drogas, álcool e cigarro. Essas mudanças comportamentais não garantem o nascimento de uma criança saudável, mas certamente aumentam as chances de que isso aconteça.

O desenvolvimento biológico de cada um desses períodos é destacado na Tabela 12-1.

TABELA 12-1   **Desenvolvimento Fetal por Etapa da Gravidez**

Germinativo (Semanas 0-2): O que tem lá?	
Saco amniótico	Placenta
Embrião	Cordão umbilical
Embrionário (Semanas 3-8): O que tem lá?	
Embrião (braços e pernas)	Batidas de coração
Olhos e orelhas	Sistema nervoso
Dedos das mãos e dos pés	Medula espinhal
Fetal (Semanas 9-36): O que tem lá?	
Sistemas dos órgãos funcionando	Órgãos sexuais
Hemácias	Leucócitos
Feto já está muito ativo	Feto está dormindo como um recém-nascido

Das Fraldas ao Babador

Por volta de 36 semanas após a concepção, uma mulher sortuda deu à luz uma criança saudável. A infância é um período empolgante no qual ocorrem desenvolvimentos tanto físicos quanto psicológicos a uma velocidade sem precedentes. Em um minuto, a criança não faz nada além de dormir, e no minuto seguinte está brincando de "cadê o neném".

Nesta seção descrevo o desenvolvimento infantil inicial, incluindo o desenvolvimento motor e cognitivo e o desenvolvimento da linguagem.

Instintos de sobrevivência

Por aproximadamente nove meses como um feto, o bebê conta quase que exclusivamente com sua mãe para sobreviver. Essa dependência não termina com o nascimento. Embora os sistemas biológicos básicos da criança estejam funcionando sozinhos, a manutenção deles requer o cuidado atento de um dos progenitores ou do cuidador primário. Às vezes os pais podem se sentir sobrecarregados com a responsabilidade de cuidar de um bebê. A boa notícia é que as crianças nascem com uma série de habilidades básicas bastante impressionantes que a ajudam a sobreviver.

Na verdade, quase todas as habilidades de sobrevivência humana básica estão presentes quando a criança nasce. Quando eu digo *básico*, quero dizer realmente básico — respirar, sugar, engolir e eliminar. Bebês precisam respirar para obter oxigênio. Precisam engolir e sugar para comer. Precisam eliminar a fim de limpar seus sistemas biológicos. Vocês, futuros pais que andam por aí, podem ficar sossegados quanto ao fato de que não precisarão ensinar a seus bebês como sugar uma mamadeira ou o peito. Isso é natural e automático. É um reflexo.

Essas habilidades são parte de uma lista maior de reflexos inatos com os quais os bebês nascem e que os ajudam a sobreviver. Aqui estão alguns outros:

- » **Reflexo de torção:** Virar a cabeça na direção de uma bochecha que foi tocada para tentar sugar
- » **Reflexo de moro:** Esticar braços e pernas e chorar em resposta a barulhos altos ou a um movimento repentino de queda
- » **Reflexo de preensão:** Agarrar coisas, tal como o dedo de alguém

Movimentando-se por aí

Para muitos pais, uma das áreas mais esperadas do desenvolvimento dos bebês é o desenvolvimento motor da criança. Os pais ficam ansiosos para ver suas crianças adquirirem uma destreza cada vez maior em suas capacidades físicas. Os bebês têm pouquíssimo controle sobre seus membros e cabeça quando nascem. Leva algum tempo até que o sistema nervoso central (cérebro e medula espinhal) e o sistema nervoso periférico (nervos fora do cérebro e da medula espinhal) consigam se coordenar.

A progressão do controle começa com os movimentos da cabeça e então se volta para o controle dos membros e do torso, o que normalmente começa por volta dos 6 meses de idade. Por fim, um controle motor bem maior começa a surgir por volta de 8 a 12 meses. Por exemplo, as crianças podem começar a agarrar coisas com apenas dois dedos quando estão com 9 meses de idade. A Tabela 12-2 mostra essa progressão.

TABELA 12-2 Sinopse do Desenvolvimento Motor na Infância

Idade em Meses	Habilidades Presentes
1-3	Levantar a cabeça e sentar-se com ajuda
4-8	Manter a cabeça parada e equilibrá-la; olhar ao redor; usar o dedão para agarrar; sentar-se por um curto período de tempo sem ajuda
8-12	Coordenar as atividades das mãos; controlar o tronco e sentar-se sem ajuda; engatinhar; começar a favorecer o uso de uma mão em detrimento da outra; sair da posição sentada para ficar de pé utilizando algo para se apoiar; andar com ajuda, dando passos simples
14	Ficar de pé e caminhar sozinho sem dificuldades
18	Correr e cair

À medida que os bebês se tornam crianças pequenas, seu comportamento motor se torna mais sofisticado. Eles podem correr, chutar, jogar coisas, andar de triciclos e desempenhar uma variedade de outras sequências complexas de comportamentos motores. *Boas habilidades motoras*, uma destreza cada vez maior e um controle sobre o uso de seus dedos e mãos continuam a se desenvolver à medida que as crianças aprendem a manipular pequenos objetos como copos, giz de cera e pequenos brinquedos.

DESCOBRINDO SOBRE O DESENVOLVIMENTO INTEGRAL

A Tabela 12-2 não é uma lista completa acerca do desenvolvimento das habilidades motoras na infância. Para uma maior cobertura acerca dessas capacidades e da maior parte dos outros aspectos do desenvolvimento que mencionei neste capítulo, recomendo o livro de T. Berry Brazelton, *O Grande Livro da Criança – O Desenvolvimento Emocional e do Comportamento Durante os Primeiros Anos* (Editorial Presença). O Dr. Brazelton é um respeitado pediatra com inúmeras e ótimas ideias e observações sobre crianças.

PENSANDO SOBRE AS COISAS

A *teoria do desenvolvimento cognitivo* é o estudo do desenvolvimento e do amadurecimento do pensamento. Um psicólogo suíço chamado Jean Piaget é o pai e rei absoluto da teoria do desenvolvimento cognitivo. Piaget começou a fazer reflexões sobre o pensamento enquanto observava seus próprios filhos crescerem, analisando seus comportamentos e teorizando sobre os pensamentos que se passavam por suas cabecinhas. Eu acho que ter um psicólogo como pai pode ser algo realmente meio assustador.

Piaget é considerado como sendo um *mentalista*, porque sua teoria defende que o comportamento observável de uma pessoa decorre em grande medida a partir da maneira como ela pensa sobre o mundo. Piaget enfatizou o modo como se pensa, no lugar do que você sabe. Afinal, um dicionário contém muitas informações, mas ele pode resolver a operação 2 + 2? Piaget definiu a inteligência como a coleção das capacidades mentais que ajudam um organismo a se adaptar. Ele também sugeriu que a inteligência envolve a busca pelo *equilíbrio cognitivo* — um equilíbrio harmonioso entre o pensamento de um indivíduo e seu ambiente. Constantemente você encontra situações e estímulos novos vindos do ambiente. Essas novas experiências desafiam a mente humana e levam a um desequilíbrio. O pensamento é o processo que restaura esse equilíbrio.

Flexibilizando os músculos

Enquanto as crianças estão começando a confiar em seus reflexos e desenvolvendo um controle maior sobre os movimentos de seus músculos, seus cérebros estão se desenvolvendo a uma velocidade extremamente rápida. Na verdade, o desenvolvimento do cérebro começa durante a gravidez e continua ao longo da infância e da adolescência. A progressão do desenvolvimento do cérebro começa com as áreas motoras desse órgão. Sem o necessário desenvolvimento cerebral nessas áreas, as crianças não seriam capazes de responder reflexivamente e adquirir o controle sobre o corpo.

A próxima parada da expressão do desenvolvimento cerebral são as áreas *somatossensoriais* do cérebro, que são as áreas ligadas à sensação e à percepção (o olfato, o paladar, a dor, a audição e as áreas visuais). Os bebês nascem com um bom sentido de audição. Eles conseguem discriminar entre a voz da mãe e a de estranhos, por exemplo, o que pode ser consequência de escutarem a voz delas ao longo da gravidez. Seus sentidos de olfato e paladar também são apurados. Já a acuidade visual é menos desenvolvida no nascimento e se desenvolve gradualmente durante o primeiro ano de vida.

Reservando tempo para os esquemas

As crianças utilizam o que o psicólogo suíço Jean Piaget chama de *esquemas* ou moldes mentais de pensamento, como se fossem mapas rodoviários ou moldes, para representar, organizar e integrar a experiência. Os *esquemas* são formas básicas de pensar sobre o mundo. Em vez de ficarem sentadas passivamente esperando que o mundo lhes apresente as informações, as crianças constroem ativamente uma compreensão e uma representação mental do mundo. Existem três esquemas básicos:

» **Esquema sensoriomotor:** Esses padrões organizados de pensamento são criados pela interação direta das crianças com e pela manipulação dos objetos no ambiente.

Por exemplo, quando uma criança de um ano tira tudo de seu prato e joga a comida no chão, ela não está apenas tentando irritar a mamãe e o papai. De acordo com Piaget, ela está desenvolvendo um esquema sensoriomotor para entender a relação entre a causa e o efeito. É uma representação simples de um relacionamento mecânico básico: "Eu derrubo a comida. Aí a mamãe e o papai ficam vermelhos. Isso é divertido!".

» **Esquema simbólico:** Com o desenvolvimento desses esquemas, a criança começa a representar simbolicamente seus primeiros relacionamentos sensoriomotores. Ela consegue pensar sobre os objetos no mundo sem ter que interagir diretamente com eles.

» **Esquema operacional:** Essas atividades mentais internas envolvem a manipulação das representações simbólicas dos objetos. Os esquemas operacionais envolvem a capacidade de pensar abstratamente e resolver problemas sem na verdade ter de tentar uma solução fisicamente. Então, em vez de pular na frente de um carro para ver se dói, a criança pode imaginar pular na frente de um carro e decidir se isso a machucaria ou não.

Basicamente, os três esquemas começam com interações concretas com o mundo e avançam em direção a um processo de pensamento mais simbólico e abstrato. Isso é uma marca no trabalho de Piaget; lembre-se de que você começa com o concreto e então gradualmente passa para o abstrato. Pensando agora sobre isso, me dou conta de que talvez essa seja a razão pela qual eu nunca me dei bem na escola dominical. Eu não conseguia superar a ideia de que as nuvens não pareciam fortes o suficiente para suportar o céu. Afinal, as coisas não cairiam lá de cima? Até hoje eu não consegui entender isso.

LEMBRE-SE

As pessoas nascem com dois processos que as ajudam a desenvolver ainda mais o pensamento:

» **Organização:** A organização envolve a combinação de diferentes esquemas que já tenham sido desenvolvidos com esquemas novos e mais complexos. Basicamente, você está constantemente alternando sua compreensão do mundo para criar uma imagem melhor e mais completa.

» **Adaptação:** A adaptação é um processo de ajuste às demandas do ambiente. Ela é realizada por dois subprocessos distintos:

- **Assimilação:** Crianças pequenas utilizam a assimilação o tempo todo. Quando Pedrinho chama um cavalo de "au-au", isso demonstra uma assimilação em andamento. As crianças tentam entender objetos novos no seu ambiente recorrendo ao que já conhecem e aplicando isso a novos objetos e situações. É um pouco como usar um molde, a criança tenta encaixar tudo naquele único molde. Se a criança só conhece um tipo de animal de quatro patas com um rabo, então até mesmo um cavalo é um "au-au".

- **Acomodação:** A acomodação é essencialmente o oposto do processo de assimilação; em vez de acrescentar novas experiências a velhos *esquemas*, os já existentes são alterados para se encaixar às novas informações. A criança pode dividir ao meio uma categoria em curso (o "au-au" se transforma no "cachorrão" e "cachorrinho") ou cria uma nova categoria (o au-au se torna "cachorros" e "cavalos") para se lembrar de experiências. O crescimento cognitivo, então, é o processo contínuo e persistente de as crianças aplicarem (assimilarem) sua compreensão ao mundo e fazerem acomodações para as novas informações. Esse é o processo global de adaptação, que permite a manutenção do equilíbrio cognitivo entre o pensamento e o ambiente.

Fazendo seu sensoriomotor funcionar

O *estágio sensoriomotor* é o primeiro do desenvolvimento cognitivo e dura desde o nascimento até os 2 anos de idade. Durante o estágio sensoriomotor, as capacidades de resolução de problemas de uma criança se desenvolvem para além dos simples reflexos. As crianças estendem os comportamentos reflexivos a objetos novos em seu ambiente. Um bebê pode sugar um brinquedo pequeno além do mamilo da mãe ou o bico de uma garrafa. Podem ser necessárias algumas tentativas até que os bebês se acostumem a chupar uma chupeta, ou seja, até que eles sejam capazes de aplicar seu conhecimento e capacidade natural de sugar a outros objetos.

Quase que acidentalmente os bebês descobrem que podem ter um efeito físico nos objetos do mundo. Gradualmente eles vão construindo sobre essas descobertas acidentais e desenvolvem respostas intencionais e coordenadas em uma escala simples. Mas os bebês acabam por avançar em direção a um tipo de experimentação ou aprendizado de tentativa e erro no qual fazem coisas aos objetos a seu redor só para ver que tipo de impacto eles podem ter neles.

A capacidade de imitar as pessoas também se desenvolve durante o estágio sensoriomotor. Os bebês muitas vezes sorriem quando você sorri para eles. Uma das formas mais comuns de imitação é a vocalização. Quando uma criança desenvolve a capacidade de imitar, muitas vezes ela vocaliza da mesma forma para aqueles que vocalizam para elas. É muito fofo!

Um último ponto importante nesse estágio é o desenvolvimento de uma habilidade chamada de *permanência do objeto*. Se você esconde alguma coisa de um bebê que ainda não tenha desenvolvido a permanência do objeto, ele se esquece disso. Mas quando os bebês atingem essa noção de permanência do objeto, lembram de que o objeto ainda está por perto mesmo se ele não está claramente à vista — eles tentam procurar o objeto enquanto você o esconde. Então, se você for esconder coisas dos seus filhos, faça isso antes que a permanência do objeto se desenvolva.

Aprendendo com versos

Às vezes, quando estou brincando com crianças pequenas, me pego interrogando-as e testando os limites de seu conhecimento. Pode ser que eu leia algum livro para elas e peça que apontem coisas em cada página: "Onde está a bola?". Esse tipo de dever de casa para crianças pequenas é ótimo, desde que eu não exagere, que é uma coisa que tenho a tendência a fazer.

Muitos pais começam a ensinar a seus filhos alguns conhecimentos rudimentares que servem como alicerce para um futuro aprendizado escolar. Reconhecer objetos e categorias de objetos como formas, cores, animais, números e letras são habilidades básicas que todas as crianças têm de dominar. Embora algum nível de habilidade preexistente esteja presente, a capacidade de uma criança de reconhecer objetos aumenta por volta dos 18 meses ou 2 anos. As crianças adoram aprender histórias, músicas e cantigas de roda nesse período da vida.

A brincadeira tem um papel muito importante na experiência de descoberta de uma criança pequena. Por volta dos dois anos e meio de idade, a maioria das crianças consegue brincar junto a seus coleguinhas, tanto nas atividades de grupo quanto nas individuais, por um período prolongado. Antes dessa idade, as crianças podem se envolver em sessões curtas de brincadeira independente ou brincadeiras físicas interativas (cantigas com palmas) com adultos ou crianças mais velhas. Crianças pequenas ou que estão no jardim de infância preferem brinquedos mais naturais, como areia, lama e água. Elas inventam seus próprios jogos, mas ainda não se dão muito bem com regras e regulamentos.

LEMBRE-SE

Alguns pais esperam que seus filhos aprendam a reconhecer e escrever letras antes que entrem para o jardim de infância. Mas para a maioria das crianças pequenas e crianças em idade pré-escolar, essas habilidades são avançadas demais, e pode-se esperar que consigam reter pouquíssimas coisas antes do jardim de infância. Por volta dos 5 anos de idade é que as crianças começam a formar letras.

Contudo, desenhar é uma habilidade relacionada para a qual as crianças pequenas e as pré-escolares realmente demonstram alguma capacidade de execução. A maioria das crianças de 2 a 3 anos consegue rabiscar, e ao final desse período, já consegue facilmente criar linhas retas, curvas e laços. Já as crianças de 4 e 5 anos começam a desenhar representações e desenhos com traços simples. Elas também conseguem colorir dentro das linhas com facilidade.

Dizendo o que pensa

Muitos pais se lembram das primeiras palavras de seus filhos. Normalmente o coração deles se derrete quando seu pequeno profere as palavras *mamã* ou *papá*. A palavra *bola* normalmente não suscita a mesma reação.

LEMBRE-SE

O posicionamento dominante na psicologia com relação ao desenvolvimento da linguagem é que ela é inata e evolui gradualmente à medida que o cérebro da criança se desenvolve. Isso não quer dizer que as crianças nasçam com uma linguagem, mas que elas nascem com a capacidade mental inata para aprender e compreender as regras de linguagem da comunidade em que nasceram. Os pais podem facilitar o desenvolvimento da linguagem ao proporcionar um ambiente compreensivo e estimulante e incentivar as crianças a usarem as palavras para comunicar suas necessidades e desejos.

As crianças não nascem falando em frases ou fazendo discursos. Bem, pelo menos nenhuma das crianças que eu já encontrei por aí. As crianças aprendem a falar pouco a pouco. A linguagem se desenvolve em etapas ao longo de dois a três anos de vida. Aqui está uma visão geral sintetizada dos feitos da linguagem que fazem com que os pais fiquem tão orgulhosos:

» **0–4 meses:** A fala da criança começa com a *vocalização*. Nos primeiros meses, os bebês produzem sons que saem naturalmente dos movimentos da boca (se alimentar, respirar e sugar) e de chorar. Fazer um som de "estar comendo" ou zunidos são bons exemplos de sons que são provocados por movimentos naturais da boca.

Os comportamentos vocais associados ao choro são experimentados e o uso da voz começa. Esses sons ocorrem tanto espontaneamente quanto em reposta à interação com outras pessoas. Um bebê pode vocalizar em resposta a uma mãe vocalizando, por exemplo. Muitas vezes essas interações servem de base para um desenvolvimento social futuro, da mesma forma que pais e crianças se envolvem em jogos de sons, cada um a sua vez e sentindo o estilo de interação um do outro.

- **5–8 meses:** Há um leve refinamento nos sons básicos emitidos pelos bebês. Por volta do sétimo ou oitavo mês, eles começam a formar sons que se assemelham a sílabas. Em português, alguns sons de sílabas são mais fáceis de expressar do que outros, como *ma* ou *ba*. É bem mais difícil fazer com que um bebê de seis meses expresse algo como o som de *la* ou *ra*. Esta etapa de experimentação com os sons é chamada de "balbucios".

- **12–18 meses:** Por volta de um ano de idade, os bebês começam a usar palavras monossilábicas simples. Os primeiros sons de consoantes e vogais são então combinados para produzir as primeiras palavras polissilábicas, como *mama*, *au-au* ou *miau*. Esse processo continua pelos meses que se seguem, à medida que novas palavras eventualmente aparecem e as palavras aprendidas funcionem como base para que se possa generalizar.

- **18 meses:** O desenvolvimento da linguagem se acelera vertiginosamente por volta dos 18 meses de idade dos bebês. Tirando partido de sua capacidade de generalizar, as crianças começam a formar frases de duas palavras simples (chamadas de "fala telegráfica"), e depois frases de três palavras, e assim por diante. E, com isso, quando vê, você responderá a mais perguntas de "por que" do que jamais imaginou que era possível.

  As crianças aprendem novas palavras a uma média aproximada de uma palavra a cada duas horas. Isso é impressionante! Eu tive aulas de espanhol em diferentes momentos ao longo de minha vida e me sentia superprodutivo se conseguisse aprender uma palavra a cada duas semanas. Bem triste, eu sei.

  Essa explosão no desenvolvimento da linguagem continua até que as crianças atinjam os 3 anos de idade. Suas habilidades de linguagem se expandem para além do uso de uma palavra para muitas coisas — *bola* não é mais todo objeto redondo, e *au-au* não é mais qualquer animal de quatro patas, e assim por diante.

Ao atingir os 4 anos de idade, a maioria das crianças já aprendeu a parte mais importante (as estruturas, as regras e uma boa dose de vocabulário) de sua língua nativa. Quando estão se preparando para entrar no jardim de infância, as crianças já adquiriram aproximadamente oito mil palavras e aprenderam a usar a linguagem em várias situações sociais. Eles também são capazes de fazer perguntas e afirmações negativas. A esta altura, a linguagem rudimentar já está consolidada, e é simplesmente uma questão de continuar aprendendo e aumentar a sofisticação para construir sobre a fundação já existente.

Florescendo borboletas sociais

Os primeiros relacionamentos que os bebês têm são com seus cuidadores primários. Um pai ou uma mãe e seu bebê muitas vezes estabelecem jogos visuais e de toques simples um com o outro. Os bebês também fazem gestos faciais para estranhos. As interações entre um bebê e seu cuidador primário têm sido comparadas a uma dança na qual cada um dos parceiros interpreta as deixas um do outro em uma cena que quase parece uma coreografia. Esse processo de usar a resposta um do outro para avaliar a interação social tem sido chamada de *interação recíproca* e muitas vezes depende da capacidade do cuidador primário de responder às pistas dadas pela criança.

Uma boa conexão entre um bebê e seu cuidador primário é com frequência o resultado de algo chamado de *qualidade de ajuste* — a adequação entre o temperamento e o estilo de uma criança e o de seu cuidador primário. Tenho ouvido muitas vezes alguns pais dizerem que cada um de seus filhos tem um temperamento diferente e que, por vezes, o aprendizado para responder de maneira diferente a cada criança é um desafio. Algumas crianças podem ser muito extrovertidas e buscar estímulos sociais, mas outras podem ser tímidas e requerem um estilo de interação mais discreto. Eu acho que parte da arte de educar é saber como corresponder ao temperamento de uma criança, e isso muitas vezes representa um desafio significativo na terapia com crianças.

Gradualmente, o círculo social de uma criança se expande no sentido de incluir os irmãos, e em torno dos 7 a 9 meses de idade, ela começa a mostrar sinais de *ansiedade da separação* (o medo de ser abandonado pelo cuidador primário). Dos 16 aos 24 meses, as crianças são capazes de passar tempo brincando e interagindo com outros sem um envolvimento muito significativo da parte de seus cuidadores primários. Entre os 3 e 4 anos de idade, o universo social das crianças continua a se expandir. Às vezes ocorrem discussões à medida que encontram limitações ao lidar com outras crianças. Compartilhar e esperar por sua vez se tornam coisas muito importantes, e amizades simples e o afeto por determinadas crianças também começam a surgir.

Entrando no Ônibus Escolar

A maior parte das crianças entra no jardim de infância por volta dos 5 anos de idade. Isso marca um momento decisivo no desenvolvimento da criança — as habilidades de aprendizado, cognitivas e sociais se tornam cada vez mais importantes. As crianças deixam seus pais e o ambiente protegido e de apoio do lar e começam a interagir com um mundo maior e mais complexo. As habilidades relacionadas à escola, tais como escrever, ler, soletrar e a matemática simples, começam a ocupar uma grande quantidade de sua energia mental e de seu tempo.

Dominando o giz de cera

Durante o jardim de infância, as crianças aprendem a usar com maior habilidade ferramentas e materiais relacionados à escrita. Algumas crianças podem ser expostas a coisas como tesouras, cola ou tinta pela primeira vez no jardim de infância. Também é esperado que elas aprendam a escrever letras, seus nomes e algumas palavras simples durante esse ano na escola, bem como adquiram o básico da leitura, incluindo o reconhecimento das letras e deem início à alfabetização fônica. É esperado que, à medida que as crianças progridam na escola, essas habilidades se expandam junto com a capacidade de ler e escrever pedaços maiores de informações.

As habilidades matemáticas começam com aprender a contar. Por volta dos 4 ou 5 anos, as crianças conseguem contar com a *correspondência um a um*, que é quando uma criança consegue contar cada objeto ao qual é apresentada. Então, se eu coloco cinco maçãs para fora, as crianças dessa idade contarão ("Um, dois, três", e assim por diante) cada uma das maçãs. À medida que as crianças progridem do jardim de infância para a etapa seguinte do sistema escolar, elas desenvolvem conceitos de adição e subtração, e finalmente desenvolvem a capacidade de realizar operações mais sofisticadas que se estendem até a multiplicação avançada, a divisão e, às vezes, até mesmo frações.

Ser pré-operacional não significa que você se submeterá a uma cirurgia

O estágio sensoriomotor do desenvolvimento cognitivo é seguido pelos estágios pré-operacional e operacional. O raciocínio continua a ficar cada vez mais sofisticado, usando os ganhos das etapas anteriores e sendo aplicado a problemas mais difíceis.

O *estágio pré-operacional* (idades de 2 a 7 anos) marca o desenvolvimento do pensamento simbólico. A criança agora possui a capacidade de permitir que um objeto, um símbolo, represente outro objeto. Uma característica disto é brincar de faz de conta. Como um pedaço de pau pode virar uma espada ou uma toalha de banho ser usada como uma capa de super-herói? Só com a representação simbólica!

As características mais impressionantes dos processos de pensamento das crianças pré-operacionais, contudo, são as capacidades que elas não possuem. As crianças dessa idade têm dificuldades para classificar objetos em duas ou mais categorias. Por exemplo, se você pergunta a elas se existem mais bolas totais ou mais bolas vermelhas em um conjunto de quatro bolas vermelhas e três bolas verdes, elas normalmente respondem, "bolas vermelhas". Elas se fecharam em uma característica proeminente do conjunto de bolas e não conseguem pensar abstratamente para resolver o problema. Quanto pesam 50 quilos de penas? Uma criança pré-operacional pode dar um número menor do que 50 quilos como resposta.

O desenvolvimento clássico que marca nitidamente a diferença entre uma criança pré-operacional e uma criança operacional concreta é chamado de *conservação* — a capacidade de compreender que algo se mantém o mesmo ainda que suas propriedades de aparência ou superfície mudem.

Pegue um copo grande com água e um copo vazio pequeno. Com a criança presente, despeje a água do copo grande dentro do copo menor. Agora pergunte à criança qual dos copos tem mais água. A criança sempre dirá que é o copo maior, já que ele é maior. Mas depois que a criança fica mais velha e avança em direção à etapa operacional concreta, ela consegue resolver esse problema.

O *estágio operatório concreto* marca o desenvolvimento da capacidade de uma criança de representar mentalmente uma complexa série de ações realizadas com lógicas relacionais. Nesse estágio as crianças usam uma habilidade chamada de *seriação*, que permite a elas arrumar objetos em uma série sobre alguma dimensão, como maiores a menores, menores a maiores, mais altos a mais baixos, e assim por diante. Acredite ou não, a maioria das crianças não consegue fazer isso antes dos 7 anos de idade.

Uma criança operacional concreta ainda fica confusa com problemas mais abstratos ou problemas hipotéticos. Se um problema não tiver uma base na realidade, a criança operacional concreta terá muita dificuldade para responder à questão. Elas empacam nas perguntas de "e se", porque essas perguntas requerem que abstraiam conhecimentos concretos em situações que nunca aconteceram. Com sorte, elas chegam lá nos estágios operações formais, que surgem na adolescência.

Na zona

O desenvolvimento cognitivo não ocorre em um vácuo social. Pelo menos isso é o que o famoso psicólogo russo L. S. Vygotsky enfatizava. Vygotsky propunha que o ambiente social e a cultura de uma criança determinam os tipos e a extensão das habilidades cognitivas que se desenvolvem. As demandas do ambiente social e cultural enfatizam o que é necessário e importante cognitivamente.

Para Vygotsky, o desenvolvimento cognitivo é particularmente moldado pelos "professores" que uma criança encontra durante o desenvolvimento. A criança se ajustará às expectativas daqueles professores e mentores cognitivos, aprendendo com eles e internalizando seus processos cognitivos. Esses "professores" são designados como o *sujeito mais competente* (MKO, do inglês *more knowledgeable other*), a pessoa em uma situação de aprendizado que tem mais conhecimento, habilidade cognitiva e compreensão. Mas lembre-se de que esses "professores" não precisam ser realmente professores e nem mesmo adultos — eles simplesmente são outras pessoas que representam esses MKO e que podem muito bem também ser outras crianças.

Quando uma criança está se desenvolvendo cognitivamente, haverá espaços entre o que ela pode fazer e o que é esperado dela. Por exemplo, pode-se esperar que uma criança saiba o que precisa fazer em seus horários até às 17 horas. Mas, na verdade, somente sabe até 13 ou 14 horas. Contudo, com orientação e ajuda, uma criança pode ser capaz de ter um desempenho acima do nível alcançável, de maneira independente. O espaço entre o que ela consegue fazer e o que não consegue, mas que pode ser facilitado por um MKO, é o que Vygotsky chamou de *zona de desenvolvimento proximal*. Ele acreditava que a zona de desenvolvimento proximal é onde a instrução deveria ser mais focada e intensa, de modo a pressionar também o desenvolvimento cognitivo.

Ficando ainda mais sociável

Para as crianças em idade escolar, as questões primordiais relacionadas ao desenvolvimento social são os relacionamentos com os colegas e o funcionamento social fora de casa. Quando as crianças entram na escola, os relacionamentos com seus pais já estão bastante consolidados. Esses relacionamentos continuam a se desenvolver, mas os que ocorrem fora de casa passam a ser o foco principal entre as idades de 5 a 12 anos.

Durante esses anos, as expectativas acerca da capacidade social de uma criança crescem dramaticamente. Os pais não toleram mais ataques de raiva e técnicas de resolução de problemas sociais menos sofisticadas, como bater em outras crianças. Espera-se que as crianças sigam regras e instruções, especialmente dentro da sala de aula. Sua associação com outras crianças aumenta, e elas começam a desenvolver um grupo de amigos em núcleos pequenos.

Se uma criança tem dificuldades sociais, esses problemas aparecem quando ela entra na escola. Problemas relacionados a se dar bem com outras crianças, participar de jogos e cooperar com as rotinas esperadas delas quando estão longe dos pais podem, às vezes, levar à rejeição dos colegas, a dificuldades emocionais ou ao fracasso nos estudos.

Agonizando com a Adolescência

Talvez um dos fatos mais significativos na vida de uma criança seja sua experiência com a puberdade. A puberdade é marcada por um aumento dos hormônios sexuais de progesterona, testosterona e androgênios. O desenvolvimento de características sexuais secundárias, como pelos pubianos, a maturação dos genitais, a menstruação e o desenvolvimento dos seios nas meninas, acompanha a chegada da puberdade. O interesse no sexo é notoriamente maior, à medida que os meninos começam a se interessar pelas meninas e vice-versa. Os adolescentes não têm mais a impressão de que os membros do sexo oposto têm piolhos ou são grosseiros.

Junto com essas maravilhosas mudanças físicas vêm também algumas mudanças bastante profundas em termos de pensamento. Quando as crianças chegam às idades de 11 ou 12 anos, elas conseguem resolver aqueles problemas do tipo "e se" com os quais se deparam, porque alcançaram o ápice do desenvolvimento cognitivo das operações formais. Esse período é chamado de *operações formais*, porque os processos de pensamento concreto da infância se combinam para formar conceitos mais avançados, como as abstrações.

As crianças agora conseguem raciocinar baseando-se em questões hipotéticas. Elas não precisam de exemplos concretos ou das demonstrações de que precisavam nos estágios iniciais do desenvolvimento cognitivo. Eles se tornaram pequenos cientistas, capazes de conduzir miniexperiências mentais, em vez de abordar os problemas usando a tentativa e erro.

Tenha em mente que, só porque essas crianças e adolescentes conseguem perguntar e responder a esse tipo de questões, isso não significa que eles realmente as concretizem. Quando eu era adolescente, fracassei inúmeras vezes em me perguntar: "E se eu fosse pego mentindo para meus pais?". Eu deveria ter usado um pouco mais de meu pensamento operacional formal.

Ansiando pela puberdade

O momento exato em que a puberdade começa é uma questão que dá margem a dúvidas. Ela pode chegar em diferentes momentos para diferentes crianças. Mas os pesquisadores notaram que a idade para a chegada da puberdade vem decrescendo gradualmente. Em média, as crianças estão entrando na puberdade mais jovens. Esse desenvolvimento tem sido apelidado de *tendência secular*, e os pesquisadores acreditam que isso se deve a uma melhor nutrição durante a infância.

A idade média para o começo da puberdade nos países ocidentais vem mostrando um declínio de três meses por década.

O momento da puberdade pode ter repercussões sérias, dependendo de quando ela chega. Os meninos que se desenvolvem mais tarde do que os outros às vezes sofrem ridicularização por parte dos colegas e contrariedades sociais relacionadas à popularidade e a namorar. As meninas que se desenvolvem cedo demais às vezes se veem em situações para as quais não estão mental e emocionalmente preparadas, porque seus corpos fazem com que pareçam mais velhas do que realmente são.

E o que dizer do sexo? Um grande número de variações acerca de normas sociais existem em todas as sociedades, mas independentemente de uma sociedade colocar ou não limites estritos ao comportamento sexual adolescente, o desejo sexual é uma questão fundamental para os membros dessa faixa etária. Na maior parte do tempo, os adolescentes aprendem sobre sexo com seus amigos e na mídia. A velha conversa da sementinha e da flor não acontece com tanta frequência quanto possamos imaginar.

Distanciando-se dos pais

Uma diferença impressionante entre a infância e a adolescência é a importância cada vez menor dos pais na vida dos adolescentes. Antes da adolescência, os pais e a casa ocupam o centro das atenções na vida de uma criança. Durante os anos da adolescência, os jovens começam a expressar sua independência e autonomia fazendo das amizades sua principal prioridade.

As funções sociais que envolvem os pais ficam em segundo plano, em detrimento das atividades exclusivas de adolescentes, tais como boates, festas (sem acompanhantes) e passeios nessa etapa do desenvolvimento da criança. Sair com os amigos, mandar mensagens de celular, entrar no Facebook e passar a noite na casa dos amigos são coisas comuns.

Os colegas são uma fonte importante de autoestima, e ser parte do grupo é muitas vezes mais importante do que a aceitação dos pais. Os adolescentes fazem experiências com identidades e papéis sociais. Habilidades e padrões de relacionamento estabelecidos na infância ganham maior sofisticação nesta etapa da vida. Os relacionamentos românticos se tornam extremamente importantes. Ser a estrela da casa dá lugar aos desejos de ser popular ou querido entre os amigos.

A Vida Como um Adulto

Embora muitos adolescentes possam discordar, existe vida além da adolescência. Na verdade, a maior parte dos anos de uma pessoa neste planeta acontecem no que se designa como *idade adulta*, definida como os anos entre a idade de 18 anos e a morte. A idade adulta é muitas vezes dividida em três períodos:

- **Idade adulta jovem:** entre 18 e 39 anos
- **Idade adulta média:** entre 40 e 64 anos
- **Idade adulta plena:** mais de 65 anos

Na idade adulta, as pessoas continuam a crescer, mudar e se desenvolver. Esses anos são tão cheios de vida quanto os 18 anos anteriores, mas simplesmente de maneiras diferentes. Nesta seção você conhecerá as obrigações envolvidas no desenvolvimento da idade adulta, incluindo o casamento, o trabalho e a aposentadoria.

Olhando para você

A idade adulta jovem abrange uma ampla variedade de idades, sendo que muitas das experiências impactantes da vida de uma pessoa acontecem durante esses anos, incluindo começar e terminar a faculdade, iniciar uma carreira, se casar e ter filhos. No geral, esses podem ser anos agitados e produtivos. Muita coisa está acontecendo.

Fisicamente, as pessoas atingem o ápice da força, dos reflexos e da resistência por volta de seus vinte e poucos anos. Já quando entram na idade adulta média, se tornam cada vez mais conscientes das mudanças no corpo e como esse se torna menos resiliente, mais sujeito a doenças e, em termos gerais, menos viçoso do que na idade adulta jovem. As mulheres entram na *menopausa* em algum momento entre o final dos 40 e início dos 50 anos de idade, quando param de menstruar, deixam de ser férteis e vivenciam mudanças hormonais que podem às vezes levar a experiências muito desagradáveis, como calores repentinos e até mesmo ataques de pânico.

Conectando-se e trabalhando

Os relacionamentos na idade adulta continuam a se desenvolver. Normalmente, se busca a intimidade, o que às vezes resulta em casamento. Embora a taxa de divórcios para os primeiros casamentos nos EUA seja de cerca da metade entre todos os casamentos, as pessoas ainda se casam. Contudo, as pessoas vêm se casando em idades mais avançadas — não tanto nos primeiros anos de seus 20 anos —, e quase a metade (47%) da população adulta norte-americana é solteira, de acordo com o censo norte-americano de 2012.

Ter e educar filhos pode tomar uma grande parte do tempo da vida adulta, embora nem todos os adultos escolham ter filhos. Esta é outra tendência em todo o território norte-americano que sugere que as orientações sociais e culturais no sentido de "casar-se e ter filhos" são menos predominantes do que em décadas anteriores.

Uma parcela significativa da vida adulta moderna está ligada ao trabalho e às realizações pessoais. A idade adulta média estimula questionamentos que refletem se as decisões tomadas na idade adulta jovem foram realmente as mais acertadas. Se uma pessoa vai para a universidade logo após o ensino médio — ou entra direto no mercado de trabalho —, é provável que ela reflita sobre isso mais tarde e se questione se isso foi realmente a melhor escolha. Será que eu estou mesmo fazendo o que eu gostaria de fazer? Será que minha vida cotidiana tem algum sentido? Será que consegui atingir meus objetivos? Será que fiz o que queria fazer?

À medida que a idade plena se aproxima, começam-se a estabelecer as prioridades entre o que é importante na vida e o que é menos importante. À medida que as pessoas chegam à transição para esta fase final, elas começam a se ver como sendo velhas.

O Envelhecimento e a Geropsicologia

Se a velhice está chegando para você, não se preocupe, você não está sozinho nisso. De acordo com o National Council on Aging (Conselho Nacional do Envelhecimento), a população com 65 anos ou mais crescerá 74% entre os anos de 1990 e 2020. Em contrapartida, os indivíduos com menos de 65 anos crescerão 24% durante o mesmo período.

Talvez ainda mais obviamente, o corpo das pessoas segue envelhecendo, o que significa que muitas mudanças físicas ocorrem em cada etapa da vida, especialmente na idade adulta plena. Os cabelos se tornam ralos e tênues e podem ficar brancos. A pele fica fina e acinzentada. Os ossos se tornam mais frágeis, e o tônus muscular diminui. A energia e a resistência diminuem, e as capacidades sensoriais declinam, tornando a visão, a audição e até mesmo o paladar menos aguçados.

O declínio físico no envelhecimento tem sido observado do ponto de vista de ao menos dois modelos explicativos:

» **Teorias de programação genética do envelhecimento:** O envelhecimento é o resultado de uma programação genética no qual as células param de se dividir e crescer e começam a enveredar por um caminho de "autodestruição" em direção à sua eventual morte.

» **Teorias de desgaste do envelhecimento:** Com o tempo, o corpo se deteriora devido ao uso, e o desenvolvimento de resíduos e toxinas se faz sentir, havendo um desgaste do corpo, como se ele fosse um sapato velho.

É claro que o corpo não é a única coisa de uma pessoa que está envelhecendo. As mudanças cognitivas na idade adulta plena incluem algumas mudanças menores, tais como a velocidade de processamentos ligeiramente mais lenta e uma memória menos efetiva e eficiente. Em termos das vantagens, as pessoas nessa etapa da vida têm mais condições de utilizar estratégias para a resolução de problemas mais consistentes e, em alguns casos, até melhoradas.

A memória, contudo, permanece como uma das preocupações principais acerca do envelhecimento e da população da terceira idade e suas famílias. Será que é inevitável que eu perca minha memória? Os dados e pesquisas nessa área dizem claramente que o quadro é muito mais complexo do que se poderia imaginar. Para algumas pessoas, a perda da memória e seu enfraquecimento não acontecem. Para outros, formas suaves de perda de memória podem ocorrer em determinadas áreas, como a memória ocasional (memória dos acontecimentos), enquanto outras formas de memória, como a memória de conhecimento geral e fatos, permanecem relativamente inatingidas pela idade (para saber mais sobre memória, veja o Capítulo 6).

Para alguns, envelhecer vem acompanhado por um aumento no risco real de doenças que levam a um declínio cognitivo e a deficiências na capacidade de memória, geralmente designadas de *demências*. Uma das demências mais proeminentes é o mal de Alzheimer. Embora não seja ainda inteiramente compreendida, a doença de Alzheimer é uma doença progressiva do cérebro que tem como consequência um declínio cognitivo gradual e irreversível. Estima-se que ela ocorra predominantemente em cerca de 20% das pessoas entre 75 a 84 anos e em quase 50% das pessoas acima de 85 anos. Tratamentos medicamentosos têm demonstrado ajudar com certa melhora cognitiva para algumas pessoas, talvez diminuindo a progressão da doença, mas não existe atualmente nenhuma cura conhecida para o Alzheimer.

Socialmente, a vida adulta plena pode ser preenchida com netos e amizades, e apesar dos clichês, não precisa incluir a solidão. É claro, o fantasma da morte está lá, e ver amigos e colegas morrerem é um fator de estresse nesse sentido. Algumas pessoas envelhecem com bastante elegância, outras nem tanto. Mas será que existe mesmo uma boa maneira de envelhecer?

Eu vivo em um lugar que é considerado como uma comunidade de aposentados e resort na maior parte do tempo. E vejo ao meu redor, todos os dias, aquilo a que me refiro como "modelos positivos" de envelhecimento — pessoas da vida adulta plena se exercitando (a propósito, mais do que eu), trabalhando, fazendo trabalhos voluntários, socializando, e parece que estão fazendo tudo isso muito bem. Eu só posso esperar seguir esse modelo.

Adultos mais velhos que se comportam de maneira sociável e ativa são algo conhecido como o *modelo de atividade de envelhecimento*. Os psicólogos postulam que quem envelhece melhor são aquelas pessoas que mantêm seus interesses, atividades, interações sociais e continuam a viver a vida mantendo a mesma maneira com a qual viveram sua vida adulta média na maioria dos aspectos.

> **NESTE CAPÍTULO**
>
> Definindo anormalidade
>
> Encontrando a realidade
>
> Sentindo-se deprimido
>
> Vivendo com medo
>
> Ajudando crianças

Capítulo 13
Psicologia Moderna da Anormalidade

Um Sr. Smith ficcional é um homem angustiado de 30 anos de idade, casado, com dois filhos, que vive em um tranquilo bairro de subúrbio. Ele trabalha como gerente de remessas em uma transportadora local. O Sr. Smith sempre teve uma saúde relativamente boa e é considerado pela maioria das pessoas como um cara bem comum. Há cerca de três meses, propôs à sua esposa que instalassem um sistema de segurança residencial. Ela concordou, e, assim, instalaram o sistema de alarme. Depois o Sr. Smith lhe disse que queria instalar câmeras ao redor da casa. Ela concordou com relutância, e pouco tempo depois encontrou o Sr. Smith espiando pelas cortinas do quarto com binóculos. Ele ficou muito agitado quando ela o questionou sobre seu comportamento.

Estas atitudes do Sr. Smith continuaram durante várias semanas sem que ele dissesse à esposa o que estava acontecendo. Então, um dia, enquanto limpava o guarda-roupa, ela encontrou uma arma. Ela não sabia que o marido tinha uma arma, e então o confrontou para que falasse sobre isso, já que a esposa se preocupava com a segurança de seus filhos. Quando ela abordou o tema, ele disse que havia comprado a arma para protegê-los do vizinho do lado. O Sr. Smith disse que vinha vigiando o vizinho há alguns meses e que estava convencido de que ele estava envolvido em um esquema imobiliário para conseguir a casa deles. A trama envolvia a contratação de alguns criminosos pelo vizinho para arrombar a casa e roubá-los, a fim de assustá-los, para que se mudassem de lá e vendessem sua casa a um preço bem baixo. Assim, o vizinho poderia comprar a casa por uma ninharia, colocá-la abaixo e expandir sua própria casa para onde estava a propriedade deles.

Você acha que há alguma coisa estranha com relação ao comportamento do Sr. Smith? Será que a esposa dele deveria ficar preocupada ou ele somente está sendo apropriadamente protetor? As respostas para essas e outras perguntas relativas a esse assunto são parte do campo da *psicologia da anormalidade* — o estudo psicológico do comportamento e dos processos mentais anormais. Mas o que há de anormal em determinados comportamentos?

Neste capítulo apresento o conceito de psicopatologia e os diversos transtornos que caracterizam a psicologia moderna das anormalidades, como a esquizofrenia, o transtorno bipolar, a depressão e a ansiedade.

Descobrindo o que É Normal

O que eu chamo de *anormal* é o que não é normal — alguma coisa além do ordinário e costumeiro. Eu nunca dei um curso de psicologia sem que ao menos um aluno protestasse contra o conceito de comportamento anormal. "Quem decide o que é normal e o que não é?", costumam perguntar. Essa é uma pergunta excelente. Qual é o padrão para se determinar a normalidade, e quem tem a palavra final sobre esse assunto?

LEMBRE-SE

É importante distinguir entre o comportamento anormal, fruto de uma doença mental, e aquele comportamento anormal que não é. Muitos dos comportamentos anormais não estão associados à presença de uma doença mental. Veja só o exemplo de dançar em uma roda punk. É bastante anormal achar divertido correr para cima das pessoas e pular em volta de uma roda de um fliperama humano. É isso mesmo, eu acho isso anormal. Mas será que acho que isso é consequência de uma doença mental? Em grande parte, não!

Todas as sociedades do mundo têm padrões de comportamento e conduta que delineiam os comportamentos aceitáveis e inaceitáveis. Os indivíduos, as famílias e até mesmo os grupos têm *normas*, ou padrões. Quando as pessoas agem fora dessas normas, a sociedade rotula o comportamento ou mesmo a própria pessoa como "anormal". Existem ao menos quatro maneiras, ou critérios, para definir o comportamento normal *versus* anormal:

» **Critérios normativos:** As pessoas agem anormalmente quando fazem coisas contrárias ao que a maioria das pessoas fazem ou agem de forma muito diferente daquilo que é esperado. Espera-se que os indivíduos correspondam às normas da sociedade, e quando isso não acontece, as pessoas acham que alguma coisa está errada. Às vezes as estatísticas são usadas por profissionais e pesquisadores para descobrir quem está fora das normas. Se nove entre dez pessoas agem de uma determinada maneira, então o comportamento daquela única pessoa que não está em conformidade é estatisticamente anormal. O comportamento não conformador é considerado raro.

» **Critérios subjetivos:** Às vezes uma pessoa percebe que seus sentimentos podem ser diferentes daqueles da maioria das outras pessoas, ou que pode estar fazendo as coisas de uma maneira diferente do que a maioria dos outros faz. Nesse sentido muito limitado, a pessoa é "anormal". Se eu sinto como se algo estivesse errado comigo por causa de minha consciência do meu ser diferente, então devo me considerar um forte candidato à psicologia das anormalidades. Esse é o caso de alguém julgar o próprio comportamento como anormal.

» **Critérios de mal adaptativo:** Meu comportamento me ajuda a sobreviver e a ter uma função bem-sucedida na sociedade? Se não, de acordo com este critério, o comportamento mal adaptativo é anormal. Se tenho dificuldades para me adaptar e me ajustar às exigências da vida, meu comportamento é mal adaptativo. Isso pode incluir meu envolvimento em um padrão de risco ou danoso ou em um comportamento destrutivo e que aumente a probabilidade de que eu não sobreviva ou atue bem em sociedade.

» **Critérios injustificáveis ou inexplicáveis:** Às vezes as pessoas agem de alguma forma ou fazem coisas que não podem ser explicadas. As pessoas supõem frequentemente que é necessário haver uma razão pela qual alguém age de uma determinada maneira. Se não existe uma explicação aceitável para certas atitudes, as pessoas podem rotular o comportamento como anormal.

LEMBRE-SE

Não importa que definição de anormalidade seja utilizada, é bastante difícil argumentar que tudo seja normal. Eu sei que alguns pensam que a vida para algumas pessoas é um grande vale-tudo, mas, na realidade, toda sociedade requer algum grau de ordem. Seja uma família, uma tribo ou uma nação, os padrões sociais e as leis impõem e mantêm a estrutura. Eu defino o *comportamento anormal* como o comportamento e os processos de pensamento mal ajustados que prejudicam o bem-estar físico e psicológico de um indivíduo.

Então, se alguém age de maneira anormal, isso significa que ele tem uma doença mental ou algum transtorno psicológico? Não necessariamente. Uma pessoa pode agir de maneira anormal por uma série de razões. Na verdade, em alguns momentos da história, as pessoas acreditavam (e algumas ainda acreditam) que o comportamento anormal era provocado pela possessão demoníaca ou por uma fraqueza moral. E o que se pode dizer de cometer um assassinato? Isso não é anormal? Assassinatos na verdade satisfazem todos os quatro critérios estabelecidos anteriormente para definir o comportamento anormal.

Primordialmente, o conceito de *doença mental* surgiu no âmbito da psiquiatria. A psiquiatria é um ramo da medicina que lida com os transtornos mentais. Durante o século XIX, as pessoas que agiam de forma anormal passaram a ser território dos médicos. Essas pessoas "loucas" começaram a ser vistas como doentes, em vez de moralmente inaptos ou possuídos pelo demônio. Na verdade, essa maneira de olhar para o comportamento anormal representou um grande avanço em termos de cuidados com a saúde humana. Quando os médicos começaram a se responsabilizar pelo cuidado das pessoas que se comportam de forma anormal, tal comportamento passou a ser um problema médico, uma doença, que precisa ser diagnosticada e tratada da mesma forma que outras doenças e enfermidades. Essa abordagem da doença mental é conhecida como *modelo médico da doença mental*.

Em comparação aos médicos, os *psicólogos* são relativamente novatos no campo das doenças mentais tal como definidas pela psiquiatria. Assim como os médicos tentavam descobrir maneiras de ajudar as pessoas a partir de uma perspectiva do modelo médico, os psicólogos finalmente se juntaram a eles, trazendo seu conhecimento do comportamento humano e dos processos mentais para a pesquisa, o diagnóstico e o tratamento do comportamento anormal que era atribuído à doença mental.

Categorizando Sintomas e Transtornos

Ao longo dos anos, os psiquiatras e psicólogos trabalharam para definir os comportamentos anormais que sugerem a existência de uma doença mental. Esse processo é chamado de *taxonomia* — a ciência da classificação. Hoje em dia, o sistema de classificação mais amplamente usado para determinar a existência de um transtorno mental é o *Manual de Diagnósticos e Estatísticas de Transtornos Mentais*, 5ª Edição (*Diagnostic and Statistical Manual of Mental Disorders — DSM-5*), publicado pela American Psychiatric Association (Associação Norte-Americana de Psiquiatria) em 2013. O primeiro DSM foi publicado em 1952.

A definição de transtorno mental apresentada no DSM-5 é a de que um transtorno mental é essencialmente uma "síndrome" comportamental ou psicológica significativa associada à "angústia" ou à "incapacidade", ou com um risco de morte, dor ou perda de liberdade.

Algumas palavras-chave para essa definição precisam de uma maior atenção:

» **Sintoma:** Um comportamento ou processo mental que é um sinal ou indica um transtorno em potencial. Os sintomas são normalmente encontrados dentro das seguintes categorias:

- Processos de raciocínio ou pensamento
- Humor ou como algo o *afeta* (referindo-se a como uma pessoa se sente emocionalmente, deprimida, irritada ou temerosa) e sintomas vegetativos (relativo a comer, dormir e a níveis de energia)
- Comportamento (como a violência, a compulsão por jogatinas ou o uso de drogas)
- Sinais físicos (como dores nos músculos e nas articulações, dores de cabeça, suor excessivo)

» **Transtorno:** Um conjunto de sintomas que indicam a existência de uma *síndrome* (coocorrência de grupos de sintomas). Ao desenvolverem uma taxonomia de transtornos psicológicos anormais, os psiquiatras, psicólogos e outros pesquisadores procuram grupos específicos de sintomas que tendem a ocorrer em conjunto, fazendo uma distinção entre uma série de sintomas concomitantes que são distintos de outras séries de sintomas concomitantes.

Gostaria de fazer algumas considerações finais antes de entrar na parte específica das perturbações mentais que são mais comumente observadas pelos profissionais de saúde mental nos dias de hoje. Em primeiro lugar, é importante compreender que os psicólogos veem toda a dinâmica comportamental em uma sequência contínua do normal ao anormal. Por exemplo, chorar é um comportamento normal, mas chorar o dia inteiro, todos os dias, por mais de duas semanas, é anormal. Em segundo lugar, todo mundo já vivenciou algum sintoma de transtorno mental em algum momento da vida. Mas o fato de simplesmente ter um sintoma não significa que uma pessoa realmente tenha esse transtorno. Lembre-se, os transtornos consistem de agrupamentos específicos de sintomas que definem um sintoma específico. As regras para determinar quais sintomas constituem um transtorno são complexas e incluem períodos particulares e vários graus de gravidade.

CUIDADO

Então não se empolgue muito em sair por aí fazendo diagnósticos de todos que conhece só porque vê um sintoma ou outro. A coisa não é tão simples assim, um sintoma não faz um transtorno!

À Procura da Realidade

Um dos sinais mais conhecidos de transtornos mentais é a perda de contato com a realidade. Quando uma pessoa perde o contato com a realidade objetiva e começa a imaginar coisas e agir de acordo com essas coisas imaginadas, pode estar sofrendo de uma categoria de doença conhecida como *transtorno psicótico*.

Os transtornos psicóticos são considerados, não somente pelos profissionais de saúde mental, mas também por muitas pessoas leigas (especialmente os familiares daqueles que sofrem desse tipo de transtorno), como sendo a mais grave dentre as doenças mentais. Além de perder o contato com a realidade, as pessoas que sofrem de uma psicose muitas vezes têm graves deficit funcionais relacionados ao cuidado com si mesmas (comida, abrigo e higiene pessoal), a atividades sociais e profissionais e ao raciocínio.

Esquizofrenia

A forma mais comum de psicose é a *esquizofrenia*. O psiquiatra Eugene Bleuler usou o termo esquizofrenia em 1911 para descrever as pessoas que apresentavam sinais de processos de pensamento desorganizados, uma falta de coerência entre o pensamento e a emoção e um estado de desconexão com a realidade. Pode ser fácil pensar que a "esquizofrenia" significa uma "personalidade dividida", mas isso é um equívoco. Na esquizofrenia, os diferentes elementos da personalidade (pensamentos, emoções e comportamento) são inconsistentes — por exemplo, uma mãe que ri quando seu filho quebra o braço porque o osso espetando para fora da pele dele parece engraçado.

Atualmente, o critério do *DSM-5* para definir a esquizofrenia inclui:

» **Delírios:** Um delírio é uma convicção firme sobre alguma coisa que uma pessoa mantém, apesar de toda a evidência do contrário. Um tipo comum de delírio é o *delírio paranoide* ou de *perseguição*, que envolve um medo intenso de que você esteja sendo seguido, escutado ou de alguma forma ameaçado por alguém ou alguma coisa. Dê uma olhada na historinha da introdução a este capítulo. O Sr. Smith parece vivenciar um delírio paranoide. Ele "sabia" que o vizinho estava empenhado em conseguir sua casa!

Outra forma comum de delírio é o *delírio de grandeza*, no qual uma pessoa experimenta um sentido de valor, poder, conhecimento, identidade ou relacionamento extremamente exagerado. Alguém que tenha esse tipo de delírio pode acreditar que consegue falar com seres sobrenaturais ou que ele próprio é um desses seres! Ou ele pode simplesmente achar que é a pessoa viva mais inteligente ou mais atraente.

- **Alucinações:** Uma alucinação pode ser definida como uma percepção que ocorre sem que haja um estímulo externo, mas que é vivenciada como muito real. As alucinações podem ser auditivas (ouvir vozes ou sons), visuais (ver pessoas que não estão realmente lá, demônios ou pessoas que já morreram), olfativa (cheiros), gustativas (gostos) ou somáticas (experimentar sensações físicas pelo corpo). A maioria das alucinações é auditiva e muitas vezes está associada a alguém que ouve uma voz ou vozes fazendo comentários sobre seu comportamento.

  As *alucinações de comando* podem ser uma forma de alucinação auditiva potencialmente perigosa, já que envolvem uma ou mais vozes que dizem àquele que sofre a alucinação para que faça alguma coisa, e muitas vezes estão ligadas a algum comportamento violento ou suicida.

- **Discurso ou pensamento desorganizado:** Se alguma vez você já conversou com alguém e ficou sem entender nada sobre o que ele estava falando, você pode ter testemunhado um discurso ou pensamento desorganizado, que é caracterizado por uma fala extremamente tangencial (na maioria das vezes irrelevante), circunstancial (fazendo rodeios) ou com associações vagas (pulando de um pensamento desconexo a outro). Esses estilos anormais de comunicação podem ser evidências de um *transtorno de pensamento*. Uma forma extrema de transtorno de pensamento é chamada de *salada de palavras* — quando o discurso de uma pessoa é tão incoerente que parece estar em outra língua ou não ter um sentido. Às vezes as pessoas até mesmo inventam palavras que não existem, o que é chamado de neologismo. Por exemplo, "Eu acho que o lixauro veio e descorrugou os quadros desugualadamente de mim".

- **Grande desorganização ou comportamento catatônico:** Quando uma pessoa se comporta de maneira desorganizada, pode ser que ela aja de modo extremamente bobo ou como se fosse uma criança, se perde facilmente ou fica confusa, para de cuidar de si mesma e de suas necessidades básicas, faz coisas estranhas ou bizarras, como falar consigo mesma, ou é extremamente inapropriada em situações sociais. O comportamento catatônico envolve a imobilidade completa, uma falta absoluta de consciência do que está à sua volta e, às vezes, até ficar mudo.

- **Sintomas negativos:** Um sintoma negativo se refere à ausência de algum comportamento habitual ou esperado. A ausência desse comportamento é o que é anormal. Três sintomas negativos são muitas vezes associados à esquizofrenia:

  - Afeição embotada: quando uma pessoa não apresenta nenhuma emoção
  - Alogia: a indicação de que os processos de pensamento de uma pessoa estão embotados, bloqueados ou, no geral, empobrecidos
  - Avolição: quando a pessoa não tem nenhuma capacidade de persistir em uma atividade e parece ter uma falta de motivação extrema

Quando uma pessoa vivencia esses sintomas, ela talvez esteja sofrendo de esquizofrenia. Eu digo *talvez* porque as pessoas também podem apresentar esses sintomas por razões diferentes: uso de drogas, falta de sono ou alguma doença física. Fazer um diagnóstico de esquizofrenia é uma tarefa complexa e muito séria. Incluem-se aqui períodos de tempo e *exclusões* específicas, sendo que as exclusões estão ligadas à eliminação de outras explicações possíveis e plausíveis.

A cada mil pessoas, entre quatro a cinco são diagnosticadas com esquizofrenia. Em geral, essa condição é diagnosticada em indivíduos entre 18 e 35 anos. Algumas vezes, mas mais raramente, ela é diagnosticada durante a infância. Normalmente a esquizofrenia começa no final da adolescência e início dos vinte e poucos anos, e se apresenta por completo por volta dos 25 aos 29 anos de idade. Ela pode se desenvolver de maneira rápida ou gradualmente, e podem haver períodos em que os sintomas são menos intensos. Algumas pessoas que sofrem da esquizofrenia ficam persistentemente doentes, de uma forma crônica. Períodos de doença podem ser caracterizados por uma incapacidade acentuada ou uma capacidade diminuída de lidar com a vida cotidiana, muitas vezes levando ao fracasso escolar, à perda de emprego e a dificuldades de relacionamento.

Não se engane com a facilidade de se listar os sintomas da esquizofrenia e descrevê-los, pois eles são muito sérios. Os indivíduos com esquizofrenia muitas vezes têm de encarar desafios enormes na sociedade e às vezes acabam na prisão, em hospitais ou instituições similares, ou vivendo nas ruas por causa da doença.

Revelando as causas da esquizofrenia

Determinar as causas dos transtornos psicológicos faz parte do velho debate sobre inato ou adquirido. As causas da esquizofrenia são orgânicas (bioquímicas/psicológicas) ou funcionais (resultantes da experiência)? Nos dias de hoje, talvez por causa da variada gama de recém-desenvolvidas técnicas de varredura cerebral, as explicações orgânicas são, de longe, as mais proeminentes. Contudo, a melhor resposta talvez esteja em uma síntese dos dois pontos de vista. Esse ainda é um assunto muito difícil de se lidar, pois existem inúmeras teorias sobre a causa da esquizofrenia, e cada uma delas com diversos graus de suporte científico. A principal teoria em prática hoje em dia é o *modelo estresse-diátese*, que funde duas áreas diferentes de pesquisa.

Para começar, vamos a algumas definições. Uma *diátese* é uma predisposição para uma doença em particular. O *estresse* pode ser definido por inúmeros fatores psicológicos e sociais. Assim, o modelo estresse-diátese defende que a esquizofrenia é a consequência da ativação do estresse de uma diátese ou de uma predisposição.

As diáteses biológicas sugeridas para a esquizofrenia incluem problemas com a química do cérebro e/ou com seu desenvolvimento. Os pesquisadores encontraram partes malformadas do cérebro em pessoas com esquizofrenia. Essas anormalidades biológicas podem levar a problemas de raciocínio, fala, comportamento e dificuldades para ficar em contato com a realidade.

Para o componente do estresse, os fatores psicológicos tratam da distorção da realidade associada à esquizofrenia. Por que os esquizofrênicos fazem uma ruptura com a realidade? Alguns especialistas propõem que o mundo vivenciado por alguém com esquizofrenia é tão duro, e seus conflitos são tão intensos, que a pessoa precisa tirar umas férias disso tudo. As pesquisas sugerem que traumas psíquicos, como abuso infantil, podem estar relacionados a surtos psicóticos, e isso com toda a certeza constitui uma realidade muito dura que os inspira a escapar. A pesquisa, contudo, não afirma que o abuso infantil provoque a esquizofrenia em todos, ou mesmo na maioria dos casos, mas que isso é um potencial fator de estresse esmagador. O trauma é uma forma de estresse extremo, independentemente de qual seja sua fonte. Esse estresse pode interagir com a diátese, a predisposição, e levar a sintomas psicóticos.

Um dos fatores sociais relacionados à esquizofrenia que vem demonstrando um potencial promissor nas pesquisas mais recentes é um fenômeno conhecido como *emoção expressa*. A emoção expressa (EE) refere-se à comunicação negativa dos familiares com a pessoa que sofre de esquizofrenia. A EE muitas vezes consiste em uma crítica excessiva. Os membros da família podem fazer comentários sobre o comportamento do paciente como "Você é maluco!", por exemplo. A EE também inclui um envolvimento emocional exagerado por parte dos familiares que pode deixar o paciente sobrecarregado. No entanto, deixe-me ser absolutamente claro: não estou dizendo que a crítica e o envolvimento excessivo provoquem a esquizofrenia, mas apenas que esses fatores podem contribuir para o componente de estresse do modelo de estresse-diátese, assim como muitos outros fatores de estresse.

CUIDADO

Depois de ler sobre as causas da esquizofrenia, pode ser que você comece a pensar que tenha desenvolvido a doença. Mas não se atenha tanto aos detalhes. A conclusão que se pode tirar é a de que muitas das pesquisas que andam por aí são inconclusivas. O que se sabe é que as anomalias do cérebro na esquizofrenia podem interagir com determinados tipos de estresse de uma forma que desencadeie esse distúrbio. Os efeitos devastadores da esquizofrenia mantêm os pesquisadores trabalhando duro para compreendê-la. A pesquisa já avançou bastante, mas ainda há um longo caminho adiante.

Tratando a esquizofrenia

A esquizofrenia é um dos distúrbios mentais mais difíceis de serem tratados. Seus efeitos muitas vezes debilitam não só o indivíduo que tem a doença, mas também sua família. As abordagens de tratamento dessa doença vão desde o uso de medicamentos até ajudar essas pessoas a desenvolverem habilidades funcionais importantes, como a administração do dinheiro ou métodos sociais de interação.

» Medicamentos antipsicóticos, como Haldol e Zyprexa, são normalmente a primeira linha de tratamento para as pessoas que sofrem de esquizofrenia ou de distúrbios psicóticos relacionados a ela. Embora sejam extremamente benéficos, esses medicamentos são chamados de *paliativos*, porque não curam a doença, apenas diminuem a intensidade dos sintomas.

» O tratamento psicossocial e a reabilitação também têm se mostrado promissores no gerenciamento da esquizofrenia. Os pacientes aprendem habilidades sociais e de cuidados pessoais que ajudam a reduzir o número de fatores de estresse com os quais se deparam.

» Embora estejam aparentemente fora de moda nos últimos anos (demandam um trabalho intensivo e, portanto, são caras demais), a psicoterapia, e mais especificamente a terapia cognitiva, têm sido usadas para ensinar os pacientes a desafiar seu sistema de crenças delirante e a se tornarem melhores "consumidores" da realidade.

DICA

As pesquisas mais recentes concordam que a combinação de medicamentos e terapia, na qual se conversa sobre os problemas, é a intervenção de tratamento mais efetiva para a esquizofrenia. A intervenção logo no início e um suporte social sólido também são fatores associados a um prognóstico favorável. Com a medicação, a psicoterapia e o apoio da família e dos amigos, muitas pessoas que sofrem de esquizofrenia podem levar uma vida produtiva.

Um problema central é o fato de que os sintomas da esquizofrenia são, com frequência, tão intensos que as pessoas com essas condições muitas vezes passam por maus bocados para atingir os níveis de consistência emocional e comportamental necessários para manter empregos e relacionamentos efetivos. Além disso, talvez por conta da perda da autoestima, uma autoimagem ruim e atitudes ambivalentes com relação a relacionamentos e a ser bem-sucedido, os esquizofrênicos têm fama de tomarem a medicação de forma inconsequente, o que só intensifica o comportamento imprevisível e afeta o bem-estar.

Lutando contra outros tipos de psicoses

Além da esquizofrenia, duas outras formas de psicose são os *transtornos delirantes* e os *transtornos psicóticos induzidos por substância*.

» **Transtorno delirante:** Caracterizado pela presença de convicções falsas fixadas, não particularmente bizarras, que são sustentadas apesar das evidências do contrário. Além disso, essas crenças não são especialmente funcionais ou úteis. Por exemplo, um marido pode estar obcecado com a ideia de que sua esposa está tendo um caso, mas não é capaz de provar ou de encontrar alguma evidência. Essa convicção seria classificada como um delírio se persistisse por ao menos um mês. Em um cenário diferente, alguém pode pensar que a água de sua casa está envenenada, ao contrário das evidências que mostram que ela não está. A questão principal no que diz respeito a um transtorno delirante é que a pessoa que está delirando não apresenta nenhum outro sinal de psicose, tais como os encontrados na esquizofrenia.

» **Transtorno psicótico induzido por substância:** Ocorre quando alucinações ou delírios eminentes estão presentes como resultado de se estar sob a influência de uma substância ou com a retirada dela. Pessoas que estão sob a influência do LSD ou PCP muitas vezes apresentam sintomas psicóticos, e não é muito incomum que pessoas que tenham usado cocaína ou anfetaminas vivenciem sintomas parecidos com os dos psicóticos quando "aterrissam" — uma experiência que imita os sintomas psicóticos. Esse pode ser um problema muito sério, e qualquer um que esteja pensando em usar drogas, incluindo a maconha ou o álcool, deveria saber que pode vir a experimentar sintomas psicóticos como consequência dessa decisão.

Sentindo-se Estranho

Eu fico imaginando se o blues existiria se todos os músicos que o tocassem fossem pacientes de psicoterapia. Mas essas músicas não me parecem especialmente tristes, apenas parecem um pouco como lamentos, a meu ver. Contudo, às vezes pergunto a meus novos pacientes se alguma vez eles já estiveram deprimidos, e alguns respondem: "É claro, todo o mundo fica deprimido, não?". Mas a coisa não é bem assim.

A tristeza é uma emoção humana normal e que normalmente é sentida durante experiências de perda. A perda de emprego, namorado, filho ou até das chaves do carro pode desencadear uma tristeza. Mas é só isso — isso é tristeza, não depressão. A *depressão* é uma forma extrema de tristeza, que inclui alguns sintomas específicos. Levar um fora do namorado ou namorada em algum momento é uma experiência bastante universal. Como isso nos faz sentir? Tristes. A maioria das pessoas se sente cansada, desmotivada e sem sono quando leva um fora. Mas, ao final, todos esses sentimentos acabam indo embora. As pessoas superam isso e continuam suas vidas. O mesmo tipo de reação é normal quando alguém que amamos morre. Isso é chamado de *luto* ou *pesar*. E digo novamente, o pesar não é uma depressão. A depressão é algo diferente disso.

Nesta seção discuto o transtorno depressivo maior, como ele se manifesta e algumas das teorias e explicações por trás dele.

No caminho da depressão maior

Quando alguém está deprimido a um grau que o leva a precisar de uma atenção profissional, vivencia a maioria dos seguintes sintomas do *transtorno de depressão maior acima de um mínimo de um período de duas semanas* (porque qualquer um pode ter vivenciado isso às vezes, ou por um dia ou dois, ou por algumas horas):

- Humor depressivo pela maior parte do dia ou na maioria dos dias
- *Anedonia* (um acentuado desinteresse ou falta de prazer em todas ou na maior parte das atividades)
- Uma significativa perda ou ganho de peso, sem esforço, ou uma perda ou aumento de apetite
- Dificuldades para dormir ou dormir excessivamente
- Sensações físicas de agitação ou letargia
- Fadiga ou falta de energia
- Sentir-se inútil ou ter sentimentos de culpa excessivos
- Dificuldades de concentração e foco
- Pensamentos constantes sobre morte ou suicídio

Espera-se que a maioria das pessoas que fizeram a pergunta "Todos nós ficamos deprimidos, não?" não tenha a mesma reação depois de ver todos esses sintomas. Se você está vivenciando três ou mais desses sintomas ou se tem alguma dúvida, vá já para o médico!

CUIDADO

Às vezes, a depressão pode se tornar tão grave que aquele que sofre dela pode pensar em cometer suicídio. Muitos mitos perigosos sobre o suicídio andam por aí. Um deles é o de que a maioria das pessoas que fala sobre suicídio não o comete. Isto é falso! Na verdade, falar sobre suicídio é um dos sinais mais sérios de que alguém realmente o fará. Qualquer conversa sobre suicídio ou se autoinfligir deve ser levada muito a sério. Se você estiver preocupado com alguém ou se você mesmo estiver tendo pensamentos suicidas, entre em contato com um profissional de saúde mental ou ligue para alguma linha direta local para o atendimento de crises ou suicídios imediatamente.

LEMBRE-SE

A depressão é uma das formas mais comuns de transtornos mentais nos EUA, ocorrendo em uma média de 15% da população. O transtorno da depressão maior pode ocorrer uma única vez na vida de uma pessoa ou repetidas vezes, durante meses, anos ou até mesmo pela vida inteira. A maioria das pessoas que sofrem de um transtorno de depressão maior recorrente tem períodos de recuperação nos quais não experimentam os sintomas, ou os vivenciam de uma maneira menos intensa. A depressão pode ocorrer em qualquer momento da vida de uma pessoa e não faz distinção de idade, raça ou gênero.

Revelando as causas da depressão

Dependendo a quem se pergunta, a busca pelas causas da depressão pode ser dividida em dois campos:

- » **Biológico:** As teorias biológicas da depressão colocam a culpa no cérebro e no mal funcionamento de algumas substâncias químicas que fazem parte dele.
- » **Psicológico:** As teorias psicológicas da depressão focam principalmente na experiência da perda.

A *hipótese da amina biogênica* é a explicação teórica mais conhecida com embasamento biológico para a depressão. De acordo com essa hipótese, a depressão é uma função de desregulação (capacidade debilitada) de dois neurotransmissores no cérebro: a norepinefrina e a serotonina.

Os *neurotransmissores* são substâncias químicas no cérebro que permitem que um neurônio se comunique com outro. O cérebro contém muitos neurotransmissores diferentes, cada um com funções variadas, em regiões específicas. Neurotransmissores específicos ajudam determinadas regiões do cérebro a fazerem o trabalho de algumas atividades humanas em particular. As partes do cérebro que aparentemente mais afetam a depressão são aquelas ligadas ao humor, à cognição, ao sono, ao sexo e ao apetite.

As teorias psicológicas sobre a depressão vêm de várias fontes:

- » **Teoria da Relação Objetal:** No início do século XX, Melanie Klein propôs que a depressão era o resultado de um processo de desenvolvimento infantil frustrado que pode ter como consequência dificuldades para lidar com sentimentos de culpa, vergonha e autovalorização.
- » **Teoria do apego:** Na metade do século XX, a teoria de John Bowlby argumentava que tudo o que diz respeito aos relacionamentos de uma pessoa se origina nos vínculos de apego iniciais que ele forma com seus cuidadores primários quando criança. Um rompimento no relacionamento de apego pode impedir um estabelecimento de vínculos saudáveis desde sua formação e, portanto, fazer com que a criança fique vulnerável à depressão toda vez que tiver de enfrentar futuras perdas e dificuldades em seus relacionamentos.

Durante a infância, muitos fatores — um pai ou mãe viciado em drogas ou um lar adotivo sem amor são apenas dois exemplos — podem perturbar o vínculo e o apego. As crianças com relacionamentos com um nível de apego pobre são muitas vezes deixadas sentindo-se desamparadas. A sensação de desamparo é uma das marcas da depressão.

- » **Teoria do desamparo aprendido:** Na década de 1960, Martin Seligman trabalhou com as vivências das pessoas acerca do fracasso ou de uma incapacidade de atingir o que se deseja em algum momento da vida. Sob circunstâncias normais, a maioria das pessoas consegue continuar seguindo em frente, elas não desistem ou desenvolvem qualquer sentido mais grave de pessimismo acerca das possibilidades de futuros sucessos. Mas algumas pessoas, por conta de circunstâncias adversas ou de uma tendência geral para enxergar seus esforços como sem valor, podem ficar deprimidas quando enfrentam experiências decepcionantes e chegam a ver probabilidades insuperáveis em seus caminhos.

- » **Teoria cognitiva:** A teoria de 1960 de Aaron Beck se tornou extremamente popular e está bem fundamentada em pesquisas. Beck propôs que a depressão é um tipo de transtorno do pensamento que gera um resultado emocional de humores depressivos e de outros sintomas relacionados a eles.

  Diversas "distorções" cognitivas podem estar envolvidas:

  - **Pensamentos automáticos:** Pensamentos automáticos são afirmações que as pessoas fazem secretamente para elas mesmas e que criam experiências depressivas. Por exemplo, se você entra em seu carro pela manhã e ele não pega, você pode conscientemente dizer: "Que droga, haja sorte!". Mas inconscientemente você pode estar tendo um pensamento automático (e nem mesmo tem consciência de que está pensando assim): "Nada dá certo para mim".

  - **Suposições equivocadas e esquemas de outros eus:** As suposições e os *esquemas* de outros eus (crenças sobre quem você é em relação aos outros) que você assume que sejam verdadeiros — bem como suas visões de mundo, de si mesmo e do futuro — influenciam consideravelmente a forma como você se move no mundo. Beck criou a *tríade cognitiva*. Cada ponta do triângulo contém uma série de crenças que refletem uma avaliação negativa de si mesmo, uma visão do futuro sem esperança e uma visão do mundo como excessivamente duro.

  - **Pensamento cíclico:** Um elemento final da visão cognitiva é a natureza cíclica do pensamento depressivo. Por exemplo, se você acreditar que não pode fazer nada, então você não ficará exatamente animado quando tiver uma tarefa para fazer, já que sua motivação é afetada pelas crenças acerca de suas capacidades. Então provavelmente você faz um esforço mínimo (se é que faz algum), por causa de sua falta de motivação, e, por sua vez, "prova" a você mesmo que realmente não consegue fazer nada direito. Esse viés distorcido e autoconfirmatório de raciocínio muitas vezes leva à depressão.

Tratando a depressão

Existem diversas abordagens de tratamentos eficazes para a depressão. Medicamentos antidepressivos, incluindo remédios famosos como Prozac e Paxil, funcionam para algumas pessoas. A psicoterapia, especialmente a terapia cognitiva-comportamental e a psicoterapia interpessoal, também é útil para muitas pessoas. As pesquisas também indicam que "atividades" — manter-se fisicamente ativo e ocupado de uma forma geral — constituem antídotos eficientes contra a depressão. Alguns estudos até mesmo indicam que os exercícios físicos regulares podem ser tão eficazes quanto a medicação para aliviar os sintomas da depressão, de acordo com os relatos dos próprios sujeitos das pesquisas, mas é necessário que mais pesquisas sejam feitas antes que isso seja considerado um tratamento generalizado. O padrão habitual de prática é utilizar tanto a medicação quanto a psicoterapia.

Enfrentando as ondas do transtorno bipolar

O *transtorno bipolar* chamado de *psicose maníaco-depressiva* pode ser caracterizado como um transtorno com intensas oscilações de humor que envolvem tanto a depressão quanto a mania — um estado de humor excessivamente elevado ou irritadiço que dura aproximadamente uma semana e acontece concomitantemente aos seguintes sintomas:

» Autoestima ou metas excessivamente grandiosas (esboçar uma solução para acabar com a fome no mundo e fomentar a paz na Terra, tudo isso antes do jantar de hoje à noite)

» Diminuição da necessidade de sono (sentir-se descansado com três ou quatro horas de sono por noite ou sentir como se não precisasse de sono algum, pois simplesmente há muito o que fazer!)

» Uma necessidade e pressão extrema para falar

» Pensamentos rápidos e corridos

» Deficit de atenção extremo

» Um aumento drástico no nível de atividade (se comprometer com muitos projetos ou cortar a grama às duas da manhã)

» Um envolvimento excessivo em atividades prazerosas que tenham consequências potencialmente danosas (apostar o pagamento de sua hipoteca, gastar na farra ou partir em excursões sexuais)

REMÉDIO PARA A DEPRESSÃO?

Os antidepressivos são um dos medicamentos mais amplamente prescritos nos EUA. Que história é essa? Será que todo mundo nos EUA está deprimido? Eu acho que isso tem a ver em grande parte com uma consciência maior do público acerca do tema da depressão — e os comerciais de televisão para esses remédios também não fazem mal. Mas é importante lembrar que determinadas formas de psicoterapia podem ser tão eficazes quanto os remédios no curto prazo e talvez até mesmo mais benéficas para o bem-estar de uma pessoa em longo prazo do que a medicação. Em outras palavras, o melhor "remédio" para a depressão pode ser não tomar remédio nenhum.

Um diagnóstico correto do transtorno bipolar requer que a pessoa experimente pelo menos uma crise de mania em sua vida e que esteja naquele momento vivenciando um episódio de mania, de depressão ou dos dois (tanto a depressão quanto a mania). Uma pessoa precisa ter experimentado tanto a depressão quanto a mania — daí o conceito de oscilações de humor severas — para ganhar sua estrelinha bipolar, por assim dizer.

As pessoas que sofrem de transtorno bipolar normalmente têm diversas crises recorrentes ao longo da vida. Os episódios de mania podem ser particularmente nocivos, porque quando uma pessoa está em crise, não é incomum acumular dívidas enormes, romper relacionamentos ou até mesmo se envolver em situações ilegais ou criminosas.

O transtorno bipolar é comparável a estar em uma montanha-russa de emoções extremas (algumas vezes feliz, outras vezes triste) para além de todas as proporções, mas essas oscilações de humor não acontecem em um dia, nem mesmo em uma semana. O transtorno bipolar se refere a oscilações de humor extremas que ocorrem durante um longo período de tempo — tal como quatro crises de humor (sejam elas depressão, mania ou uma mistura dos dois) dentro de um período de dez anos. Uma crise pode durar qualquer coisa entre uma semana e vários anos.

Algumas pessoas têm o que é chamado de *ciclo rápido* — podem vivenciar quatro ou mais crises dentro do espaço de um ano. Os indivíduos de ciclo rápido têm uma experiência particularmente difícil, já que cada episódio bipolar pode ser bastante perturbador e não há tempo para que consigam retomar a vida no intervalo entre as crises.

Revelando as causas do transtorno bipolar

As teorias sobre as causas do transtorno bipolar mais aceitas — especificamente a mania — são biológicas. As pesquisas relacionaram as anormalidades neuroquímicas às partes específicas do cérebro que envolvem os neurotransmissores da dopamina e da serotonina. Existem poucas outras evidências conclusivas.

Contudo, muito antes dos estudos biológicos, a psicanálise ofereceu sua explicação: a mania é uma reação defensiva à depressão. Em vez de ficar esmagada pela depressão, a mente de uma pessoa faz uma espécie de troca, transformando uma tristeza extrema em felicidade extrema. O equivalente simbólico a essa ideia é rir quando alguém que você ama morre. É uma forma intensa de negação. Quando um paciente que sofre de mania é visto na psicoterapia de orientação psicanalítica, o foco principal é essa hipótese defensiva.

Acredita-se também que o estresse desempenhe um papel na intensificação das crises de humor no âmbito do transtorno bipolar. O estresse não provoca necessariamente a mania ou a depressão, mas pode piorar as coisas ou acelerar a chegada de uma crise de humor que esteja se aproximando.

Tratando o transtorno bipolar

Atualmente, a primeira linha de tratamento para o transtorno bipolar é a medicação. Uma categoria de medicamentos conhecida como *estabilizadores de humor* é utilizada para estabilizar o humor da pessoa e reduzir a probabilidade de futuras crises. Alguns estabilizadores de humor usuais são o Lítio e o Depakote.

A psicoterapia de apoio também pode fazer parte do tratamento, sobretudo para ajudar as pessoas a lidarem com as consequências negativas do comportamento maníaco e aceitarem a seriedade da doença. A terapia cognitivo-comportamental (TCC) vem sendo cada vez mais utilizada para ajudar pessoas com transtorno bipolar a administrar seu comportamento e a identificar os primeiros sinais alarmantes de que uma crise de humor esteja chegando.

Para saber mais sobre o transtorno bipolar, leia *Bipolar Disorder For Dummies*, de Candida Fink e Joe Kraynak (Wiley, 2012).

Vivendo com Medo

Os eufemismos proliferam quando se chega à categoria mais comum das perturbações mentais, os *transtornos de ansiedade*. "Estresse", "preocupação", "nervos", "nervosismo" e "medo" são todos termos cotidianos para falar dessa condição. A *ansiedade* é um sentimento de medo e apreensão generalizado. Quando alguém está ansioso, geralmente também sente medo. Mas medo de quê? Isso depende. Identificar o que assusta uma pessoa ajuda os psicólogos a determinar que tipo de transtorno de ansiedade ela pode ter.

Fora a preocupação normal, os transtornos de ansiedade são provavelmente o tipo mais comum de transtorno mental. Mas será que a preocupação é realmente um transtorno mental? Lembre-se, todo comportamento e processo mental existem em um contínuo de normalidade. A preocupação pode ser tão intensa ou complicada para aquele que se preocupa que alcança o nível de um transtorno que precisa de uma atenção profissional. Já está preocupado pensando se tem ou não uma preocupação patológica? Relaxe, respire fundo e continue a ler. Ainda há mais para ser visto antes que você se apresse a tirar conclusões e corra para buscar ajuda.

O ASSUSTADO SEM SUÉTER

As pessoas podem ter medo ou se preocupar com as mais diferentes coisas. Quando alguém tem um medo extremo de alguma coisa ou situação em particular, mesmo que essa pessoa saiba que aquilo não apresenta nenhum perigo real, isso é chamado de fobia. Existem diferentes tipos de fobias. A fobia social é o medo de pessoas. A agorafobia é o medo de estar ao ar livre, longe de casa ou em lugares cheios de gente. A sueterofobia é o medo de suéteres e casacos de inverno pesados. Estou brincando sobre esta última, mas há centenas de fobias por aí. Seguem alguns exemplos dignos de nota:

- **Acrofobia:** Medo de altura
- **Claustrofobia:** Medo de lugares fechados
- **Nictofobia:** Medo do escuro
- **Misofobia:** Medo de contaminação por germes
- **Zoofobia:** Medo de animais ou de um animal específico

Alguns dos transtornos de ansiedade mais comuns incluem:

» **Transtorno de ansiedade generalizado:** Uma preocupação excessiva e persistente sobre muitas coisas diferentes

» **Transtorno de Estresse Pós-Traumático (TEPT):** Revivenciamento de fatos traumáticos que colocaram em risco a vida da pessoa, estímulos psicológicos excessivos ou exagerados e esquivar-se de lugares e pessoas relacionados a traumas

» **Transtorno obsessivo-compulsivo (TOC):** Obsessões (pensamentos recorrentes) e comportamento compulsivo (impelido a repetir uma atividade como lavar as mãos)

Nesta seção foco em um dos transtornos de ansiedade mais comuns, conhecido como síndrome ou *transtorno do pânico*.

Se você mora em uma vizinhança ruim e tem medo de sair de casa à noite, isso não é uma fobia, é uma ansiedade realista (ou racional)! Por outro lado, algumas pessoas têm medo de sair de casa, mas isso não é porque vivem em uma vizinhança ruim. As pessoas às quais estou me referindo sofrem de uma fobia de lugares grandes, abertos ou cheios de gente, que é chamada de *agorafobia*. A agorafobia está normalmente associada a um transtorno de ansiedade maior, conhecido como *síndrome do pânico* — uma condição na qual a pessoa vivencia ataques de pânico ou de ansiedade recorrentes e um medo de futuros ataques.

A definição do *DSM-5* para o ataque de pânico é "um período diminuto de medo ou desconforto intenso, no qual quatro (ou mais) dos seguintes sintomas se desenvolvem abruptamente e alcançam seu máximo dentro de um espaço de 10 minutos":

- Palpitações, coração batendo forte ou uma aceleração nos batimentos cardíacos
- Suor, tremores ou sacudidas
- Respiração curta, sensação de asfixia ou dor no peito
- Náuseas, tonturas ou vertigem
- Sensação de irrealidade ou de estar separado de si mesmo
- Medo de perder o controle, ficar louco ou morrer
- Entorpecimento, formigamento, calafrios ou ondas de calor

Uma pessoa que tem ataques recorrentes de pânico pode estar sofrendo de transtorno do pânico, caso se preocupe incessantemente em ter novos ataques, tenha medos irreais sobre as implicações do ataque ou tenha mudado significativamente seu comportamento em consequência dos ataques. Uma característica da síndrome do pânico é o medo de que esses ataques sejam um sinal de uma doença de maiores dimensões, como um ataque cardíaco, ficar louco ou morrer. Esse sintoma pode ser muito sério, porque pode levar a um estresse excessivo. Preocupar-se com a morte pode ser bastante estressante e pode bem ser um fator no desencadeamento exatamente daquelas doenças as quais a pessoa está ativamente temendo.

LEMBRE-SE

A mudança mais comum no comportamento de uma pessoa é o aparecimento da agorafobia. Esse estado está associado a um medo intenso de estar em lugares ou situações das quais pode ser difícil sair ou de conseguir ajuda caso seja necessário. Exemplos usuais de situações ligadas à agorafobia são andar de elevador, ficar em meio a uma multidão, andar em um vagão de metrô cheio ou até mesmo dirigir no trânsito intenso.

Contudo, essa é apenas uma parte da agorafobia. A outra parte envolve a pessoa evitar essas situações de aprisionamento em potencial e, muitas vezes, confinar-se dentro de sua casa. Esse sintoma pode ser extremamente estressante para a pessoa que sofre do transtorno do pânico e também para seus familiares. Que tipo de vida você poderá ter se seu esposo, pai ou mãe não sair de casa? Graves tensões maritais não são algo incomum entre os que sofrem de transtornos do pânico.

Revelando as causas da síndrome do pânico

Existem ao menos duas excelentes explicações para o transtorno do pânico: a *abordagem biopsicossocial*, de David Barlow, e o *modelo cognitivo*.

A ideia central de Barlow é a de que os ataques de pânico são resultantes de uma resposta a um medo hiperativo dentro do cérebro sob estresse. Determinados indivíduos têm uma vulnerabilidade psicológica na qual o sistema nervoso exagera em algumas situações. Essa vulnerabilidade biológica anda de mãos dadas com a vulnerabilidade psicológica, que é consequência de crenças exageradas acerca da periculosidade de certas sensações corporais e do mundo em geral.

O modelo cognitivo (Beck, Emery; Greenberg, 1985) é similar ao modelo de Barlow, mas coloca uma ênfase maior nas crenças da pessoa. A ideia básica do modelo cognitivo é a de que os ataques de pânico são o resultado de uma atribuição equivocada das sensações corporais normais, a qual leva a um aumento do medo, que por sua vez exacerba as sensações, que leva a ainda mais atribuições erradas. É um círculo vicioso. Uma pessoa interpreta alguma coisa que ela sente como uma ameaça à sua vida ou um perigo, e isso a faz se preocupar, o que intensifica tanto o sentimento quanto seu medo disso.

Tratando a síndrome do pânico

A síndrome do pânico é tratada por profissionais de saúde mental tanto com medicamentos quanto com diversas formas de psicoterapia. Antidepressivos conhecidos como tricíclicos podem diminuir a ocorrência do pânico. Benzodiazepínicos, uma categoria de medicamentos "relaxantes", também são utilizados para algumas pessoas com o intuito de reduzir a probabilidade de os sintomas da ansiedade "saírem do controle" e evoluírem para um ataque de pânico que venha a todo vapor.

A terapia comportamental é normalmente uma parte importante do tratamento para os pacientes que sofrem com o pânico. Pode soar um pouco cruel, mas essa terapia basicamente envolve ensinar técnicas de relaxamento e então, com pequenos passos que vão sendo aumentados, expor os pacientes a situações que desencadeavam o pânico anteriormente. O exercício ensina os participantes a enfrentar um ataque de pânico até que ele seja apaziguado. Mais importante ainda, funciona. Os pacientes conseguem ficar calmos em situações que inicialmente desencadeavam neles uma grande ansiedade.

A terapia cognitiva pode ensinar quem sofre a mudar seu pensamento de modo a diminuir sua tendência para perceber ou interpretar equivocadamente as sensações corporais e exagerá-las além das proporções. A intenção da terapia cognitiva é mudar o pensamento do tipo "o que aconteceria se" para um do tipo "e daí", por meio da educação sobre os processos fisiológicos e as fontes disponíveis de ajuda.

Compreendendo os Problemas dos Jovens

Os transtornos mentais afetam as crianças e os adolescentes em índices similares aos dos adultos, que giram em torno de um em cinco, ou 20%, de acordo com a United States Surgeon General. As crianças não estão livres de ter problemas mentais e vivenciam muitos dos mesmos transtornos que os adultos, com números ligeiramente diferentes. Por exemplo, as taxas de depressão em pessoas com idade abaixo de 18 anos é similar à dos adultos, mas as ocorrências de esquizofrenia entre os indivíduos abaixo dos 18 anos são muito menores do que entre os adultos. A esquizofrenia é considerada algo bastante raro em crianças. Transtornos de ansiedade, por outro lado, podem ser o transtorno mais comum na infância, e a incidência entre crianças é similar aos índices de ocorrência em adultos.

Embora as crianças e os adultos possam experimentar os mesmos transtornos mentais, existem alguns transtornos que têm uma probabilidade maior de aparecer ou serem "descobertos" durante a infância, e são normalmente reconhecidos em uma pessoa antes que ela atinja a idade adulta:

- » **Deficiência intelectual:** Caracterizada por habilidades intelectuais e de adaptação anormalmente baixas, como as relacionadas aos cuidados pessoais e a capacidades de comunicação

- » **Transtornos de aprendizado:** Problemas relacionados a adquirir, manipular e utilizar informações, incluindo a dislexia e transtornos da matemática

- » **Transtornos de habilidades motoras:** Desenvolvimento insuficiente das atividades de coordenação física

- » **Transtornos de comunicação:** Dificuldades com a fala expressiva e receptiva

- » **Transtorno desafiador opositor e de conduta:** Caracterizado por um comportamento que viola os direitos dos outros, como a agressão, o comportamento criminoso e o bullying

- » **Transtornos de alimentação da primeira infância:** Nutrição anormal em termos de quantidade, método de ingestão ou alguma outra característica, como a ingestão de substâncias não nutritivas, conhecida como alotriofagia

- **Transtornos de tiques:** Envolve a presença de movimentos motores ou vocais involuntários e inclui a síndrome de Tourette
- **Transtornos de eliminação:** Inclui a encoprese (sujar as roupas com fezes) e a enurese (o mesmo problema, só que com a urina)
- **Deficit de atenção/transtorno de hiperatividade:** Caracteriza-se por níveis anormais de atividade e deficit na concentração, participação e controle de impulsos
- **Transtornos de desenvolvimento pervasivo:** Envolvem graves deficit na comunicação, interação social e comportamento, incluindo o autismo

Lidando com o TDAH

Você é do tipo que está sempre em movimento, incapaz de conseguir se sentar quieto, fica o tempo todo mexendo em coisas, se esforçando para pensar antes de agir ou fazendo alguma bobagem, se distancia com frequência e tem dificuldades para terminar as coisas? Esses são exemplos comuns de comportamentos e sintomas do T*ranstorno do Deficit de Atenção/Hiperatividade*, ou TDAH.

LEMBRE-SE

O TDAH costumava ser chamado de *TDA* ou Transtorno do Deficit de Atenção, mas vem sendo oficialmente reconhecido como TDAH nos últimos 20 anos. O diagnóstico efetivo dos sintomas do TDAH estão divididos em duas categorias: sintomas de hiperatividade e impulsividade e sintomas de desatenção. Os indivíduos podem exibir sintomas predominantes em uma das duas categorias e cumprir, assim, os critérios para o diagnóstico. Ou eles podem ter sintomas dos dois lados e serem considerados um "tipo combinado".

Segue um resumo dos sintomas associados a cada uma das duas categorias:

- **Hiperatividade e impulsividade:** Irrequieto, sinuoso, não consegue ficar sentado, corre e sobe nas coisas excessivamente, não consegue brincar tranquilamente, está sempre em movimento, fala muito, não consegue esperar, interrompe e é intrusivo
- **Desatenção:** Dificuldades para prestar grande atenção aos detalhes, comete erros descuidados, dificuldades para manter a atenção, aparenta não escutar, dificuldades para dar continuidade e terminar as coisas, perde as coisas, se distrai com facilidade e se esquece das coisas

O TDAH pode variar em termos de severidade, desde muito leve até grave, e normalmente não é diagnosticado antes dos 4 anos de idade. Os meninos têm uma probabilidade maior de ter o TDAH, mas ele aparece também nas meninas. O tratamento mais comum é a medicação, normalmente na categoria dos psicoestimulantes (tal como Ritalina ou Straterra), mas a modificação do comportamento e as intervenções psicossociais também são parte importante do tratamento. Especificamente, a abordagem popularizada por Russell Barkley e no trabalho do Dr. Arthur D. Anastopoulos utiliza as intervenções psicossociais, que incluem elementos de modificação do comportamento, educação parental, educação infantil e aconselhamento, caso seja necessário.

Espera aí, eu falei em "psicoestimulantes"? É isso mesmo, a medicação usada para tratar o TDAH funciona como um estimulante do cérebro. É o mesmo conceito de adultos que usam o café para ficar acordados e trabalhar ou estudar. As pessoas tendem a se concentrar um pouco melhor quando estão um pouco ligadas.

Embora pareça contraintuitivo, os deficit neuropsicológicos subjacentes do TDAH são coerentes com o uso de uma medicação estimulante. Essencialmente, os sintomas do TDAH são o resultado do funcionamento abaixo do ideal do lóbulo frontal do cérebro, que nada mais é do que deficit em suas funções, conhecidas como *funções executivas*, como planejamento e organização. O lóbulo frontal e suas funções executivas desempenham um papel decisivo na inibição e no controle dos impulsos, organização, atenção, concentração e *comportamentos direcionados a objetivos*, que consiste em saber como se manter no caminho para alcançar um objetivo, mesmo que esse objetivo seja simplesmente recolher suas meias.

Para as pessoas com TDAH, o lóbulo frontal está em "baixa potência" e não está a altura de cumprir suas tarefas, e, assim, deixa o resto do cérebro desorganizado, impulsivo, exageradamente ativo e propenso a um pouco de divagação. Os medicamentos estimulantes tratam essa baixa de energia, dão ao lóbulo frontal uma carga e fazem com que o Zé com TDAH diminua seu ritmo para que consiga focar em si mesmo e aumentar o controle de seus impulsos.

A causa desse deficit de energia no lóbulo frontal ainda precisa ser plenamente identificado, mas as pesquisas mostram um componente genético muito forte e o papel de algum tipo de fato de evolução negativa ou exposição que resulta em um subdesenvolvimento do lóbulo frontal e das funções executivas.

Vivendo em um mundo só seu

Eu sou muito menos autista agora, em comparação com quando era jovem. Eu me lembro de alguns comportamentos, como pegar os fiapos do carpete e assistir a pratos girando por horas. Eu não queria ser tocada. Eu não conseguia acabar com os ruídos do ambiente. Eu não falei até cerca de 4 anos de idade. Eu gritava. Eu cantarolava. Mas melhorei enquanto crescia.

– TEMPLE GRANDIN

Temple Grandin é uma mulher adulta relativamente famosa que tem *autismo*, um transtorno do neurodesenvolvimento caracterizado por um desenvolvimento da linguagem deficitário ou anormal, habilidades e desenvolvimento social anormais e um comportamento repetitivo ou restrito. A atriz Claire Danes estrelou um filme para a televisão, sobre Temple Grandin em 2010, que destacava sua vida, suas lutas e seus sucessos. A Sra. Grandin, que tem doutorado em zootecnia, é considerada por muitos como uma porta-voz e defensora das pessoas que sofrem com o autismo e faz inúmeras palestras todos os anos, visando a elevar a consciência sobre essa condição.

O autismo, normalmente identificado por volta dos 3 ou 4 anos (embora sinais e sintomas possam se manifestar e aparecer mais cedo), apresenta sintomas e deficit nas seguintes três áreas:

» **Deficiência na interação social:** Deficit no comportamento social não verbal, como contato visual e gesticulação; fracasso em desenvolver relacionamentos com colegas adequados à sua faixa etária; uma falta de busca espontânea por prazeres compartilhados, interesses ou conquistas com outras pessoas; e falta de reciprocidade social ou emocional

» **Deficiências na comunicação:** Atraso ou falta total do desenvolvimento da linguagem falada ou, em indivíduos com fala adequada, deficiência na capacidade de iniciar e sustentar uma conversa com outras pessoas; uso de linguagem estereotipada e repetitiva ou linguagem idiossincrática, como repetir incessantemente ou de forma estranha uma entonação ou uso de uma palavra; e deficit em diversos tipos de jogos espontâneos de faz de conta ou de imitação social

» **Padrões de comportamento, interesses e atividades repetitivos e estereotipados:** Uma preocupação intensa com um ou mais padrões de interesse estereotipados ou restritos que sejam anormais tanto em intensidade quanto em foco; adesão inflexiva a rotinas e rituais específicos, sem funcionalidade; maneirismos motores estereotipados (repetição persistente de um comportamento sem nenhum propósito óbvio) e repetidos (tal como sacudir ou torcer mãos ou dedos, ou movimentos complexos de corpo inteiro); e uma preocupação persistente com partes de objetos

O autismo é um transtorno do neurodesenvolvimento complexo que pode variar desde leve (muitas vezes chamado de *autismo de alto funcionamento*) até grave. A causa para esse transtorno ainda precisa ser identificada, mas as descobertas das pesquisas são promissoras. Por exemplo, a pesquisa genética está progredindo. Nenhum "gene autista" foi identificado, mas muito se aprendeu sobre os aspectos cognitivos e neuropsicológicos subjacentes do autismo. Duas áreas em particular se destacam: os *modelos de conectividade neural* e os *modelos de teoria da mente*.

Acredita-se que o cérebro nos indivíduos com autismo se desenvolve e é organizado de forma diferente do cérebro das crianças com desenvolvimento típico (veja o Capítulo 3 para um conteúdo sobre como o cérebro se organiza e funciona). As descobertas das pesquisas são complicadas, mostrando que as pessoas autistas têm algumas áreas subdesenvolvidas, bem como outras superdesenvolvidas — e até mesmo um volume de cérebro maior. Em seu conjunto, os pesquisadores propõem que o cérebro no autismo interage e se comunica com ele mesmo de formas únicas e desordenadas, que se diferenciam da atividade em indivíduos típicos. Dessa perspectiva, o autismo pode ser considerado um transtorno de organização e integração neural.

Pensar que alguém para quem você está olhando ou com quem está conversando tem uma "mente própria" é conhecido como "teoria da mente" (abreviadamente, TOM, do inglês, *theory of mind*). A maioria das pessoas acredita que as outras pessoas têm uma mente assim como a sua própria, o que as ajuda a compreender o mundo do ponto de vista de uma outra pessoa. As pesquisas e os trabalhos clínicos vêm mostrando consistentemente que os indivíduos com autismo têm deficit em TOM. Em outras palavras, as pessoas com autismo não creem na existência de uma "mente do outro" e, como resultado, exibem deficit sociais e de comunicação. Suas dificuldades para entender expressões faciais e gesticulação, antecipar as ações dos outros, manter uma conversa e demonstrar reciprocidade social e emocional podem ser uma consequência de deficit de TOM. Mas, como no caso da genética, ainda não se sabe se tais deficit podem ser considerados a "bala de prata" dos deficit subjacentes e que, por isso, sejam os responsáveis ou criem toda a síndrome do autismo.

Mas uma coisa é certa: em muitos aspectos, o autismo é um transtorno que dura a vida inteira. No entanto, há uma esperança significativa para aqueles que obtêm uma intervenção cedo e intensiva. Como um transtorno do neurodesenvolvimento, o curso do autismo pode muito provavelmente ser alterado para uma direção significante e positiva. Abordagens com amplas intervenções que tratam o neurodesenvolvimento e o desenvolvimento geral da criança foram pesquisadas, desenvolvidas e mostram resultados encorajadores. Essas abordagens usam um enfoque do tipo "de ensino", a fim de facilitar o desenvolvimento normal das crianças e tratar os atrasos no desenvolvimento. Aqui estão quatro abordagens de intervenção entre as mais bem pesquisadas e empolgantes para o autismo:

> » **Análise do comportamento aplicada — Ensino por Tentativas Discretas (DTT, do inglês, *Discrete Trial Teaching*):** O DTT é uma técnica de ensino específica na qual os princípios do condicionamento operante e clássico são usados para apresentar à criança tentativas massivas de aprendizado que são muito intensivas (encontre detalhes sobre a análise comportamental aplicada ao autismo — ABA, do inglês, *applied behavior analysis* — no Capítulo 16, e informações sobre condicionamento operante e clássico no Capítulo 8). O DTT é mais associado ao trabalho do Dr. Ivar Lovaas (1927-2010).

> » **Tratamento de resposta pivotal (PRT, do inglês, *Pivotal Response Treatments*):** O PRT é considerado uma intervenção ABA, mas se diferencia do DTT no sentido de tender mais a usar os jogos como base, usar o reforço naturalístico dentro do paradigma do condicionamento operante e focar no aumento da motivação do participante a níveis máximos. O PRT está

associado ao trabalho do time de um casal de psicólogos, os doutores Robert e Lynn Koegel, da Universidade da Califórnia, Santa Bárbara, que desenvolveram seu trabalho pela primeira vez na década de 1970.

» **Modelo Denver de intervenção precoce:** Desenvolvido pelos psicólogos Sally Rogers e Geraldine Dawson no início dos anos 2000, o modelo Denver de intervenção precoce combina a abordagem do PRT e um "modelo de desenvolvimento" no qual experiências identificadas como decisivas no desenvolvimento da criança são usadas para orientar a intervenção e sua grade curricular.

» **Abordagem do comportamento verbal:** O Dr. Mark Sundberg desenvolveu a abordagem do comportamento verbal no início dos anos 2000 para ajudar as crianças com autismo a aprenderem como se comunicar e falar. Embora não seja considerada como uma abordagem de intervenção que abranja todas as áreas do desenvolvimento, a abordagem do comportamento verbal é amplamente respeitada como uma intervenção sofisticada e bem elaborada para a comunicação e para o desenvolvimento da linguagem.

5
Rumo a uma Pessoa Melhor

NESTA PARTE...

Aprofunde-se nos testes e avaliações psicológicas para descobrir como os psicólogos determinam se as pessoas têm problemas e sugerem o que pode ser feito a esse respeito.

Familiarize-se com as diferenças entre as psicoterapias tradicionais "de conversa": a psicanálise, a terapia comportamental, a terapia cognitiva e outras formas conhecidas de tratamento psicológico.

Descubra as terapias comportamental e cognitiva, formas amplamente utilizadas que adotam uma abordagem mais simples e menos misteriosa com relação aos problemas psicológicos.

Dê uma olhada nas terapias humanista e existencial, que focam nos temas essenciais do ser humano e de como as pessoas lidam com estas questões.

Descubra a psicologia da saúde, campo da psicologia que se expande cada vez mais e sua abordagem ao estresse, à doença, a como lidar com os problemas e a força e resiliência psicológica humana.

> **NESTE CAPÍTULO**
>
> Fazendo anotações sobre o histórico
>
> Passando com êxito
>
> Tipificando os testes
>
> Trapaceando

Capítulo 14
Avaliando o Problema e Testando a Psique

Normalmente as pessoas vão a um psicólogo ou a outro profissional de saúde mental porque estão vivenciando fortes emoções negativas ou enfrentando dificuldades em sua vida cotidiana. Da mesma forma como quando vão ao médico, uma pessoa chega ao consultório de um psicólogo com uma queixa, uma questão ou um problema. Muitas vezes, o indivíduo está em busca de respostas porque está inseguro com relação ao que realmente está acontecendo. O psicólogo ouve e tenta avaliar toda a extensão do problema, tentando entender todo o sentido da situação do paciente. Se o psicólogo se equivocar com relação ao problema, não terá como consertar.

A coisa funciona assim: recentemente comprei um computador novo, trouxe-o para casa, instalei-o, e tudo parecia ótimo. Eu estava entusiasmado para me conectar à internet e começar a navegar. Mas quando eu tentei conectá-lo, ele não funcionou. Você pode imaginar minha frustração depois de gastar uma grana em um computador novinho que não estava funcionando. Eu perdi três dias, furioso, tentando descobrir qual era o problema, trocando os cabos, ligando para o provedor de internet e falando com o pessoal da loja que me vendeu o computador. Nada do que fiz e ninguém com quem falei resolveu o problema.

Finalmente, minha esposa chamou a atenção (três dias depois) para o fato de eu ter ligado um dos cabos no conector errado atrás do computador. Ela simplesmente colocou o cabo onde ele deveria estar e o conectou com facilidade. Eu tinha identificado incorretamente o problema e por isso fiquei sem ter a menor ideia sobre como o consertar. Pensei que, pelo fato de ser um cientista, eu já tinha descartado completamente todas as possíveis causas e variáveis. Ah, como eu estava errado!

Este capítulo apresenta os processos e procedimentos usados pelos psicólogos em suas avaliações clínicas. E isso inclui reunir informações e saber sobre o histórico a respeito da natureza dos problemas enfrentados por seus clientes e pacientes. As avaliações e os testes psicológicos, duas coisas para as quais os psicólogos são particularmente treinados a fazer, são discutidos, incluindo uma revisão dos diferentes tipos de testes e avaliações que um psicólogo costuma conduzir.

Nomeando o Problema

O primeiro passo na direção de qualquer solução é reconhecer e definir claramente o problema. Os psicólogos usam ferramentas e técnicas específicas com esse propósito específico. E a coisa geralmente acontece da seguinte forma: uma pessoa vai a um psicólogo, e a conversa começa com uma investigação acerca da *queixa apresentada* pelo paciente (o problema que o motivou a buscar a terapia). A discussão então entra em um processo mais minucioso de recolhimento de informações:

Psicólogo: Diga-me o seguinte, Sr. Smith, o que o senhor acha que é o problema?

Sr. Smith: Como é que devo saber isso? Você é o médico.

A pergunta "Qual é o problema?" às vezes aborrece os pacientes, porque muitas vezes eles não sabem o que está acontecendo, afinal, eles estão procurando a ajuda de um profissional e esperam que o psicólogo tenha as respostas. Mas sem uma exploração detalhada acerca da situação do paciente, qualquer profissional de saúde mental só pode fazer um trabalho de adivinhação, que sai muito caro. As duas abordagens mais comuns de avaliação clínica são as entrevistas formais e os testes psicológicos. São esses processos que descrevo nesta seção.

Documentando o histórico

Deve haver tantas técnicas de entrevistas no mundo da psicologia quanto existem psicólogos por aí. Todo mundo tem uma maneira diferente de chegar a informações relevantes. Mas qual é essa informação relevante?

A maioria dos encontros entre psicólogo e paciente começa com uma discussão sobre o problema básico do paciente, a reclamação inicial ou o *problema apresentado*. São bem poucas as pessoas que vão a um psicólogo e descrevem seu problema de acordo com os critérios estabelecidos no *Manual de Diagnóstico e Estatística*, publicado pela American Psychiatric Press, que a maioria dos psicólogos norte-americanos usa para diagnosticar os transtornos mentais. Os problemas apresentados tendem a ser vagos ou confusos.

LEMBRE-SE

Problemas de comunicação iniciais entre o psicólogo e o paciente não se devem necessariamente às pessoas não entenderem a si mesmas. É mais um problema de uso de vocabulário, ou seja, médicos e pacientes usam palavras diferentes para descrever os mesmos problemas. Você diz *bis*-coi-to, eu digo *bo*-la-cha. Você pode dizer que não consegue dormir ou parar de chorar, e eu digo que você está deprimido.

Para começar a explorar os problemas psicológicos de uma pessoa, um psicólogo muitas vezes reúne informações sobre a família do paciente, seus amigos, colegas de trabalho e outros relacionamentos importantes, a fim de entender melhor seu funcionamento social, educacional e ocupacional. O paciente completou o ensino médio? Ele tem conseguido se manter assalariado?

Muitas vezes, embora as pessoas comecem a terapia com muitas coisas para dizer e arrancar do peito, sentem-se oprimidas, e às vezes têm dificuldades para saber exatamente como descrever suas experiências. A terapia não é sempre algo tão claro e inequívoco, mas os psicólogos normalmente tentam estruturar a primeira entrevista com as seguintes etapas:

1. **Esclarecer o problema apresentado.**

2. **Reunir dados sobre a história de vida do paciente.**

    É uma autobiografia? De certa forma, sim, exceto pelo fato de que somente áreas específicas são levadas em consideração. O aspecto mais relevante em uma entrevista psicológica é a história do problema apresentado. Quando tudo começou...?

LEMBRE-SE

3. **Investigar a saúde física do paciente.**

    Uma avaliação acerca da saúde física e histórico do paciente é sempre importante no processo de identificação do histórico, principalmente porque muitos dos problemas psiquiátricos e psicológicos podem ser um aspecto de certas doenças ou condições físicas. Ou seja, um problema psicológico pode, na verdade, ser um sintoma de uma condição clínica escondida. Por exemplo, uma pessoa pode achar que está tendo um ataque de pânico (psicológico), mas pode estar tendo realmente um ataque do coração (doença médica/física). Quando foi seu último exame médico? Será que essa pessoa tem algum problema médico maior? Ela está tomando algum remédio? Será que ela abusa ou abusou de álcool ou drogas? Será que ela apresenta algum estado alterado de consciência que requeira atenção ou avaliação médica?

4. **Reunir informações para obter um histórico detalhado de qualquer problema psicológico.**

Um psicólogo, antes de tudo, quer descobrir se o paciente alguma vez já sofreu de depressão no passado, tentou suicídio ou se vem sendo tratado de algum transtorno mental em um hospital psiquiátrico ou algum outro tipo de instituição. Outros membros da família têm algum histórico de doença mental? Será que a pessoa está pensando em machucar outras pessoas? Algumas informações são extremamente importantes para descobrir se a segurança do paciente está em risco. Um profissional prudente sempre faz primeiro uma avaliação cuidadosa dos aspectos mais graves de um caso, e nenhum problema é mais sério para um psicólogo do que o suicídio ou o potencial de um paciente para praticar violências.

Examinando o estado mental

Nessa entrevista inicial, o psicólogo procura por especificidades do comportamento, indicadores cognitivos e emocionais de uma pertubação psicológica. Isso é chamado de *exame do estado mental (EEM)*. Normalmente o psicólogo observa essas 11 áreas de estado mental:

- **Aparência:** O cuidado pessoal, a higiene, características físicas e incomuns são observadas. Se alguém tem uma aparência fora do normal — extremamente abaixo do peso, desgrenhada ou bizarra, ou uma aparência inapropriada, por exemplo —, fora das normas culturais ou subculturais, seria válido discutir.

- **Comportamento:** Alguns dos sinais mais contundentes de perturbação vêm da forma como a pessoa age.
  - **Movimento do corpo:** Movimentos corporais, como irrequietação, movimentos rápidos, movimentos lentos ou gesticulações estranhas, podem ser relevantes. Indivíduos nervosos podem ser muito irrequietos. Pacientes deprimidos podem se sentar afundando na cadeira. Alguém que tenha um delírio paranoide de que agentes da CIA o estão seguindo pode se levantar e espiar pela janela a cada cinco minutos.
  - **Expressões faciais:** Expressões faciais podem às vezes revelar como uma pessoa está se sentindo. Uma expressão triste, raivosa, imóvel ou congelada, por exemplo, pode indicar humores específicos.

- **Linguagem:** Dois transtornos em particular, a esquizofrenia e o transtorno bipolar, incluem distúrbios na fala:
  - **Esquizofrenia:** A fala do paciente pode estar desordenada, emaranhada ou de difícil entendimento. Ele pode parecer falar em uma língua estrangeira, utilizando palavras e frases que parecem não fazer sentido. Por exemplo,

uma vez recebi um telefonema anônimo na época em que era voluntário em um abrigo para desabrigados. Quando perguntei a quem me ligou se poderia ajudá-lo, ele respondeu: "Espete o alfinete na almofada. Você me ligou. O que você quer? As cartas estão me deixando maluco... lâmpada... bata o tambor... espete o alfinete na almofada... o que você quer?". Este é um caso exemplar de um discurso desordenado.

- **Transtorno bipolar:** A velocidade e o ritmo da fala podem ser anormais nas pessoas com transtorno bipolar. Os pacientes com crises de mania, por exemplo, podem falar muito rápido e agir como se precisassem continuar conversando fisicamente. Eles podem pular de um assunto a outro.

» **Humor e o que provoca emoções:** O *humor* descreve as emoções predominantes que são expressadas pelo paciente. Ele está triste, feliz, com raiva, eufórico ou ansioso? O que *provoca emoções* se refere ao alcance, à intensidade e à adequação do comportamento emocional do paciente. Ele está leve ou intensamente triste? Ele sente alguma coisa além de tristeza, ou parece ter toda uma gama de emoções? Outra observação comum acerca do que provoca emoções é chamada de *labilidade emocional*. Qual a frequência e a facilidade com que o humor muda? Ele está entusiasmado em um segundo e distante no minuto seguinte?

» **Conteúdo dos pensamentos:** As coisas sobre as quais as pessoas pensam são relevantes para qualquer avaliação clínica. Conteúdos de pensamento bizarros, como delírios, podem ser sinais reveladores da presença de um transtorno mental. Menos bizarros, mas às vezes igualmente perturbadores, são os pensamentos relacionados a preocupações obsessivas e ideias intrusivas, que também podem ser sinais de uma ansiedade grave. Pensamentos de morte e violência são relevantes para avaliar potenciais para suicídio e violência.

» **Processos de pensamento:** Maneiras diferentes de pensar podem às vezes dar pistas para um transtorno mental.

- **Pensamento tangencial:** Muitas vezes um sinal de transtorno de raciocínio, o pensamento tangencial é caracterizado por divagações e a tendência a sair pela tangente de assuntos que estão somente minimamente relacionados àquele que esteja sendo discutido.

- **Associações sonoras:** São graves indicadores de um transtorno de pensamento. Quando alguém termina uma frase com uma palavra, e o som daquela palavra desencadeia outro pensamento, relacionado à conversa somente pelo som da última palavra proferida, o processo de pensamento é conhecido como *associação sonora*. "Eu cheguei em casa do trabalho outro dia, e o carro estava na garagem... a calibragem é feita na oficina. Barulhos altos me incomodam... rodam". Esse tipo de pensamento transtornado é desorganizado e difícil de seguir, já que não faz nenhum sentido.

- **Percepção:** Problemas de percepção consistem em alucinações. Os pacientes podem experimentar alucinações auditivas (vozes), visuais, olfativas (cheiros ou odores), gustativas (gostos) ou somáticas (estranhas sensações corporais, como sentir como se insetos estivessem entrando por debaixo de sua pele). Uma alucinação auditiva muito grave ocorre quando os pacientes escutam uma voz ou vozes dizendo a eles para machucarem a si mesmos ou a outras pessoas. Às vezes essas alucinações são chamadas de alucinações de comando.

- **Funcionamento intelectual:** Este estado pode ser observado causalmente, ao se prestar atenção ao vocabulário do paciente, à quantidade geral de conhecimento e informação e à capacidade de pensamento abstrato. Contudo, tentar entender o funcionamento intelectual de uma pessoa baseando-se somente na observação é algo altamente subjetivo e deve ser utilizado somente como um ponto de partida para uma avaliação mais aprofundada.

- **Atenção/concentração e memória:** Preste atenção se um paciente está distraído durante a entrevista e esforçando-se para se concentrar na tarefa que tem de cumprir. A memória de curto prazo pode ser verificada pedindo-se ao indivíduo que se lembre de algumas coisas e verificando-se do que ele se lembra alguns minutos depois. O quão bem ele se lembra de sua história e fornece informações para a história clínica dá uma medida de sua memória de longo prazo. Muitos transtornos apresentam problemas de atenção e deficit de memória.

- **Orientação:** O paciente sabe onde está? A estação do ano? Que horas são? Averiguar se o paciente sabe onde está no tempo e no espaço é uma parte importante do EEM. Muitas doenças e transtornos neuropsicológicos manifestam sinais de desorientação.

- **Insight e julgamento:** O paciente entende que pode estar mentalmente doente? Ele entende o relacionamento entre seu comportamento e os processos mentais e uma perturbação psicológica? Os insights são importantes para que se possa avaliar o quão motivado o paciente estará durante o tratamento e se questões relacionadas à adequação têm alguma probabilidade de interferir no gerenciamento da doença ou em sua recuperação. Abordar o julgamento de um paciente envolve observar a sanidade das decisões que ele toma e o grau de impulsividade e planejamento que está envolvido antes que tome uma atitude. O julgamento é particularmente importante quando se avaliam a periculosidade, o potencial para a violência e o risco de suicídio.

> ## CADA UM COM SEU ANIMAL
>
> Se você visse em uma cafeteria um senhor de meia-idade usando um par de famosas orelhas de rato com um nariz, dentes e bigodes de rato, talvez se perguntasse se ele não é um doente mental. Vivemos em um país livre, mas a maioria das pessoas concordaria que uma aparência assim seria incomum. Normalmente, homens de meia-idade não se vestem como ratos. Então, quando uma pessoa vive o dia a dia como se estivesse no Halloween, vale a pena perguntar sobre o porquê disso. Nada de julgamentos ou de tirar conclusões apressadas, mas é uma boa verificar.

Por Dentro dos Testes Psicológicos

Nos dias atuais, uma ampla gama de diferentes disciplinas está envolvida no tratamento da doença mental e trabalhando com pessoas com transtornos mentais. Os testes psicológicos, contudo, são considerados como domínio exclusivo dos psicólogos. Embora alguns profissionais, como conselheiros escolares e especialistas em deficiências de aprendizado, realizem testes psicológicos, tais testes são limitados em termos de âmbito e direcionados a problemas específicos. Os psicólogos são minuciosamente treinados em todos os aspectos dos testes psicológicos e são os principais profissionais dessa área.

Os testes psicológicos fazem parte do processo inteiro de avaliação psicológica. *Avaliação* é um conjunto de procedimentos científicos usado para medir e avaliar o comportamento e os processos mentais de um indivíduo. A psicóloga Anne Anastasi (1908–2001), que foi uma das presidentes da Associação Norte-Americana de Psicologia e uma renomada pesquisadora das avaliações psicológicas, define o teste psicológico como um modelo de comportamento ou processo mental objetivo, padronizado. Os testes podem organizar dados com base nas observações. Quase todos os assuntos da psicologia podem ser mensurados com um teste.

Os formatos dos testes podem incluir sondagens, testes de papel e lápis, exercícios e atividades (como montar quebra-cabeças), entrevistas e observações. Os testes em psicologia não são muito diferentes dos testes de outros campos do conhecimento. Um exame de sangue, por exemplo, é um meio de medir uma contagem individual de células-T. Um teste de personalidade é uma maneira de medir alguns aspectos específicos da personalidade de uma pessoa. O teste psicológico utiliza a mesma ideia, no entanto tem seu foco no tema da psicologia, do comportamento e dos processos mentais.

Um teste é objetivo se reúne padrões aceitáveis em três áreas importantes: padronização, confiabilidade e validade.

Padronizando

Anne Anastasi considera que um teste está adequadamente *padronizado* se ele tem um procedimento uniforme para sua aplicação e pontuação. O controle de variáveis externas permite uma máxima precisão. Em outras palavras, se eu der um teste de maneira diferente para duas pessoas diferentes, então não poderei confiar muito nos resultados, porque violei o princípio científico de controle.

Estabelecer uma norma para um teste é outro passo para a padronização. Uma *norma* é uma medida de desempenho médio para um grupo grande de pessoas em um dado teste psicológico. Por exemplo, a pontuação média na Escala de Inteligência Wechsler para adultos, em sua quarta edição, é 100. Essa pontuação média estabelece um ponto de comparação para as pontuações daquele que faz o teste para que possa ser referenciado. Isso é chamado de *norma* e é um padrão pelo qual se podem comparar as pessoas. As normas são estabelecidas aplicando-se o teste para um grupo grande de pessoas, ou diversos grupos, e medindo-se seu desempenho médio e o alcance dele, algo chamado de *variabilidade*. Então, se desenvolvo um teste para medir a resolução de problemas, eu estabeleço uma norma ou grupo de comparação ao sair por aí aplicando meu teste a milhares de pessoas e documentando o desempenho delas e o alcance dessas performances. Esse grupo de comparação é usado para se comparar a pontuação de qualquer indivíduo que faça o teste à daquelas outras milhares de pessoas que o fizeram, e me permite determinar o quão bem ou mal qualquer uma das pessoas que tenha feito o teste tenha ido em comparação a todas as outras pessoas.

Confiando nos testes

A *confiabilidade* é a consistência dos testes nas diversas situações, pessoas, ambientes e circunstâncias dessa aplicação. Um teste confiável deve dar o mesmo resultado independentemente das circunstâncias. Um teste inconsistente não é confiável e, portanto, não será muito útil para o teste psicológico. Se eu dou à mesma pessoa o mesmo teste em duas ou mais ocasiões, será que essa pessoa obterá a mesma pontuação ou ao menos uma pontuação aproximada? Se a resposta for positiva, então o teste é confiável. Se eu aplicar um teste em uma pessoa e outro psicólogo usar o mesmo teste na mesma pessoa, os resultados devem ser semelhantes. Isso é chamado de confiabilidade entre avaliadores. Um teste precisa comprovar que é confiável antes que seja usado por profissionais. Na verdade, os psicólogos estão eticamente vinculados ao uso de testes e instrumentos confiáveis, porque a eles é confiada a tarefa de fornecer informações precisas e úteis. Um teste no qual não se pode confiar não é capaz de atender a essas recomendações. Um psicólogo quer saber se o desempenho de uma pessoa em um teste se deve às suas próprias características, e não ao ambiente, às circunstâncias ou à situação. Dessa forma, se um teste não fosse confiável, o psicólogo não mediria o que acha que está medindo. Um exemplo de confiabilidade utilizado no desenvolvimento de testes é a *confiabilidade teste-reteste*. Isso envolve aplicar um teste, aplicá-lo de novo mais tarde (não muito cedo, é claro, porque você não vai querer trazer os efeitos da prática para o teste) e então observar se a pontuação está próxima da anterior ou é similar.

No que diz respeito aos testes psicológicos, muitas vezes tive pacientes que se opuseram à confiabilidade de um teste e que achavam que ele não media ou provava nada. Talvez eles tivessem alguma razão, mas somente se o teste não fosse realmente confiável.

Testes de confiança

Como é possível saber se um teste que você está usando realmente está medindo o que ele afirma que está medindo? Você pode estar pensando que está medindo a inteligência, quando certamente está medindo a aptidão para a língua inglesa. Isso, na verdade, acontece com bastante frequência, quando os testes são usados incorretamente com pessoas para as quais os testes não tenham sido *padronizados* — o que significa que suas propriedades estatísticas não foram estabelecidas junto a uma grande população de indivíduos similares às pessoas para as quais será aplicado. Testes usados com pessoas que não fazem parte do grupo de teste padronizado são altamente suspeitos e, muito provavelmente, inválidos.

Quando um teste mede o que ele alega medir, ele é considerado válido. A validade de um teste é estabelecida comparando-se o teste com uma medida externa ao assunto psicológico em questão. Se eu tenho um teste que afirma medir a depressão, preciso comparar as descobertas de meu teste com uma medida para a depressão já estabelecida, tal como o Inventário Beck de Depressão.

Tenha sempre em mente que muitos, se não a maioria, dos testes psicológicos medem coisas que são inobserváveis, da mesma maneira que outros fatores, em outros campos, o fazem. As células-T podem ser fisicamente vistas e, portanto, contadas sob um microscópio. Mas a inteligência não pode ser vista da mesma maneira. Presume-se que a inteligência existe, já que ela se manifesta de uma forma mensurável em um teste psicológico. Assim, a base científica na qual os testes psicológicos são formados é muito importante.

Os testes psicológicos são um pouco mais sofisticados do que simplesmente fazer algumas perguntas e contar as respostas de alguém. É um esforço científico. Devido à sua complexidade, a maioria dos profissionais argumenta que o uso dos testes psicológicos deveria ser controlado — somente examinadores qualificados deveriam usá-los. O risco de uma potencial simplificação exagerada ou interpretação equivocada é simplesmente muito alto quando um administrador não treinado tenta diagnosticar o estado mental de uma pessoa por meio de um teste.

Além disso, se os testes forem espalhados por aí indiscriminadamente, as pessoas podem se tornar familiarizadas demais com eles e tornar-se capazes de manipular as respostas, e assim os testes perderiam sua validade. No lugar de medir a inteligência de uma pessoa, por exemplo, os psicólogos podem estar medindo a habilidade do sujeito que está se submetendo ao teste de se lembrar das perguntas e respostas deste e que somente revelariam os traços que eles gostariam de mostrar.

Tipos de Testes

Existem inúmeros tipos de testes psicológicos. Cinco dos mais comuns são os testes clínicos, os testes educacionais e de desempenho, os testes de personalidade, os testes de inteligência e os testes neuropsicológicos. Cada um desses diferentes tipos de testes observa um tipo diferente de processo comportamental e/ou mental.

Testes clínicos

Os psicólogos clínicos (psicólogos que trabalham com transtornos mentais e com comportamentos anormais) normalmente usam os testes clínicos como uma forma de esclarecer diagnósticos e avaliar o âmbito e a natureza do distúrbio ou disfunção de uma pessoa ou de uma família. Testes específicos são elaborados para avaliar a extensão na qual um paciente pode ou não estar experimentando os sintomas de um transtorno específico. Esses são os *testes de diagnósticos*. Um exemplo famoso é o Inventário Beck de Depressão, que foi pensado para avaliar o nível de depressão de um paciente.

Os testes *comportamental e de funcionamento adaptativo* são dois tipos de testes clínicos que determinam o quão bem uma pessoa está se saindo em sua vida cotidiana e se ela exibe problemas específicos de comportamento. Um instrumento comum usado com crianças é a Lista de Verificação do Comportamento Infantil, definida para avaliar a extensão de problemas do comportamento infantil. Outro teste clínico usado comumente é a Escala de Conners para Pais, que detecta os sintomas do transtorno de deficit de atenção e hiperatividade (TDAH).

Além dos inventários e testes específicos para a detecção de transtornos, uma ampla variedade de testes elaborados com outros propósitos também se presta bem para o processo de diagnóstico. Testes de inteligência são elaborados para medir a inteligência, mas eles também podem mostrar sinais de disfunções cognitivas e deficiências de aprendizado. Testes de personalidade são pensados para medir a personalidade, mas também podem fornecer percepções úteis para os tipos de problemas psicológicos que um indivíduo esteja vivenciando.

Testes educacionais/de desempenho

Os testes educacionais e de desempenho medem o nível de competência acadêmica de um indivíduo. Glen Aylward, presidente da Divisão de Pediatria do Desenvolvimento e do Comportamento da Escola de Medicina da Universidade do Sul de Illinois, identifica três propósitos principais desse tipo de teste:

» Identificar estudantes que necessitam de instrução especial.

» Identificar a natureza das dificuldades de um aluno, a fim de excluir deficiências de aprendizado.

» Auxiliar no planejamento educacional e na abordagem da instrução.

Um teste educacional e de desempenho típico avalia as áreas mais comuns da atividade escolar: leitura, matemática, ortografia e habilidades para escrever. Alguns testes incluem outras áreas, como ciência e estudos sociais. Um teste de desempenho conhecido e amplamente utilizado hoje em dia é a Bateria Psicoeducacional de Woodcock-Johnson (Revisada). O teste consiste de nove subtestes que medem as áreas padrões de instrução, mas mais detalhadamente (a matemática é dividida em cálculo e problemas aplicados, por exemplo).

Os testes educacionais e de desempenho são largamente utilizados nos sistemas escolares dos EUA e da Europa Ocidental. Quando uma criança ou um aluno mais velho está tendo dificuldades na escola, não é incomum que faça um teste de desempenho para verificar seu nível básico de habilidade. Às vezes os alunos têm dificuldades porque têm uma deficiência de aprendizado. Parte da identificação de uma deficiência de aprendizado se dá avaliando o nível de desempenho do aluno. Outras vezes, um aluno luta com dificuldades não acadêmicas, tais como problemas emocionais, abuso de substâncias ou problemas familiares. Um teste de desempenho às vezes ajuda para que esses problemas não acadêmicos venham à tona.

Testes de personalidade

Os testes de personalidade medem muitas coisas diferentes, não somente a personalidade. Inúmeros testes são elaborados para medir a emoção, a motivação e as habilidades interpessoais, bem como aspectos específicos da personalidade, de acordo com uma dada teoria na qual um teste é baseado. A maioria dos testes de personalidade é conhecida como *autorrelato*. Com os autorrelatos, a pessoa que responde às perguntas sobre si mesma, normalmente em um formato de papel e lápis, fornece as informações.

Os testes de personalidade são comumente desenvolvidos com uma teoria da personalidade em mente. Por exemplo, se for originado de uma visão freudiana do desenvolvimento da personalidade, um teste poderá medir questões acerca do id, do ego e do superego.

Se aprofundando no MMPI-2

Talvez o teste de personalidade mais amplamente utilizado nos EUA seja o MMPI-2 (abreviação para Minnesota Multiphasic Personality Inventory, 2nd Edition), o Inventário de Personalidade Multifásico de Minnesota, 2ª Edição. Quase todos os psicólogos norte-americanos são treinados para saber usar o MMPI-2, que é considerado um instrumento muito confiável e válido. Os resultados dos testes de MMPI-2 de um paciente possibilitam o acesso a valiosas informações acerca da presença de psicopatologias e seu nível de gravidade, caso esteja presente. Os resultados dos testes também revelam informações sobre o funcionamento emocional, comportamental e social da pessoa que está sendo submetida ao teste. Muitos psicólogos o utilizam como uma forma de verificar a precisão de suas observações e diagnósticos.

O teste MMPI-2 consiste de 567 itens individuais e gera uma pontuação acerca de nove categorias ou escalas clínicas. Se uma pontuação está acima de um corte específico, isso geralmente chama a atenção do psicólogo que está administrando o teste. Os psicólogos consideram essas pontuações como de significação clínica. O MMPI-2 abrange uma ampla variedade de áreas, incluindo a depressão, queixas físicas, raiva, contato social, ansiedade e nível de energia.

No Brasil, atualmente esse teste é aplicado em pesquisas acadêmicas sob a responsabilidade de um pesquisador autorizado, geralmente médico. Alterações com relação às normas de aplicação do teste são constantes. Para saber qual o status de aplicação dele, consulte o site do CFP (Conselho Federal de Psicologia).

Outro teste bastante utilizado no nosso país é o Wartegg.

Projetando os níveis mais profundos

Os *testes de personalidade projetivos* são um tipo único de teste. Quando a maioria das pessoas pensa em testes psicológicos, é esse tipo de teste que vem rapidamente à mente. O estereótipo envolve sentar-se em frente a um psicólogo, observar um cartão com um borrão de tinta ou a imagem de uma pessoa fazendo alguma coisa nela, e responder a questões do tipo: "O que você vê aqui?".

Testes de personalidades projetivos são únicos porque se fundamentam em algo chamado de *hipótese projetiva*, a qual afirma que quando as pessoas se deparam com estímulos ambíguos, elas projetarão e, portanto, revelarão partes de si mesmas e de seu funcionamento psicológico que poderiam não revelar se fossem perguntadas diretamente. No entanto, o intuito desses testes não é ludibriar as pessoas. A ideia é a de que muita gente não consegue colocar em palavras ou descrever exatamente o que está acontecendo mental e emocionalmente por conta dos mecanismos de defesa psicológicos. Algumas pessoas não têm consciência de seus sentimentos. Testes projetivos são pensados para ultrapassar as defesas e penetrar nos nichos mais profundos da psique humana.

Talvez o teste de personalidade projetivo mais conhecido, e talvez até mesmo o mais famoso dos testes psicológicos de todos os tempos, seja o Teste do Borrão de Tinta de Rorschach. O teste consiste em dez cartões, cada um deles com seu próprio padrão de figura de borrão. Nenhum desses borrões é realmente uma imagem ou representação de qualquer coisa. Eles foram criados simplesmente derramando-se tinta em uma folha de papel e dobrando-a em dois. O único significado e estrutura que as cartas têm são fornecidos pelas projeções da pessoa que faz o teste.

Testes de inteligência

Talvez os testes de inteligência sejam os tipos de testes psicológicos administrados com maior frequência. Eles medem uma ampla gama de capacidades intelectuais e cognitivas, e muitas vezes fornecem uma medida geral de inteligência, o que às vezes é chamado de *QI* — quociente de inteligência.

Os testes de inteligência são usados em uma grande variedade de ambientes e aplicações. Eles podem ser usados com propósitos de diagnóstico para identificar deficiências e transtornos cognitivos. São muito utilizados em ambientes acadêmicos e escolares. Os testes de inteligência existem desde o início da psicologia como uma ciência estabelecida, remontando ao trabalho de Wilhelm Wundt, no início do século XX.

Os testes de inteligência mais comumente usados são a Escala de Inteligência Wechsler para Adultos, 4ª edição (WAIS-IV, abreviação do inglês para Wechsler Adult Intelligence Scale, 4th edition) e a Escala de Inteligência Wechsler para Crianças, 4ª Edição (WISC-IV, abreviação do inglês para Wechsler Intelligence Scale For Children, 4th edition). Cada um desses testes contém diversos subtestes elaborados para medir aspectos específicos da inteligência, tais como a atenção, o conhecimento geral, a organização visual e a compreensão. Os dois testes fornecem pontuações individuais para cada subteste e uma pontuação geral representando a inteligência como um todo.

Testes neuropsicológicos e cognitivos

Embora não seja um campo novo, os testes acerca do funcionamento neuropsicológico e da capacidade cognitiva, relacionados especificamente ao funcionamento do cérebro, estão rapidamente se tornando um padrão no tocante ao conjunto de ferramentas e testes de psicologia. Os testes neuropsicológicos têm sido usados tradicionalmente como complementação para exames neurológicos e técnicas de imagem do cérebro (como ressonância magnética, varredura de CT e de PET), mas hoje em dia eles estão sendo mais amplamente usados em testes psicoeducacionais e em outras situações de testes clínicos.

LEMBRE-SE

A tecnologia da técnica de varredura recolhe informações sobre a presença de danos cerebrais, mas os testes neuropsicológicos servem como uma medida mais precisa acerca das deficiências funcionais reais das quais um indivíduo possa sofrer. Os aparelhos de varredura dizem: "É isso aí, há um dano!". Os testes neuropsicológicos dizem: "... e aqui está o problema cognitivo relacionado a ele".

Os testes neuropsicológicos são usados em hospitais, clínicas, consultórios e outros lugares onde psicólogos trabalham com pacientes que sejam suspeitos de ter deficiências neuropsicológicas. Pessoas que sofrem de traumas na cabeça, transtornos de desenvolvimento ou outros danos ao cérebro podem precisar de um exame neuropsicológico detalhado.

Um teste de neuropsicologia muito famoso não chega mesmo a ser um teste, mas um conjunto de testes, chamado de *bateria de testes*. A Bateria de Testes Neuropsicológicos de Halstead-Reitan inclui inúmeros testes que medem sistemas neuropsicológicos, tais como a memória, a atenção e a concentração, a capacidade da linguagem, as habilidades motoras, as capacidades auditivas e o planejamento. A bateria também inclui testes de MMPI-2 e WAIS-IV. Para completar a bateria são necessárias muitas horas, e ela nunca é feita de uma só vez, assim, passar por um teste de avaliação neuropsicológica pode levar muitas semanas e sair bem caro. Contudo, quando conduzido por um profissional competente, o teste pode render uma quantidade enorme de informações úteis.

Muitos instrumentos neuropsicológicos estão disponíveis, e alguns são abrangentes, como o Halstead-Reitan, e outros, elaborados para medir uma função específica, como a linguagem ou a atenção. As seguintes áreas do funcionamento neuropsicológico são geralmente avaliadas, seja se uma avaliação neuropsicológica esteja sendo conduzida utilizando-se um instrumento amplo ou um conjunto de instrumentos individuais a fim de criar um perfil de pontos fortes e fracos em termos de neuropsicologia:

» **Funções Executivas:** Foco, planejamento, organização, monitoramento, inibição e autorregulação

» **Comunicação e Linguagem:** Percepção, recepção e expressão de si por meio da linguagem e da comunicação não verbal

» **Memória:** Memória auditiva, memória visual, memória operacional e memória de longo prazo

» **Funções Sensoriomotoras:** Funções sensoriais e motoras, incluindo a audição, o toque, o cheiro e os movimentos musculares, tanto os delicados quanto os grosseiros

» **Funções Visuoespaciais:** Percepção visual, coordenação visual motora, varredura visual e raciocínio perceptivo

» **Rapidez e Eficiência:** O quão rápido e eficiente é o pensamento

Dizendo a Verdade

Uma dica importante que os psicólogos geralmente não encontram na faculdade é a de que nem todo mundo que chega para uma avaliação ou exame é honesto. O quê? De maneira nenhuma! Talvez seja difícil de acreditar, mas é verdade. Infelizmente, algumas pessoas que buscam um exame ou avaliação psicológica, ou que tenham sido orientadas a fazerem um, se envolvem no que os psicólogos chamam de dissimulação e fingimento.

A *dissimulação* na avaliação ocorre quando um paciente oculta, distorce e altera suas capacidades, interesses e outras características verdadeiras, por diversos motivos. A dissimulação é uma trapaça. Dentro do contexto da avaliação, uma pessoa pode dissimular ao esconder ou distorcer alguma deficiência ou transtorno ao "fingir ser bom" ou "fingir ser mal". O *fingimento* é um processo de "fingir ser mal" no qual uma pessoa deliberadamente simula ou exagera sintomas ou deficit.

Por que alguém desejaria "fingir ser bom" ao fazer uma avaliação ou exame psicológico? Isso ocorre com mais frequência quando o resultado da avaliação psicológica é usado para algum tipo de seleção ou processo de triagem, como uma entrevista de emprego, uma verificação de formação, uma avaliação de pais em um processo de divórcio ou uma avaliação de risco.

Quando trabalhei com psicologia forense, uma das tarefas que desempenhava era verificar o risco de violência dos prisioneiros condenados por crimes violentos graves que estavam prestes a serem avaliados para obter a liberdade condicional. Meu trabalho era avaliar a probabilidade de um indivíduo cometer mais crimes ou delitos violentos se fosse libertado. Minha avaliação tinha um grande peso na concessão da liberdade condicional desses presos, então essas pessoas tinham muitos incentivos para se apresentarem como sendo pessoas de baixo risco e "fingirem ser boas".

Por outro lado, por que uma pessoa desejaria que as pessoas pensassem que tem uma doença mental? Muitas razões existem para apresentar tal imagem, mas a mais frequente é o dinheiro. Um cenário de "'fingir estar mal" muito comum é quando uma pessoa tenta demonstrar uma incapacidade de trabalhar e, assim, se qualifica para obter uma compensação sem trabalhar (como benefícios de Seguridade Social) durante uma perícia.

Mas nem tudo tem a ver com dinheiro. Quando alguém é preso e acusado de um crime, às vezes essa pessoa pode se safar com uma punição mais leve — ou até mesmo ser isentada da culpa — se a culpa for de um transtorno mental. Esta é uma aposta que alguns acusados estão dispostos a fazer, e "fingir estar mal" é o caminho a ser seguido.

LEMBRE-SE

A má notícia para os dissimulados e fingidos que andam por aí é que os psicólogos têm ferramentas, métodos e técnicas especializadas de avaliação para examinar que são especificamente elaboradas para detectar dissimulações, esforços limitados, exagero e desonestidade. Muitos dos próprios instrumentos dos testes têm componentes acoplados e escalas para medir fatores de desonestidade. Técnicas e linhas de entrevistas especiais de interrogatório também podem ajudar com isso. Na verdade, no mundo da avaliação forense é possível ganhar muito dinheiro como especialista em encontrar os fingidos, e esses profissionais se orgulham de serem capazes de detectar mentiras.

> **NESTE CAPÍTULO**
> Distinguindo a análise da terapia
> Obtendo mais informações
> Olhando para além da superfície
> Fazendo a coisa funcionar

Capítulo 15
Sentindo-se Confortável no Divã

Muitas vezes me perguntei quantos filhos de terapeutas teriam convidado os pais para falar na escola com os colegas de turma sobre suas carreiras profissionais. "Minha mãe é terapeuta. Eu acho que ela ajuda as pessoas. Ela se senta com essas pessoas para conversar com elas sobre seus problemas. Às vezes elas choram, e às vezes se irritam." É verdade que algumas profissões parecem ser mais fáceis de serem descritas do que outras. Muitas pessoas estão familiarizadas com o conceito de *psicoterapia*, ou simplesmente *terapia*, embora possam achar difícil descrever o que ela seja exatamente.

Parece que existem centenas de definições para a psicoterapia. Lewis Wolberg, um renomado psicanalista de Nova York, definiu a psicoterapia como uma forma de tratamento para problemas emocionais na qual um profissional treinado estabelece um relacionamento com um paciente, com o objetivo de aliviar ou eliminar sintomas mudando padrões de comportamento conturbados e promovendo um desenvolvimento saudável da personalidade. Presume-se que os sintomas tratados sejam de natureza psicológica.

J. B. Rotter, da Universidade de Connecticut, nos oferece outra boa definição: "A psicoterapia... é a atividade planejada do psicólogo, cujo propósito é obter mudanças no indivíduo as quais façam com que seu ajustamento de vida seja potencialmente mais feliz, mais construtivo, ou ambos". Eu acho que uma boa conversa com os amigos enquanto se come uma pizza pode promover uma vida feliz, então por que se faz todo esse estardalhaço? A psicoterapia é mais do que uma conversa entre duas pessoas; é um relacionamento profissional no qual um dos participantes é alguém reconhecidamente capaz de curar, ajudar, ou um especialista em problemas psicológicos, interpessoais ou comportamentais.

A ajuda pode vir de muitas formas, e os psicólogos ainda não monopolizaram o mercado de ajudar as pessoas a esquadrinharem a bagunça psicológica da vida. Todos os tipos de pessoas, lugares e coisas podem ser terapêuticos, curar ou melhorar o sentido que alguém apresenta de seu próprio bem-estar. Casamento, música, literatura, grandes obras de arte, amor, religião, um bom filme, o nascimento de uma criança e um bonito pôr do sol, tudo isso pode ser terapêutico ou ter um potencial de cura. Mas a psicoterapia é uma atividade única, pensada especificamente para ser terapêutica ou curar os problemas psicológicos.

Neste capítulo descrevo as formas específicas de psicoterapia. Cada tipo de terapia tem seus próprios objetivos, embora todas elas tenham muito em comum e cada uma delas enfatize problemas psicológicos específicos, como emoções, pensamentos ou comportamentos. Aqui exploro a forma mais conhecida de psicoterapia: a *psicanálise*.

Descobrindo o que Realmente Está Acontecendo

A psicanálise é um tipo de psicoterapia que já existe há mais de um século. Existem diferentes variações de psicanálises, mas a forma mais básica, a *psicanálise clássica*, foi introduzida por Sigmund Freud em 1896, e mais tarde desenvolvida por inúmeros outros profissionais, incluindo Otto Fenichel, Anna Freud, Melanie Klein, Heinz Kohut, Otto Kernberg, e muitos outros.

Os problemas psicológicos, incluindo as dificuldades emocionais, comportamentais e cognitivas, constituem o foco geral da psicoterapia. Encontrar uma teoria que explique os problemas psicológicos de um paciente é um componente decisivo na psicoterapia. A partir daí, um psicólogo pode formular e implementar técnicas e tratamentos terapêuticos. Da mesma forma, a psicanálise oferece uma visão única dos problemas e de suas soluções em potencial.

A psicanálise se fundamenta em um conjunto detalhado de teorias e ideias que se concentram no desenvolvimento psicológico e da personalidade, na estrutura da personalidade e da mente e no desenvolvimento dos relacionamentos (veja o Capítulo 9 para saber mais sobre a psicanálise). Como um sistema de pensamento, a psicanálise dá origem a explicações psicanalíticas sobre problemas psicológicos e como tratá-los.

Os problemas psicológicos se manifestam como *sintomas*, que são definidos como sinais ou indicadores de uma doença ou transtorno. De acordo com a psicanálise, os sintomas emergem quando as pessoas têm reações problemáticas a acontecimentos em suas vidas, indicando a presença de um conflito interno e inconsciente. O estresse pode levar a sintomas à medida que os eventos desencadeiem conflitos não resolvidos durante a infância de uma pessoa ou no início de seu desenvolvimento. Determinados acontecimentos podem até mesmo estimular o uso de *mecanismos de defesa*, ou formas de lidar que também podem levar a problemas.

Considere o seguinte exemplo: recentemente Roberto sofreu uma lesão na coluna e, como resultado, vem sentindo uma dor excruciante, mal consegue se mover e está praticamente confinado em seu quarto e na casa onde vive. Ele passou a ter que contar imensamente com sua esposa para fazer praticamente tudo, inclusive se vestir, tomar banho e até mesmo ir ao banheiro. Finalmente o problema foi resolvido, e Roberto conseguiu retomar sua vida. Mas então ele começou a agir de maneira diferente, exibindo sinais de oscilação de humor, se retraindo socialmente e, o mais chocante, acusando sua esposa de ter um caso. Os sintomas de Roberto parecem manifestar um humor anormal, dificuldades de sociabilidade e um pensamento paranoico (vá até o Capítulo 13 para saber mais sobre a psicologia da anormalidade).

A psicanálise nunca toma um sintoma por seu valor nominal. Por trás da superfície dos pensamentos cotidianos, sentimentos e atitudes de Roberto ferve uma infusão caótica de conflitos internos. Os fatores das tensões do dia a dia eram perfeitamente observáveis, pois qualquer um podia ver que ele sofria muito e estava ainda mais dependente da esposa do que antes. Mas a psicanálise olha para além da superfície de pensamentos cotidianos, sentimentos, ações e consciência das fontes internas, inconscientes e profundamente enraizadas dos sintomas dele.

Uma coisa legal sobre terapeutas profissionais é que eles já têm algumas ideias sobre o que está acontecendo antes mesmo que você chegue ao consultório. Eles pegam uma pequena bola de cristal e cartas de tarô e preveem que um homem com os problemas de Roberto entrará porta adentro a qualquer momento. Não, quem faz isso é um vidente, não um psicoterapeuta. Os terapeutas normalmente não têm uma bola de cristal, mas eles têm, com toda certeza, um sistema teórico que explica por que as pessoas desenvolvem problemas psicológicos e de onde vêm seus conflitos internos.

Problemas como os que Roberto estava vivenciando (sofrimento e dependência) acontecem. Aqui estão alguns dos sintomas que podem surgir quando uma pessoa está sob pressão:

» **Regressão:** Freud afirmava que as pessoas ficam vulneráveis à regressão quando estão sob estresse (tal como o estresse causado pela dor e dependência), enveredando em direção a um retorno psicológico a um estágio inicial de desenvolvimento. Determinados acontecimentos podem desencadear impulsos inconscientes e lembranças que você já tinha esquecido ou das quais esteja completamente inconsciente. Quando isso acontece, você pode estar correndo o risco de regredir. Quando você regride, age como se fosse mais jovem, muitas vezes de maneira infantil. Ataques de mau humor, ignorar a realidade e viver em um mundo de fantasia são exemplos de regressão. Você tapa os ouvidos e começa a cantar "La la la la la" para não escutar as pessoas? Regressão!

» **Controle de impulsos:** Quando seus impulsos e desejos na busca pelo prazer sem contato com a realidade começam a se agitar, você pode usar mecanismos de defesa para prevenir que eles saiam do controle. Você não vai querer todos aqueles impulsos poderosos e primitivos dominando sua personalidade mais madura e fundamentada na realidade. Esses impulsos podem chegar a seu máximo, seja por causa do estresse ou porque você não foi capaz de ser bem-sucedido em negar seu poder. É aí que as defesas entram em ação e os sintomas psicológicos aparecem. Esses sintomas podem ser o produto de defesas específicas contra impulsos, incluindo os seguintes mecanismos de defesa mais comuns:

- **Repressão:** Manter impulsos e desejos fora de sua consciência para que eles não tenham uma influência sobre você e não destruam sua vida. A repressão requer uma enorme quantidade de energia mental.

- **Hipocondria:** A preocupação em ter uma doença séria. George Vaillant, um psiquiatra norte-americano de Harvard, propôs que a hipocondria proporciona às pessoas uma oportunidade para se queixar e então rejeitar os esforços das outras pessoas para ajudá-las. A hipocondria permite a um indivíduo se sentir incompreendido, já que ninguém consegue encontrar nada de errado com ele e, portanto, não podem ajudá-lo. Todas as outras pessoas parecem ser insensíveis e não ter interesse nas necessidades do indivíduo.

- **Acting out:** Representar ou se comportar como expressão direta de um impulso inconsciente ou desejo sem ter de reconhecer que está se sentindo de uma maneira em particular.

Fazendo Análise

ASSOCIAÇÃO LIVRE

E se a psicanálise fosse um esporte e tivesse seu próprio programa de TV às segundas-feiras à noite? Só por diversão, imagine que esse programa fosse mais popular do que o futebol transmitido às quartas à noite. Espero não perder muitos dos leitores fãs de futebol, mas siga meu raciocínio: "Bem-vindo ao programa Quarta à Noite no Divã. Eu sou a Dra. Maria Ideia Clara e comigo está meu parceiro, Boaventura. Hoje trazemos uma sessão de psicanálise com John Smith. Se você se recorda, Boaventura, o Sr. Smith saiu de sua última sessão com o Dr. Freud se sentindo muito mal..."

O que esses locutores poderiam ter a comentar? Você ficaria surpreso. Muita coisa acontece na terapia. Na verdade, uma das maneiras pelas quais os terapeutas aprendem a fazer terapia é observando outros fazerem isso e então dissecando o que viram. Os terapeutas que estão em treinamento assistem a vídeos de terapia ou as observam ao vivo de outras salas.

Você reconheceria uma sessão de psicanálise se visse uma? Pode ser que ajude a pensar sobre a psicanálise a partir destas quatro diferentes perspectivas:

» A logística
» O que o paciente faz
» O que o analista faz
» O processo global da análise

Nesta seção aprofundo cada uma dessas perspectivas.

TIRANDO UM PESO DOS OMBROS

Nenhuma discussão sobre psicanálise estaria completa sem que se discutisse o *divã*. Uma das imagens mais populares da psicanálise é a de um paciente deitado em um divã. E nessa cena bem conhecida, o analista se senta em uma cadeira, fora da linha de visão do paciente, por razões técnicas relacionadas à tarefa e aos objetivos da terapia em si. Mas a verdade é que a psicanálise não precisa acontecer em um divã, mas o divã é ótimo para ser verdadeiramente "clássico".

CAPÍTULO 15 **Sentindo-se Confortável no Divã**

Rumo à prática

A logística da psicanálise é fácil. O paciente marca uma consulta, vai até o consultório e se encontra com o analista. Os dois conversam sobre valores de pagamento, além dos dias e horários das consultas. A psicanálise clássica envolvia, em geral, algo em torno de quatro a seis sessões de terapia a cada semana, mas a maior parte das pessoas não tinha como pagar por tantas sessões. Assim, muitos psicanalistas aprenderam a fazer uma versão em escala reduzida, com apenas uma ou duas sessões por semana. As sessões duram cerca de 50 minutos, tanto na versão clássica quanto na versão reduzida de psicanálise. Após se conhecerem, o paciente e o psicanalista começam a trabalhar.

O paciente fala, o analista escuta e comenta. O paciente é encorajado a discutir qualquer coisa que lhe venha à mente, sem filtrar ou modificar o que bota para fora. O analista o deixa divagar um pouco, mas periodicamente enfatiza alguma coisa que o paciente tenha dito, a fim de aumentar sua consciência sobre o assunto ou melhorar a direção que esteja tomando.

Em geral, a duração da psicanálise clássica é de mais ou menos cinco anos. Entretanto, a maioria das pessoas não fica tanto tempo, porque uma variação de uma psicanálise verdadeiramente clássica surgiu para se adequar a muitas pessoas. Eu descrevo essa variação de abordagem na seção "Transferindo-se para a Nova Escola", mais adiante neste capítulo.

Mantendo a atenção no objetivo

O processo da psicanálise tem uma série de objetivos:

- » Estimular o desenvolvimento e o amadurecimento da personalidade
- » Ajudar o paciente a se tornar completamente consciente de seus conflitos interiores e sobre como esses conflitos contribuem para suas dificuldades
- » Ajudar o paciente a se tornar consciente sobre como seus mecanismos de lidar com os problemas (em psicanálise, conhecidos como *mecanismos de defesa*) funcionam e sobre como isso acaba por distorcer a realidade, incluindo seus relacionamentos
- » Ajudar o paciente a experimentar uma vida mais repleta de significado em geral
- » Ajudar o paciente a desenvolver defesas mais maduras
- » Ajudar o paciente a desenvolver maneiras e formas de expressão mais saudáveis de seus impulsos e desejos

Todos esses objetivos têm algo em comum — uma expansão da consciência. Assim, a psicanálise pode ser vista como um exercício para aumentar a consciência de uma pessoa. A consciência está no cerne do processo analítico e é um dos aspectos curativos da psicanálise. A mudança acontece quando conflitos inconscientes são revelados, e assim as pessoas podem tratar e trabalhar conscientemente seus problemas. Afinal, se você não sabe qual é o problema, não tem como resolvê-lo.

Sendo (o) paciente

Lembre-se de que a psicoterapia em geral, e a psicanálise em particular, é definida por relacionamentos profissionais que funcionam em direção a objetivos específicos. Os papéis de cada participante nesse relacionamento são especificados a fim de que se possa atingir o objetivo desejado de promover uma melhoria no bem-estar. Em outras palavras, a psicanálise demanda determinadas formas de se comportar. Mas isso não é tão restrito quanto pode soar.

Pode parecer óbvio, mas o psicólogo espera que o paciente venha às consultas na hora certa e que pague sua conta. Essas atitudes são importantes para manter o profissionalismo do relacionamento, afinal, não se trata de dois bons amigos batendo papo a respeito da vida.

As expectativas também precisam ser apropriadas. Alguns pacientes entram na terapia com uma atitude com demandas do tipo "me conserte" ou "dê-me todas as respostas" — como se simplesmente aparecer e conversar sobre alguns problemas fosse suficiente para obter uma mudança. Deixe-me dizer uma coisa: isso não vai funcionar. A quantidade de trabalho que envolve ser um paciente é, com frequência, muito subestimada. Os pacientes às vezes deixam a terapia no início do processo, porque as coisas ficam muito difíceis ou porque lhes é exigido o que para eles parece um esforço muito grande.

E isso não significa que um psicanalista pedirá que você faça 50 flexões no meio da sessão. Mas um paciente precisa estar pronto para pensar criticamente sobre as coisas que estão sendo discutidas na análise. Sidney Pulver, professor de psiquiatria clínica na Escola de Medicina da Universidade da Pensilvânia, nos fornece um bom resumo das expectativas mais comuns que os psicólogos têm em relação a seus pacientes:

» Observar como o material inconsciente aparece durante a sessão.

» Estar disposto a vivenciar emoções fortes e encarar lembranças negativas.

» Concentrar-se em compreender o processo de como o relacionamento entre o terapeuta e o paciente gera alguma mudança.

Deveria haver um cartaz no começo de toda terapia dizendo que ela pode não ser algo nada divertido, e que pode até mesmo ser absolutamente dolorosa. Mas em minha opinião, sem dor, sem ganhos.

Talvez a tarefa mais importante que se pede que um paciente de psicanálise faça é a *associação livre*. Quando a análise começa, o terapeuta instrui o paciente a se deitar no divã e começar a falar sobre qualquer coisa e tudo o que lhe vier à cabeça — não importa o quão absurdo, bobo ou embaraçoso isso possa ser. A ideia é entrar em contato com o material inconsciente sem que ele seja modificado pelo que a pessoa pense e verbalize. Esse processo pode ser bem difícil, às vezes leva um tempo para que se pegue o jeito da coisa. A única regra é falar sobre seja lá o que lhe venha à mente, o que proporciona ao paciente e ao analista acesso a conflitos e impulsos ocultos.

Às vezes é difícil se lembrar de todas as coisas que são discutidas na terapia. Pegue papel e caneta! Muitas informações boas surgem durante a terapia, e seria uma pena esquecê-las. Escreva os pontos e assuntos importantes. Faça anotações. Isso poderá ajudá-lo a manter os ganhos fora da sala de terapia.

Mãos à obra na análise

Deixe-me ver se entendi bem: se sou um paciente, vou pagar um psicanalista, mas sou eu que tenho que fazer todos os esforços. Qual o sentido nisso? Tenho certeza de que os recrutas do Exército pensam a mesma coisa quando chegam a um campo de treinamento e dão de cara com aquele oficial cabeça-dura, colocando-os para baixo e desafiando seu comprometimento. Os oficiais lhe dirão que é para o bem dos recrutas. E, sim, essa também é a essência da terapia. A psicanálise está longe de ser um campo de treinamento do Exército, mas se espera que os pacientes acreditem que todo o trabalho árduo e o fato de sentirem a dor queimar, por assim dizer, é tudo em prol do melhor dos interesses. Felizmente, os analistas têm uma grande participação no processo. Tanto pacientes quanto analistas têm deveres difíceis na terapia.

Aqui estão algumas expectativas que os pacientes têm em relação ao analista:

» Que ele seja empático e que transmita um certo nível de preocupação com o paciente, com um nível profissional de cuidado.

» Que ele esteja ciente de seus próprios conflitos internos. Dessa forma, o foco na sessão de terapia é nos problemas do paciente, e não nas dificuldades do analista. Se os problemas do analista começam a dominar a sessão, ele deve imediatamente marcar uma consulta com seu próprio terapeuta, um colega ou um supervisor.

» Que se mantenha objetivo e moralmente neutro com relação aos problemas do paciente. A psicanálise clássica costumava ter a expectativa de que o analista fosse como uma "tela em branco" e, assim, levasse o mínimo possível de sua própria personalidade para todo o processo. Dessa maneira, seja lá quais sejam as associações livres que o paciente faça, que elas estejam relacionadas aos conflitos internos do paciente e não sejam uma reação à pessoa real do analista. Essa é a abordagem "pura", e a maioria dos analistas de hoje em dia não adere verdadeiramente a ela. Não há problema em interagir um pouco mais com o paciente a fim de facilitar a troca e ter uma conexão mais pessoal do que uma tela em branco.

» Que trabalhe respeitando a ansiedade do paciente e não o sobrecarregue exagerando os estímulos. Quando um paciente vai para a terapia, pode ser que ele esteja vivenciando um sentimento de muito medo sobre o que acontecerá durante as sessões. O analista não deve pressionar muito, nem rápido demais, para que o paciente fale sobre coisas sobre as quais ele talvez ainda não esteja preparado para falar. Há uma razão para que as pessoas não estejam conscientes de seus conflitos internos, e um bom analista respeita isso e faz seus comentários acompanhando esse ritmo.

Um bom analista aprende a ouvir com o que T. Reik, em 1948, chamou de um "terceiro ouvido", a fim de encontrar o conflito inconsciente dentro de cada afirmação do paciente. Um analista também pode observar conflitos inconscientes no material relatado em sonhos, piadas e atos falhos. Espera-se que o analista perceba esses sinais de conflitos inconscientes e faça as devidas intervenções no momento apropriado. Os analistas tentam compreender o que está acontecendo em todos os três níveis de consciência do paciente: o inconsciente, o pré-consciente e o consciente. Para saber mais sobre os níveis de consciência, leia o Capítulo 4.

O que o analista realmente escolhe para comentar e quando faz essas intervenções depende dos conflitos particulares do paciente. O analista faz *interpretações*, esclarecimentos que venham a trazer alguma contribuição ao conhecimento e à consciência sobre si mesmo que o paciente já possua, e às conexões entre seus conflitos internos e seus problemas atuais. A interpretação é a principal ferramenta no aparato do analista. Muitos psicanalistas consideram a interpretação como sinônimo da psicanálise em si mesma, porque esse é o melhor meio de expandir a consciência do paciente.

LEMBRE-SE

Os analistas não interpretam simplesmente cada pequena coisinha da terapia, já que isso seria bastante ridículo. Imagine alguém dizendo a um paciente: "Então, notei que você dobrou o lenço que te dei em quatro dobras e não em três...". Um analista interpreta e chama a atenção para o material inconsciente do paciente que está logo abaixo da superfície da consciência, a fim de impulsionar o paciente em direção a uma maior consciência, mas permitindo que ele mesmo chegue a seu "próprio" *insight*, com um pouquinho de orientação, mas de uma forma delicada. A coisa toda não seria tão divertida se o analista lhe desse todas as respostas!

Sydney Pulver identifica ao menos cinco tipos de interpretação:

» **Interpretações de resistência:** Indicando as coisas que o paciente está fazendo para resistir ao processo de análise e mudança

» **Interpretações de transferência:** Apontar para o paciente quando ele se relaciona com o analista de uma forma que seja similar aos primeiros relacionamentos que o paciente teve

» **Interpretações de extratransferência:** Salientando quando o paciente está se relacionando com outras pessoas de formas parecidas a seus primeiros relacionamentos

» **Reconstruções:** Apontando para os pensamentos, emoções e comportamentos do paciente que podem "preencher as lacunas" de lembranças incompletas que o paciente possa ter

» **Interpretações de temperamento:** Ressaltando comportamentos que reflitam dificuldades de adaptação e que pareçam constituir um aspecto crucial na personalidade do paciente

Observando o processo como um todo

Depois que a logística do processo é negociada, o paciente e o analista passam a saber qual é o papel de cada um, e o terapeuta prepara a abordagem mais apropriada, e assim começa a terapia. Em um mundo ideal, a terapia psicanalítica avança por meio de estágios específicos:

» Resistência

» Transferência

» Recordar, repetir e elaborar

» Alta

Começando com a resistência

No estágio inicial da terapia, o analista recolhe informações relacionadas ao histórico do paciente, com ênfase em seus relacionamentos e interações familiares durante a infância. O paciente passa, então, pelo processo de discutir seus problemas com o analista, uma tarefa que pode parecer mais fácil do que o é na realidade.

À medida que o paciente continua a falar e a fazer associações livres, os conflitos começam a emergir. O analista escuta em busca da presença de conflitos mais profundos. Quanto mais os conflitos do paciente começam a borbulhar na superfície, maior é o afinco com que ele normalmente trabalha para os manter fora da consciência e se defender do conteúdo perturbador. Essa defesa psicológica é alcançada, em parte, por um processo conhecido como *resistência* — uma forma de descumprimento para com o processo psicanalítico de expansão da consciência e de tornar o inconsciente consciente. Todos os pacientes resistem ao menos um pouco, alguns mais do que os outros, dependendo do quanto se coloquem na defensiva. Quanto mais ameaçador for o material que vem do inconsciente, mais forte será a resistência.

LEMBRE-SE

O comportamento resistente pode se manifestar de maneiras tão simples como faltar a sessões a fim de evitar discutir o problema da pessoa ou de formas tão complicadas quanto desenvolver novos sintomas para manter o analista bem longe do material mais profundo. A resistência é geralmente o primeiro obstáculo para a cura analítica. Um analista pode contar com a resistência de um paciente, já que toda a teoria da psicanálise tem seu ponto vital sobre a ideia de que os problemas das pessoas se centram em sua indisposição para tratar inteiramente de seus problemas. Por meio do processo de interpretação e fazendo observações sobre a resistência, um terapeuta ajuda o paciente a ultrapassar a resistência.

A coisa pode acontecer da seguinte maneira: delicadamente, o analista tenta chamar a atenção do paciente para a ideia de que seu costume de se atrasar pode estar relacionado a uma razão mais inconsciente para sua atitude. Será que ele está evitando alguma coisa na terapia? Isso pode ser um divisor de águas na análise, dependendo de como o paciente reagir à pergunta:

» Ele pode se colocar na defensiva e insistir no fato de que o analista pode estar conjecturando demais ou tirando conclusões de forma apressada.

» Pode ser que ele admita que está tentando evitar o problema.

» Ele pode se zangar com o terapeuta e acusá-lo de ser exagerado.

Não importa como o paciente reaja, as observações do analista são uma tentativa de chegar a algo mais profundo.

À medida que a análise avança e a resistência do paciente desaparece, o paciente começa a consolidar o processo, fazendo associações livres mais facilmente e regredindo a seus primeiros níveis de desenvolvimento psicológico. Ele começa a agir de determinadas maneiras e a falar sobre coisas que aconteceram no começo da sua vida, permitindo que os conflitos e impulsos da infância emerjam mais completamente em resposta às interpretações do analista e ao próprio ambiente da análise em si. O analista e o paciente mergulham mais profundamente na escavação arqueológica da mente do paciente, e assim, cada vez mais coisas são reveladas.

Desenvolvendo a transferência

Às vezes os pacientes se aborrecem quando seu analista chama a atenção para determinadas coisas. Eles podem parar de falar ou acusar o analista de ser excessivamente crítico ou exagerado. Por que isso acontece? Afinal, o trabalho do analista não é exatamente salientar as coisas sobre o paciente se ele achar que estão relacionadas a um material inconsciente? Se o paciente reagir acusando o analista de ser excessivamente crítico, a reação pode ser algo ligeiramente mais complexo do que apenas um simples ato de resistência. O paciente pode estar fazendo uma *transferência*.

A transferência acontece quando um paciente começa a se relacionar com o analista de uma forma que seja um reflexo de outro relacionamento (normalmente um do início da vida da pessoa). É uma distorção com relação ao relacionamento e à interação real entre o paciente e o analista.

Muitas pessoas já tiveram alguma experiência com o conceito de transferência. Alguma vez você já ouviu o termo "bagagem"? Hoje em dia esse termo normalmente se refere a trazer problemas e questões de relacionamento anteriores para os novos. Digamos que você esteja em um primeiro encontro com uma pessoa e encontra com um colega de trabalho no restaurante. Ele para junto à mesa e o cumprimenta. Você o apresenta à pessoa que está com você, e então diz que o verá amanhã no trabalho. Seu parceiro de jantar então segue perguntando quem era aquela pessoa e se você tem intimidade com ela. Ele age, em termos gerais, de maneira ciumenta e insegura acerca de sua interação amigável com aquela pessoa. Isso é bagagem.

É a primeira vez que você sai com essa pessoa, então você pode ficar confuso com relação a de onde está vindo todo esse ciúme. Felizmente para seu parceiro, você acabou de ler *Psicologia Para Leigos* e compreende que o comportamento dele é provavelmente algum tipo de transferência com relação a um relacionamento anterior. Mas você está em um encontro, e não na sessão de terapia, e então faz uma anotação mental para jogar fora o telefone dessa pessoa — imediatamente!

Quando um paciente começa a agir para com o analista da mesma forma, o analista interpreta o comportamento como uma representação de algum tipo de reconstituição de algum outro relacionamento. O analista chama a atenção para a distorção, ajudando o paciente a se conscientizar de quando isso acontece e como isso influencia a percepção que o paciente tem das pessoas. A intenção desse processo é ajudar os pacientes a se tornarem completamente conscientes de suas distorções e sobre como eles se relacionam com as pessoas, não tendo como base as pessoas por elas mesmas, mas se baseando em sua própria bagagem.

Recordar, repetir e elaborar

A transferência ocorre várias vezes, e a cada vez que ela acontece, o analista interpreta isso com o objetivo de expandir a consciência do paciente a esse respeito. O analista e o paciente trabalham em cada episódio de transferência em um estágio da terapia que pode ser sumarizado em três palavras: *recordar, repetir e elaborar*. Antigos conflitos são trazidos à tona, e o paciente os aborda, aprendendo a reconhecer esses incidentes e a se relacionar com o analista de uma forma mais realista e sem distorções. A transferência não interfere no relacionamento paciente/analista, e nesse estágio da terapia, o paciente também já está a caminho de terminar sua análise.

O processo de alta

À medida que as distorções do paciente diminuem, a consciência aumenta e os sintomas são aplacados, terapeuta e paciente decidem sobre uma data para o término da terapia. E isso envolve outra camada de trabalho de recordar, repetir e elaborar que se concentra em abordar pensamentos, sentimentos e distorções relacionadas a separações nos relacionamentos. Dizer adeus é algo difícil para algumas pessoas, mas pode ser ainda mais difícil para outras. Se um paciente tem conflitos significativos com o fato de se separar de seus pais ou de outros relacionamentos importantes, poderá haver ainda mais resistência, transferência e recordar, repetir e elaborar para ser trabalhado antes que a análise possa finalmente terminar.

Transferindo-se para a Nova Escola

Até este ponto, este capítulo teve seu foco na psicanálise clássica. E embora o processo básico e os mecanismos permaneçam no centro da condução da terapia psicanalítica, inúmeras revisões e adaptações foram feitas à forma clássica. As principais diferenças entre as novas formas da terapia psicanalítica e seu predecessor clássico é a ênfase nos relacionamentos e na interpretação da transferência.

O psicanalista Harry Stack-Sullivan introduziu um foco *interpessoal* na psicanálise na década de 1920, que enfatizava a dinâmica dos relacionamentos reais entre o paciente e o analista. Freud enfatizava o que estava acontecendo dentro do inconsciente profundo do paciente, mas, alternativamente, a interpersonalidade orienta a análise a começar a focar no que acontece no relacionamento. Esses psicólogos interpretaram incidentes de transferência como provenientes da interação — não somente provindo do paciente. Ou seja, o analista talvez possa agir de determinadas maneiras que relembram ao paciente seus relacionamentos iniciais e conflitantes, e, dessa forma, coloca o motor da transferência para funcionar.

A chave para a nova psicanálise é o relacionamento entre o terapeuta e o analista e como o paciente interage com outros relacionamentos — reencenando seus primeiros conflitos em seus estilos de se relacionar com os outros. O psicanalista Franz Alexander (1891–1964), professor de psicanálise na Universidade de Chicago, apresentou pela primeira vez o conceito de *experiência emocional corretiva* para descrever uma situação na qual o analista se relaciona com o paciente de uma maneira que este último não tenha vivenciado enquanto estava crescendo, ajudando-o a superar o impasse em seu desenvolvimento. Se se assume que os conflitos de um paciente sejam a consequência de uma educação parental ruim, o trabalho do analista passa a ser, em certo sentido, assumir o papel de pai ou mãe no sentido de reeducar o paciente. A terapia então se transforma em um novo tipo de relacionamento — um de um tipo que o paciente nunca teve e que pode ajudá-lo a se relacionar com as pessoas de maneira mais saudável e madura.

Também existem versões mais curtas da terapia psicanalítica, conhecidas como *psicoterapia dinâmica breve*. Esse processo abreviado é muito mais ativo e o terapeuta tenta impulsionar o processo conjuntamente, tornando-o mais direcionado. O terapeuta e o paciente focam em objetivos altamente específicos relacionados a um determinado problema interpessoal, e, dessa forma, procuram mudar as circunstâncias problemáticas do paciente. Em vez de falar sobre relacionamentos em geral, o terapeuta e o paciente objetivam um relacionamento específico, tal como um esposo com a esposa ou um filho com o pai ou mãe.

JÁ CHEGAMOS?

A psicanálise realmente funciona? As pessoas melhoram ou acabam se consultando com o terapeuta indefinidamente? Um grande estudo conduzido pela *Consumer Reports* em 1996 descobriu que as pessoas que fazem qualquer forma de psicoterapia relatam que se sentem melhor em termos gerais em consequência da terapia, independentemente do tipo dela. (É claro que esse é um estudo relativamente antigo, mas é considerado por muitos pesquisadores como sendo um dos mais amplos neste assunto e ainda é referência nos dias atuais.) Mas a psicanálise é geralmente uma forma de terapia longa, e hoje em dia muitas pessoas não têm tempo ou dinheiro para investir em uma empreitada tão longa e cara. Alguns estudos demonstram que as pessoas realmente melhoram com a psicanálise em comparação com pessoas que não tiveram nenhuma ajuda.

> **NESTE CAPÍTULO**
>
> **Aprendendo comportamentos melhores**
>
> **Pensando melhor**
>
> **Combinando duas abordagens**
>
> **Sendo cuidadoso e aceitando a si mesmo**
>
> **Equilibrando as abordagens comportamental, cognitiva e de atenção plena**

Capítulo 16

Mudando o Comportamento, Mudando o Pensamento

Existem poucas coisas na vida que odeio mais do que sair para comprar um carro. Busco uma picape compacta, azul e de duas portas, mas o vendedor me mostra um modelo branco, de quatro portas. Se eu quiser um carro esportivo com tração dianteira, ele me mostra o maior e mais moderno SUV com tração nas quatro rodas. Eu entro na loja pensando que sei o que quero, mas de alguma maneira saio dali pensando que quero uma coisa diferente.

Agora imagine uma experiência similar no contexto de uma consulta a um terapeuta. O Sr. Ramirez está passando por problemas em seu casamento e um de seus filhos anda aprontando na escola. Ele sabe que quer ajuda com seu casamento e seu filho. Mas quando o Sr. Ramirez se encontra com o terapeuta, algo estranho acontece. Ele quer falar sobre seu casamento, mas o terapeuta quer falar sobre sua infância. Ele quer falar sobre seu filho, e o terapeuta quer falar sobre seus sonhos. É provável que esse cara saia da consulta com o mesmo "transtorno de desorientação na hora de comprar um carro", sem saber qual é o caminho correto e por que realmente ele foi parar na terapia.

Jay Haley criticou essas abordagens terapêuticas que parecem ignorar as reais preocupações do paciente e que insistem que seus verdadeiros problemas estejam relacionados com algum problema subjacente ou oculto que só está esperando para ser revelado e analisado. A psicanálise, por exemplo, pode ser criticada por ver o inconsciente como causa para qualquer problema, até mesmo pelo medo de voar. "O poder da aeronave e seu medo de voar representam seu pai e um complexo de Édipo não resolvido." O quê? Eu realmente preciso de sete anos de terapia psicanalítica para me livrar do medo de avião? Prefiro ir de ônibus.

Este capítulo apresenta duas classes gerais de terapia que provavelmente passarão no "teste Haley". A *terapia comportamental* e a *terapia cognitiva*, e a combinação entre as duas, são formas de terapia amplamente utilizadas, que apresentam uma visão mais simples (sem ser simplista) dos problemas psicológicos. A terapia comportamental foca no comportamento. Bem simples, não é mesmo? Então, se o Sr. Ramirez fosse a um terapeuta comportamental, o foco seria nos comportamentos que ocorrem dentro de seu casamento. A terapia cognitiva se concentra nos pensamentos, e assim um terapeuta cognitivo focaria nos pensamentos que o Sr. Ramirez tem sobre seu casamento e seu filho. Essas abordagens adotam um enfoque mais simplificado e menos misterioso com relação às dificuldades dos pacientes do que a psicanálise, por exemplo.

Eliminando os Comportamentos Ruins com a Terapia Comportamental

A *terapia comportamental* enfatiza as condições vigentes que mantêm um comportamento, as condições que fazem com que ele continue acontecendo. Essa forma de terapia se concentra no problema, não na pessoa. Tive uma professora de psicologia, Elizabeth Klonoff, que comparava a terapia comportamental ao processo de arrancar ervas daninhas. Ela afirmava que os psicanalistas tentavam puxar as ervas daninhas pela raíz, para que nunca mais voltassem, mas os terapeutas comportamentais as puxavam por cima, e se elas crescessem novamente, as arrancavam novamente. É claro que essa afirmação soa como se a terapia comportamental fosse mais ineficiente do que na verdade é. Na terapia comportamental, a ideia é a de que um problema que tenha se originado no desenvolvimento ou na infância de uma criança não é necessariamente tão importante quanto as condições que o mantêm acontecendo. Nesse sentido, se você muda as condições que fazem com que um comportamento continue a acontecer, então você consegue "desenraizá-lo" em sua essência, desde que essas condições não reapareçam. Por exemplo, quem se importa sobre como você começou a fumar? A parte importante disso são os fatores que o mantêm fumando.

Fundamentando a terapia nas teorias do aprendizado

LEMBRE-SE

Todo comportamento é aprendido, seja ele saudável ou anormal. A terapia comportamental se baseia nas teorias do aprendizado sobre o condicionamento clássico de Ivan Pavlov, no condicionamento operante de B. F. Skinner e na teoria de aprendizado social de Albert Bandura. É da seguinte forma que essas teorias entendem o aprendizado (leia o Capítulo 9 para mais detalhes):

» No sentido do condicionamento clássico, o *aprendizado* se relaciona às associações formadas entre acontecimentos ou ações.

» No sentido do condicionamento operante, o *aprendizado* se refere ao processo de aumentar a probabilidade de um comportamento ocorrer ou não, tendo como base suas consequências.

» No sentido da teoria do aprendizado social, o *aprendizado* está relacionado à descoberta de coisas ao observar outras pessoas.

Hoje em dia é bastante difícil argumentar que fumar não é ruim para a saúde das pessoas. Acho que a maioria das pessoas agora aceita como fato os aspectos nada saudáveis de fumar, mas alguns simplesmente preferem ignorar essa informação. Fumar é um bom exemplo de um comportamento não saudável que é aprendido. Os comerciais de cigarros associavam pessoas atraentes e diversão com fumar (condicionamento clássico). A nicotina dá uma sensação prazerosa e estimulante (condicionamento operante). Os adolescentes às vezes aprendem a fumar observando seus pais, irmãos mais velhos ou colegas fumando (teoria de aprendizado social).

Condicionamento clássico e terapia comportamental

A terapia comportamental trata o comportamento anormal como um comportamento que foi aprendido, e qualquer coisa que tenha sido aprendida pode ser desaprendida — ao menos em teoria (veja o Capítulo 13 para mais informações sobre o comportamento anormal). Uma característica essencial da terapia comportamental é a noção de que as condições e circunstâncias do ambiente podem ser exploradas e manipuladas para mudar o comportamento de uma pessoa sem que seja necessário escavar sua mente e evocar explicações psicológicas e mentais para seus problemas.

Um caso clássico citado pelos proponentes da terapia comportamental para respaldar essa abordagem é o caso do *Pequeno Hans*. Pequeno Hans era um menino que tinha um medo mortal de cavalos. Muitas crianças gostam de cavalos, assim, seu medo parecia, no mínimo, um pouco estranho. Por que Hans tinha medo de cavalos? De acordo com a psicanálise, uma explicação mental ou psicológica era a de que o medo que ele tinha de cavalos era um medo deslocado de seu poderoso pai. Os comportamentalistas tinham uma explicação mais simples.

Hans havia testemunhado há pouco tempo uma série de acontecimentos extremamente assustadores envolvendo cavalos. Em um dessas ocasiões, ele viu um cavalo morrer em um acidente de carroça. Esse fato deixou Hans muito transtornado e o assustou. Os comportamentalistas propunham que o medo gerado em Hans ao assistir à morte do cavalo e ao testemunhar outros acontecimentos assustadores relacionados a cavalos tinha se tornado classicamente condicionado a esses animais. Ele tinha associado medo a cavalos.

LEMBRE-SE

Você se lembra de como funciona o condicionamento clássico? Aqui vai um pequeno resumo, mas confira o Capítulo 8 para mais detalhes.

Estímulo Incondicionado (Acidente) → Resposta Incondicionada (Medo)

Estímulo Condicionado (Cavalo) + Estímulo Incondicionado (Acidente) → Resposta Incondicionada (Medo)

Estímulo Condicionado (Cavalo) → Resposta Condicionada (Medo)

O que você entendeu de tudo isso? Medo de cavalos à la condicionamento clássico. A beleza dessa explicação vem das implicações sobre o tratamento da fobia do Pequeno Hans por cavalos. De acordo com os terapeutas comportamentais, se ele aprendeu a ter medo de cavalos, também poderia aprender a não os temer mais. Esse tipo de resultado pode ser alcançado com uma técnica de terapia comportamental chamada de *dessensibilização sistemática*, da qual trato na seção "Terapias baseadas na exposição", mais à frente neste capítulo.

Condicionamento operante e terapia do comportamento

E o condicionamento operante? Que papel ele desempenha na terapia comportamental? Observe o sentimento de raiva, por exemplo. Se eu conseguir as coisas do meu jeito toda vez que ficar com raiva, esse comportamento será reforçado positivamente, e, portanto, é mais provável que eu continue usando a raiva dessa maneira. Essa é uma explicação comum para os problemas comportamentais das crianças. Se uma criança se comporta de uma maneira que não é aceitável, seus pais podem estar, inadvertidamente, reforçando aquele comportamento ao lhe darem uma atenção que talvez não esteja sendo dada de outra maneira.

Um exemplo de um comportamento negativamente reforçado é visto quando um indivíduo se deixa levar pela pressão dos colegas. A ridicularização que um adolescente sofre por não seguir a multidão pode ser dolorosa. Ele pode ceder à pressão dos colegas só para fazer com que a ridicularização cesse (a remoção de um estímulo doloroso).

Ter dificuldades para ser assertivo é um ótimo exemplo de um comportamento, ou uma falta daquele comportamento, que é mantido por meio da punição. Se eu vivo em uma casa onde riem de mim ou, caso contrário, eu seja punido por ser assertivo e falar o que penso, é bem menos provável que eu seja assertivo em outras situações. Eu estou sendo punido por ser assertivo. A falta de assertividade pode ser um problema sério e muitas vezes leva a sentimentos de vitimização e ressentimento.

O comportamento que é reforçado tem uma probabilidade maior de acontecer repetidamente. Se minhas explosões de raiva por causa de um sanduíche forem recompensadas com um sanduíche, então eu simplesmente continuarei gritando. Se a birra chorona de meu filho fizer com que ele consiga escapar do dever de casa, então eu posso esperar por birras toda vez que os livros forem abertos. Se eu tentar falar sobre meus sentimentos com meus pais e eles me ignorarem, guardarei esses sentimentos para mim. Se eu for punido por falar o que penso, então manterei aqueles pensamentos para mim. Colocando de uma maneira mais simples, você obtém aquele comportamento que você recompensa e não verá o comportamento que não recompensa (ou pune).

Teoria da aprendizagem social e terapia comportamental

Os seres humanos aprendem observando outras pessoas. Um problema muito comum nos casamentos tem a ver com brigas por causa de dinheiro. E isso às vezes é consequência de assistir a nossos pais brigando por causa de dinheiro, dedicando-se a trocas verbais sobre, por exemplo, quem é o culpado por gastar tanto ou não ganhar o suficiente, discussões que não são de forma alguma produtivas, mas, sim, emocionalmente dolorosas e frustrantes. A *modelagem* é uma forma de terapia comportamental que é utilizada para ensinar novos comportamentos às pessoas mostrando-lhes como se comportar de uma forma saudável. Posso pedir ao marido para começar uma conversa comigo sobre dinheiro e posso servir de exemplo ou demonstrar ao casal como podem discutir sobre dinheiro de uma maneira saudável. Contudo, isso só funciona se o terapeuta sabe realmente como dar o exemplo de um comportamento saudável!

TERAPIA COMPORTAMENTAL, MODIFICAÇÃO DE COMPORTAMENTO E ANÁLISE APLICADA DE COMPORTAMENTO

Falando de uma maneira ampla, as terapias que se utilizam dos princípios do condicionamento clássico e/ou operante, sem uma preocupação específica com as explicações psicológicas ou mentais, são consideradas *terapias comportamentais*. A terapia do comportamento também tem sido chamada de *modificação de comportamento* (B-Mod, do inglês, *behavior modification*) e também é conhecida como *análise aplicada do comportamento*, do inglês, *Applied Behavior Analysis (ABA*)*. De várias formas, o B-Mod e a ABA são exatamente a mesma coisa, intervenções terapêuticas que alteram o comportamento por meio da aplicação de princípios dos condicionamentos clássico e operante.

(continua...)

*N.E.: No Brasil se usa a sigla do inglês.

(continuação...)

> Honestamente, como não sou historiador nem sociólogo, não tenho muita certeza sobre como os conceitos de B-Mod e ABA se tornaram conhecidos em suas formas separadas. Como estudante na Califórnia, tanto no ensino médio quanto na faculdade, sempre aprendi sobre o B-Mod, mas mais tarde em minha profissão fui apresentado à ABA. Até onde sei, diferentes psicólogos, pesquisadores e terapeutas em diferentes partes do país, em diferentes momentos durante o século XX, criaram diferentes nomes para o que era essencialmente a mesma abordagem terapêutica. Mas lembre-se de que praticantes mais conservadores da ABA podem sugerir que ela é uma abordagem mais ampla para uma mudança de comportamento que inclui um conjunto específico de técnicas de coleta e registro de dados, e aplicações que vão além da clínica psicológica, como no comportamento de empregados no ambiente de trabalho. Outra coisa que pode, na verdade, diferenciar a ABA é que em seu início ela estava especificamente preocupada com problemas comportamentais, tais como agressão e automutilação, que vemos muitas vezes em indivíduos que sofrem com deficiências de desenvolvimento, deficiências intelectuais ou autismo (para saber mais sobre o autismo, veja o Capítulo 13.) Em última análise, contudo, acredito que o que realmente ponha a coisa toda em termos simples é o velho "você pronuncia 'biscoit-to', eu digo 'bix-coi-to'". Da mesma forma que você diz ABA, eu posso dizer B-Mod.

Avaliando o problema

LEMBRE-SE

A simplicidade da abordagem comportamental aos problemas psicológicos se torna possível com um igualmente simplificado (mas não fácil!) conjunto de práticas. Os terapeutas comportamentais colocam muita ênfase no método científico e focam em mudanças observáveis e que possam ser mensuradas. As técnicas e atividades da terapia são bem planejadas, altamente estruturadas e sistemáticas. O terapeuta é visto menos como possuidor de alguma verdade divina e mais como um parceiro colaborador no processo de mudança de comportamento. Espera-se que o paciente faça sua parte fora da terapia, bem como na terapia em si, fazendo as tarefas de casa que foram pensadas para mudar seu comportamento no mundo real e expandir o avanço feito durante as sessões.

LEMBRE-SE

Em consonância com uma abordagem sistemática e cientificamente fundamentada em relação aos distúrbios psicológicos, os terapeutas comportamentais começam realizando uma avaliação detalhada do problema do paciente. A seguir está um esquema simples dos passos básicos da *avaliação comportamental*:

1. **Identificação do comportamento-alvo.**

    O primeiro passo envolve uma observação detalhada do problema que o paciente traz originalmente para o terapeuta. Os terapeutas comportamentais usam uma técnica especial chamada de *análise ABC* com o intuito de analisar o problema inicial. A análise ABC é uma avaliação dos fatos que aconteceram antes, durante e depois do *comportamento-alvo* (o comportamento problemático do paciente).

A. *A* corresponde aos *antecedentes* de um comportamento específico, as coisas ou os fatos que aconteceram previamente ao comportamento-alvo. Um problema comum que os terapeutas comportamentais encontram está relacionado a casais que discutem excessivamente e, por isso, servem como um bom exemplo. Os antecedentes específicos de interesse no caso de um casal podem ser o momento, o lugar e as circunstâncias circundantes que precedem imediatamente cada discussão.

Momento: Quando cada um deles chega em casa do trabalho

Lugar: À mesa do jantar

Circunstâncias: Conversando sobre o dia de trabalho de cada um

B. *B* corresponde a comportamento (*behavior*, em inglês, daí o B da sigla), como em comportamento-alvo. No caso do casal briguento, o comportamento-alvo é o ato de discutir em si.

C. *C* corresponde às *consequências* do comportamento, ou aos fatos e às circunstâncias gerais que ocorrem depois e que são o resultado direto de B. No caso do casal que fica discutindo, os Cs podem ser a consequência de os dois indivíduos se aborrecerem e saírem de casa nesse estado, o homem saindo para dar uma volta de carro, e a mulher, para uma longa caminhada.

2. **Identificação das condições atuais que mantêm o comportamento-alvo.**

   Spiegler e Guevremont definem as *condições atuais que mantêm o comportamento-alvo* como aquelas circunstâncias que contribuem para a perpetuação do comportamento. Eles identificam duas fontes específicas:

   - **Ambiente:** As condições do ambiente incluem o momento, o cenário, as reações das outras pessoas e qualquer outra circunstância externa. Isso seria o quem, o que, quando, onde e como do nosso casal briguento.

   - **O comportamento do próprio paciente:** A contribuição do paciente inclui seus próprios pensamentos, sentimentos e atitudes. E isso seria o que cada parceiro está pensando, sentindo e fazendo antes, durante e depois das discussões.

3. **Estabelecimento dos objetivos específicos da terapia de uma maneira explícita.**

   O objetivo inicial da terapia pode ser parar de discutir. Contudo, essa descrição é um pouco vaga para o gosto de um terapeuta comportamental. Uma medida mais precisa do comportamento-alvo pode consistir na identificação de números específicos, acontecimentos ou períodos de tempo das discussões. Então, no lugar de o casal simplesmente parar de brigar, um comportamento-alvo mais apropriado seria diminuir suas brigas a uma vez por semana.

EXPLORANDO FUNÇÕES E RESULTADOS

A *Análise Funcional do Comportamento (AFC)* é uma versão mais formal do processo de avaliação do comportamento. A AFC (ou ACF, para análise do comportamento funcional, como algumas pessoas a chamam) envolve uma abordagem específica para averiguar a *função* de um comportamento específico relacionado ao último resultado alcançado. Um comportamento é resultado de algo que está acontecendo, e essa coisa que acontece é a força motriz por trás do comportamento. Uma criança faz birra porque isso funciona para que ela obtenha alguma coisa, talvez escapar de um terrível passeio ao shopping com sua avó. Dessa forma, a função da birra é escapar do passeio.

A seguir temos as funções mais características do comportamento identificadas em uma AFC:

- **Acesso a recompensas tangíveis:** Ter um ataque faz com que eu consiga o brinquedo que quero.
- **Fuga ou anulação ao estímulo contrário:** Gritar faz com que eu consiga escapar de meus afazeres.
- **Chamar a atenção dos outros:** Xingar faz com que você preste atenção em mim.
- **Reforço automático:** Coçar a minha pele alivia a coceira.

Depois que o paciente e o terapeuta descobrem a função do comportamento, o terapeuta é capaz delinear uma forma de intervenção que pode envolver ajudar uma pessoa a determinar a função desejada de uma maneira mais apropriada, tal como conversar tranquilamente, em vez de gritar.

Experimentando técnicas diferentes

Duas das coisas mais legais sobre a terapia comportamental tanto para o paciente quanto para o terapeuta são sua clareza e sua estrutura. Os terapeutas comportamentais podem usar diversas técnicas de tratamento altamente estruturadas para abordar os problemas de seus pacientes. Spiegler e Guevremont identificam três classes de técnicas de terapia comportamental: aquelas que se baseiam no reforço, as de desaceleração e extinção e as terapias fundamentadas na exposição.

Terapias que se baseiam no reforço

As técnicas de terapias comportamentais que têm sua base no reforço fundamentam-se nos princípios do condicionamento operante e, mais especificamente, no reforço positivo.

Após uma avaliação de comportamento detalhada, o terapeuta e o(s) paciente(s) seguem as seguintes etapas quando participam de uma terapia fundamentada em reforçadores:

1. **Identificam uma lista de reforçadores que poderão ser usados na terapia.**

   Esse é um processo indispensável. Qualquer coisa que aumente a probabilidade de que um comportamento desejável ocorra novamente pode ser usada como reforçador.

2. **Determinam como e quando aplicar os reforçadores.**

   O reforçamento contínuo é a melhor maneira de conseguir um resultado rápido em termos de mudança de comportamento. O reforço contínuo requer que o paciente receba o reforço toda vez que se comporte da maneira esperada pelo comportamento-alvo. Quando o paciente começa a realizar de modo consistente esse novo comportamento, o reforço pode ser *diminuído* e só voltar a ser dado de vez em quando, ou até mesmo aleatoriamente. Esta é a melhor maneira de manter o uso de um comportamento.

3. **Começam a moldá-lo.**

   A *modelagem* é um procedimento no qual aproximações bem-sucedidas do comportamento-alvo são reforçadas a fim de *moldar*, movimentar ou orientar o paciente em direção ao comportamento-alvo desejado.

   Se o problema é estudar e o comportamento-alvo tenha sido identificado como estudar duas horas por noite sem interrupção, o aluno pode ser reforçado após estudar por intervalos cada vez maiores que levarão à marca de duas horas (20 minutos, depois 30 minutos, e então uma hora, e assim por diante), durante o processo de modelagem.

4. **Criam um contrato formal que esboce todas as características do plano de tratamento com o qual estão de acordo e que esclareça quando, como e onde o comportamento-alvo acontecerá.**

5. **Fazem reavaliações periódicas ao longo do tratamento a fim de monitorar o progresso do paciente em direção ao objetivo.**

   À medida que forem necessários, ajustes são feitos aos procedimentos de reforço.

6. **Fim da terapia.**

   Quando o paciente alcança o comportamento-alvo e o mantém pelo período de tempo que deseja, a terapia termina.

SUBORNANDO PARA CONSEGUIR HABILIDADES ESCOLARES BÁSICAS

Eu trabalhei com crianças autistas usando a análise aplicada de comportamento, e um dos aspectos mais desafiadores da terapia era encontrar coisas que funcionassem como reforçadores. O tratamento consistia em utilizar o reforço para melhorar os comportamentos funcionais das crianças, como a comunicação, a socialização, o brincar e as habilidades básicas de aprendizagem (reconhecimento de letras, números e cores, por exemplo). O processo consistia em ensinar os comportamentos-alvo e reforçá-los nas crianças quando elas os desempenhassem de maneira bem-sucedida. Mas se os reforços não tiverem nenhum valor de reforçamento, pode esquecê-los.

Algumas crianças gostavam de determinados tipos de comida ou doces, então era isso que era usado com elas. Algumas gostavam de certos brinquedos ou outros objetos, e por isso esses objetos também eram usados. Se eles melhorassem seu funcionamento, eram utilizados. Em alguns dias, o doce funcionava, em outros dias eram os brinquedos. Uma criança gostava quando eu fingia bater minha cabeça na mesa, então utilizei isso como um reforçador. Veja, o que funcionar nós usamos, certo?

Você pode estar pensando que tudo isso soa como suborno. E é isso mesmo, de certo modo. É claro, eu subornava as crianças para que executassem as metas de comportamentos, mas pense em minhas opções. Se eu não usasse os reforçadores, as crianças não teriam aprendido essas habilidades que têm o poder de melhorar sua qualidade de vida. Eu escolheria o suborno à negligência em qualquer ocasião.

Terapias de desaceleração e extinção

Nunca se desespere à toa — a maioria de nós está familiarizado com esse antigo alerta. Se eu gritar pedindo socorro muitas vezes quando não precisar, não conseguirei ajuda quando realmente precisar dela. Mas quanto tempo será preciso para que as pessoas percebam que estou cheio disso? Será que elas não sabem que só continuo me desesperando à toa porque elas continuam a vir em meu socorro? Basicamente, suas reações reforçam meu comportamento lamurioso. É tudo culpa das pessoas! Tudo o que elas têm de fazer é ignorar minhas súplicas e parar de correr para me ajudar. Isso fará com que eu pare.

O processo de negar ou eliminar o reforço, e assim remover também sua resposta, é conhecido como *extinção*. Há muito tempo os comportamentalistas descobriram que o comportamento cessa quando o reforço cessa.

LEMBRE-SE

Spiegler e Guevremont classificam os tratamentos que utilizam o fenômeno da extinção como *terapias de desaceleração*. Quando o reforçador que mantém um comportamento é removido ou eliminado, o comportamento eventualmente desaparece. A terapia de desaceleração é conduzida, em grande medida, da mesma maneira que a terapia fundamentada no reforço: podem-se identificar comportamentos-alvo e condições de reforço. As principais diferenças entre essas terapias é que os reforçadores são retirados, em vez de concedidos.

Um dos melhores exemplos de terapia de desaceleração é o temido *castigo*, ou cantinho de disciplina. O castigo se tornou uma das técnicas mais amplamente utilizadas de disciplina pelos pais. A ideia por trás do castigo é a de que o comportamento-alvo indesejável de uma criança (ou de qualquer pessoa) está sendo mantido, tanto reforçando-se a atenção social que a criança recebe como resultado do seu comportamento quanto devido a algum outro reforçador inerente à situação em si mesma, tal como conseguir tirar o brinquedo de outra criança.

Quando Joãozinho tem um comportamento-alvo indesejável, ele é levado até uma determinada área de castigo, e, assim, ele é retirado de perto de qualquer reforçador que esteja presente na situação. Além disso, nenhum reforço em potencial deverá estar presente na área de castigo que possa prover a criança com um reforço enquanto estiver nesta área.

RECOLHAM SUAS FICHAS E PEGUEM SEUS PRÊMIOS!

Uma das formas mais avançadas de terapia baseada em reforço é criar um sistema de *economia de fichas*, que é um sistema estruturado de reforços que se utiliza de *fichas*, reforçadores simbólicos que visam a aumentar a probabilidade de que um comportamento-alvo ocorra. O melhor exemplo de uma ficha é o dinheiro. O dinheiro em si e por si mesmo é inútil, exceto talvez pelo papel no qual é impresso. (O papel pode começar uma boa fogueira ou ser usado como enchimento de travesseiro.) O poder do dinheiro vem do que pode nos trazer ou do que ele representa — a capacidade de comprar bens tangíveis. Os sistemas de economia de fichas são muitas vezes usados em situações que requerem que indivíduos ou grupos sigam uma série específica de instruções ou regras. Os pacientes de hospitais psiquiátricos muitas vezes recebem determinados pontos ou algum tipo de ficha para que sigam as regras da instituição ou desempenhem algum de seus comportamentos-alvo específicos de paciente. Em muitos casos, essas fichas ou esses pontos podem ser resgatados uma vez por semana em troca de um lanche ou presente. Alguns sistemas usam essas fichas para ajudar os pacientes a trabalharem, para que possam sair do hospital em pequenos passeios ou viagens, tendo em mente esse objetivo de uma eventual recompensa. Essa forma de terapia é um ótimo exemplo de modelagem.

DICAS PARA O CASTIGO

Eu já ouvi muitos pais dizerem que os castigos não funcionam, mas fico me perguntando se eles estão fazendo a coisa da maneira correta. Spiegler e Guevremont chamam a atenção para quatro condições que ajudam o castigo a ser mais bem-sucedido:

- Os períodos de castigo devem ser breves (cinco minutos ou menos), e a criança deve saber qual o tempo de duração desse período. Muitos pais deixam os filhos em intervalos longos demais. Crianças pequenas só precisam de cerca de um minuto de castigo para cada ano de idade — 4 anos de idade: quatro minutos. Muito simples.

- Nenhum reforçador deve estar disponível durante o período de castigo. Usar o quarto de brincar como área de castigo não é recomendado. Isso seria o mesmo que suspender a ida de uma criança à escola que odeie ir para a escola. Ela simplesmente lhe diria "Obrigado"!

- O castigo deverá terminar quando o tempo acabar e a criança estiver se comportando adequadamente. Se ela, ainda assim, continuar fazendo birra, estenda o castigo por um outro período de tempo determinado.

- O castigo não deve ser usado pelas crianças como uma escapatória para que possam deixar de fazer coisas que elas não querem fazer. É preciso ter uma certa habilidade para se determinar quando uma criança está manipulando o uso do castigo com esse propósito. Se as crianças tentarem se utilizar desse truque, faça com que pratiquem seja lá o que estavam tentando evitar assim que saírem do castigo.

Terapias fundamentadas na exposição

Existem diferentes tipos de terapias conhecidas como *terapias de exposição*, que envolvem "expor" um comportamento-alvo a novas condições a fim de reduzir sua ocorrência. A *exposição* é outra palavra para reassociar ou reaprender um comportamento-alvo com outro comportamento que resulte no abandono do comportamento-alvo indesejável.

Alguma vez você já tentou fumar um cigarro enquanto toma banho? É bem difícil fazer algo assim. Uma vez, trabalhei com um cara que conseguiu encontrar uma maneira de fazer isso. (Interessado? Me desculpe, mas não vou apoiar seu vício fornecendo os detalhes de como ele fez isso.) De qualquer maneira, acredito que a maioria de nós acha que cigarro e água não se misturam. Essas duas ações (fumar e tomar banho) são incompatíveis. Encontrar um comportamento que interfira em um comportamento-alvo é uma boa maneira de impedir que ele continue acontecendo.

Existem diferentes técnicas de terapia que utilizam esse conceito de incompatibilidade. Quando dois comportamentos ocorrem ao mesmo tempo, o comportamento mais forte é o que prevalece. A água sempre ganha do cigarro. O jargão da terapia comportamental para esse conceito é *inibição recíproca* ou *contracondicionamento*. A terapia que faz uso da inibição recíproca ou contracondicionamento foi projetada para enfraquecer o comportamento-alvo negativo classicamente condicionado. Quando se expõem cigarros à água, é bem difícil conseguir acendê-los. O *contracondicionamento* é o mecanismo operacional de todas as terapias fundamentadas na exposição.

LEMBRE-SE

Talvez a melhor maneira de explicar como o contracondicionamento conduz a terapia de exposição seja falar um pouco sobre uma das formas mais conhecidas desse tipo de terapia, a *dessensibilização sistemática (DS)*. A DS é mais usada comumente para tratar de fobias, como falar em público, fobia social ou alguma outra fobia específica. Os terapeutas também vêm utilizando-a com sucesso para tratar da síndrome do pânico que vem junto com a agorafobia. Existem diversos tipos de terapias de exposição que se baseiam no princípio da dessensibilização sistemática:

» **Sensibilização encoberta (exposição pela imaginação):** O "aprendizado" ou a associação só está ocorrendo dentro da mente do paciente, e não na vida real.

Os procedimentos que Wolpe e Jacobsen desenvolveram são muito parecidos. Os terapeutas ensinam os pacientes a entrarem em um estado de relaxamento profundo. Então pedem a eles que imaginem a si mesmos na situação fóbica que gera o medo ao mesmo tempo que mantêm o estado de relaxamento. Quando o nível de ansiedade do paciente fica muito alto, o terapeuta pede ao paciente para deixar que a imagem se vá e continue somente a relaxar.

Quando o processo é repetido por várias vezes em diversas sessões, a resposta ao medo da situação diminui, porque o estado de relaxamento está competindo com o medo original da situação ou objeto. Em vez de medo, o paciente agora associa relaxamento com a situação ou objeto fóbico que induz ao medo.

» **Terapia de exposição gradual:** Quando um paciente aprende a executar seu comportamento temeroso em uma situação da vida real, ele ou ela está participando de uma *sensibilização in vivo*. Geralmente essa forma de dessensibilização é feita gradualmente, daí seu nome. Se eu tenho medo de andar de avião, meu terapeuta pode começar me fazendo ver filmes sobre voar (mas, é claro, devem ser filmes sobre voos que não incluam desastres ou qualquer tipo de acidente aéreo). Depois eu deveria ir ao aeroporto, e então me sentar no terminal e, só após isso, andar de avião. Existe, assim, um movimento gradual em direção ao objetivo final, que é voar, mas não até que eu tenha feito um bom trabalho preparatório e descubra como relaxar durante as etapas subsequentes.

» **Imersão:** Essa forma de terapia envolve a exposição do paciente àquela situação ou objeto que lhe induz ao medo por um período de tempo contínuo e prolongado. A ansiedade do paciente dispara às alturas, e isso pode soar um pouco como tortura. Se você tem medo de cobras, pule em um tanque cheio delas. Ou você morre ou supera seu medo de cobras! Nesse caso, não há exposição gradual. Simplesmente pule em uma fossa cheia de cobras e supere esse medo já!

Mas a coisa fica ainda melhor! O paciente não só fica exposto ao pior de seus medos, mas é impedido de fugir, deixar o local ou demonstrar qualquer comportamento que esboce uma fuga que ele normalmente costumava ter no passado para evitar seu medo. Isso é chamado de *prevenção de resposta*.

LEMBRE-SE

A imersão soa como uma coisa horrível, mas a verdade é que ela é uma das formas mais poderosas de terapia comportamental. Se o paciente confia no médico, pode ser uma maneira rápida de se ver livre de fobias poderosas e debilitadoras. Pode parecer cruel, mas os pacientes precisam consentir no tratamento inteiro, e geralmente ninguém é forçado a fazer nenhum tipo de terapia, a não ser quando há a determinação de um juiz. (Para saber mais sobre o papel da terapia no sistema de justiça penal, veja o Capítulo 14.)

FICANDO NUMA BOA COM OS GERMES

Um bom exemplo de imersão (dê uma olhada na seção "Terapias fundamentadas na exposição" neste capítulo) vem do tratamento de pessoas com fobia a germes. Vamos dizer que eu tivesse medo de germes e de pegar doenças ao mexer no latão de lixo. Consegui encher meu apartamento inteiro de lixo porque tinha medo demais de tocar nele a fim de o levar para fora. As coisas estavam ficando bem nojentas lá dentro, e o proprietário do apartamento estava ameaçando me despejar. Por sorte encontrei um bom terapeuta comportamental na vizinhança, e ele concordou em me ajudar.

Quando me encontrei com o terapeuta, ele me disse que faria a terapia em meu apartamento. Eu achei isso bem legal. Quando ele apareceu, me explicou que me curaria de minha fobia dos germes do latão de lixo. Ele apontou para uma pilha de lixo e me disse para pular nela. "Como é que é?", eu disse. "Você me ouviu", ele respondeu, "Pule na pilha de lixo!" O resto é história. Eu pulei no monte de lixo e comecei a rolar por cima dele. E depois de minha sessão de natação no lixo, o terapeuta se recusou a me deixar tomar banho até o dia seguinte. Concordei e agora não tenho mais medo do lixo.

Mas lembre-se de que essa não é uma história verdadeira e que ela é um exemplo bastante extremo para a imersão, apesar de não estar muito longe da verdade. Os terapeutas que usam a imersão pedem a seus pacientes que se exponham completamente às coisas que mais temem. Acredite ou não, funciona mesmo!

Ensaboando Sua Mente com a Terapia Cognitiva

Os Alcoólicos Anônimos usam o termo "pensamentos imprestáveis" para descrever os tipos de pensamentos que um alcoólatra em recuperação tem quando pensa negativamente e considera tomar uma bebida. A simplicidade dessa afirmação não deve ser confundida com falta de sabedoria. O poder do pensamento nunca deve ser subestimado.

A *terapia cognitiva* é uma forma conhecida e bem pesquisada de psicoterapia que enfatiza o poder do pensamento. A partir da perspectiva dos terapeutas cognitivos, problemas psicológicos tais como as dificuldades interpessoais e os transtornos emocionais são o resultado direto do "pensamento imprestável". Em outras palavras, os processos de pensamento ou de cognição mal adaptativos são as causas desses problemas. O "pensamento imprestável" pode ter um tremendo impacto em nossa psique, porque as pessoas analisam e processam a informação sobre cada fato que ocorre a seu redor e suas reações a todos esses acontecimentos. O pensamento mal adaptativo pode ser algo mais ou menos assim:

A (perder meu emprego) → B (meus pensamentos sobre ser demitido) → C (minhas emoções e os processos de pensamento subsequentes e mais exagerados sobre o fato)

As reações das pessoas são o produto de como e o que elas pensam sobre uma situação ou acontecimento. Em muitas situações, como uma experiência de perda, um insulto, um fracasso ou deparar-se com algo assustador, é claro que é natural sentir alguma emoção negativa. As reações negativas não são necessariamente uma coisa anormal. É somente quando as reações emocionais e comportamentais se tornam extremas, fixadas e repetitivas que elas começam a trilhar o caminho do distúrbio psicológico.

Explorando o pensamento distorcido

Algumas vezes o pensamento pode ser tendencioso ou distorcido, e isso pode levar as pessoas a terem problemas. A terapia cognitiva tem um enfoque da realidade a partir de uma perspectiva relativista: a realidade de um indivíduo é o subproduto de como ele a percebe. Contudo, os terapeutas cognitivos não olham a psicopatologia simplesmente como uma consequência do pensamento. Em vez disso, ela é o resultado de um determinado tipo de pensamento. Equívocos específicos no pensamento geram problemas específicos.

Se você perdesse o emprego, seria natural pensar: "Eu preciso encontrar outro trabalho". Mas você distorceria a realidade se pensasse: "Eu nunca vou encontrar um novo emprego". Esse tipo de pensamento pessimista está destinado a gerar uma reação emocional negativa mais intensa do que a normal. Há uma diferença enorme entre "Preciso encontrar um novo emprego" e "Nunca vou conseguir outro emprego".

Aaron Beck identificou seis distorções cognitivas específicas que levam a problemas psicológicos:

» **Dedução arbitrária:** Essa distorção ocorre quando alguém tira uma conclusão tendo como base informações incompletas e imprecisas. Se fosse pedido a um grupo de cientistas que descrevessem um elefante, mas tudo o que eles pudessem ver do animal fosse o que é visível através de um pequeno buraco em uma cerca, a descrição do elefante de cada um dos cientistas provavelmente seria diferente. Um cientista olha pelo buraco e vê um rabo. O outro olha e vê uma tromba. O primeiro cientista descreve o elefante como um animal com um rabo, e o outro diz que é um animal com uma tromba. Nenhum deles tem a imagem completa, mas ambos pensam que sabem a verdade.

» **Catastrofização:** Minha avó costumava a se referir a essa distorção como "transformar um monte em uma montanha". Beck definiu isso como ver alguma coisa com uma significação maior do que ela realmente tem.

» **Pensamento dicotômico:** A maioria de nós sabe que pensar somente em termos de preto no branco, sem levar em consideração as áreas cinzentas, pode nos levar a ter problemas. Quando eu categorizo fatos ou situações em somente um de dois extremos, estou pensando dicotomicamente. Quando eu trabalhava em prisões, descobri que os prisioneiros muitas vezes separavam as pessoas em dois grupos — amigo ou inimigo. "Se você não é meu amigo, você é meu inimigo."

» **Generalização exagerada:** "Meu namorado me deu um fora, ninguém me ama." Este é um exemplo de generalização exagerada — quando alguém toma uma experiência ou regra e a aplica em todos os sentidos a um conjunto de circunstâncias maior e sem relação alguma uma com a outra.

» **Personalização:** Um dos meus filmes favoritos é *A Tempestade*, de 1982, dirigido por Paul Mazursky e estrelado por John Cassevetes, Gina Rowlands e Susan Sarandon. Já para o final do filme, o personagem principal pensa que invocou uma tempestade que virou o barco de seus inimigos. A personalização acontece quando alguém pensa que um acontecimento está relacionado a ele ou ela, quando na verdade não está.

» **Abstração seletiva:** Certa vez conheci um cara na faculdade que acreditava que as mulheres sempre riam dele quando ele passava por elas no *campus*. Mal sabia ele que a maioria das mulheres provavelmente nem mesmo notava sua existência. Elas provavelmente estavam rindo de alguma piada ou de alguma outra situação engraçada que não tinha nada a ver com ele. Ele chegou a uma conclusão apenas se baseando no comportamento delas fora de contexto.

PEALE É TÃO POSITIVO!

O Poder do Pensamento Positivo (Editora Cultrix), de Norman Vincent Peale, é atualmente um dos livros de autoajuda mais famosos no mercado. A ideia básica de Peale é de que o pensamento positivo gera resultados positivos na vida das pessoas. Ele acredita que nossos pensamentos desempenham um papel central na elaboração e na manutenção do comportamento.

A teoria que fundamenta a terapia cognitiva, de tão simples, é linda. Se os problemas psicológicos são os produtos de equívocos do pensamento, a terapia deve procurar corrigir esse pensamento. Às vezes é mais fácil falar do que fazer. Felizmente, os terapeutas cognitivos têm ao seu dispor uma ampla gama de técnicas e uma abordagem altamente sistemática.

Mudando a forma como você pensa

O objetivo da terapia cognitiva é mudar o pensamento tendencioso por meio da análise lógica e experimentos comportamentais pensados para testar convicções disfuncionais. Muitos equívocos de pensamento consistem em suposições falhas sobre si mesmo, o mundo e os outros. A terapia cognitiva é mais ou menos assim:

1. **O terapeuta e o paciente realizam uma avaliação detalhada acerca das crenças e suposições errôneas do paciente e como esses pensamentos se conectam a comportamentos e emoções disfuncionais específicos.**

   Christine Padesky e Dennis Greenberger, em seu livro *A Mente Vencendo o Humor* (Editora Artes Médicas Sul, 1999), proporcionam ao paciente um sistema que o permite identificar esses pensamentos equivocados, que os psicólogos cognitivos comumente chamam de *pensamentos automáticos* — pensamentos que acontecem automaticamente como reação a uma situação em particular. Pede-se que o paciente acompanhe os desdobramentos de situações específicas que ocorrem entre as sessões de terapia e para que identifique e descreva com detalhes suas reações nessas situações.

2. **O terapeuta e o paciente trabalham juntos, registrando o pensamento automático para identificar as distorções cognitivas que estão mediando as situações e suas reações.**

   Esse processo, muitas vezes difícil, pode levar desde várias semanas a vários meses, mas ao final as distorções são detalhadamente identificadas.

3. **O paciente e o terapeuta trabalham colaborativamente para alterar as crenças distorcidas.**

   O terapeuta e o paciente colaboram em um processo de refutação lógica, questionamento, confrontamento e teste dessas conclusões e premissas falhas. Esse esforço tenta fazer do paciente um pensador melhor e romper com seu hábito de processar as informações de uma maneira pobre.

DICA

PENSAMENTOS DEPRESSIVOS

Uma das aplicações da terapia cognitiva mais conhecidas vem da *terapia cognitiva da depressão*, de Aaron Beck. Ele propõe que os sintomas depressivos, como humor tristonho e falta de motivação, são resultantes de distorções cognitivas baseadas em três crenças muito específicas que o paciente tem a respeito de si mesmo, do mundo e do futuro. Beck chamou essas crenças de *pressuposições depressogênicas*, e elas existem em uma *tríade cognitiva*. A tríade cognitiva dos indivíduos que sofrem de depressão consiste nas seguintes crenças básicas:

- Eu sou inadequado, deixado de lado e abandonado, e não tenho valor.
- O mundo é um lugar injusto e duro. Não há nada nele para mim.
- Não há esperança para o futuro. Meus problemas atuais nunca desaparecerão.

Essas crenças interferem nas adaptações sensatas e saudáveis e no processamento das informações relacionado a acontecimentos na vida do paciente. O desafio, tanto para o paciente quanto para o terapeuta, é sugerir maneiras para identificar, confrontar e modificar essas crenças, a fim de diminuir seu impacto nas emoções e motivações do paciente.

Aprendendo a Brincar: Terapias Comportamentais e Cognitivas

Albert Ellis foi o fundador de uma forma combinada de terapia que se utiliza tanto da terapia comportamental quanto da terapia cognitiva. A *terapia racional-emotiva comportamental*, ou TREC, está estabelecida sobre a premissa de que os problemas psicológicos são o resultado de pensamentos e comportamentos irracionais que fundamentam o pensamento irracional, e, assim, podem ter um enfoque no sentido de melhorar a capacidade do paciente de pensar e se comportar mais racionalmente de maneiras que estimulem pensamentos mais racionais.

LEMBRE-SE

Ellis é um psicólogo carismático cujo estilo e personalidade dão um destaque ainda maior às principais ideias da TREC. Os terapeutas comportamentais racionais-emotivos acreditam que a maior parte de nossos problemas é autogerada e que as pessoas chateiam a si mesmas se agarrando a ideias irracionais que não passariam em nenhuma prova se fossem colocadas sob exame minucioso. O problema está no fato de que muitas pessoas não examinam seus pensamentos com muita frequência. As pessoas regularmente fazem afirmações irracionais para si mesmas:

"Eu não suporto isso!"

"Isso é simplesmente horroroso!"

"Eu não valho nada porque não consigo lidar com isso!"

Esses são exemplos de pensamentos irracionais. Os terapeutas comportamentais racionais-emotivos definem essas afirmações como irracionais porque argumentam que as pessoas podem, na verdade, lidar ou "suportar" acontecimentos negativos. Esses eventos raramente são, se é que chegam a acontecer, tão ruins quanto as pessoas acham que são. Além disso, as pessoas muitas vezes se atêm a regras de "deveria isso ou aquilo", que aumentam a culpa de estarem sobrecarregados, tristes, ansiosos, e assim por diante. "Eu não deveria ficar nervoso", "Eu não deveria me importar com o que ela pensa", "Eu não deveria me preocupar com isso". Ellis costumava chamar isso de "se deveriando por inteiro". Os terapeutas de TREC confrontam vigorosamente afirmações como essas.

LEMBRE-SE

A postura confrontativa de TREC não deve ser tomada como muito rigorosa ou sem cuidado. A TREC enfatiza os mesmos níveis de empatia e aceitação incondicional tanto quanto outras muitas terapias. Os terapeutas de TREC não estão necessariamente tentando convencer os pacientes a deixarem de se sentir da maneira como se sentem. Eles estão tentando ajudar os pacientes a vivenciarem suas emoções de uma maneira mais atenuada e gerenciável. Existem níveis saudáveis de emoção, e depois há os níveis irracionais de emoção. O objetivo da terapia é ajudar o paciente a aprender como experimentar suas emoções e outras situações dessa forma mais racional.

As características da terapia comportamental de TREC envolvem que o paciente participe de experimentos elaborados para testar a racionalidade ou a irracionalidade de suas convicções. Um terapeuta pode pedir ao paciente que tem um medo mortal de conversar com estranhos para abordar dez estranhos por semana e puxar uma conversa. Se o paciente originalmente pensou que morreria de vergonha, o terapeuta pode começar sua próxima sessão com algo do tipo "É bom ver você. Eu acho que falar com estranhos não o matou, afinal de contas, não é mesmo?".

A TREC se posiciona no sentido de acreditar que duas abordagens podem trazer mudanças no pensamento — conversar com um terapeuta e ao mesmo tempo contestar racionalmente as ideias irracionais, além de se envolver em comportamentos que "comprovem" que as ideias irracionais estão erradas. Ellis afirma que as pessoas raramente mudam seus pensamentos irracionais sem que antes tomem uma atitude contra eles. O pensamento delas não mudará a menos que o comportamento delas mude.

CAPÍTULO 16 **Mudando o Comportamento, Mudando o Pensamento**

Tornando-se Consciente com as Terapias Fundamentadas na Aceitação e na Atenção Plena

Com toda a certeza, terapia é sobre mudança. Mudar seu comportamento. Mudar seu pensamento. As terapias comportamental e cognitiva são coerentes nesse sentido. Mas mudar é uma coisa difícil, não é mesmo? Eu já falhei tentando mudar e tenho certeza de que você conhece alguém que também já passou por isso. Mudar é uma indústria multibilionária. É só dar uma olhada na seção de "autoajuda" da livraria mais próxima. Mas o que você faz com todo esse fracasso em tentar mudar? Como você pode mudar essa tendência? É cansativo escrever sobre isso, quanto mais vivenciar essa dificuldade.

Felizmente, um grupo de terapias classificadas em geral como "baseadas na aceitação e na atenção plena" foi desenvolvido e coloca o problema da mudança à frente de tudo o mais. No centro dessas terapias está o conceito de aceitação, definido no âmbito das terapias como uma forma de ajudar os pacientes a parar de lutar contra o processo de mudança e ajudá-los a experimentar sua vida, suas emoções, pensamentos e comportamentos de uma maneira direta, sem julgamentos, com a mente aberta e com aceitação. Duas formas de terapias fundamentadas na aceitação e conscientização bastante pesquisadas e conhecidas são a *terapia da aceitação e compromisso* (ACT, do inglês, *acceptance and commitment therapy*) e a *terapia cognitiva baseada na aceitação plena* (MBCT, do inglês, *mindfulness-based cognitive therapy*).

De acordo com essas terapias, a falta de aceitação do paciente com relação à sua vida, emoções, história, e assim por diante, constitui uma parte do problema; ela é parte da patologia pela qual eles foram visitar o terapeuta em primeiro lugar. Há uma ênfase maior em mudar a maneira como o paciente aborda seu comportamento, pensamentos, e assim por diante, do que em mudar o comportamento em si, tal como acontece tanto na teoria cognitiva quanto na de modificação de comportamentos ou pensamentos. O paciente está mudando a forma como ele vê e interage com seus problemas, história e questionamentos. É como se ele desse um passo atrás ou se distanciasse para que pudesse ter uma perspectiva diferente, uma perspectiva sem julgamentos.

O componente de *atenção plena* envolve estar consciente do momento real e presente e manter-se aberto a pensamentos, sensações e sentimentos existentes sem tentar mudá-los, alterá-los ou modificá-los. Encarar essas coisas com aceitação e atenção plena é terapêutico. Stephen Hayes, um dos terapeutas fundamentais que ajudaram a difundir a ACT, afirma que determinados aspectos sobre a forma como funciona a linguagem humana resultam mais em uma fuga do que na aceitação e em atenção plena. As pessoas "falam" consigo mesmas e sobre elas mesmas, os outros e o seu entorno de maneiras que levam à fuga e a uma falta de aceitação.

Mas isso tudo não é sobre aceitação. Um ponto crucial decisivo para terapeutas é se devem e quando devem ajudar os pacientes a aceitarem ou mudarem em um dado momento ou em uma dada situação. Essa decisão se baseia na avaliação de situações ou circunstâncias utilizando-se de dois critérios: possibilidades de mudanças e justificativas.

» **Essa situação é passível de ser mudada?** Se uma coisa não pode ser mudada, tal como a morte de um ente querido, então se concentrar em mudar essa situação não levaria a um estado de saúde psicológica. Se uma situação é passível de ser mudada, tal como se você consegue ou não parar de tomar refrigerante, então o foco deveria ser mesmo a mudança. Mudar o que pode ser mudado, aceitar o que não pode ser mudado. Será que isso faz alguém se lembrar da *Oração da Serenidade*?

» **Essa reação é justificável?** O aspecto "justificável" do pensamento, emoções ou comportamento de um paciente envolve analisar se as reações dele estão ou não em proporção e relacionadas a um acontecimento ou situação real ou se são fora do normal ou exageradas. Se uma reação não se justifica, então resolver o problema que a desencadeou não faz sentido, porque não havia nenhum problema verdadeiro a ser solucionado, tudo não passou de um exagero. Mas se a situação ou circunstância é passível de ser mudada, então mude-a, ou adote uma atitude de aceitação para com ela. Se a reação é justificável, então aceite-a ou mude a reação. Se não é uma reação justificável, então apenas a aceite, sem julgamentos e com consciência.

Você Está Bem, Agora Mude: Terapia Comportamental Dialética

A *terapia comportamental dialética*, uma ideia genial da Dr. Marsha Linehan, é uma abordagem terapêutica que combina os enfoques comportamental, cognitivo e de atenção plena. A TCD foi originalmente desenvolvida para indivíduos diagnosticados com transtornos de personalidade limítrofe que praticavam a automutilação (tal como se cortar) e que apresentavam um risco alto de se suicidarem. Desde seu início, contudo, a TCD vem sendo utilizada para uma gama muito maior de problemas e pacientes e é considerada uma das terapias mais bem pesquisadas e fundamentadas empiricamente da psicologia clínica.

A TCD é considerada uma intervenção muito completa, que inclui a terapia individual e uma série de abordagens consultivas aos problemas dos pacientes e enfoques de desenvolvimento das capacidades (como treinamento de habilidades sociais). Muitas de suas abordagens comportamentais e cognitivas não são necessariamente tão singulares quanto outros enfoques comportamentais e cognitivos. Contudo, um aspecto que certamente diferencia a TCD é a inclusão e o caráter central dos componentes da aceitação e de atenção plena.

Um aspecto muito importante da aceitação e de atenção plena da TCD pode ser visto no próprio nome da terapia, a *Dialética*. A dialética se refere a um conceito mais amplo de que a realidade está interconectada e se constitui de forças e formas opostas e dinâmicas, além de mudar constantemente. Uma visão dialética das coisas defenderia que algo poderia ser duas coisas aparentemente contraditórias ou em dois estados contraditórios ao mesmo tempo. Um paciente poderia ao mesmo tempo tanto querer mudar e não querer mudar. A dialética central da TCD se concentra nas forças opostas de aceitação e mudança. Ensina-se aos pacientes como mudar e espera-se que mudem, mas também são ensinados e espera-se que trabalhem na aceitação de si mesmos, seu passado e o mundo.

A TCD respeita e responde à realidade muito frequente das pessoas que chegam à terapia se sentindo pressionadas demais a mudar e que, como resultado, logo desistem dela. Um foco demasiado na mudança pode ser emocionalmente opressivo, faz com que o paciente se sinta anulado e até mesmo envergonhado. É fundamental estabelecer um equilíbrio entre a aceitação e a mudança. O equilíbrio é buscado e alcançado com uma série de técnicas, incluindo-se o treinamento em atenção plena. A Dr. Linehan esboça os seguintes componentes principais para a atenção plena:

» **Observar:** Simplesmente experimentar o momento presente, pensamentos, emoções, sensações corporais, e assim por diante.
» **Descrever:** Descrever o momento presente sem julgamentos
» **Participar:** Mergulhar em uma atividade sem pensar nela

A atenção plena na TCD envolve prestar atenção à realidade presente, no momento e de uma forma não reativa, respondendo mais aos fatos do que aos próprios pensamentos, emoções e outras reações do paciente. Isso acaba por gerar a aceitação, facilita a resolução eficiente de problemas e diminui uma atitude de fuga. O paciente tem de estar disposto a não resistir à realidade e a resistir a pensamentos do tipo "e se" ou "não deveria ser assim", ou insistir que alguma coisa é verdadeira ou real, quando na verdade não é. Dessa forma, essa disposição facilita que se resolvam os problemas de uma forma mais eficaz e, com o passar do tempo, diminui a reatividade.

> **NESTE CAPÍTULO**
>
> **Aceitando a pessoa**
>
> **Encarando a morte, a culpa, a angústia, o tempo, a transcendência e a liberdade**

Capítulo 17
Ser uma Pessoa Não É uma Tarefa Fácil: A Terapia Centrada na Pessoa e a Terapia Existencial

Recentemente, uma mulher de 35 anos, que vou chamar de Sra. Garcia, teve de lidar com a morte de sua mãe e estava com dificuldades para voltar ao trabalho e se relacionar com a família. Ela decidiu consultar o médico da família, temendo que estivesse deprimida. Em vez de prescrever uma medicação, o médico lhe disse que fosse a um psicólogo.

Considere a seguinte conversa inicial entre a Sra. Garcia e o psicólogo:

Terapeuta: Olá, Sra. Garcia, muito prazer em conhecê-la. O Dr. Huang me contou que a senhora vem tendo alguns problemas para ir trabalhar e que recentemente teve de lidar com a morte de sua mãe. Sente-se, por favor.

Paciente: Obrigada. Em primeiro lugar, gostaria de dizer que me sinto um pouco desconfortável com essa situação. Eu já fiz sessões de psicanálise e não gostei. O psicanalista era impessoal e frio demais.

T: Sinto muito que tenha tido uma experiência ruim. Só para que saiba, não sou psicanalista. Você gostaria de falar sobre essa experiência?

P: Na verdade, não. Ao menos não agora. Venho me sentindo muito mal ultimamente. Na verdade, desde que minha mãe ficou doente. Eu ia até lá, ajudava minha irmã a tomar conta dela e saía com esse sentimento de desgraça e tristeza. Mas eu não estava realmente me sentindo triste porque ela estava morrendo. Ela tinha sofrido por muito tempo, e eu aceitei que sua morte provavelmente seria um alívio. Era a vida dela, não a morte, que parecia estar me aborrecendo.

T: A vida dela estava te incomodando. Você tinha aceitado a morte dela. Conte-me mais. Você não aprovava o tipo de vida que ela levava?

P: De certa forma. Era como se ela estivesse vivendo para todos os outros: o patrão, meu pai, nós os filhos, os netos. Eu me senti muito mal por julgá-la, especialmente quando comecei a perceber que também estava vivendo exatamente aquele tipo de vida.

T: Você estava vivendo da mesma maneira que sua mãe?

Os sentimentos e experiências da Sra. Garcia ilustram muito bem o tipo de questões com as quais os praticantes das terapias *humanistas* (centrada na pessoa e existencial) estão preocupados. Ela estava questionando sua vida, sua própria identidade, o sentido de si mesma. Para quem exatamente ela estava vivendo? Ela estava sendo verdadeira para consigo mesma? As terapias humanistas abordam as dificuldades humanas a partir dos princípios essenciais de que os seres humanos são dignos, têm escolhas e lutam contra as inevitabilidades da vida (morte, doença, conflito, e assim por diante), mas têm a liberdade para fazerem mudanças e tratar dessas dificuldades com o apoio adequado.

Embora cada um deles tenha feito contribuições originais à teoria e à prática da psicoterapia, todos os grandes nomes da terapia humanista, como Carl Rogers, Rollo May e Irvin Yalom, tinham uma coisa em comum. Eles viam um grande potencial em cada um de nós. Eles acreditavam que todas as pessoas se esforçam ao máximo para desenvolverem a si mesmas e a seu potencial e assumirem a responsabilidade por suas vidas.

Muitas das formas de psicoterapia que apresentei neste livro (a psicanálise, no Capítulo 15, e as terapias comportamental e cognitiva, no Capítulo 16) têm sido criticadas por serem técnicas, estéreis e distantes demais da verdadeira experiência do paciente. Elas vêm sendo acusadas de abrirem pouquíssimo espaço para a *pessoa real*. Todas as terapias discutidas neste capítulo têm a individualidade do paciente buscando ajuda como seu tema central.

Esta seção apresenta as terapias humanista e existencial, que se concentram nas questões fundamentais de ser uma pessoa e como elas lutam com, através e em torno dessas problemáticas.

A Terapia Centrada na Pessoa: Brilhando sob os Holofotes do Terapeuta

ASSOCIAÇÃO LIVRE

Reserve um minuto para fazer um pequeno exercício. Pegue um pedaço de papel e caneta e faça uma lista de todas as pessoas que você admira e de quem tem uma boa impressão. Quem está nessa lista — professores, cônjuges, celebridades, pais? E você mesmo? Você está em sua lista das pessoas que realmente respeita? Você seria membro de seu próprio fã-clube?

Nesse mundo grande e caótico de bilhões de pessoas, às vezes parece que eu não me importo comigo mesmo, como se minha identidade individual fosse muito pequena e insignificante. Mas, ainda assim, eu ando por aí com esse sentimento de que sou um indivíduo. Às vezes me sinto tão independente que me sinto só e isolado, como se ninguém se importasse comigo. "E eu? Será que eu não tenho importância?"

Carl Rogers se importa. Rogers (1902–1987) é talvez um dos mais famosos psicólogos de todos os tempos, indicado ao Prêmio Nobel da Paz e considerado do mesmo nível de Sigmund Freud. Sua influência na psicoterapia foi profunda. Ele trouxe a pessoa de volta ao processo, tentando entender e valorizar cada um de seus pacientes como indivíduos únicos, com problemas verdadeiros, e não somente como teorias abstratas e modelos. Uma coisa se pode dizer sobre a *terapia centrada na pessoa* de Carl Rogers com toda a certeza — ela coloca um grande valor na humanidade de cada um e de todos seus pacientes. Rogers acreditava que todos os seres humanos lutam inerentemente pelo total desenvolvimento de suas capacidades de manter um nível máximo de sobrevivência. É um pouco como o slogan do exército norte-americano: "Seja tudo o que você pode ser".

O *crescimento* é um grande chavão para os terapeutas centrados na pessoa. O crescimento pessoal de alguém está em primeiro lugar na mente do terapeuta e é primordial para o processo de terapia. Toda vez que leio alguma coisa de uma perspectiva centrada na pessoa ou algo que Carl Rogers tenha escrito, começo a refletir e a me perguntar: "Estou me desenvolvendo?". Se você estiver se referindo à minha cintura, a resposta é um sonoro sim. Mas quanto àquela coisa toda de crescimento pessoal e expansão de capacidades...

O que a crença de Carl Rogers no valor inerente de cada um de seus pacientes tem a ver com ajudá-los a melhorar? Os pacientes da terapia centrada na pessoa estão pagando a alguém para que gostem deles, para os valorizar? Talvez, mas isso seria uma simplificação grosseira. Isso é mais do que uma terapia do "Eu lhe amarei até que você possa se amar" ou "Eu vou aceitá-lo até que você possa se aceitar".

O mecanismo de cura ou ajuda na terapia centrada na pessoa encontra-se no processo de o terapeuta trabalhar para entender as experiências, os pensamentos, comportamentos e sentimentos singulares do paciente. À medida que o terapeuta se empenha para compreender de onde o paciente está vindo, o paciente aprende a experimentar a si mesmo de uma maneira nova e mais produtiva, mais enriquecedora.

Entendendo a teoria da pessoa

Por que será que Carl Rogers acha que estabelecer uma conexão genuína com o paciente e realmente tentar compreender como é ser aquele indivíduo em particular pode ter um efeito de cura ou ajudar nela? A resposta para essa pergunta pode parecer óbvia: todos nós gostamos de sentir que somos compreendidos. (Veja o Capítulo 10 para entender melhor sobre a importância dos relacionamentos.) Ter pessoas que entendem o que se passa com você parece dar um sentido de bem-estar, um sentimento de estar mais vivo e presente, em contraposição ao panorama de um mundo escuro e sem piedade.

Querendo ser compreendido

Embora não seja considerado um terapeuta com enfoque na pessoa, Eric Fromm apresentou um conceito que procura explicar por que ser compreendido é tão importante para todos. Fromm acreditava que todos estão o tempo todo fazendo tentativas de comparar suas percepções e experiências com as percepções e experiências dos outros, em particular com relação às pessoas de quem valorizam a opinião. Talvez você já tenha ouvido falar do conceito de *checagem de realidade* — como perguntar a alguém se ele acabou de ver o pouso do disco voador no campo próximo à estrada. "Você viu o que acabei de ver?" Se a outra pessoa também viu, então você experimentou algo que Fromm chamou de *validação*. A validação é a experiência de ter outra pessoa que concorde ou apoie sua vivência da realidade. A validação traz um sentido de presença, faz com que você sinta que *existe*. De acordo com Fromm, sem a validação, as pessoas se sentiriam como se não existissem.

Alguma vez você já conversou com alguém que parecia não entender o que você tentava dizer, como se não o compreendesse? Esse tipo de experiência pode parecer bem ruim. Em situações como essas, e em muitas outras, você pode se sentir desconectado e, em casos extremos, isolado.

Por que compreender e ser compreendido pelos outros é algumas vezes tão difícil? Rogers acreditava que todas as pessoas têm um quadro de referência único a partir do qual experimentam o mundo. Pense um pouco. Outra pessoa pode se parecer com você, ter o mesmo nome que você e ser exatamente como você em quase todos os outros aspectos. Em termos biológicos, gêmeos idênticos compartilham até mesmo o mesmo código genético. Mas nem mesmo os gêmeos idênticos são exatamente iguais. Eles são, na verdade, duas pessoas separadas. Gosto de pensar dessa forma. Nenhuma outra pessoa pode ocupar o mesmo espaço físico que eu ocupo ao mesmo tempo que eu. E elas também não podem ocupar o mesmo espaço mental! Em termos abstratos, as pessoas até podem "experimentar o que é estar em meu lugar", mas, no sentido literal, só quando não estou naquele espaço.

Desenvolvendo um sentido de self

Você é único! Nossa experiência individual está concretamente separada da dos outros, e à medida que você diferencia suas vivências das dos outros, começa a desenvolver um sentido de *self*, um sentido de quem você é. Contudo, um sentido de *self* depende primeiro de como as outras pessoas o veem e se relacionam com você. Quando éramos crianças, a experiência estava entrelaçada e fundida com as experiências de pais, famílias e de quem cuidava de nós. Eles serviam como uma espécie de guia para a experiência e nos forneceram os primeiros modelos de compreensão e experiência no mundo. Mais tarde, você começa a diferenciar sua experiência das experiências dos outros.

LEMBRE-SE

No entanto, esse *processo de diferenciação da experiência* somente é possível dentro de um ambiente de respeito e apoio positivo daqueles que o rodeiam. Se eu vejo um OVNI e a outra pessoa não o vê, ainda assim ela pode apoiar minha experiência dizendo que não vê o OVNI, mas que isso não significa que eu não o tenha visto. Se ele não apoiasse minha convicção, poderia dizer: "Você está louco! Você não pode ter visto um OVNI!". Em termos mais realistas, muitas vezes testemunhei crianças pequenas que se machucaram ou se aborreceram e buscaram nos pais um pouco de conforto, só para ouvirem estes lhe dizerem: "Você não está machucado, você está bem". Esse tipo de situação é o oposto da validação; é uma experiência de *invalidação*. A criança pode ficar confusa e pensar: "Eu sinto que está doendo, mas o papai diz que não. Eu estou ou não machucado?". Isso causa uma confusão danada na cabeça de uma criança.

CAPÍTULO 17 **Ser uma Pessoa Não É uma Tarefa Fácil...** 351

Lidando com as diferenças na autopercepção

Rogers chamou a experiência de si mesmo, enquanto dependente da visão dos outros, de *condições de valor*. Enquanto as pessoas continuarem a satisfazer as condições de valor estabelecidas pelos outros, elas ficarão bem. Mas quando não recebem uma aceitação incondicional, podem ter problemas e ficar aflitas. Elas podem começar a buscar a *aceitação condicional* dos outros, porque ainda não experimentaram a sua própria *aceitação incondicional*.

Quando busca uma aceitação condicional, a pessoa vive em uma espécie de mentira, adotando uma abordagem da experiência com relação à vida confusa e indiferenciada. Se as experiências dessa pessoa são diferentes das experiências daqueles que a cercam, ela pode distorcer seus próprios pensamentos, sentimentos ou comportamentos a fim de se adequar às experiências dos outros. Ela pode andar por aí acreditando que, se pensar, sentir e se comportar de acordo com as pessoas a seu redor, obterá a consideração positiva que tanto deseja.

Mesmo que as pessoas não recebam uma aceitação incondicional, ainda assim têm esse sentido de individualidade e singularidade subjacente. Quando há uma desconexão ou uma inconsistência entre a experiência que você tem de si mesmo e aquela experiência de si mesmo que distorce para se adequar às visões dos outros, você está sendo *incongruente*. E isso envolve ter duas visões de si mesmo: o que você realmente é e como você acha que outros acham que você é. Rogers acreditava que no centro do mau ajustamento psicológico estava a incongruência entre sua experiência total e seu autoconceito distorcido. E tal incongruência o leva a se sentir afastado, desconectado e incompleto. Dessa forma, você só está vivendo parte de seu ser inteiro e, portanto, não está satisfazendo sua necessidade básica de experimentar, melhorar e expandir seu ser.

À medida que uma pessoa continua nesse caminho de meio-termo, pode se utilizar de diferentes mecanismos de defesa para manter sua atuação. Ela pode processar as informações de forma seletiva sobre si mesma, os outros e o mundo, de modo a não desequilibrar esse jogo. Por exemplo, muitas famílias têm um membro que é tido como a "ovelha negra", que acaba chamando a atenção. Às vezes essa pessoa pode deliberadamente fazer alguma coisa que vá no sentido oposto a fim de se manter na mesma linha de seu *self* atribuído pela família e à imagem que todos têm dela. Às vezes a pessoa pode se ater a esse plano com tanta rigidez, que acaba, na verdade, perdendo o contato com a realidade.

Reconectando-se na terapia

Um dos principais objetivos da terapia centrada na pessoa é ajudar os pacientes a se reintegrarem com as diferentes versões de si mesmos: como o paciente vê a si mesmo e como ele acha que os outros o veem. No centro desse processo está talvez a contribuição mais importante de Rogers à psicoterapia — a *consideração positiva incondicional*.

Isso envolve aceitar o paciente como uma pessoa sem julgar suas experiências, sentimentos, pensamentos ou comportamentos em um sentido moral. O terapeuta não vai querer repetir a experiência de invalidação pela qual o paciente provavelmente passou enquanto crescia ou que talvez ainda esteja vivenciando.

Os terapeutas que têm o foco na pessoa se comprometem com o que Rogers chamou de *reflexão* — comunicar ao paciente que eles estão escutando o que ele está dizendo e que estão tentando compreender de onde o paciente vem. Rogers enfatizava a *empatia precisa*. Os terapeutas que adotam esse conceito não impõem seus próprios entendimentos e estruturas às experiências que o paciente teve. Isso os ajuda a começarem a ver como distorceram suas próprias experiências sem que nenhuma nova distorção seja introduzida no que tange às expectativas do terapeuta.

O terapeuta o *reflete* de volta a você mesmo sendo atento e descrevendo a você o *self* que você está apresentando a ele. Durante esse processo, sua autoconsciência aumenta, e você começa a se ver de uma forma como nunca havia sido capaz de ver antes. O terapeuta centrado na pessoa atua como se fosse um espelho ou um *amplificador do self*.

LEMBRE-SE

Outra contribuição enorme feita por Rogers à psicoterapia foi a introdução de suas seis *condições necessárias e suficientes* que precisam estar presentes para que a terapia realmente ajude:

» Um relacionamento profissional, de respeito e aceitação, formado entre o cliente e o terapeuta.

» Uma disposição do paciente para ser vulnerável e experimentar sentimentos fortes, como a ansiedade, e a capacidade do terapeuta para motivar o paciente a buscar e se manter envolvido no relacionamento da terapia.

» Genuinidade — espera-se que o paciente seja ele mesmo, "livre e profundamente", sem distorcer como se sente ou o que pensa.

» Consideração positiva incondicional.

» Empatia precisa.

» Percepção de genuinidade — o terapeuta tem que ser uma pessoa real (com sentimentos, pensamentos e comportamentos próprios), e não somente uma pessoa que está desempenhando um papel, atuando ou fingindo para o bem do paciente.

A terapia rogeriana, ou centrada na pessoa, tem atuado por aí de uma forma ou de outra há cerca de 60 anos. A pergunta definitiva para qualquer forma de psicoterapia, intervenção psicológica ou medicação é se ela funciona ou não. As pesquisas acerca da eficácia da terapia centrada na pessoa normalmente investigam as condições específicas "necessárias e suficientes".

CAPÍTULO 17 Ser uma Pessoa Não É uma Tarefa Fácil...   353

A maior parte dos estudos, incluindo um conduzido por Beutler, Crago e Arezmendi, demonstrara que três das seis condições, a empatia, a genuinidade e a valorização (consideração positiva incondicional) são úteis, mas não necessárias ou suficientes (em si mesmas) para trazer uma mudança terapêutica. Ou seja, o terapeuta não precisa ter ou fazer essas coisas a fim de serem úteis. Orlinsky e Howard, contudo, descobriram que o acolhimento, a empatia e a genuinidade facilitam o processo da terapia. Ou seja, a terapia pode ir um pouco melhor se o terapeuta criar essas condições. Nada indica que elas façam mal, então por que não?

Ficando em Paz Consigo Mesmo: A Terapia Existencial

Na década de 1960, o *Livro Tibetano dos Mortos* se tornou um sucesso entre os membros da contracultura (você sabe, os hippies). Esse livro é um manual de instrução budista para saber o que se deve fazer quando morrer — algo do tipo vá em direção à luz, não vá em direção à luz. O livro e seu assunto cativaram a imaginação de muita gente, como sempre parece acontecer com o tema da morte. A morte parece ter um efeito profundo na qualidade de nossa vida. Seja se uma pessoa esteja ela mesma tendo que encarar a morte ou se precisa lidar com a perda de alguém importante, a presença iminente da morte quase que invariavelmente provoca fortes emoções.

Um grupo de psicólogos da escola da *psicologia existencial* coloca a morte no centro do palco dentre as questões mais importantes a serem discutidas na psicoterapia. Além da morte, eles veem algumas questões (ansiedade, liberdade e escolha) como muito básicas para a existência humana e presentes no âmago de muito do que é chamado de *psicopatologia* (os problemas psicológicos). De certa forma, os existencialistas vão direto ao ponto no que diz respeito à terapia, colocando uma importância máxima em questões filosóficas profundas, tais como:

» Ansiedade

» Culpa

» Morte

» Tempo

» Transcendência

Por que toda essa fascinação sombria? Terapeutas existenciais como Rollo May (autor do famoso livro *Eros e Repressão – Amor e Vontade*, publicado em 1969 e com a primeira edição no Brasil em 1973, pela Editora Vozes) e Yrvin Yalom, professor emérito na Universidade de Stanford, compartilhavam uma perspectiva filosófica que estava profundamente insatisfeita com o foco de muito da psicanálise e de outras formas de terapia. Eles acreditavam que nossas questões mais importantes estavam sendo ignoradas, ou, no mínimo, tratadas indiretamente, por formas de terapia como a psicanálise e a terapia comportamental-cognitiva. Mais especificamente, eles viam a terapia comportamental (veja o Capítulo 16) como um exercício excessivamente estreito e técnico que não respeita as lutas com as quais a humanidade se depara. Eles queriam fazer terapia com uma pessoa real sentada à sua frente, analisando suas preocupações e suas questões mais profundas. Parece que eles não queriam se distrair com teorias e modelos que desumanizassem a terapia, que em seu cerne é um processo humano básico.

A terapia existencial é mais uma posição filosófica do que uma técnica específica. No entanto, ela oferece algumas contribuições únicas à técnica, assunto que discutirei mais à frente neste capítulo. Ao centro dessa filosofia está a premissa de que todos os seres humanos têm uma experiência essencial de "Eu sou". Essa experiência é nosso sentido básico de estar vivo e de esforço em direção ao ser.

Se você em algum momento quiser enveredar por uma jornada pela obscuridade filosófica mais pesada com relação à questão do ser ou não ser, leia *O Ser e o Nada*, de Jean Paul Sartre. É como um manual de instruções de computador para a filosofia existencial.

Lidando com suas dificuldades: Morte, culpa e ansiedade

Todas as pessoas se esforçam para entender qual é seu verdadeiro sentido de ser, o verdadeiro sentido da existência ontológica. A *ontologia* é um ramo da filosofia que tem como preocupação determinar o que é real em nosso universo. Eu me sinto real. Tenho esperanças de que você também se sinta real. Se você e eu somos ambos reais, existe uma base comum para falarmos sobre o sentido da existência ontológica e do sentido de ser.

No entanto, sempre há uma pegadinha. Se deve haver um ser, também deve haver um não ser. A experiência definitiva do não ser é a morte. Quando uma pessoa encara a morte, a sua própria ou a de outra pessoa, ela vivencia uma ansiedade com relação ao pensamento de não ser, de não estar mais por aqui.

Ansiedade normal e neurótica

Os terapeutas existenciais tendem a focar nas diferenças entre uma ansiedade normal ou saudável de um paciente e aquela que eles chamam de ansiedade neurótica. A *ansiedade normal* se refere a quando lutamos para ser ou encaramos ameaças ao nosso próprio ser. Espere um minuto, ansiedade normal? Antes que eu começasse a aprender sobre a abordagem existencial, pensava que a ansiedade era uma coisa bem ruim. Ela pode nos fazer sentir bem mal e pode nos atrapalhar a fazer muitas coisas.

A ansiedade saudável é aquela que é adequada à situação e não está fora de controle. Portanto, a ansiedade saudável não precisa ser reprimida, porque ela é administrável e realista. Além de ser construtiva e útil. Se eu estou um pouco ansioso com relação a uma prova, posso simplesmente me sentar e estudar para que possa ser aprovado nela. Minha ansiedade pode me motivar. Muitas pessoas podem se relacionar com a ansiedade tendo ela como centro de muita coisa que fazem. "Sem problemas", dizem os existencialistas, contanto que sua ansiedade esteja trabalhando para você e não seja exagerada.

A *ansiedade neurótica* apresenta dois atributos que trabalham contra a realização do nosso ser e previnem que nos envolvamos plenamente no mundo que nos cerca:

- » **Ela é desproporcional à situação em que se encontra.** Temendo que possam reprovar, muitos estudantes universitários ficam perturbados e ansiosos quando têm de fazer provas importantes. Para muitas pessoas, reprovar em uma prova é um problema muito grande. Mas tudo bem ficar ansioso com a prova, contanto que não se perca o controle da situação. A ansiedade se torna um problema quando ela se mostra desproporcional à situação. Se você está tão ansioso que pensa que vai morrer se fracassar, definitivamente essa ansiedade se tornou um problema e, em termos existenciais, ela está desequilibrada.

- » **É destrutiva.** Continuando com o exemplo da prova, toda aquela ansiedade pode fazer com que os alunos fiquem fisicamente doentes. Se eles estiverem doentes, não conseguem estudar. E se eles não estudam, reprovam. Sua ansiedade foi contraprodutiva. A ansiedade neurótica deve ser tolerada quando aparece, mas deve ser eliminada o máximo possível. As pessoas também tendem a reprimir, ou "relegar", a ansiedade neurótica ao inconsciente, numa tentativa de lidar com ela. A ansiedade é algo doloroso, e quando alguma coisa é dolorosa, há uma tentativa de esquecer sua existência.

Culpa normal e culpa neurótica

Tal como a ansiedade, a culpa é um fenômeno existencial fundamental. A culpa é um conceito importante em nossa sociedade, e provavelmente em muitas outras também. Os existencialistas não são padres que buscam absolver seus pacientes da culpa, em vez disso, ajudam seus pacientes a focar nas questões sobre a culpa, à medida que entram em contato com a experiência plena do ser.

A culpa pode ser normal ou neurótica. A *culpa normal* surge a partir de duas situações:

» **Ao fracassar em ter um comportamento ético adequado:** Esse tipo de culpa aparece quando você realmente faz algo que seja errado de acordo com os padrões morais e éticos propriamente seus e de seu grupo social. A culpa é uma emoção normal e saudável.

» **Ao fracassar na tentativa de viver de acordo com suas próprias expectativas:** Essa é muitas vezes minimizada na psicoterapia. Com alguma frequência, os indivíduos falam sobre decepcionar as outras pessoas. Muitas pessoas realmente vêm para a terapia porque decepcionaram alguém por meio da infidelidade, abusos físicos, e assim por diante. Mas e seus próprios padrões para você mesmo? Como você se sente quando decepciona a si mesmo? Culpado!

A *culpa neurótica* é aquela que vem de suas mais temidas fantasias de ter causado dano a uma pessoa sem que isso tenha na verdade ocorrido. Você tem medo de dizer a alguém o que realmente pensa por medo de ferir seus sentimentos? Isso é legal de sua parte. Você tem medo de ter ferido os sentimentos de alguém mesmo quando tem a certeza de que não o fez? Isso é *transgressão fantasiosa* — um trespasse imaginário de algo que nunca aconteceu.

Estar no aqui e agora: Tempo e transcendência

Quando eu penso no conceito de *ser*, sempre penso em cafeterias repletas de fumaça com poetas beatniks usando cavanhaque, boina e óculos escuros, contestadores da moral vigente e dos valores tradicionais, esguichando poesia sobre a nobreza da barata.

Elas estão vivas, cara!

Suas patas são tão curtas que nada podem fazer a não ser mantê-las no chão.

Fogem por aí com entusiasmo e fervor, nunca se preocupando com dinheiro ou orgulho.

Apenas buscam a próxima refeição.

Desculpem, não consegui me conter, mas meu pequeno poema existencial realmente ilustra a ideia de que há uma legitimidade na simplicidade de uma barata. Elas parecem estar focadas no que realmente importa, e para elas é a comida. Elas não estão distraídas pela culpa ou pela angústia neurótica. Elas são o que os terapeutas existenciais chamam de *estar no mundo*.

Os terapeutas existenciais trabalham com afinco para compreender a experiência de seus pacientes e como eles conseguem "estar no mundo". Existem três níveis importantes desse estar:

- » **Umwelt (Mundo Físico):** Estar em meio ou dentro do ambiente de uma pessoa e no mundo externo dos objetos e das coisas
- » **Mitwelt (Mundo Relacional):** Estar no âmbito do mundo social de uma pessoa
- » **Eigenwelt (Mundo Próprio):** Relacionar-se consigo mesmo

O ser é maximizado quando as pessoas estão em contato com cada um desses níveis em um grau suficiente, envolvendo-se com cada nível sem a ansiedade ou a culpa neurótica (veja a seção anterior para saber mais sobre a ansiedade e a culpa). Lembre-se da barata — ela não sente culpa, cara!

O estar no mundo inclui vivenciar o tempo. O *tempo* é um acontecimento absoluto da vida. É uma atribuição existencial. O tempo passa, você tentando ou não resistir a ele. A chave para isso, do ponto de vista dos existencialistas, seria as pessoas aprenderem a viver no presente e no futuro imediato. Elas não deveriam perder seu tempo se preocupando com o passado. Elas deveriam comprometer-se com o presente, percebendo que o tempo só se move em direção de sua inevitável morte e que a vida é o que fazemos dela. Faça alguma coisa da vida ou ela o fará por você, acho eu.

Outra questão existencial importante que serve como pano de fundo para a verdadeira prática da psicoterapia existencial é o conceito de transcendência. Se você não estava deprimido antes de começar a ler este capítulo, pode ser que fique agora. Toda essa conversa sobre morte, tempo, ansiedade e culpa não é muito divertida. Mas nem tudo está perdido. Os existencialistas veem uma saída para tudo isso. A *transcendência* envolve o tentar entender nosso ser. É o ato de viver a própria vida, sem ficar excessivamente ansioso ou doente, e aspirando transcender o passado e crescer em direção ao futuro.

DICA

A imaginação humana e a capacidade de pensar abstratamente são ferramentas poderosas nessa luta cósmica. *Abstrair* alguma coisa é remover ou extrair algo dela. Uma pessoa leva a si mesma para além dos limites de sua situação imediata com sua capacidade para pensar ou imaginar a si mesma fora desses limites. A capacidade que um indivíduo tem de se separar pensando criativamente cria uma espécie de espaço psicológico. Ele consegue visualizar as possibilidades. Enquanto uma pessoa é capaz de imaginar alternativas e outras possibilidades, pode continuar a se empenhar em direção ao ser. Esse poder é vital para o conceito existencial de liberdade. Isso também soa para mim como esperança.

SENDO FLEXÍVEL COM SEU TEMPO

Uma historinha rápida: minha esposa e eu fomos a Paris, na França, para ver algumas pinturas. Fomos ao museu de Salvador Dali dar uma olhada na *Persistência da Memória* e em alguns de seus outros trabalhos. Ao chegarmos, vimos que a pintura não estava lá! Ela estava em uma galeria em St. Petersburg, na Flórida. Não conseguíamos acreditar. St. Petersburg? Fala sério!

De qualquer forma, minha fascinação por essa pintura vem da representação do tempo feita por Dali utilizando relógios que pareciam se derreter por sobre diferentes objetos, da mesma forma que você costuma jogar roupas sujas sobre as costas das cadeiras. Eu não sou crítico de arte, mas a interpretei como um símbolo da flexibilidade do tempo — ele não é frágil, não se quebra, somente se flexiona. O tempo se desdobra por todas as coisas, nada escapa a ele. Bem, Sr. Dali, provavelmente os existencialistas teriam concordado com o senhor.

Encarando a liberdade, o isolamento e a falta de sentido

Como se não bastasse tratar da ansiedade e da culpa, a terapia existencial também toma para si a luta do paciente com mais outras quatro questões existenciais: a morte, a liberdade, o isolamento e a falta de sentido. Logo quando você pensou que tinha escapado de uma discussão sobre a *morte*, ela retorna. Na terapia enfatiza-se que a psicopatologia e os problemas do viver são o resultado da incapacidade de o paciente transcender a ideia de morte. Não há escapatória para isso. Você está em conflito — você quer viver, mas sabe que vai morrer. Saber que vai morrer pode levá-lo ao desespero. Você pode pensar: "Se eu vou morrer, por que deveria tentar?". A terapia existencial ajuda os pacientes a encarar o acontecimento da morte sem desespero.

LEMBRE-SE

Depois de trabalhar em prisões e penitenciárias, comecei realmente a valorizar uma coisa — minha liberdade. Os psicólogos existencialistas enfatizam a importância do conceito de *liberdade* na vida de um paciente. Eles não acreditam que alguma estrutura absoluta do universo esteja esperando para ser descoberta. A humanidade constrói a estrutura à medida que toma forma. Para algumas pessoas, a liberdade parece um fardo pesado. A liberdade requer que as pessoas assumam a responsabilidade por todas as suas ações, e isso significa que elas não têm ninguém além delas mesmas para culpar quando as coisas não dão certo. A parte boa disso: elas também recebem todo o crédito quando as coisas dão certo!

Só para o caso de você estar pensando que poderia fazer uma pausa dos existencialistas e não ter que encarar cada pequeno acontecimento ruim de sua vida, eles enviam o *isolamento* para ajudar a compor o cenário. Muitas pessoas encontram um abrigo para a dureza do mundo no companheirismo. Em seu âmago, as pessoas percebem que estão essencialmente sozinhas e que morrerão sozinhas. Os indivíduos tentam superar esse fato tentando se *associar* a outras pessoas. Quando uma pessoa tenta uma associação ao extremo, acaba por se envolver em uma forma de se relacionar desonesta, usando as pessoas como meios para um fim (acabando com o isolamento). Quando a identidade de uma pessoa é muito dependente dos outros, ela pode se sentir como se não existisse sem a outra pessoa. Ela anseia por reconhecimento. "Saia dessa!", diriam os existencialistas. "Você está só, e não há nada que possa fazer quanto a isso!"

Qual é o significado da vida? Não vá a um psicólogo existencialista com o intuito de responder a essa pergunta. Espera-se que cada pessoa crie seus próprios significados, que construa algo dessa massa de confusão sem sentido. Quando alguém usa sua vontade de uma forma adaptativa e criativa para construir um significado para si mesmo, está no caminho certo.

> Paciente: Já há algum tempo venho querendo conseguir um emprego novo, mas não consigo encontrar nada.
>
> Terapeuta: Você tem procurado?
>
> Paciente: Na verdade, não.
>
> Terapeuta: Então como pode dizer que não encontra nada se não está procurando? Você realmente quer outro emprego tanto assim a ponto de começar a procurar um?
>
> Paciente: Eu não sei. Eu acho que apenas gostaria de ser tratado com mais respeito em meu trabalho.
>
> Terapeuta: Então o que você realmente quer é respeito, não outro emprego.
>
> Paciente: Respeito é importante.
>
> Terapeuta: Para quem?
>
> Paciente: Respeito é importante para mim. Eu quero.

Depois que o paciente se conscientiza do que quer, o terapeuta o ajuda a remover qualquer obstáculo ou bloqueios à sua ação. O terapeuta também chama a atenção para o fato de que o paciente toma decisões todos os dias, até mesmo quando não se dá conta disso. Se você estiver no meio de seu próprio caminho, saia da frente. Aí vem o trem expresso existencialista: eu sou uma máquina de apoio, significado, encaradora de fatos existenciais e tomadora de decisões.

Livrando-se dos mecanismos de defesa

Você pode ter problemas quando você usa mecanismos de defesa para se proteger do que pode às vezes parecer como um abismo de verdade existencial. Às vezes você pode fazer o seguinte:

- » **Desenvolver um sentido inconsciente de ser especial ou onipotente a fim de afastar o desconhecido:** Irvin Yalon ressalta que esse tipo de desenvolvimento pode levar o indivíduo a ser egoísta ou paranoico. Certa vez conheci um homem que pensava que era Jesus Cristo. Eu lhe disse que tinha acabado de encontrar Jesus Cristo em uma sessão de terapia anterior, com outro paciente, e tinha bastante certeza de que só poderia haver um Jesus Cristo. Ele insistiu que era ele. Deve haver um vazio enorme e muita falta de sentido na vida desse paciente.

- » **Acreditar em um "salvador" definitivo:** Muita indulgência para com esse tipo de pensamento pode levar à dependência. Isso é algo inadmissível na terapia existencial. É uma forma de abandonar a responsabilidade e serve como uma desculpa frágil para não encarar os acontecimentos existenciais. Cara, os existencialistas não me deixam nem mesmo carregar por aí meu ursinho de pelúcia todo-poderoso, o Fofinho. Desculpa, Fofinho, eu acho que simplesmente vou ter que ir sozinho. Os existencialistas tiram a diversão de tudo.

Reivindicando a responsabilidade

Com toda essa conversa sobre o ser, você pode estar começando a se perguntar se os terapeutas existencialistas fazem outra coisa na vida além de filosofar. A terapia existencial traz questões essenciais para a terapia e as utiliza para orientar o foco do terapeuta durante o tratamento. Os terapeutas existenciais

- » Ajudam seus pacientes a agir com deliberação e responsabilidade diante dos acontecimentos existenciais.
- » Escutam sobre temáticas existencialistas e chamam a atenção dos pacientes para elas quando suspeitam que alguém as esteja camuflando sob um dilema trivial ou sintoma psicológico.
- » Investigam esses temas existenciais e chamam a atenção para as formas comprometidas ou mal adaptativas com as quais o paciente está lidando.
- » Definem a ajuda aos pacientes para que possam desenvolver comportamentos para lidar com esses temas de forma mais adaptativa.
- » Esperam que os pacientes criem suas próprias vidas e mundos por meio da ação e da escolha.
- » Esperam que os pacientes exercitem seu desejo de tomarem decisões sem serem muito impulsivos ou compulsivos.

Agir impulsiva e compulsivamente não são abordagens efetivas para se viver em um sentido existencial. Os enfoques efetivos são ações ponderadas, deliberadas e responsáveis, e as abordagens ativas são o que os existencialistas procuram.

Os existencialistas enfatizam a ação responsável sem a necessidade de deferir a alguém ao nosso redor para que tome nossas decisões. Devido a este fato, os terapeutas existenciais podem às vezes ser frustrantes para um paciente, porque se recusam a entrar em uma interação entre quem cuida e quem é cuidado.

DICA

Se você tiver problemas para "dominar" as circunstâncias de sua vida e aceitar as responsabilidades por elas, a terapia existencial pode ajudar. Ela inclui uma expectativa de ter a posse das próprias experiências, incluindo sentimentos, pensamentos e comportamentos. Uma forma de demonstrar essa posse é quando os pacientes aprendem a dizer *eu* no lugar de *você* quando falam sobre suas experiências. Dê uma olhada neste exemplo:

Paciente: Existem pessoas em sua vida que você ama, e quando elas o magoam, isso fica com você.

Terapeuta: Eu gostaria que você praticasse dizer *eu* no lugar de *você*. Por exemplo, em vez de dizer "Existem pessoas em sua vida", tente dizer "Há pessoas em minha vida que eu amo, e quando elas me magoam, isso fica comigo".

Paciente: Há pessoas em minha vida...

Terapeuta: Bom. Como isso faz com que você se sinta?

Paciente: Meio que faz você se sentir triste.

Terapeuta: Isso me deixa triste?

Paciente: Não, isso faz com que eu fique triste.

Terapeuta: Você fica triste.

Paciente: Sim.

Espero não ter pintado uma tela muito desoladora da terapia existencial. A verdade é que essa terapia é uma das mais otimistas que existem por aí. Pode não parecer assim em um primeiro momento, porque ela meio que funciona ao contrário. Em vez de usar a esperança a partir de coisas externas, como outras pessoas e forças supranaturais, aponta para o interior do paciente, ajudando-o a gerar esperança a partir de pequenas ações. Com cada passo que uma pessoa dá, ela está exercitando a esperança de que o chão não se abrirá debaixo de seus pés. É um salto de fé facilitada por meio da ação intencional. Ao levar os pacientes até os fundamentos da existência, os existencialistas lhes mostram como cada pensamento, sentimento e comportamento é um ato da vontade que demonstra a presença de seu ser — sua luta para existir e sobreviver.

> **NESTE CAPÍTULO**
>
> Vivendo sob pressão
>
> Mantendo a calma
>
> Ficando doente
>
> Sendo saudável
>
> Flexionando seus músculos mentais
>
> Mantendo-se positivo

Capítulo 18

Estresse, Doença, Crescimento e Força

Quando eu era universitário, conseguia ficar acordado a noite inteira estudando, fazer provas no dia seguinte e ainda ir trabalhar à noite como ajudante de garçom — sem nem sequer pensar em deixar de também sair com meus amigos mais à noite. Eu simplesmente conseguia ficar ligado indefinidamente. Quando entrei no mercado de trabalho, conseguia trabalhar como psicólogo penitenciário durante o dia, dar aulas à noite na escola comunitária e aplicar testes de deficiência mental nos finais de semana. Eu devo ter trabalhado nessa época mais de 100 horas por semana. Mas alguma coisa mudou à medida que fui ficando mais velho. Meu ritmo diminuiu. Eu não conseguia mais virar a noite. Trabalhar 100 horas por semana e manter cinco empregos simplesmente era algo que eu já não conseguia fazer. Com a idade também vieram outras responsabilidades e preferências sobre como gastar meu tempo.

A "vida" estava acontecendo ao meu redor e para mim, e finalmente conheci a doença do estresse, além dos desafios da vida cotidiana de maneiras novas e às vezes perturbadoras. Me vi então buscando fontes de energia, força, reposição de energia e reservas internas.

Então comecei a pensar que eu era um psicólogo e que a ciência psicológica provavelmente tem algo a dizer sobre essas questões. Esse campo de pesquisa estuda o estresse, a doença, como lidar com os problemas e a resiliência. Quem me dera poder dizer que ler sobre esses assuntos na literatura psicológica me deu tudo de que eu precisava para corrigir a mim mesmo, mas não foi isso o que aconteceu. Contudo, com certeza a ciência psicológica oferece uma grande quantidade de informações sobre esses temas.

Neste capítulo apresento os conceitos de estresse e enfrentamento, além do campo da psicologia da saúde, em franco crescimento, para descrever as abordagens psicológicas do estresse, da doença, de como lidar com os problemas e da resiliência e força psicológica humana.

Estressando-se

Todos os anos, por volta da mesma época, eu fico doente. A coisa nunca falha. Quando chega outubro, pego um resfriado. Será o clima? Será uma maldição cósmica? Em algum momento eu fiz uma conexão entre ficar doente e o estresse. Na escola era o estresse das provas de meio do ano. Agora é o estresse das festas de fim de ano. Todo o mundo se estressa com coisas diferentes, e às vezes o estresse faz com que as pessoas fiquem fisicamente doentes.

Os psicólogos vêm trabalhando arduamente ao longo dos anos para descobrir o que desencadeia o estresse. Mais ou menos nos últimos 20 anos, eles começaram a usar seu conhecimento do comportamento humano e dos processos mentais para aprender mais sobre o que faz com que as pessoas fiquem doentes e como elas lidam com a doença.

O que é o *estresse*? Quando a maioria das pessoas fala sobre estresse, se refere a coisas ou acontecimentos que causam preocupação, ansiedade e tensão — trabalho, dinheiro, contas, filhos, patrões, e assim por diante. As pressões e o ritmo da vida moderna parecem extrair o melhor da maioria das pessoas em algum momento. Muitas vezes, até mesmo os equipamentos eletrônicos que as pessoas compram para tornar a vida mais fácil acabam por complicar as coisas. O estresse pode ser definido como a experiência subjetiva de uma pessoa estar se sentindo sobrecarregada, oprimida ou exaurida.

Propondo maneiras de pensar sobre o estresse

As definições formais sobre o estresse vão desde descrições de reações corporais até diferentes formas de se pensar sobre o estresse. Em seu livro de 1997, *Stress and Health: Biological and Psychological Interactions* (Estresse e Saúde: Interações Biológicas e Psicológicas), William Lavallo definiu o estresse como uma tensão corporal ou mental que tira as pessoas de seu equilíbrio, seja fisicamente ou mentalmente. Inversamente, quando uma pessoa tem *equilíbrio*, está o mantendo entre o mundo externo e o seu mundo interno. Em 1939, Walter Cannon, um fisiologista norte-americano da Escola de Medicina de Harvard, chamou esse conceito de *homeostase*. Assim, basicamente, as pessoas ficam estressadas quando estão fora de seu equilíbrio homeostático.

Hans Selye, um endocrinologista na Universidade de Montreal, indicado ao Prêmio Nobel, elaborou uma das teorias mais famosas sobre o estresse. Sua teoria se baseava em algo que ele chamou de *síndrome da adaptação geral (SAG)*. A ideia é a de que quando alguém é confrontado com algo que o ameaça, seja a seu equilíbrio físico ou mental, é submetido a uma série de alterações:

» **Alerta:** A reação inicial ao causador de estresse. O cérebro e os hormônios são ativados a fim de prover o corpo com a energia necessária para responder ao elemento que está provocando o estresse.

» **Resistência:** A ativação do sistema do corpo mais apropriado para lidar com o fator causador do estresse, ou estressor. Se este requer que você corra — caso esteja sendo perseguido por um bando de cães selvagens —, então seu sistema nervoso e seus hormônios garantem que você receba um bom bombeamento de sangue nas pernas para executar essa tarefa. Além disso, uma energia adicional chega até seu coração para que ele possa bombear o sangue mais rápido. É um sistema maravilhosamente projetado.

» **Exaustão:** O estágio final. Se o sistema corporal ativado na etapa da resistência consegue que a tarefa seja executada, sua viagem pela avenida SAG termina. Se o fator de estresse perdura, você entra no estágio final. Quando você está exausto, seu corpo não é mais capaz de resistir ao estresse e fica vulnerável à doença e ao colapso.

Não é só o corpo que trabalha quando você está estressado. Inúmeras respostas cognitivas (do pensamento) e emocionais também estão trabalhando. Arnold Lazarus, um psicólogo sul-africano conhecido por seu trabalho em terapia comportamental, afirma que o indivíduo passa por um processo de análise emocional durante os momentos de estresse. É quase como ter um pequeno psicólogo dentro de sua cabeça. Você pede a si mesmo que determine o significado presente do problema e sua importância para o futuro. Como esse estresse funciona? Você faz duas importantes *apreciações* ou avaliações — conhecidas como *apreciações primárias* e *secundárias*.

LEMBRE-SE

Na maioria das situações de estresse, alguma coisa importante está em jogo, ou ao menos você pensa que está, senão não se estressaria com isso. A avaliação do que está em jogo é a apreciação primária da situação. Nesta etapa, as situações são classificadas em uma destas três categorias:

- **Ameaça:** Um exemplo de uma situação ameaçadora é uma situação que exige uma resposta. Se eu estou na fila de um supermercado e alguém entra na minha frente, não sou forçado a reagir. Mas se um cara me pega pela camisa e ameaça me chutar se eu não deixar que ele entre na minha frente, tenho que reagir de uma maneira ou de outra. Tal como correr!

- **Perdas e danos:** Uma situação de perdas e danos pode envolver se machucar de alguma maneira — fisicamente, mentalmente ou emocionalmente. Um golpe em meu orgulho pode ser visto como uma situação de perdas e danos. É relativo.

- **Desafio:** Eu também posso olhar bem nos olhos de uma pessoa ameaçadora e perceber a ameaça como um desafio. Em vez de ver a situação em termos de perigo, posso vê-la como uma oportunidade para pôr em prática aquelas aulas de judô que venho frequentando.

Após compreender o que está em jogo, faço um balanço dos recursos de que disponho para lidar com a situação. Esta é a apreciação secundária. Eu posso dar uma olhada em minha experiência anterior neste tipo de situação. O que eu fiz quando isso aconteceu antes, e qual foi o resultado dessa atitude? A maioria das pessoas também dá uma olhada em como se sentem sobre si mesmas. Se você vê a si mesmo como uma pessoa capaz, então é provável que fique menos estressado do que alguém que tenha uma visão diminuída de suas capacidades.

O estresse pode ser visto como algo além da situação presente, pois a reação da pessoa depende de como ela vê o fator de estresse. O estresse não é uma situação, é uma consequência de como interagem uma situação e a reação da pessoa àquela situação. Posso reagir de maneiras diferentes a uma mesma situação. Por exemplo, se sou chamado para bater um pênalti em uma final de Copa do Mundo, eu poderia ficar muito estressado, porque tenho pavor de fracassar e entregar o jogo perdendo na prorrogação. Ou eu poderia olhar para a situação com entusiasmo, porque tenho a chance de chutar na última oportunidade e ganhar a partida. A situação não mudou, mas minha reação a ela sim. Uma leva a uma experiência de estresse, e a outra não.

O estresse também pode ser o produto do quanto de controle uma pessoa acha que tem sobre os acontecimentos e as situações. O estresse surge quando as pessoas não dispõem de uma resposta adequada a uma situação, e as consequências do fracasso são importantes. Ver a si mesmo como tendo pouco ou nenhum controle pode acarretar consequências psicológicas e físicas negativas.

Por outro lado, sentir-se como o "senhor de seus domínios" pode ajudar a manter o estresse a distância. Me lembro de um desenho animado de minha infância chamado *He-man*. O He-man tinha uma frase que gritava quando estava se preparando para sair e mandar ver: "Eu tenho a força!". Seria bom se eu pudesse simplesmente gritar algo parecido com isso e dessa forma estivesse preparado para dominar o mundo. Em 1982, George Mandler, professor emérito na Universidade da Califórnia, em San Diego, definiu o *domínio* como o pensamento ou a percepção de que as coisas no ambiente de um indivíduo podem ser controladas por ele. Para mim, parece um pouco como a frase do He-man.

Destacando os tipos de estresse

Então o estresse não é apenas uma situação. É um processo de enfrentamento e resultado de como você pensa e se sente a respeito de uma situação. Isso explica por que alguns estímulos são fatores de estresse e outros não, e por que algumas pessoas se estressam com determinadas coisas que não afetam outras pessoas. Contudo, algumas situações são bastante estressantes para quase todos. Aqui estão algumas coisas que a maioria das pessoas acha estressante:

» **Fatores de estresse extremos:** Eventos que acontecem raramente e que têm um impacto grave e dramático na rotina e no acesso à normalidade, como desastres naturais, desastres provocados por seres humanos (como um derramamento de óleo), guerras, terrorismo, migrações e ver outras pessoas se machucarem.

» **Fatores de estresse de desenvolvimento e psicossociais:** Eventos que acontecem à medida que você cresce e muda, incluindo o casamento, o nascimento dos filhos, educar crianças, cuidar de alguém doente e ser adolescente.

» **Fatores de estresse comuns:** Coisas com as quais você lida em sua vida cotidiana — a vida urbana, as chatices diárias (como dirigir para o trabalho), a pressão no trabalho e as tarefas domésticas.

Em 1967, os psicólogos Holmes e Rahe criaram uma lista de acontecimentos estressantes chamada de *escala de reajustamento social*. Eles escolheram diferentes fatos estressantes e atribuíram uma pontuação para cada um deles — quanto mais alto o valor, mais estressante era o acontecimento. E aqui estão os cinco primeiros:

Evento	Pontuação
Morte de um cônjuge	100
Divórcio	73
Separação conjugal	65
Sentença de prisão	63
Morte de um membro próximo da família	63

Se você estiver se perguntando quais são os cinco fatos estressantes que receberam a menor pontuação (em ordem descendente de estresse), foram os seguintes: mudança no número de encontros de família, mudança de hábitos alimentares, férias, Natal e pequenas violações na lei.

Ficando doente de tanto se preocupar

Eu já ouvi pessoas dizerem que rendem mais com o estresse ou que fazem seu trabalho melhor quando estão sob pressão. Entretanto, as pesquisas mostram que isso não é verdade para a maioria das pessoas. O estresse pode ter efeitos muito sérios sobre as pessoas, e normalmente, se você *realmente* trabalha bem sob pressão, você trabalhará ainda melhor quando não estiver sob pressão.

À medida que os pesquisadores aprendem mais sobre o estresse, um fenômeno psicológico e biológico, a conexão entre o estresse e a doença — tanto psicológica quanto física — se torna impossível de ser negada.

Psicológico

Uma das mais bem conhecidas consequências psicológicas de exposição a um estresse extremo é o *transtorno de estresse pós-traumático (TEPT)*. O TEPT pode ocorrer quando uma pessoa é exposta a uma situação de ameaça à sua vida ou uma situação que possa envolver um dano grave. Guerras, acidentes de carro ou avião, estupro e agressão física são todos exemplos de situações que podem causar TEPT. Os sintomas incluem entorpecimento emocional, culpa, insônia, concentração debilitada, evitar fatos e lembranças relacionados ao trauma, e excitação psicológica excessiva (hiperatividade decorrente do medo). Muitos veteranos da guerra do Vietnã e do Iraque voltaram para casa sofrendo de TEPT. Durante a I Guerra Mundial, o TEPT era chamado de *shell shock* (choque pós-guerra).

Alguma vez você já se perguntou como deve ser a vida de um bombeiro, um policial ou um médico de emergência? O que estou querendo dizer é que toda a morte e destruição que eles veem todos os dias há de ser estressante. E de acordo com as pesquisas é mesmo. Descobriu-se que as pessoas que têm ocupações muito estressantes correm maior risco de sofrer de *transtorno de estresse pós-traumático (TEPT) secundário*. Seus sintomas são exatamente como os do TEPT primário, mas em vez de quem está sofrendo encarar um fator de estresse de ameaça à vida ou danosa, são esses profissionais que recebem uma "exposição indireta" aos estressores. Em outras palavras, eles estão rodeados por pessoas expostas a situações de ameaça à vida ou danosas o tempo todo, e isso em algum momento terá um efeito ruim sobre eles. Pessoas que testemunham um acontecimento e sentem medo, horror ou se sentem impotentes podem estar correndo o risco de desenvolverem o TEPT secundário.

Físico

Hans Selye analisou as conexões entre o estresse, os problemas mentais, as dificuldades de ajustamento, os problemas físicos de saúde e a doença. Ele descobriu que as mesmas coisas que ajudam as pessoas a lidarem com o estresse às vezes levam a uma doença. Quando o corpo e a mente reagem ao estresse, as reações não diminuem imediatamente. Na verdade, quando Selye realizou experiências com pombos estressados, descobriu que muitos deles morreram após essas experiências, até mesmo se tivessem lidado bem com o estressor quando ele estava ativo. Selye identificou diversas condições que ele chamou de "doenças de adaptação", incluindo úlceras, pressão alta, acidentes cardiovasculares e "perturbações nervosas".

O que se descobriu, tomando como base não somente o trabalho de Selye, mas também de outros, é que o estresse pode levar a problemas de saúde físicos ou a várias formas de doenças. Uma ligação indireta entre estresse e problemas de saúde físicos pode envolver pessoas que se empenham em comportamentos potencialmente danosos fisicamente como um meio de lidar com o estresse. Muitas pessoas consomem bebidas alcoólicas quando estão estressadas. A bebida alcoólica pode causar danos à sua saúde, especialmente se você bebe e depois dirige. Outro comportamento perigoso muitas vezes associado ao estresse é fumar cada vez mais cigarros. Ouvi muitos pacientes falarem sobre fumar como uma forma de relaxar. Mas esse é um hábito nada saudável!

LEMBRE-SE

Outro vínculo entre o estresse e a doença física vem do novo e empolgante campo da *psiconeuroimunologia*, o estudo da conexão entre a psicologia e o sistema imunológico. Já há muito que os pesquisadores suspeitam que existe uma conexão entre os dois sistemas, e realmente há. Altos níveis de estresse e emoções intensas podem inibir o funcionamento do sistema nervoso. Não há um diagnóstico definido de todos os pormenores sobre como isso acontece, mas a suspeita é a de que o custo de como o corpo lida com as reações ao estresse é pago em parte pelo setor responsável pela imunidade.

Alguma vez você já ouviu falar sobre a reação de lutar ou fugir? Walter Cannon demonstrou que a exposição a um estresse extremo provoca nas pessoas a decisão sobre se sairão correndo ou se manterão firmes e lutarão. Isso soa um pouco animal, mas você também pode olhar para isso como uma escolha entre se afastar ou gritar com alguém. De qualquer maneira, essas ações protetivas requerem energia. Tanto discutir quanto correr de alguém pode ser cansativo! Então o cérebro envia sinais para o coração e para o sistema hormonal, que por sua vez aumentam a pressão. O coração acelera, a respiração fica mais rápida, e os níveis de açúcar no sangue se elevam. Quando essas mudanças ocorrem, todos os recursos vitais do corpo se dedicam a esse momento. Recursos de outras áreas são usados com o propósito imediato de lutar ou fugir.

UM RISCO PARA O CORAÇÃO

As pessoas com uma *personalidade de Tipo A* — um padrão de personalidade caracterizado por um esforço agressivo e persistente para atingir cada vez mais em cada vez menos tempo — são os verdadeiros batalhadores do mundo. São os executivos que constroem uma empresa milionária a partir do nada em apenas alguns anos, são os milionários viciados em trabalho e aquele estudante universitário hipercompetitivo impulsionado pela perfeição. As pessoas do Tipo A tendem a ser muito impacientes e veem quase tudo como urgente.

Você pode estar pensando: "E daí? Estas pessoas podem ser muito bem-sucedidas, não é mesmo?". Sim, mas elas também geralmente têm um risco mais alto de sofrerem de *doenças coronárias* — enrijecimento das artérias, angina e ataques do coração. Mas antes que você abandone a faculdade e transforme as caminhadas relaxantes na praia em seu trabalho de tempo integral, lembre-se de que o relacionamento entre as personalidades de Tipo A e o desenvolvimento das doenças cardíacas não é algo individualizado. A pesquisa mostra um aumento do risco, mas desenvolver esses tipos de problemas de saúde não é inevitável.

Um risco significa que essas pessoas precisam tomar precauções e estar conscientes dos fatores contribuintes e dos sinais de alerta. Leia sobre as doenças do coração, caso esteja preocupado; dê uma olhada em *Heart Disease For Dummies* (Wiley, 2004), do médico James M. Rippe. E se estiver realmente preocupado, marque uma consulta com seu médico de confiança.

Os hormônios que são disparados quando você está no modo de lutar ou fugir são a epinefrina e o cortisol — ambos têm efeitos imunossupressores. Se níveis mais altos do que o normal de epinefrina e cortisol estiverem presentes na corrente sanguínea, então o sistema imunológico também não funcionará. Se você pensar bem, acaba fazendo sentido. Se um urso estiver perseguindo você, provavelmente a última coisa em sua mente é uma preocupação em ficar gripado. Esqueça a gripe, você não vai pegar nenhuma gripe se um urso arrancar sua cabeça! Salve sua cabeça e poderá lidar com a gripe mais tarde.

Provavelmente você deve estar dizendo: "Sim, mas eu não fui perseguido por nenhum urso ao menos nos últimos cinco anos, então por que parece que eu ainda fico doente com o estresse?". Você fica doente pela mesma razão pela qual eu sempre ficava doente durante a semana de provas do meio do ano da faculdade. Vivemos em tempos estressantes! Mas não é o mesmo tipo de estresse como o que seria gerado por correr de ursos todos os dias. O estresse moderno é geralmente crônico e de baixo grau. Ele está sempre lá, corroendo o sistema imunológico de uma forma constante, porque o sistema de lutar ou fugir fica ligado em alerta mediano a maior parte do tempo. Então, em vez de ir de nenhum alerta (relaxado) para o alerta total (ataque de urso), a maioria das pessoas fica no alerta mediano (as chatices do dia a dia, o trabalho, as contas, os filhos, e assim por diante) o tempo todo. E lentamente desconta nas funções do sistema imunológico.

Parece que existe mesmo uma relação entre o estresse e doenças específicas. Fortes emoções negativas como a raiva, a hostilidade crônica e a ansiedade estão associadas à hipertensão, à úlcera, à artrite reumatoide, a dores de cabeça e à asma.

Enfrentar os Problemas Não É Brincadeira

Estresse, estresse e mais estresse — todo mundo tem. Então o que você e eu podemos fazer em relação a isso? Esta pergunta me traz para o conceito de *enfrentamento psicológico* (ou *coping*), a resposta a situações estressantes e perturbadoras. Às vezes as estratégias de enfrentamento que uma pessoa utiliza podem melhorar as coisas (como ficar mais saudável se exercitando), e às vezes podem piorar a situação (se a sua maneira de enfrentar a situação for acabar com seu salário jogando em um cassino). Existem muitas formas diferentes de se lidar com o estresse, algumas são boas e outras são ruins.

Apesar de uma habilidade ruim de lidar com os problemas poder levar a problemas, não ter nenhuma habilidade de enfrentamento pode levar a uma vulnerabilidade e, às vezes, a ainda mais problemas. É por isso que de vez em quando usar técnicas ruins para se lidar com os problemas é melhor do que não enfrentá-los.

Descobrindo como lidar com os problemas

A maioria dos psicólogos classifica os comportamentos de enfrentamento psicológico em duas grandes categorias: *processos de aproximação* e *processos de evitação*. O enfrentamento de aproximação é mais ativo do que seu primo de evitação, e os processos de aproximação se assemelham a um tipo de reação ao estresse de assumir responsabilidades.

LEMBRE-SE

As reações do enfrentamento de aproximação mais comuns incluem:

» **Análise lógica:** Olhar para uma situação o mais realisticamente possível

» **Reapreciação ou reenquadramento:** Olhar para a situação de uma perspectiva diferente e tentar ver o lado positivo das coisas

- **Aceitação das responsabilidades:** Assumir a responsabilidade da parte que lhe cabe na situação
- **Buscar orientação e apoio:** Pedir ajuda (veja a seção seguinte, "Encontrando recursos")
- **Resolução de problemas:** Elaborar alternativas, fazer uma escolha e avaliar os resultados
- **Reunir informações:** Recolher mais informações sobre os estressores de forma que possa lidar com eles mais facilmente

As estratégias de enfrentamento de evitação são menos ativas, e as formas de enfrentamento psicológico estão envolvidas de maneiras menos diretas. A seguir, as estratégias de enfrentamento de evitação mais comuns:

- **Negação:** Recusar-se a admitir que um problema existe
- **Fuga:** Evitar possíveis fontes de estresse
- **Distrações ou busca por recompensas alternativas:** Tentar obter satisfação em outros lugares, como assistir a um filme engraçado quando está se sentindo triste ou se envolver em atividades recreacionais no final de semana para compensar um emprego ruim
- **Descarga emocional ou válvula de escape:** Gritar, ficar deprimido, se preocupar
- **Sedação:** Entorpecer a si mesmo para poder ficar longe do estresse por meio das drogas, álcool, sexo, comer compulsivamente, e assim por diante

Encontrando recursos

O enfrentamento é mais do que as reações que uma pessoa tem ao estresse. A forma como um indivíduo enfrenta seus problemas também depende dos recursos disponíveis para ele. Afinal de contas, um bilionário que perde o emprego pode experimentar muito menos estresse do que um trabalhador diarista que fica desempregado de repente e que ganha R$ 90 por dia e tem uma família de cinco pessoas.

A resposta de uma pessoa ao estresse é uma reação complexa que depende de suas habilidades de enfrentamento, dos recursos presentes no ambiente em que vive e de seus recursos pessoais. Qualquer acontecimento com o qual uma pessoa se depara é influenciado pelas interações dos estressores já presentes na vida pessoal, os recursos sociais de enfrentamento, as características demográficas e seus recursos pessoais de enfrentamento psicológico. Além disso, as avaliações cognitivas sobre o estressor que uma pessoa faz influenciam sua saúde e seu bem-estar tanto de maneiras positivas quanto negativas.

Uma *abordagem integrativa* leva em consideração três fatores quando tenta prever o resultado para a saúde de um estressor em particular:

» Os recursos que um indivíduo possui antes do encontro com um fator de estresse ou um fato estressante

» O acontecimento em si

» A avaliação feita sobre o evento

A capacidade de um indivíduo de resistir ao estresse é chamada de *resiliência* — o resultado da interação entre os recursos sociais e individuais de uma pessoa e seus esforços de enfrentamento. Os recursos pessoais de enfrentamento psicológico incluem traços de personalidade estáveis, crenças e visões de vida que nos ajudam a enfrentar os problemas:

» **Autoeficácia:** Sua crença em si mesmo e de que consegue lidar com uma situação a partir de sua própria experiência

» **Otimismo:** Ter um olhar positivo sobre o futuro e esperar por resultados positivos

» *Locus* **de controle interno:** Sua convicção de que certas coisas estão dentro e não fora de seu controle

LEMBRE-SE

Um tipo de recurso do ambiente que é muito útil para o enfrentamento são os *recursos sociais*, que ajudam a lidar com os problemas por meio de apoio, informação e sugestões para a solução de problemas. Bons recursos sociais incluem família, amigos, outras pessoas que são significativas para nós, organizações religiosas e espirituais, e às vezes até mesmo colegas de trabalho e supervisores. Outros recursos provenientes do ambiente em que vivemos incluem dinheiro, moradia, serviços de saúde e transporte. Essas coisas podem fazer toda a diferença do mundo quando uma pessoa está tentando lidar com o estresse.

Indo Além do Estresse: A Psicologia da Saúde

Os psicólogos não param no cruzamento do estresse, da doença e do enfrentamento. Eles também estão tentando aplicar o que sabem sobre o comportamento humano e os processos mentais aos problemas de saúde em geral. Estão em busca de formas de manter as pessoas fisicamente bem e tentando descobrir como o comportamento delas contribui para as doenças. Os pesquisadores da psicologia trabalham no campo da *psicologia da saúde*, o estudo psicológico da saúde e da doença.

Os psicólogos da saúde trabalham em muitos tipos de ambientes, desde universidades (realizando pesquisas) até clínicas e hospitais, o que envolve o cuidado direto dos pacientes. Suas principais atividades incluem prevenir a doença, ajudar as pessoas e as famílias a lidarem com a doença e desenvolver programas de mudança de comportamento relacionados à saúde e à manutenção de um estilo de vida saudável.

Prevenindo doenças

Os psicólogos da saúde estão envolvidos em três tipos de prevenção de doenças:

» **Primárias:** Prevenir que uma doença ocorra em pessoas saudáveis. Entre os exemplos de programas de prevenção primária estão a imunização infantil, o uso de camisinha e as campanhas de conscientização sobre a AIDS.

» **Secundárias:** Focar na identificação e no tratamento precoce de uma doença ou enfermidade que esteja se desenvolvendo. Os programas de prevenção secundária incluem as campanhas de conscientização acerca do câncer de mama e a promoção de autoexames de câncer de testículos.

» **Terciárias:** Ajudar as pessoas a lidar com doenças que já se desenvolveram e prevenir que piorem. Os programas de prevenção terciária incluem ajudar as pessoas a reduzir a pressão alta, parar de fumar e tratar da obesidade.

Fazendo mudanças

ASSOCIAÇÃO LIVRE

Alguma vez você já seguiu uma resolução de Ano-novo de começar a fazer algo saudável — se exercitar com mais frequência, começar a fazer ioga, comer melhor, descansar mais ou usar o cinto de segurança? Por que não? Se você está sendo honesto, aposto que está pensando que é mais difícil do que você pensava. Reserve um minuto para pensar sobre o que o impede de fazer o que é mais saudável?

Um problema comum com relação ao comportamento ligado à saúde é o fato de as pessoas não se aterem à disciplina que elas sabem que é a correta. Parte desse problema pertence ao foro da *observância* — seja em seguir as recomendações de um médico e de um tratamento ou seus próprios planos relacionados à saúde. Mas, para começo de conversa, o que determina se alguém se envolve ou não em um comportamento de promoção da saúde? Algumas pessoas fazem parecer que é muito fácil. Vão regularmente à academia, comem corretamente de uma forma consistente e não fumam — nunca.

Algumas pessoas fazem mais coisas não saudáveis do que as outras por diversas razões. Para começar, muita gente não vai começar ou se ater a um comportamento relacionado à saúde se barreiras significativas estiverem em seu caminho. É muito fácil desistir se alguma coisa ou alguém dificulta isso. Talvez você não vá à academia porque é muito caro, ou não dorme o suficiente porque não tem um bom pijama. O dinheiro é uma barreira muito citada para impedir a adoção de comportamentos saudáveis. Outra razão pela qual as pessoas simplesmente *não fazem isso* é devido ao fato de que o comportamento relacionado à saúde pode eliminar algo que seja mais divertido ou necessário. Se eu for à academia, perderei meus programas de televisão. Se comer bem, terei que ir ao supermercado, e depois terei que cozinhar, e aí não conseguirei terminar nenhuma de minhas tarefas domésticas.

O compromisso com a mudança surge muitas vezes quando a pessoa acredita que pode fazer a diferença. Muitas pessoas têm uma atitude *fatalista* com relação à sua saúde física — a filosofia do tipo "você vai quando tiver que ir". Elas não veem seu comportamento como um contribuidor para a saúde e, portanto, não se preocupam em mudar.

LEMBRE-SE

Esse estado de espírito é também conhecido como tendo um *locus de controle externo* — pensar que o controle sobre alguma coisa está fora de si mesmo. Ter a crença de que o poder de mudar uma situação ou fato reside dentro de você mesmo, que está sob seu controle, é chamado de *locus de controle interno*. Quando alguém sente que pode controlar alguma coisa, é mais provável que ele se esforce e faça algo sobre isso.

RECEBENDO A MENSAGEM NA ERA DA INFORMAÇÃO

As pessoas gostam de chamar nosso tempo atual de "Era da Informação". Não há dúvida, há muita informação por aí. Às vezes o mundo parece sofrer de uma sobrecarga de informações. Com todos esses fatos, números e opiniões circulando, em quem e em quais informações você tende a acreditar? Aquelas campanhas contra o fumo realmente funcionam?

As campanhas da mídia normalmente só são eficazes quando informam as pessoas sobre alguma coisa de que elas ainda não sabiam. No entanto, agora quase todo mundo sabe que fumar faz mal à saúde. Mas nem sempre as pessoas souberam sobre os riscos para a saúde associados ao fumo, e quando essas informações finalmente se tornaram de conhecimento público, o número de fumantes decaiu. No entanto, muitas pessoas continuaram fumando, e um grande número de pessoas, na verdade, adotou esse hábito depois que os avisos começaram a circular por aí. E então, novamente, muitas pessoas têm a sensação de que a mídia dominante não é confiável. Já ouvi até mesmo pessoas dizerem que a noção de que fumar causa câncer é falsa.

CAPÍTULO 18 **Estresse, Doença, Crescimento e Força**   375

Depois de você ter mudado, seja por conta de recompensas externas ou por causa de sua crença de que você pode fazer a diferença, como você mantém essas modificações? É fácil parar de fumar, por exemplo, mas continuar sem fumar é outra história. Você pode manter um comprometimento para com um comportamento saudável primeiro analisando os prós e contras de mudar e não mudar. Sua capacidade de desenvolver um cálculo preciso depende de ter acesso a informações confiáveis. Mensagens de saúde confusas ou conflitantes não dão conta do recado.

Alguns fatores influenciam as tendências que as pessoas têm a ouvir e acreditar em uma fonte de informação em particular. A pesquisa sobre a *persuasão* — fazer com que alguém faça algo que não faria de sua própria vontade — supriu os psicólogos com muito do conhecimento que possuem na área das fontes de credibilidade. Em quem as pessoas acreditam?

Para que uma mensagem seja persuasiva, ela deve capturar sua atenção, ser fácil de ser entendida e ser aceitável, além de valer a pena. Você também tem que ser capaz de se lembrar dela. Se você não se lembrar da mensagem, o que importa o que ela diz? Argumentos persuasivos tendem a apresentar os dois lados de um assunto, fazendo com que eles próprios pareçam justos e imparciais. Mensagens que induzem ao medo funcionam melhor quando etapas possíveis são mencionadas com aquilo que assusta.

As decisões de adotar ou não um comportamento saudável se baseiam em muitos fatores, incluindo as crenças sobre o comportamento e seu locus de controle. Quando trabalhavam no serviço de saúde pública norte-americana na década de 1950, os pesquisadores Hochbaum, Rosenstock e Kegels elaboraram o *modelo de crenças em saúde* para demonstrar os processos psicológicos pelo qual uma pessoa passa quando toma decisões relacionadas à saúde. O modelo é baseado em crenças sobre o seguinte:

» **Severidade:** O quão séria a doença pode ficar se eu não fizer algo a respeito?

» **Suscetibilidade:** Qual a probabilidade de eu ficar doente se não me envolver em um comportamento saudável?

» **Custo-benefício:** O que eu ganho com isso e que vale a pena?

» **Eficácia:** O quão efetiva será minha tentativa de mudar? Não quero trabalhar por nada.

As respostas a essas perguntas desempenham um papel em determinar a probabilidade de que uma pessoa seguirá o caminho saudável. Se eu tiver altos índices de severidade, suscetibilidade, custo-benefício e eficácia, então a probabilidade de que eu escolha a opção saudável será alta. Senão, o caminho da saúde pode não parecer valer todo o sacrifício e esforço.

Intervindo

E qual é o próximo passo depois que você decide fazer algo sobre seu estilo de vida não saudável? O que você pode realmente fazer para manter esse processo? Um psicólogo da saúde ou outro profissional dessa área pode elaborar algumas *intervenções* que podem ajudá-lo a mudar e a manter essa mudança.

A *modificação do comportamento* é um método poderoso de mudança de comportamento. A forma mais básica, ainda que muito poderosa, de modificação de comportamento é usar punições e recompensas tanto para adotar quanto para não adotar um comportamento-alvo. Por exemplo, se eu me programar para correr três vezes por semana às 17h30, mas não cumprir isso, então terei que limpar a cozinha e o banheiro, além de lavar a roupa naquela noite. Se eu respeitar aquilo a que me propus, posso mimar a mim mesmo com um bom banho de imersão em um spa. O truque dessa técnica é convocar alguém para não permitir que você trapaceie em suas recompensas ou castigos. É provável que eu preferisse deixar a roupa de lado e ir direto para o spa, mesmo se não corresse. Um parceiro, neste caso, o ajudará a se manter honesto.

A *mudança cognitiva* é um processo pelo qual eu analiso mensagens mentais que mando para mim mesmo e que podem impedir que eu mude meu comportamento ou que o consiga manter. Todos têm *pensamentos automáticos* — pensamentos os quais as pessoas não percebem que estão automatizados vão direto para a mente em determinadas situações. Eu posso dizer para mim mesmo que realmente quero correr três vezes por semana, mas também posso ter o pensamento automático: "Você nunca fará isso, você nunca se atém a nada do que promete". Bem, só tenho que agradecer a mim mesmo pelo reforço positivo!

A boa notícia é que os pensamentos automáticos podem ser substituídos por autoafirmações positivas. É preciso muita prática e o encorajamento de outras pessoas para seguir esse processo, mas a conversão normalmente vale o trabalho que dá.

Esta seção começou a tratar apenas superficialmente da psicologia da saúde e dos problemas relacionados ao estresse, mas espero que esta visão geral do assunto aguce seu apetite por mais conhecimento sobre como viver uma vida menos estressante e mais saudável. Lembre-se de relaxar, acreditar em si mesmo e não evitar os problemas. E dê uma recompensa a você mesmo quando seguir esses conselhos.

Aproveitando o Poder da Positividade

Algumas pessoas criticam a psicologia como sendo "negativamente focada", concentrando-se na terapia, na patologia e nas deficiências de aprendizado, e dizem que ela está sempre tentando consertar as pessoas e os grupos. Bem, um grupo de psicólogos, no final da década de 1990 e início dos anos 2000, encabeçado pelos bem conhecidos psicólogos Martin Seligman e Mihaly Csikszentmihalyi, introduziu um ramo essencialmente novo na psicologia conhecido como *psicologia positiva*, que é definida como uma ciência da experiência subjetiva positiva, traços individuais positivos e instituições positivas, que melhoram a qualidade de vida e previnem patologias.

A psicologia positiva, como uma ciência do fortalecimento humano, abrange uma variedade de assuntos:

Inteligência emocional	Criatividade
Otimismo	Autoeficácia
Sabedoria	Compaixão
Gratidão	Altruísmo
Coragem	Resistência
Significado	Humor

Desde seu início, os programas de pesquisa levaram a psicologia positiva para o terreno dos negócios, esportes, para o âmbito militar e do estresse e da doença. Os militares buscaram a ajuda dos psicólogos positivos para aliviar o estresse e fortalecer a resistência de suas tropas. Pacientes com doenças terminais buscam ajuda para encontrar esperança e coragem perante a morte. Os profissionais da criatividade querem ser mais inovadores.

Um conceito organizacional na psicologia positiva é a ideia de um viver ao máximo, caracterizado por dois polos opostos de sucesso: *prosperar* e *retroceder*.

Prosperar (e seu oposto, *retroceder*) é sinônimo de uma saúde mental positiva em oposição a uma doença ou um transtorno mental. Imagine ir a um psicólogo para um check-up de saúde mental ou uma visita de bem-estar no lugar do tradicional foco do tipo "o que há de errado comigo?". Isso poderia acontecer uma vez por ano, da mesma maneira que as pessoas vão a um médico para o check-up anual — não porque elas estão doentes, mas simplesmente porque querem fazer um check-up. Pode-se chamar isso de um *check-up mental*. Ok, é verdade, preciso pensar melhor sobre esse nome, mas você entendeu o que quis dizer.

O psicólogo C. L. M. Keyes, professor de sociologia da Universidade Emory, em Atlanta, na Geórgia, identifica as seguintes dimensões de saúde mental/próspera:

» **Influência positiva:** Bem-estar emocional
» **Qualidade de vida declarada:** Satisfação com a vida
» **Autoaceitação:** Uma atitude positiva em relação a si mesmo
» **Crescimento pessoal:** Busca por desafios
» **Propósito de vida:** Significado

- **Domínio do ambiente:** A capacidade de selecionar, administrar e moldar o próprio ambiente
- **Autonomia:** Estar orientado por seus próprios padrões
- **Relacionamentos positivos com os outros:** Relacionamentos tranquilos e confiáveis
- **Aceitação social:** Uma atitude positiva para com os outros e as diferenças humanas
- **Atualização social:** Crença no potencial de crescimento das pessoas
- **Contribuição social:** Enxergar as atividades diárias de alguém como útil aos outros
- **Coerência social:** Interesse na sociedade e na vida social
- **Integração social:** Um sentido de pertencimento

A prosperidade, como conceito, é usada por alguns psicólogos na terapia como um guia para determinar objetivos mais abrangentes, mais orientados para o estilo de vida dos pacientes de terapia à medida que estabelecem objetivos de vida para si mesmos. Ela pode ser usada como uma métrica informal para o bem-estar do paciente, chamando a atenção tanto do terapeuta quanto do paciente para áreas que precisam ser melhoradas. Contudo, ela não é um componente formal da terapia e não é considerada como parte do diagnóstico formal. Ou seja, a terapia que foca na prosperidade, como oposta ao tratamento do transtorno mental, geralmente não recebe reembolso de terceiros, tal como seguradoras. A terapia profissional que é feita por um psicólogo não necessariamente focaria na prosperidade como um objetivo principal da terapia, mas poderia incluir um entrelaçamento dela e utilizar o conceito dentro da terapia para fornecer uma direção para o crescimento pessoal de um paciente, de uma maneira geral. Isso atravessa um pouco os domínios do *coaching de vida* ou do aconselhamento, papéis que os terapeutas geralmente não desempenham. Contudo, se um paciente pede esse serviço e o consente, entendendo o treinamento e o *expertise* do psicólogo com relação a isso, então o que acontece entre dois adultos, com consentimento mútuo, pode ser considerado como geralmente aceitável.

Desenvolvendo um Cérebro Biônico

Alguma coisa acontece comigo todos os dias por volta das duas horas da tarde. Depois de uma manhã movimentada escrevendo relatórios, atendendo em sessões de terapia, escrevendo e-mails, fazendo telefonemas, aplicando testes e outros afazeres de um psicólogo, "bato com a cabeça na parede". Ou seja, dou uma desacelerada, tenho dificuldades para me concentrar e fico muito menos produtivo. Após algumas leituras, percebi que talvez os níveis de glicose em meu cérebro estejam mais baixos a essa hora do dia e que meu cérebro não esteja trabalhando no seu máximo. Comecei a comer um pequeno lanche com uma proteína e a me hidratar um pouco mais, e isso parece me animar. Acho que tudo o que meu cérebro precisava era de uma ajudinha.

Os atletas treinam para ficar mais fortes, mais rápidos e mais ágeis. Os músicos praticam para tocar com maior fluidez e precisão. Mas, e se você quisesse se tornar mentalmente mais rápido, mais ágil, mais forte, mais preciso ou simplesmente claramente mais inteligente? Essa é uma área da psicologia conhecida como aprimoramento *cognitivo*, definido em 2008 pelos psicólogos Nick Bostrom e Anders Sandberg como a amplificação ou extensão das capacidades essenciais da mente por meio do aperfeiçoamento dos sistemas de processamento da informação externa.

Muitas formas de aprimoramento cognitivo estão sendo pesquisadas, e algumas já estão por aí há bastante tempo. Em essência, a educação é uma forma de aprimoramento cognitivo. Outras formas para adquiri-lo incluem o treinamento mental, os medicamentos, a estimulação magnética transcraniana (EMT), as técnicas de relaxamento, o neurofeedback e o biofeedback.

Algumas técnicas que estão sendo investigadas em animais (não em seres humanos) incluem processos de genética no pré-natal e perinatal, como a substituição de genes e a suplementação fetal em ratos.

Antes que você saia para comprar aquela coleção de DVD *Baby Einstein* para seu gênio nato, saiba que positivamente não existe nenhuma informação que sustente que qualquer programa do tipo "faça seu bebê ficar mais inteligente" tenha realmente tornado qualquer bebê mais inteligente.

Usando drogas inteligentes

Uma vez fiz uma apresentação fazendo avaliações de deficiências de aprendizado e psicológicas para uma universidade local e testemunhei algo interessante. Um grupo inteiro de estudantes estava realmente me procurando na esperança de que eu pudesse diagnosticá-los com TDAH! Não levou muito tempo até que eu descobrisse o porquê. Os médicos que trabalhavam no centro de saúde da universidade não prescreveriam nenhum psicoestimulante para um aluno sem um diagnóstico oficial de TDAH. Mas esses estudantes não estavam querendo ficar "chapados" com Ritalina ou Strattera, e não necessariamente estavam interessados em vender esses comprimidos. Mas estavam buscando estimular suas habilidades de atenção e concentração para que pudessem se sobressair academicamente.

Nestes tempos modernos, os medicamentos e a farmacologia são uma parte da vida ampla e integralmente aceita. Os medicamentos que são criados e usados para o aperfeiçoamento e/ou aprimoramento cognitivo e neuropsicológico são chamados de *nootrópicos*.

Muitas objeções éticas e morais existem com relação ao uso de medicamentos para melhorar o desempenho mental, e algumas pessoas os veem da mesma maneira que veem o uso de esteroides ou de medicamentos de intensificação de desempenho nos esportes; é trapaça. E isso é um grande debate. Mas, por um momento, considere que uma pessoa com uma deficiência de aprendizado, uma lesão cerebral, ou outro deficit cognitivo pudesse tomar um medicamento que melhorasse seu funcionamento mental. Seria isso muito diferente de tomar um medicamento para outros tipos de doenças?

O fato é que isso já está acontecendo — algumas vezes de formas explícitas, e muitas vezes de maneiras indiretas. Uma forma indireta de usar uma medicação para melhorar o raciocínio vem do uso de medicamentos antidepressivos. Qualquer pessoa que já tenha estado gravemente deprimida pode atestar que a doença vem junto com uma espécie de nebulosidade (algo que os profissionais chamam de *pseudodemência*) que acompanha o humor e os sentimentos depressivos de culpa e falta de prazer e motivação. Os antidepressivos ajudam a reduzir a nebulosidade cognitiva.

Os medicamentos que melhoram ou ao menos ajudam nos processos cognitivos incluem os seguintes:

- » **Estimulantes:** Usados para aumentar a atenção e a memória de curto prazo, incluem medicamentos como o Adderall, Venvanse, Atomoxetina (Strattera) e a boa e velha cafeína
- » **Colinérgicos:** Usados como medicamentos de reforço para a memória. Alguns exemplos são o Aricept e a maconha de uso medicinal
- » **Dopaminérgicos:** Usados para aumentar a atenção e o estado de alerta, e incluem medicamentos como o metilfenidato (Ritalina e Concerta) e o modafinil (Provigil)

Essa lista de medicamentos conhecidos ou suspeitos de serem nootrópicos é muito maior e passível de ser expandida. Contudo, devo chamar a atenção para o fato de que o número de prescrições desses medicamentos para propósitos nootrópicos reais é ainda bastante limitado. Parece que os médicos estão um pouco hesitantes em entrar na toca do coelho dos medicamentos indutores ou que ajudem no aprimoramento cognitivo.

Chegando aos limites do crânio

Assim como o treinamento mental, o neurofeedback, e os medicamentos que aumentam os processos cognitivos, também os aparelhos como os implantes cocleares, os computadores, os smartphones e até mesmo os lembretes de Post-it o fazem. O campo dos equipamentos tecnológicos que melhoram os processos cognitivos é conhecido em alguns círculos como *protética cognitiva* ou *neuroprotética*.

Muitos cientistas demonstram um incrível interesse nas promessas e possibilidades no campo da protética cognitiva. Alguns aparelhos razoavelmente bem estabelecidos já estão disponíveis, incluindo *equipamentos de produção da fala*, telefones celulares ou programas de computador de tecnologia móvel que "falam" por indivíduos que não podem ou não falam, programas de computador de auxílio à memória, e até mesmo GPS com ativador pela voz e programador de rota e sistemas de orientação.

Talvez uma das abordagens mais interessantes à protética cognitiva venha do trabalho feito com uma *interface computador-cérebro* no qual um computador externo e/ou aparelhos digitais são conectados ao cérebro e controlados diretamente pela atividade cerebral. Estudos revelam que, quando eletrodos são inseridos no cérebro de um primata ou de um ser humano, e até mesmo em pessoas com um dano neurológico bem profundo, elas conseguem controlar o cursor de um computador. Em um primeiro momento não parece grande coisa, mas pense: controlar a interface de um computador apenas pensando sobre isso é quase absoluta telepatia — e muito legal!

6

A Parte dos Dez

NESTA PARTE . . .

Faça um check-up mental e encontre muitas dicas para atingir e manter uma boa saúde psicológica.

Dê uma olhada em alguns dos maiores tratamentos que a sétima arte fez de todos os tipos de questões psicológicas espinhosas e fascinantes, desde *Psicose* até *Matrix*.

> **NESTE CAPÍTULO**
>
> Definindo "saudável"
>
> Aceitando a si mesmo
>
> Aderindo à mudança

Capítulo 19

Dez Dicas para Manter-se Psicologicamente Saudável

Não existe nenhuma fórmula mágica — e nenhum padrão — para ser uma pessoa psicologicamente saudável. Será que a saúde psicológica é simplesmente a ausência de doença ou de uma enfermidade mental? Se for assim, do ponto de vista psicológico, muitas pessoas são perfeitamente saudáveis. Será que a ausência de uma doença física é sinônimo de estar fisicamente saudável? Algumas pessoas acham que estar saudável é algo mais do que estar livre de doenças. Infelizmente, este capítulo não lhe dará todas as respostas para essas perguntas. Na verdade, provavelmente ele só encherá sua cabeça com mais perguntas.

Não é necessariamente trabalho dos psicólogos decidir sobre os valores de uma sociedade. Muitos cientistas acreditam que os valores estão além do âmbito da ciência, e que valores e costumes são coisas subjetivas e pessoais demais para serem reduzidas à análise científica. Mas alguns psicólogos acreditam que a saúde psicológica está tão próxima de um valor universal quanto qualquer outra coisa. Afinal de contas, quem não quer ser saudável?

A psicologia desvendou muito sobre o pensamento e o comportamento humano ao longo dos anos, e seria um desperdício não tentar aplicar um pouco desse conhecimento à jornada humana pelo bem-estar, felicidade e saúde. Mas concordo que os psicólogos podem estar ultrapassando seus limites quando defendem um conjunto específico de valores.

Porém, como disse uma vez um professor meu, "Essa é uma questão empírica, não é mesmo?". O que ele estava tentando dizer é que as opiniões podem ser avaliadas empiricamente, e uma opinião pode ser julgada com relação a outra desde que os critérios estabelecidos para a avaliação das opiniões estejam à disposição. Em outras palavras, os pesquisadores podem, na verdade, por meio da ciência psicológica, ser capazes de avaliar o que seja a "boa vida", desde que todos possam concordar com uma definição do que seria uma boa vida. Por exemplo, posso concordar que uma vida boa seja uma na qual minhas necessidades são satisfeitas sem muito esforço e que eu seja relativamente livre para fazer o que bem quiser. Com isso, os pesquisadores podem avaliar cientificamente as circunstâncias, os comportamentos e os processos de pensamento que levam a tais condições. Se os pesquisadores conseguirem estabelecer um padrão, podem investigar o que contribui ou não para que aquele padrão seja atingido.

LEMBRE-SE

Pelo fato de que este capítulo está dando dicas para a saúde psicológica, preciso fixar alguns critérios. Assim, aqui está: defino a saúde psicológica, de uma forma ampla, como uma vida com *condições excelentes*. Essa é uma posição segura, porque dessa forma os indivíduos conseguem puxar o significado de uma vida com condições excelentes para que se encaixe em seus próprios valores.

Meu uso da expressão uma vida com condições excelentes neste capítulo submete-se a uma visão *subjetiva* da saúde psicológica. Por anos, os psicólogos estudaram o conceito de *bem-estar subjetivo*. Esse conceito se relaciona a meu sentido de bem-estar e felicidade pessoal sem que se referencie às visões de nenhuma outra pessoa. Ele representa meus valores pessoais, e pode ou não estar em harmonia com os outros a meu redor.

Alguns filósofos já argumentaram que é moralmente preferível ter valores que correspondam aos valores dos outros ou, ao menos, que se tenha valores que não se sobreponham ou tenham efeitos nos valores de outros. Ater-se a um sistema de valores que não tenha um impacto nos valores dos outros é o tipo de abordagem "cada louco com sua mania".

Outra definição de saúde psicológica talvez seja mais objetiva. Essa definição defende que a saúde psicológica tem seu centro nos comportamentos e nos processos mentais que levam à capacidade que uma pessoa tem de se ajustar e funcionar bem na vida. Essa visão também pode carregar um certo grau de subjetividade. Por exemplo, você pode se ajustar muito bem à vida na prisão, mas esse ajustamento talvez envolva comportamentos que podem ser considerados nada saudáveis em outros contextos. No entanto, para a maioria das pessoas e sociedades, as normas para o bom ajustamento e funcionamento muitas vezes estão associadas à sobrevivência dentro das regras e dos limites que são geralmente aceitos em uma comunidade.

No mínimo, a saúde psicológica tem a ver com a capacidade de ser feliz. Nunca encontrei alguém que não quisesse ser feliz, mesmo que ser feliz para ele ou ela fosse ser miserável. Você não pode escapar ao desejo de ser feliz. Isso me faz lembrar de uma piada:

"Me bate, me bate!", diz o masoquista.

"Não!", diz o sádico.

Mas chega de filosofar, vamos partir para as sugestões práticas. As dez dicas seguintes para manter a saúde psicológica são todas igualmente importantes. Nenhuma é mais importante do que a outra, e é por isso que elas não estão numeradas.

Aceite-se

Muitos dos livros de psicologia do senso comum e autoajuda nos dizem para "amar a nós mesmos". E isso não é mesmo uma má ideia. Um desagrado muito grande consigo mesmo é muitas vezes associado a uma culpa, vergonha e depressão extremas. Não subestime o poder de acreditar em suas capacidades e de valorizar o ser único que você é.

Com frequência, as pessoas conduzem suas vidas sem autenticidade, definidas pelos outros, em seu empenho para serem aceitas. A autoaceitação é um ingrediente fundamental para a motivação e a emoção positiva, e aceitar a si mesmo pode até mesmo levar a mais aceitação por parte dos outros. No entanto, aceitar a si mesmo não é a mesma coisa que pensar que você é perfeito.

Lute pela Autodeterminação

Quando me sinto como o capitão de meu próprio barco, fico mais interessado na vida, mais entusiasmado por ela e mais confiante. Minhas motivações são uma mistura complexa das coisas que eu verdadeiramente quero para mim mesmo e as coisas que incorporei de pessoas que são significativas para mim ao longo dos anos.

Sentir como se eu tivesse o controle sobre as decisões que me afetam é essencial para minha saúde psicológica. Quando estou em ambientes controladores, penalizadores e dominadores, meu sentido de importância e liberdade sofre.

Algumas vezes você tem que se adaptar aos desejos e valores dos outros. Mas mesmo nessas situações você ainda pode preservar um sentido de autodeterminação se concordar, ainda que de leve, com aquilo a que está se adaptando. E se você quisesse pintar sua casa de roxo brilhante, mas a prefeitura não o deixasse fazer isso? Bem, se os funcionários da prefeitura puderem concordar com o lilás, então você provavelmente não se sentirá tão pressionado. Raramente é uma coisa boa (se é que isso acontece) se sentir obrigado a fazer algo com o qual não concordamos.

Mantenha-se Conectado e Cultive Relacionamentos

Às vezes a vida moderna parece solitária. Todo o mundo anda por aí correndo em seus carros ou fica vidrado na tela do computador o dia inteiro, isolados das outras pessoas e ocupados com os detalhes de suas próprias vidas. Muitas vezes eu senti que tinha que sacrificar a produtividade no trabalho para que pudesse socializar. Eu escuto as pessoas fazerem comentários similares o tempo todo: "Eu simplesmente não tenho tempo para os amigos e a família". Aqui vai uma dica: arranje tempo!

Nesses tempos de megacidades e supersubúrbios, pode ser difícil se manter próximo aos amigos e à família. A era das cidades pequenas cheias de famílias estendidas é algo que já quase não existe mais. As cidades pequenas ainda existem por aí, mas a maioria das pessoas não vive nelas. Apesar de todas essas condições, há um benefício em trabalhar para manter uma proximidade com as pessoas que importam. O enorme crescimento do uso dos telefones celulares, da internet e da mídia social pode refletir o desejo de ficar conectado e ao mesmo tempo ser uma tentativa de o fazer em um mundo fragmentado e de ritmo acelerado.

Ter amigos e família à sua volta é legal, mas só é uma coisa boa se esses relacionamentos são bons. Algumas pessoas não veem a hora de ir para o mais longe possível de determinadas pessoas. Sentir-se emocionalmente conectado e apoiado por seus relacionamentos é tão importante, se não mais importante, quanto a simples proximidade. As pessoas precisam de relacionamentos íntimos com os quais podem contar quando os tempos ficam difíceis. Elas precisam de parceiros românticos confiáveis que valorizem as mesmas coisas.

Aqui estão alguns outros conselhos para manter bons relacionamentos: pratique o perdão, seja tolerante, comunique-se com honestidade, se expresse, equilibre a independência com a dependência e aja com responsabilidade para com as outras pessoas — e alimente os valores, anseios, sentimentos e desejos delas.

Estenda uma Mão Amiga

Quando você se aproxima de outras pessoas que precisam, muitas vezes obtém um sentido de domínio sobre suas próprias circunstâncias, além de trabalhar para promover condições sociais positivas. Estender uma mão amiga ajuda os beneficiários e também ajuda os indivíduos que prestam a assistência. Sem mencionar que há uma boa dose de isenção fiscal nisso também. É isso aí, você só tem a ganhar.

Encontre um Significado e um Propósito e Trabalhe para Atingir Seus Objetivos

Sentir como se não houvesse sentido na vida é uma marca registrada da depressão. Um dos inconvenientes da sociedade moderna é o sentido de alienação que pode vir de trabalhar dia após dia e ter apenas o dia seguinte de trabalho e o próximo salário como recompensa.

É fundamental ter objetivos pessoais com um significado. As pesquisas têm descoberto consistentemente que o processo de trabalhar em direção a objetivos é tão importante quanto os objetivos em si. Às vezes os objetivos podem ser elevados demais, e as pessoas podem se decepcionar porque não conseguem alcançá-los. Isso derrota o propósito de estabelecer objetivos. É útil estabelecer objetivos realistas e com significado. Mas ter objetivos não é a mesma coisa que ser perfeccionista. Os perfeccionistas acabam se destinando ao fracasso, porque ninguém é perfeito. Ser um pouco amável consigo mesmo e compreender que você cometerá erros na vida faz parte de aceitar a si mesmo, e é bom para sua saúde psicológica.

Encontre a Esperança e Mantenha a Fé

As pesquisas têm demonstrado de forma coerente que ter um sentido profundo de fé espiritual pode ser uma medida protetiva para lidar com a perda, a doença e os transtornos psicológicos. Quando as coisas parecem sombrias, realmente ajuda ter um sentido de esperança e otimismo sobre o futuro e uma crença de que os objetivos serão, em algum momento, atingidos.

Ter uma *tendência à positividade* ajuda a superar o medo e a manter a motivação. Seguir essa tendência é algo como ver o mundo através de óculos cor-de-rosa. Os pessimistas podem alegar que estão mais conectados com a realidade, mas um pouco de ilusão positiva não faz mal.

Esteja Sintonizado e Comprometido

Os atletas profissionais falam sobre "estar em sintonia" quando têm um bom jogo. *Sintonia* é a experiência de se sentir inteiramente comprometido, envolvido, absorto e focado em uma atividade ou experiência. Viver uma vida feliz é uma questão de aprender a maximizar e controlar as experiências internas, a fim de se sentir harmoniosamente envolvido com a atividade por si só.

Uma vez ouvi um fragmento de sabedoria budista que dizia: se você está pensando em descansar enquanto está esfregando o chão, você não está experimentando a vida como ela é verdadeiramente. Quando você for esfregar, esfregue. Quando for descansar, descanse. Entre em sintonia com o mundo a seu redor!

Aprecie as Coisas Bonitas da Vida

A capacidade de apreciar a beleza é a *estética*. Há muita negatividade e coisas feias acontecendo no mundo — guerras, doenças, violência e degradação nos rodeiam. Bem deprimente, não é mesmo? Ser capaz de apreciar as coisas bonitas é uma graça que salva em um mundo que é, com tanta frequência, pouco atraente.

A experiência da beleza é pessoal e algo que ninguém pode definir para outra pessoa. Você pode ver a beleza em uma pintura famosa ou no sol brilhando por entre as nuvens. Quando vejo uma partida de futebol bem jogada, fico com os olhos cheios de lágrimas. "Isso é lindo, cara!" Snif, snif.

Até mesmo as coisas que são imperfeitas e incompletas podem ser bonitas, particularmente se você for um praticante da visão de vida "wabi-sabi", que vem do budismo. Finalmente, uma desculpa para não limpar a casa!

Esforce-se para Superar; Aprenda a Deixar Ir

Os desafios e adversidades são fatos inegáveis da vida. Ser capaz de lidar com os desafios de uma maneira eficaz é fundamental para manter o bem-estar psicológico e até mesmo o físico. Cada pessoa possui uma variedade de habilidades e técnicas que utiliza para lidar com o estresse e a adversidade. Aqui está o melhor conselho generalizado para lidar com a adversidade: lide ativamente com as situações sobre as quais você tem alguma medida de controle e lide de uma forma passiva com as situações sobre as quais você não tem controle.

O enfrentamento ativo envolve tomar atitudes para melhorar uma situação, tal como procurar um emprego quando você for demitido, em vez de apenas dizer: "Puxa...bom, acho que eu simplesmente não estava destinado a ter um emprego". Nas situações em que você tem um controle, como em muitos problemas relacionados à saúde, tomar uma atitude leva consequentemente a melhores resultados e a um melhor funcionamento psicológico.

O enfrentamento passivo envolve processos de aceitação psicológica e emocional. Quando uma pessoa que você ama morre, você pode andar por aí maltrapilho, tentando sufocar ou diminuir os sentimentos de perda ou tristeza. Mas em algum momento você terá que aceitar a realidade da situação. Aceitar a realidade quando não se pode mudá-la é um bom exemplo de enfrentamento passivo. O perdão é outro.

Não Tenha Medo de Mudar

Morihei Ueshiba, fundador da arte marcial do aikido, escreveu um livro chamado *A Arte da Paz*. Seu segredo para viver em paz era o princípio essencial do judô: siga o fluxo! Quando você é rígido e inflexível, é mais provável que experimente a resistência e se desgaste tentando manter sua postura. Quando você é flexível e está disposto a mudar um comportamento que não está funcionando, você se torna mais adaptável e mais bem ajustado. É preciso coragem para mudar o modo como age, mas isso é vital para sua saúde e seu bem-estar.

> **NESTE CAPÍTULO**
>
> Voando sobre o ninho do louco
>
> Encontrando-se com gente como a gente
>
> Temendo os impulsos primitivos

Capítulo 20

Dez Filmes Incríveis com um Olhar Psicológico

Quais serão os ingredientes que fazem um bom filme de cunho psicológico? É considerado filme psicológico aquele que trata diretamente de um assunto psicológico ou de um transtorno mental e/ou que se utiliza de conceitos psicológicos ou de um tema psicológico como parte de seu enredo.

Minha classificação para os filmes apresentados aqui se baseia em um sistema de cinco charutos. Sigmund Freud era um aficionado por charutos, e receber cinco charutos deveria ser uma coisa ótima para ele. Para nosso propósito aqui, cinco charutos é um ótimo filme, e um charuto é um filme psicológico ruim. Cada filme pode ganhar um charuto por cada um dos seguintes critérios:

- Representação precisa de um transtorno mental, além de fazer um retrato fiel de uma pessoa que sofra de um transtorno mental, incluindo sua experiência subjetiva
- Descrição precisa da estrutura, do processo e do funcionamento do tratamento de saúde mental, incluindo a psicoterapia e os medicamentos
- Apresentação interessante e instigante da ciência, pesquisa ou teoria psicológica
- Uso dos princípios e conhecimentos psicológicos necessários para que o público possa antecipar, predizer e entrar na mente dos personagens do filme

Um Estranho no Ninho

Um Estranho no Ninho foi lançado em 1975, baseado no livro homônimo de Ken Kesey. O filme, dirigido por Milos Forman, é estrelado por Jack Nicholson como Randle P. McMurphy, um homem que foi involuntariamente colocado em um hospital psiquiátrico.

O que faz desse filme um verdadeiro candidato ao Charuto de Ouro é a pergunta se o personagem de Jack Nicholson está realmente mentalmente doente. O filme é uma reflexão sobre o sistema de saúde mental durante o período em que o filme se passa e como o sistema era usado como um meio de controle social. Será que o personagem de Jack Nicholson é um doente mental ou ele é apenas uma pessoa irritante que tem problemas com autoridade? Não há dúvida de que ele contrasta e sacode o sistema toda vez que tem uma chance, mas isso faz dele um doente? Talvez ele somente tenha um verdadeiro entusiasmo pela vida.

Pela performance dos atores, reflexão social e dilema existencial, dou a esse filme cinco charutos! Definitivamente é um filme que você deve ver, e para ler mais sobre as discussões dos temas abordados pelo filme, dê uma olhada nas seções sobre medicamentos do Capítulo 3 e no Capítulo 13, sobre a psicologia da anormalidade.

Laranja Mecânica

Laranja Mecânica, baseado no livro de Anthony Burgess e dirigido por Stanley Kubrick, foi feito em 1971 e é estrelado por Malcolm McDowell como Alex DeLarge, um jovem problemático e delinquente. O personagem de McDowell e sua gangue de três amigos se envolvem em diversos crimes e trapaças, como brigar por aí, praticar vandalismos, matar aula e coisas desse tipo. Uma noite, roubam um carro e dão uma escapulida com ele. Eles cometem uma invasão horrível a uma casa, estuprando uma mulher e batendo de forma brutal no marido dela. McDowell é pego.

E é aí que a parte psicologicamente interessante começa. Esse personagem é colocado em um programa rigoroso de modificação de comportamento que utiliza uma técnica chamada de *adestramento de aversão*. Depois que o aprendizado acontece, toda vez que o personagem de McDowell é exposto à violência, ele fica violentamente doente. Assim, ele é compelido a evitar se envolver com violências para evitar ficar doente.

O filme parece apresentar uma série de questionamentos: será que queremos mesmo recorrer a esse tipo de tática para reabilitar nossos criminosos? Será que não estamos fazendo mais mal do que bem? O nível de violência em uma sociedade tem uma função de aversão coletiva a ela ou é mais uma questão do forte que faz do mais fraco uma presa?

Pela natureza macabra do filme e seu uso do behaviorismo, sem falar na reflexão social sobre a violência na sociedade, dou a esse filme cinco charutos! Para saber mais sobre a terapia comportamentalista, dê uma olhada no Capítulo 16.

Os 12 Macacos

Os Doze Macacos, dirigido por Terry Gilliam, lançado em 1995 e estrelado por Bruce Willis, Madeleine Stowe e Brad Pitt, acontece em um mundo pós-apocalíptico no qual Bruce Willis é enviado de volta no tempo para impedir quem quer que seja que espalhou um vírus que destruiu o mundo. O ponto psicológico crucial de *Os Doze Macacos* é a pergunta "O que é real?". Como podemos saber se alguém está realmente delirando ou não? Como podemos provar que Deus realmente fala com algumas pessoas? Willis e Stowe desenvolvem o que parece ser um transtorno mental chamado *folie à deux* (loucura a dois), uma fantasia ou delírio compartilhado por duas ou mais pessoas.

As atuações em *Os Doze Macacos* são maravilhosas. A interpretação de Brad Pitt de uma pessoa que sofre de esquizofrenia (dê uma olhada no Capítulo 13) é muito boa. O questionamento da realidade é um assunto mais complicado, mas *Os Doze Macacos* é espetacular. Cinco charutos para ele!

Gente como a Gente

Gente como a Gente (1980), dirigido por Robert Redford e estrelado por Timothy Hutton, Jud Hirsch, Donald Sutherland e Mary Tyler Moore, é sobre um adolescente que se recupera de uma depressão e de uma tentativa de suicídio após um acidente de barco que tirou a vida de seu irmão mais velho. Essa é uma história excelente sobre como a tristeza e a depressão podem ser coisas complexas, mas também sobre o quanto pode ser alcançado quando as coisas são levadas lentamente, tornando-as mais simples.

As interpretações são esplêndidas. A representação de um transtorno mental é excelente. Só um pequeno problema custou ao filme um charuto. Os psiquiatras raramente, se é que o fazem em algum momento, fazem psicoterapia nos dias de hoje. Os psicólogos, assistentes sociais e terapeutas familiares e de casal são aqueles que conduzem uma psicoterapia. Quatro charutos! Para saber mais sobre traumas, dê uma olhada no Capítulo 13.

Garota, Interrompida

Em *Garota, Interrompida*, um filme de 1999 dirigido por James Mangold, Winona Ryder interpreta o papel de uma jovem depressiva e com tendências suicidas que é internada em um hospital psiquiátrico. Ela reluta em ficar lá e resiste a muitos dos esforços dos funcionários para ajudá-la a "melhorar". O filme contrasta a vida e as aflições dos personagens como uma forma de demonstrar que as angústias dos suburbanos de classe média são fichinha se comparadas a outras doenças mais sérias. Mas, ao mesmo tempo, o filme não minimiza as dificuldades da personagem de Winona Ryder. Em vez disso, parece colocá-las em perspectiva. E a criação de uma nova perspectiva é exatamente o ponto de virada para o personagem: sua vida está simplesmente *interrompida*. Ela não vai deixar que sua vida acabe naquela instituição psiquiátrica devido a seu fracasso para lidar com seus problemas.

A moral da história é que a personagem de Winona Ryder teve um final feliz porque conseguiu sair dessa com vida meramente fazendo um desvio pela doença mental, mas sem fazer dela sua residência permanente. É uma história muito pessoal. É uma história sobre esperança e a dura realidade da vida de algumas pessoas (para saber mais sobre as "questões" da vida, dê uma olhada no Capítulo 17). Cinco charutos!

O Silêncio dos Inocentes

Esse foi o filme que fez com que todo o mundo quisesse sair e se juntar ao FBI para se tornar um analista de *perfis psicológicos*. Dirigido por Jonathan Demme, esse filme de 1991 estrelado por Jodie Foster e Anthony Hopkins é um suspense psicológico que leva o espectador para dentro da mente de um assassino em série. A personagem de Jodie Foster, Clarise Starling, é uma agente do FBI que tem que lidar com um famoso psiquiatra/assassino em série chamado Hannibal Lecter, interpretado por Anthony Hopkins. O filme se concentra na interação entre os dois e nos jogos psicológicos que fazem entre si a fim de obter o que ambos querem. O personagem de Hopkins brinca de médico com a psique da personagem de Jodie Foster, e esta pede a ele que olhe para dentro de si mesmo e use seu autoconhecimento para ajudá-la a capturar um outro assassino em série.

O ponto forte do filme não é tanto o modo como retrata um psiquiatra mentalmente doente, mas seu *insight* sobre como funciona a mente humana e como nos tornamos o que somos. A tragédia da infância da personagem de Jodie Foster faz com que seu destino seja ser uma analista de perfis psicológicos. A jornada pela transformação do assassino em série (Buffalo Bill) em seu verdadeiro *self* o conduz a assassinatos horrendos. A verdadeira anomalia é o personagem de Hopkins. Ele parece representar tanto os bons quanto os maus aspectos da psique humana. Ele ajuda a personagem de Jodie Foster, tanto como consultor quanto como agente de cura, mas também demonstra muita depravação e uma insanidade demoníaca por meio de seus assassinatos. É como se ele fosse aquele que tanto dá quanto tira a vida. Seu poderoso conhecimento da mente humana o transforma facilmente em uma ferramenta de assassinato.

Hannibal Lecter representa o que muitos de nós tememos — que aqueles em quem confiamos que nos ajudarão também possam nos machucar. Cinco charutos!

Sybil

Sally Field estrela este clássico filme para a televisão de 1976, dirigido por Daniel Petrie, sobre o transtorno dissociativo de identidade (originalmente denominado de transtorno de personalidade múltipla). Sybil, personagem de Sally Field, é uma jovem reclusa que parece tímida e tranquila, mas sob essa superfície se agita um caótico emaranhado de personalidades totalmente fora de controle. Ela acaba aos cuidados de um médico que começa a tratá-la como tendo transtorno dissociativo de identidade.

As cenas nas quais Sally Field e seu médico estão na terapia são muito dramáticas e perturbadoras. Elas são intensas! A interpretação de Sally Field é muito poderosa. Na verdade, é muito difícil assistir a alguém agindo de maneira tão estranha. Leva um dez por "deixá-lo de cabelo em pé". Me dá calafrios!

À medida que Sybil está no troca-troca de personalidades, o terapeuta começa a compreender como a personagem de Sally Field pôde ter ficado tão doente.

Essa personagem foi terrivelmente abusada sexual e fisicamente quando era criança. O filme apresenta a ideia profissionalmente famosa de que o transtorno dissociativo de identidade é o resultado de uma personalidade que se divide em si mesma a fim de defender a personalidade principal da realidade do abuso. O filme faz um bom trabalho no sentido de respeitar essa noção e mantém um percurso verdadeiro, sem se render à tentação de ficar hollywoodiano demais.

A força de *Sybil* encontra-se em três pilares: a interpretação de Sally Field, a intensidade emocional das cenas de terapia, e a representação de uma causa hipotética para o transtorno dissociativo de identidade. Cinco charutos! Para aprender mais sobre a psicoterapia, dê uma olhada no Capítulo 15.

Psicose

Nenhuma lista de grandes filmes psicológicos estaria completa sem o filme de 1960 de Alfred Hitchcock, *Psicose*. Anthony Perkins estrela o filme como um psicopata depravado com um estranho delírio de se vestir como sua mãe. O personagem de Perkins parece sofrer de uma personalidade dissociada, em que parte de sua personalidade é sua mãe. Uma bizarrice sem tamanho. O "psicopata" de *Psicose* mata somente uma pessoa no filme inteiro, e isso é algo insignificante para os padrões atuais, mas o uso do suspense e do fator surpresa de Hitchcock é estupendo.

Psicose apresentou ao público norte-americano a ideia do assassino psicopata, um homem com uma mente distorcida. Por fora, o personagem de Perkins é manso e socialmente estranho, um menino no corpo de um homem. Ele aprecia a emoção do voyeurismo de, ocasionalmente, dar uma espiada em seus hóspedes. O que se sugere aqui é que por debaixo de um exterior tranquilo está um assassino demente só esperando por sua oportunidade. Mas o ingrediente psicológico principal em *Psicose* é o relacionamento distorcido que o personagem de Perkins tem com sua mãe. Ele é o mais emblemático dos "filhinhos de mamãe", incapaz de enfrentar o mundo sozinho e apreciar os prazeres que ele fantasia em sua cabeça. Freud se orgulharia dessa versão distorcida de Édipo, na qual é a mãe do personagem de Perkins que o ameça com a castração, e não o pai. A ira do personagem de Perkins parece ser o produto de seu fracasso em ser o rei de seu próprio castelo, por assim dizer.

Psicose é um clássico. Não se aborreça com a refilmagem com Vince Vaughn, alugue o filme original. Cinco charutos.

Matrix

Matrix (1999), dirigido por Lana e Andy Wachowski e estrelado por Keanu Reeves, Laurence Fishburne e Carrie-Anne Moss, é um filme apocalíptico no qual um "computador-mestre" domina o mundo e a mente dos seres humanos, criando, assim, uma realidade alternativa. Os seres humanos são mantidos vivos em uma espécie de fazenda, onde a energia de seus corpos mantém essa tecnologia alimentada.

O computador-mestre ocupou, assim, a mente de todos os seres humanos, conectando-os a uma matriz de realidade virtual a fim de manter suas mentes e funcionamento mental após descobrir que, sem a ilusão em massa derivada dessa matriz, o corpo humano morreria, desse modo eliminando sua fonte de energia. Contudo, um grupo de pessoas conseguiu "se libertar" da matriz e "voltar" para a realidade, acordando em um mundo no qual a maioria dos seres humanos não passa de combustível, e então esse grupo é perseguido pelo computador-mestre.

Você está surpreso em ver esse filme nesta lista? Alguns críticos e espectadores consideram *Matrix* como sendo um bom filme de "ação", e alguns até acham que ele é bem medíocre. Mas esse filme explora os conceitos de realidade virtual, inteligência artificial, inteligência das máquinas, consciência e relacionamentos entre máquinas humanas e tecnologia humana. A própria Matrix sugere um pouco do que acontece com relação à internet e como ela muitas vezes é confundida com a realidade. Será que as pessoas estão se tornando mentes incorpóreas na era da internet? Será que ela não é uma forma de escravidão mental na qual a mente e os desejos dos seres humanos estão sujeitos à manipulação por parte de inteligências mais poderosas, massivas e complexas, como as grandes corporações e os mestres em distorcer as coisas?

Matrix é instigante e toca algumas áreas de estudo e pesquisa da psicologia muito contemporâneas e complexas. Cinco charutos! (Para saber mais sobre consciência, dê uma olhada no Capítulo 4)

Tensão

Tensão (1988), dirigido por Harold Becker, é um filme sobre o vício. James Woods estrela o filme como um cara típico com uma esposa e uma carreira, mas cujo uso recreacional das drogas foge de seu controle e dilacera sua vida. A interpretação de James Woods é absolutamente incrível. O retrato que representa da dependência como um transtorno malicioso, desafiante, desconcertante e poderoso é certeiro! Esse não é um filme "bonitinho" e fala muito claramente sobre como o vício é uma coisa sombria. É um filme poderoso. O vício não é uma coisa glamourosa. Cinco charutos.

Índice

A
A Arte da Paz, 391
acrônimo IDEAL, 103
acrônimo PERMA, 135
Adaptação, 12
a Deixar Ir, 391
adestramento de aversão, 395
adolescentes, 261
adrenalina, 117
Adultos, 266
afeição, 208
"afirmação do eu", 219
agentes casuais, 211
Agindo naturalmente, 233
agressão, 218
água, 120
A Interpretação dos Sonho, 63
Ajudando, 208
Ajuda Profissional, 12
alarme falso, 80
alerta, 334
Alexander, Franz (psicanalista), 323
Allport, Gordon (psicólogo), 191
Alpert, Richard (professor), 67
altruísmo, 235
Alucinações, 273
alucinações de comando, 273
A Mente Vencendo o Humor, 341
amigos, 167
Amor, 130, 131
    Amor companheiro, 130
    Amor consumado, 131
    Amor passional, 130
    Amor romântico, 131
    Amor vazio, 131
amostra, 31
amplitude, 76
análise ABC, 315
análise aplicada do comportamento (ABA), 291
Análise Funcional do Comportamento (AFC), 332
análise lógica, 341
Análise meio-fim, 104
Analogias, 104
Anastasi, Anne, 301
Anedonia, 278
anonimato, 228

ansiedade, 174-258
    ansiedade com relação a estranhos, 176
    ansiedade da separação, 258
    ansiedade de castração, 174
    ansiedade neurótica, 319
antidepressivos triciclos, 53
aparência, 164
a Persistência da Memória, 359
apneia do sono, 62
aprendizado de aversão pelo paladar, 140
aprendizado supersticioso, 140
aprimoramento cognitivo, 380
Aproximação, 186
áreas somatossensoriais do cérebro, 252
A Revolta de Atlas, 238
argumentos de dois lados, 288
armazenamento e recuperação de longo prazo, 63
arquitetura do pensamento, 90
Asch, Solomon (psicólogo), 212
a Se Comportar, 141
aspecto característico, 96
Assertivas empáticas, 219
assertividade, 218
assertividade escalonada, 219
associação livre, 284
Associação Norte-americana de Psicologia, 25
Associações sonoras, 299
ataques terroristas, 242
Atenção, 137
Atenção dividida, 91
Atenção focada, 91
Atingindo a maturidade sexual, 176
atividade alfa, 61
atividade beta, 61
atividade elétrica, 59
atividade eletrofisiológica, 59
atribuição pessoal, 213
atualização social, 379
audição, 77
autismo, 290
autismo de alto funcionamento, 290
Autoaceitação, 378
autoamplificação, 380
autoatribuição, 214
Autocensura, 229
autoconceitos, 189

Autoconsciência, 137
autoconsciência privada, 196
Autoconsciência pública, 195
autodeterminação, 388
autoeficácia, 187
autoesquemas, 189
autoestima, 125
autoincapacitação, 215
Autonomia, 181
autopercepção, 214
Autoridade institucional, 226
autorreforço, 187
autorregulação, 124
avaliação, 215
avaliação comportamental, 330
avaliação de problema, 301
Aylward, Glen (médico), 305

B

Bandura, Albert (psicólogo), 187
Barlow, David (professor), 286
Baron-Cohen, Simon (pesquisador do autismo), 72
bastonetes e cones, 73
Bateria de Testes Neuropsicológicos Halstead-Reitan, 308
Bateria Psicoeducacional Woodcock-Johnson, 305
Batson, Daniel (psicólogo), 238
Baumeister, Roy (professor), 124
Beck, Aaron (psiquiatra), 280
bem-estar subjetivo (BES), 134
benzodiazepínicos, 54
Berkowitz, Leonard (psicólogo), 234
Big Five, 192
biologia, 37
Bleuler, Eugene (psiquiatra), 272
Boas habilidades motoras, 251
Bostrom, Nick (filósofo), 380
brainstorming, 104
Broadbent, Donald, (psicólogo), 91
bulbo olfativo, 78
Burger, Andrea (psicóloga), 124
busca da verdade, 26

C

Cacioppo, John (psicólogo), 231
caixa de Skinner, 151
Cannon, Walter (psicólogo), 124
capacidade, 108, 111, 202, 206
    capacidade cinestética corporal, 108
    capacidade, como fonte de autoestima, 202
    Capacidade de resposta afetiva, 206
    capacidade interpessoal, 108
    capacidade linguística, 111

caráter oral, 171
carente, sentindo-se, 119
Carlsmith, James (pesquisador), 214
Carlson, Neil (psicólogo), 38
caroneiros, 227
Carroll, John (teórico do CHC), 106
caso do Pequeno Hans, 327
Catastrofização, 340
Cattell, Raymond (psicólogo), 106
causas, comparadas com correlação, 33
cegueira não intencional, 91
células, cerebrais, 39
células ciliadas, 76
células de apoio, 41
células gliais, 46
cérebro, 40
Chabris, Christopher (psicólogo), 91
check-up mental, 378
cheiro, 77
Chomsky, Noam (filósofo), 111
choque, 225
Cirurgia de Cérebro, 55
cirurgia do cérebro sem entrar na faca, 55
coaching de vida, 379
cóclea, 76
codificações e representações, 88
Coerência social, 379
Coesão, 226
cognição incorporada (CI), 97
Cognitivas (Teoria CHC), 106
Colinérgicos, 381
coma, 58
comida, 120
competências, 189
complexo de Édipo, 173
componente expressivo, 126
comportamento, 104, 203, 246, 268
    comportamento-alvo, 330
    comportamento anormal, 268
    comportamento catatônico, 273
    comportamento de apego, 203
    comportamento direcionado a objetivos, 289
    comportamento inteligente, 104
    comportamentos, 246
comportar-se, aprendendo a, 141
Comprometimento, 135
comunicação, 215
comunicação interpessoal, 215
comunicador, credibilidade do, 215
conceitos, 105
conceituação, 86
concentração, como área de estado mental, 288
concepção, 246
conclusões, como componente do raciocínio, 100

condição de gratuidade, 102
condicionamento, 142, 147, 149
    condicionamento clássico, 142
    condicionamento operante, 149
    condicionamento retroativo, 147
condições atuais de manutenção, 250
condições de valor, 352
condições necessárias e suficientes, 353
conduta humana, 25
conectado, manter-se, 388
cones de comprimento de onda curtos, 74
cones de comprimento de ondas médios, 74
cones de comprimentos de ondas longos, 74
confiabilidade teste-reteste, 303
confiança básica, comparada com falta de confiança, 181
confiando em seus instintos, 118
conformidade, 226
Confusão, 59
confusão de identidade, 182
conhecimento, 27
conjunto perceptual, 82
Consciência corporal, 195
consciência cósmica, 65
Consciência expandida, 65
conscientização, 120
consenso, de atribuições, 213
consequência positiva, 150
conservação, 259
consideração positiva incondicional, 352
Constância do objeto, 186
construtividade, comparada com inferioridade, 182
contato, 244
conteúdo de pensamento, como área de status mental, 272
contiguidade, 155, 156
contracondicionamento, 145
Contribuição social, 379
Controle de Estímulo, 158
controle de impulso, 288
controle do ego, 180
Convergência, 76
corpo, 21
corpo caloso, 44
correlação, comparada com causa, 33
córtex auditivo, 77
Córtex cerebral, 44
córtex visual, 73
credibilidade, do comunicador, 230
crença, na superioridade moral do grupo, 214
crescimento, 350
crianças, 260
crise de identidade, 182
critérios de resposta, 80

cromossomos sexuais, 247
Csikszentmihalyi, Mihaly (psicólogo), 378
culpa, 192, 358, 359
    culpa neurótica, 356
    culpa normal, 357
cultura árabe, 200
Curva de Bell, 109
custos, modelo de crenças em saúde e, 351

D

Damasio, Antonio (neurologista), 60
Dawson, Geraldine (psicóloga), 292
debate, 23
Deci, Edward (professor), 123
decisões "no calor do momento"decisões "no calor do momento", 98
Deficiências, 290
deficientes intelectualmente, 109
delírio, 59
delírio de grandeza, 272
delírio de perseguição, 272
delírio paranoico, 272
demências, 266
de outros, 191
depressão, 53
depressão maior, 278
descarga emocional, 372
desejos, estar separado dos, 133
desempenho, como fonte de autoestima, 153
desenhos animados, 60
desenvolvimento cognitivo, 246
Desenvolvimento Emocional e do Comportamento Durante os Primeiros Anos (Brazelton), 251
desenvolvimento inicial da criança, 253
desenvolvimento motor, 249
desespero, comparado com integridade, 183
dessensibilização sistemática, 328
Devaneios, 65
Dickson, David (teólogo), 215
Diener, Ed (psicólogo), 135
diferença apenas perceptível (JND), 80
difusão de responsabilidade, 240
Discriminação Operante, 159
discriminando, 145
disponibilidade heurística, 99
dispositivo de aquisição de linguagem, 111
dispositivos de produção da fala, 382
dissimulação, 309
dissonância cognitiva, 214
dissonias, 62
distância, calculando, 75
distanciamento emocional, 226
distúrbios do sono, 63

divã, 315
diversidade, 226
divórcio, 207
DNA, 51
doença coronária, 348
doença mental, 268
Doenças do Coração Para Leigos (Rippe), 370
Domínio, 379
Domínio do ambiente, 379
Dopaminérgicos, 381
dor, sentindo, 77
drogas psicoativas, 67

E

economia de fichas, 335
Édipo Rei, 173
efeito, 29, 75, 97, 94
    efeito Barnum, 179
    efeito de falsa singularidade (EFS), 213
    efeito de posição serial, 94
    efeito de pós-imagem negativa, 75
    efeito festa, 91
    efeito ou viés do agente-observador, 213
    efeito placebo, 29
eficiência, modelo de crenças em saúde e, 341
ego, 180
elementos vicários, 202
Eletroencefalograma (EEG), 61
Ellis, Albert (psicólogo), 342
elogios, 228
emoção expressada (EE), 275
emoção, poder da, 133
emoções positivas, 134
empatia, 238
Empatia precisa, 353
energia acústica, 70
energia eletromagnética, 70
energia eletroquímica, 71
energia física, 134
energia mecânica, 70
energia térmica, 70
enfrentamento, 364
Ensaio, 93
Ensaio elaborado, 93
ensaio maquinal, 93
Ensaio sustentado, 93
ensino por tentativas discretas (DTT), 291
envelhecendo, 265
envolvimento afetivo, 206
equilíbrio, 119
equilíbrio cognitivo, 252
"Era da Informação", 375
Erikson, Erik (psicólogo), 181

Eros e Repressão — Amor e Vontade (May), 354
erro de atribuição fundamental, 213
Escala de Inteligência Wechsler para Adultos, 4ª Edição (WAIS-IV), 302
Escala de Inteligência Wechsler para Crianças, 4ª Edição (WISC-IV), 307
escala de reajustamento social, 367
escola, 253
escutando, 217
espaço pessoal, 223
especialidade, 230
espelhamento, 183
esperança, encontrando, 355
esquema, 132, 157, 188, 253
    esquema de amor casual, 188
    esquema de amor desinteressado, 188
    esquema de amor instável, 132
    esquema de amor irrequieto, 132
    esquema de amor pegajoso, 132
    esquema de amor seguro, 132
    esquema de intervalo, 157
    Esquema operacional, 253
esquemas, 96 189, 253, 280
    esquemas de outros eus, 280
    Esquema sensoriomotor, 253
    Esquema simbólico, 253
    esquemas sociais, 189
    Esquemas socialmente relevantes, 189
esquizofrenia, 52
Estabilizadores de humor, 55
Estados de transe, 64
estágio da personalidade de latência, 171
Estágio embrionário, 248
estágio, 163, 171, 248, 254
    estágio fálico da personalidade, 171
    Estágio fetal, 248
    estágio genital da personalidade, 163
    Estágio germinal, 248
    estágio oral da personalidade, 170
    estágio pré-operacional, 259
    estágio sensorimotor, 254
estagnação, 183
estar no mundo, 357
estatística descritiva, 31
estatística inferencial, 31
estatística, medindo com, 32
estereótipos, 212
estética, 390
estilo, 198, 205, 207, 208
    estilo, como aspecto do self público, 198
    estilo de apego ansioso/ambivalente, 205
    estilo de apego de fuga, 205
    estilo de apego seguro, 205

estilo de educação autoritário, 207
estilo de educação autoritativo, 207
estilo de educação permissivo, 208
Estilo Emocional, 137
Estimulação Magnética Transcraniana (EMT), 55
estimulantes, 48
estímulo, 118, 142, 143, 189
    estímulo aversivo, 306
    estímulos, 118
    estímulos-chave, 118
    estímulos condicionados, 142
    Estímulos incondicionados, 143
estratégia, 219
    estratégia de defesa do disco arranhado, 219
    estratégia de defesa metanível, 219
    estratégia de defesa nebulosa, 219
estratégias, 189, 373-374
    estratégias de codificação, 189
    estratégias de enfrentamento com recompensas alternativas, 371
    estratégias de enfrentamento de distração, 371
    estratégias de enfrentamento de evitação, 372
estresse, 274
estressores de desenvolvimento, 372
estressores extremos, 340, 367
estressores psicossociais, 367
estrutura, encontrando uma, 16
estruturas acessórias, 71
estudo do João Bobo, 187
estudos de gêmeos e adoção, 51
estupor, 59
ética, 25
etnicidade, 199
evidência empírica, 26
exame de estado mental (EEM), 298
Exaustão, 365
exclusões, 274
expectativas, 189
experiência, abertura para a, 189
experiência emocional corretiva, 323
experiência invalidadora, 322
Experiência subjetiva, 59
experimento da prisão de Stanford, 223
"experimento do marshmallow", 125
explicação associativa, 149
exposição, 328
expressar a si mesmo, 129
expressões faciais, 291
êxtase, como estado de consciência, 64
extinção, 157
Extroversão, 192

F

facilitação social, 227
fala, 130
fala e pensamento desorganizado, 272
"fala telegráfica", 257
falso consenso, 215
falta de confiança, em comparação à confiança básica, 181
falta de sentido, 359
família, 200
fantasias, 199
fantasias, como aspecto do self privado, 199
fase anal da personalidade, 182
Fase autista, 185
fase de aquisição, 156
fase operacional concreta, 259
fatores s, 105
fator g, 105
"fator mal-humorado", 133
fator z, 30
feedback, 216
feliz, 134
fé, mantendo a, 362
fenômeno do público invisível, 196
fenômeno físico do estresse, 365
fenômeno psicológico do estresse, 340
fenótipo, 246
feromônios, 78
fertilização, 248
Festinger, Leon (pesquisador), 214
fibras A-delta, 77
fibras C, 77
Filosofia para Leigos (Morris), 26
fingimento, 309
Foa, E.B. & U.G. (pesquisadores), 237
fobia, 284
foco, 111
foco interpessoal, 323
Fodor, Jerry (filósofo), 90
força de vontade, 124
formação de impressão, 212
formação de reação, 172
fotopigmentos, 73
fotorreceptores, 74
frequência de ondas por unidade de tempo, 76
Freud, Anna (filha de Sigmund Freud), 176
Freud, Sigmund, 63
Fromm, Eric (psicólogo), 350
frustração, 234
Funcionamento intelectual, 300
funções sociais, 263

G

Gall, Franz Joseph (cientista), 179
Gardener, Howard (psicólogo), 108
Generalização exagerada, 340
Generalização Operante, 158
Generalizando, 145
gênero, 13
genética, 237
genética comportamental, 52
Gerbner, George (professor), 235
germes, 338
Geropsicologia, 265
glutamato monossódico (MSG), 78
Gramática, 112
Gramática Universal, 112
grandiosidade saudável, 184
gravidez, 247
grupo de controle, 34
grupo de placebo, 34
grupos, 193

H

habilidade, 108, 110, 209
    Habilidade espacial, 108
    Habilidade intrapessoal, 108
    Habilidade lógico-matemática, 108
    Habilidade musical, 108
    habilidades metacognitivas, 110
    habilidade social, 209
Half a Brain is Enough (Battro), 50
Hargie, Owen (professor), 215
Harlow, Harry (psicólogo), 203
Hartmann, Heinz (psiquiatra), 179
Hartup, Willard (psicólogo), 209
Hatfield, Elaine (psicóloga), 130
hemisférios, 44
heurística representativa, 99
hierarquia das necessidades, 120
hipersonia, 62
hipnose, 64
Hipocondria, 314
hipótese da amina biogênica, 279
hipótese de desregulação da dopamina, 54
hipótese projetiva, 306
histórico, documentando, 296
Hoffman, Martin (psicólogo), 238
homeostase, 119
homofobia, 242
Horn, John (teórico de CHC), 106
Hull, Clark (psicólogo), 119
humanidade, 355
humor, 186

I

ícones, explicados, 2
id, 168
idade adulta, 263
idade de públicos, 226
identidade, 181
identidade pessoal, 181
Identidade social, 197
ilusões, 82
imersão, 338
implantação, 248
imprinting, 118
impulsos, 119
impulsos primários, 119
impulsos secundários, 119
incapacidade intelectual, 287
incongruente, 352
Inconsciente, 167
Incubação, 185
incus, 76
indivíduo, 295
indivíduo enquanto pessoa, 295
indução hipnótica, 68
inferência, 216
inferioridade, comparada com construtividade, 182
influência cultural, 22
Influência positiva, 378
inibição recíproca, 337
inibidores seletivos de recaptação de serotonina (ISRS), 53
iniciativa, comparada a culpa, 182
inoculação de atitudes, 232
insight, como área de estado mental, 300
insônia, 62
inteligência, 107, 136
    inteligência componencial, 107
    inteligência contextual, 107
    Inteligência Emocional: A Teoria Revolucionária que Redefine o que é Ser Inteligente (Goleman), 136
    Inteligência Emocional (IE), 136
    inteligência experiencial, 107
interação recíproca, 258
interação social, 258
interface computador-cérebro, 382
interferência proativa, 94
interferência retroativa, 94
interpretações, 321
interpretações de resistência, 320
interpretações de transferência, 320
intervenção, 345
intimidade, 130

intolerância religiosa, 242
introspecção, 86
intuição social, 112
inveja do pênis, 174
Inventário Beck de Depressão, 303
Inventário de Personalidade Multifásico de Minnesota (MMPI-2), 306
invulnerabilidade, ilusão de, 229
irmãos, 206
isolamento, 181

J
Janis, Irving L. (psicólogo), 228
julgamento, 211
julgamentos apressados, 212
julgamentos avaliadores, 211

K
Kahneman, Daniel (economista), 99
Keyes, C. L. M. (professor), 378
Klein, Melanie (psicanalista), 184
Koegel, Robert e Lynn (médicos), 292
Kohut, Heinz (psicanalista), 183
Krippner, Stanley (psicólogo), 64

L
labilidade emocional, 299
Latane, Bibb (psicólogo), 227
Lazarus, Arnold (psicólogo), 365
legitimidade da autoridade, 226
lei de efeito, 150
lei de todos ou nenhum, 46
lei Yerkes-Dodson, 121
lesão de contragolpe, 43
lesões externas na cabeça, 43
lesões internas na cabeça, 43
liberadores, 118
liberdade, 348
libido, 168
limiar absoluto, 80
limiar relativo, 80
Linehan, Marsha (psicóloga), 346
linguagem, 111
linguagem de bebês, 111
lista das partes, 11
Lista de Verificação do Comportamento Infantil, 304
Livro Tibetano dos Mortos, 354
localização, 43
Locke, John (filósofo), 23
locus de controle externo, 375
locus de controle interno, 375
Lorenz, Konrad (zoólogo), 118
LSD, 67
luto, 277

M
Madre Teresa, 235
Mahler, Margaret (médica), 184
malandragem, 107
mal de Alzheimer, 51
malleus, 76
Mandler, George (professor), 367
mania, 281
Manual de Diagnóstico e Estatística, 5a Edição (DSM-5), 285
marcadores genéticos, 52
Maslow, Abraham (psicólogo), 120
matriz social, 222
May, Rollo (psicólogo), 19
McGuire, William (psicólogo), 232
mecanismos de defesa, 166
medicamentos, 53, 54, 64
    medicamentos ansiolíticos, 54
    medicamentos antidepressivos, 53
    medicamentos antipsicóticos, 54
meditação, 65
medo, 151
membrana basilar, 76
membrana (célula), 47
membrana do tímpano, 76
memória, 92, 93, 94
    memória de curto prazo (MCP), 92
    memória de longo prazo (MLP), 93
    memória ecoica, 92
    memória processual, 94
    Memória semântica, 94
    memória sensorial, 92
meninas, 174
meninos, 174
menopausa, 264
mente, 13
mesencéfalo, 43
metáforas, 104
metateoria, 17, 18, 19, 20
    metateoria behaviorista, 21
    metateoria biológica, 17
    metateoria cognitiva, 19
    metateoria do feminismo, 20
    metateoria humanista e existencial, 19
    metateoria pós-modernista, 20
    metateoria psicodinâmica, 18
    metateoria sociocultural, 20
método científico, 27

Milgram, Stanley (psicólogo), 225
Mischel, Walter (psicólogo), 124
mitose, 248
mnemônica, 93
modelagem, 152
modelo, 21, 87, 148, 206, 240
    modelo biopsicossocial, 21
    modelo cognitivo, 286
    modelo da mente computacional-representacional, 87
    modelo de atividade do envelhecimento, 266
    modelo de crença em saúde, 341
    modelo de crenças em saúde, 376
    modelo Denver, 292
    modelo estresse-diátese, 274
    modelo McMaster, 206
    modelo médico de doença mental, 268
    modelo Rescorla-Wagner (1972), 148
    modelos de conectividade neural, 290
    "modelos positivos" de envelhecimento, 266
    modelos pró-sociais, 240
modificação de comportamento (B-Mod), 344
momento certo para o reforço, 156
monismo, 38
moralidade, como fonte de autoestima, 178
morte, 345
motivação, 123, 125, 180
    motivação autônoma, 123
    motivação controlada, 123
    motivação da eficácia, 180
movimento, 76
movimentos dos músculos, 252
mudança cognitiva, 377
mudança, não ter medo de, 354
mundo exterior, papel do, 22

N

nacionalidade, 200
narcolepsia, 62
nascimento, 252
necessidades físicas, 120
negação, 177
neologismo, 273
nervo óptico, 73
nervos cranianos, 41
nervo sensorial, 71
nervos espinhais, 41
neurobiologia, 41
neurocirurgiões, 72
neurônios, 41
neuroprotética, 381
neurotransmissores, 40, 47, 48, 49, 53, 54, 279, 282

Newell, Allen (psicólogo), 103
nível biológico, 39
nível psicológico, 39
nível social, 39
nootrópicos, 380
norma de reciprocidade, 237
norma de responsabilidade social, 238
normalidade, 268
normas, 244
número de ondas por unidade de minuto, 73

O

obediência, 225
objetivos, trabalhando em direção a, 379
objeto transicional, 185
observância, 374
observando, 315
O Dom do Medo (De Becker), 126
O Estilo Emocional do Seu Cérebro (Davidson), 137
O Gene Egoísta, 239
O Gene Egoísta (Dawkins), 239
olfato, 77
ondas sonoras, 70
ontologia, 355
operações formais, 262
O Poder do Pensamento Positivo (Peale), 341
órgão vestibular, 78
orientação, 382
orientação, como área de estado mental, 283
O Ser e o Nada (Sartre), 355
o sujeito mais competente (MKO), 260
otimismo, 390

P

pacientes, 286
padrões de comportamento repetitivos, 290
padronização, 301
paixão, como forma de amor, 130
paladar, 71
paliativos, 276
papéis, 179
papilas gustativas, 78
para a persuasão, 230
parassonias, 62
parentesco, 200
Parks, Rosa (ativista dos direitos civis), 124
participando, 337
partículas químicas voláteis, 77
passando a mão na cabeça, 157
pavilhão auditivo, 76
Pavlov, Ivan (fisiologista), 142

pensamento, 165, 228, 278, 280
    pensamento cíclico, 280
    pensamento de grupo, 228
    pensamento dicotômico, 340
    pensamento distorcido, 339
pensamentos, 165
    pensamentos automáticos, 280
    pensamentos suicidas, 278
    pensamento tangencial, 299
pensando, 95
percepção, 79
percepção da pessoa, 165
perfilamento racial, 241
período pré-embrionária, 248
permanência do objeto, 255
personalidade, 165
personalidade do Tipo A, 370
personalização, 340
persuasão, 232
pertencimento, 120
pesadelos, 62
pesquisa, 29
pesquisa descritiva, 29
pesquisa experimental, 29
pessoa real, 319
pessoa, teoria da, 321
Pettigrew, Thomas (psicólogo), 244
Piaget, Jean (psicólogo), 252
poder da emoção, 126
população, 31
positividade, poder da, 339
potencial de ação, 46
potencial de descanso, 47
preconceito, 244
pré-consciente, 167
Premack, David (professor), 153
premissas, como componente do raciocínio, 100
pressuposições depressogênicas, 342
prevenção de resposta, 338
Previsivelmente Irracional (Ariely), 102
primeiras palavras, 256
Princípios Éticos e Códigos de Conduta dos Psicólogos (APA), 25
princípios, organização por, 79
privação de sono, 62
problema apresentado, 297
processamento/recolhimento de informações, 106
processo de autoapreciação, 187
processo de diferenciação da experiência, 351
processo de pensamento, como área de status mental, 299
processos de mediação, 216
produção da fala, 382

programação, 151, 156, 157, 158
    programação de reforço com intervalos fixos, 156
    programação de reforço de razão fixa, 157
    programa de reforço de intervalo variável, 158
    programa de reforço de razão variável, 158
    programa de reforços, 151
    programas computacionais de auxílio à memória, 382
    programas de prevenção primária, 374
    programas de prevenção secundária, 374
    programas de prevenção terciária, 374
projeção, 177
proposição, 97
propósito de vida, 143
prosencéfalo, 43
prosperar, 378
proteção da parentela, 239
protética cognitiva, 381
proximidade da autoridade, 207
proximidade, do estímulo, 131
pseudodemência, 381
psicanálise, 63
psicanálise clássica, 323
psicofarmacologia, 36
psicolinguística, 111
psicologia, 7, 62, 201, 246
    psicologia aplicada/psicólogos de, 6
    psicologia da anormalidade, 62
    psicologia da longevidade, 246
    psicologia da saúde, 364
    psicologia do desenvolvimento, 246
    Psicologia do Self, 183
    Psicologia para Leigos, 1
    psicologia popular, 7
    psicologia positiva, 378
    psicologia social, 201
psicólogofobia, 242
psicólogos, 24, 34, 53
    psicólogos biológicos, 53
    psicólogos clínicos, 34
    psicólogos experimentais, 24
psiconeuroimunologia, 369
psicopatologia, 339
psicose maníaco-depressiva, 281
psicoterapia, 282
psiquiatria, 270
puberdade, 261
público, 210
Pulver, Sydney (professor), 317
punição, 154
punição negativa, 154

Q

qualidade de vida, 334
qualidade de vida declarada, 378
qualidade do ajuste, 205
questionamento, 216

R

raciocínio dedutivo, 101
raciocínio indutivo, 100
racionalidade limitada, 101
radiação eletromagnética, 73
raiva, 132
Rapson, Richard (psicólogo), 130
realidade, à procura da, 260
realização, 124
recaptação, 53
recompensas contínuas, 149
recompensas sociais, 187
recompensas tangíveis, acesso a, 332
recordar, repetir e elaborar, 320
recuperação espontânea, 144
recursos, de enfrentamento, 372
recursos pessoais, 372
recursos sociais, 372
reducionismo biológico, 38
reenquadramento, 371
reflexo, 250, 252, 322
    reflexo de moro, 250
    reflexo de preensão, 250
    reflexo de torção, 250
    reflexos, 252
reforço, 153, 154,156, 332
    reforço automático, 332
    reforço contínuo, 156
    reforço negativo, 154
    reforço positivo, 152
    reforços primários, 153
    reforços secundários, 153
regras do pensamento, 90
regressão, 178
Reik, T. (psicanalista), 319
rejeição correta, 80
relacionamentos, 11
relacionamentos positivos, 154
representação mental, 88
representando, 67
repressão, 177
Rescorla, Robert (estudante de graduação), 148
resistência, 378
resolução de problemas, 90
respeito, 178
responsabilidade, 359

resposta, 42, 126, 143, 226
    resposta de relaxamento, 42
    resposta fisiológica, 126
    resposta pública, 226
    respostas condicionadas (RC), 143
    respostas incondicionadas (RI), 143
resultados, 306
retroceder, 378
rodopsina, 74
Rogers, Carl (psicólogo), 353
Rogers, Sally (psicóloga), 292
rombencéfalo, 45
Rosenstock, Irwin (pesquisador), 376
rota periférica, para a persuasão, 230
Rotter, J. B. (psicólogo), 312
Ryan, Richard (professor), 123
Ryff, C. D. (psicólogo), 135

S

salada de palavras, 273
Sandberg, Anders (pesquisador), 380
saúde psicológica, 389
segmentação, 93
segurança e proteção, 120
Seja Aqui e Agora (Ram Das), 67
Sejum Perd Edor (psicólogo comportamental), 157
seleção natural, 52
self, 197, 198
    self emergente, 197
    self especular, 197
    self essencial, 197
    self privado, 198
    self público, 198
    self subjetivo, 197
    self verbal, 197
Seligman, Martin (psicólogo), 135
Selye, Hans (endocrinologista), 365
sensação, 79
sensibilidade, 80
Sensibilização encoberta, 337
sentido cinestésico, 78
sentido de self, desenvolvendo um, 351
sentidos do corpo, 78
sentimentos, como aspecto do self privado, 167
Sentindo-se carente, 119
Sentinelas do pensamento, 229
seriação, 260
severidade, modelo de crenças em saúde e, 376
sexo, 170
Sherif, Muzafer (psicólogo), 224
significado, 135
Simbiose, 185

si mesmo, expressando a, 120
similaridade, de estímulos, 81
Simon, Herbert (psicólogo), 101
Simons, Daniel (psicólogo), 91
simpatia, 239
simpatia, como forma de amor, 131
simulação incorporada, (SI), 97
sinapse, 53
síndrome, 284
síndrome do membro fantasma, 50
síndrome do pânico, 284
sinestesia, 72
Singer, Jerome (psicólogo), 128
sintonia, encontrando a, 390
sistema nervoso, 40, 42
    sistema nervoso autônomo (SNA), 42
    sistema nervoso central (SNC), 42
    sistema nervoso humano, 40
    sistema nervoso parassimpático, 42
    sistema nervoso periférico (SNP), 40
    sistema nervoso simpático (SNS), 42
sistemas corporais, 38
sites receptores, 48
situação ameaçadora, 366
situação de perdas e danos, 366
situações desafiadoras, 335
Skinner, B. F. (psicólogo), 151
Sociedade Britânica de Psicologia, 25
solução de problemas, 11
sonambulismo, 62
sonhos, 63
sono, 64
sonolência, 62
Spiegler, Michael (professor), 336
Stack-Sullivan, Harry (psicanalista), 323
status, 201
Sternberg, Robert (psicólogo), 107
Stern, Daniel (psicanalista), 197
Stevens, Nan (psicólogo), 209
Stress and Health: Biological and Psychological Interactions (Lavallo), 364
subestágio, 61
substâncias químicas, cérebro, 40
sugestões, 75, 211
    sugestões binoculares, 75
    sugestões dinâmicas, 211
    Sugestões estáticas, 211
    sugestões monoculares, 75
superar, lutando para, 360
superdotação, 110
superego, 167
superioridade moral, dos grupos, 202
suscetibilidade, modelo de crenças em saúde e, 376

T

Tagiuri, Renato (professor), 212
tamanho de onda, 76
taxonomia, 270
TDAH (Transtorno de Deficit de Atenção com Hiperatividade), 288
técnica da situação estranha, 204
técnicas de bloqueio, 218
tempo, 324
tendência à positividade, 390
tendência secular, 262
teoria, 26
teoria behaviorista, 112
Teoria Cattell-Horn-Carroll de Habilidades
teoria, 74, 80, 91, 112
    teoria cognitiva, 192
    teoria da autodeterminação (SDT), 123
    teoria da busca guiada, 91
    teoria da expectativa, 122
    teoria da inteligência dos dois fatores, 105
    "teoria da mente" (TOM), 291
    teoria da personalidade implícita, 212
    teoria da pessoa, 350
    teoria das inteligências múltiplas, 106, 108
    Teoria das Relações Objetais, 183
    teoria da troca social, 237
    teoria de Cannon-Bard, 128
    teoria de detecção de sinal, 80
    teoria de James-Lange, 128
    teoria de redução do impulso, 119
    teoria do apego, 279
    teoria do aprendizado social, 187
    teoria do desenvolvimento cognitivo, 254
    teoria do incentivo, 122
    teoria do nível benéfico de excitação, 127
    teoria do processo oponente, 74
    teoria interacionista, 112
    teoria para o portão de controle da dor, 77
    teorias biológicas da depressão, 279
    teorias de traços, 191
    teorias do aprendizado, 327
    teorias psicanalíticas, 166
    teorias psicológicas da depressão, 279
    teorias psicossociais, 166
    teoria triárquica, 107
    teoria tricromática, 74
terapia, 12, 328, 345, 356
    terapia cognitiva, 294
    terapia cognitiva baseada na atenção plena (MBCT), 344
    Terapia Cognitivo-Comportamental (TCC), 283
    terapia com base em reforços, 335
    terapia comportamental dialética (TCD), 345

terapia da aceitação e compromisso (ACT), 344
terapia da exposição gradual, 328
terapia de desaceleração, 335
terapia de extinção, 332
terapia do comportamento, 328
terapia psicanalítica, 320
terapia racional-emotiva comportamental (TREC), 342
terapias, 294
terapias baseadas na exposição, 328
terapias biomédicas, 12
terapias existenciais, 354
terapias fundamentadas na aceitação e na atenção plena, 344
terapias humanistas, 348
"terceiro ouvido", 319
teste, 270, 290, 304, 305
   teste de inteligência, 303
   Teste do Borrão de Tinta de Rorschach, 307
   testes clínicos, 308
   testes cognitivos, 290
   testes de diagnóstico, 270
   testes de funcionamento adaptativo, 304
   testes de funcionamento comportamental, 306
   testes de personalidade, 306
   testes de personalidade projetivos, 306
   testes educacionais e de desempenho, 305
   testes neuropsicológicos, 304
   testes psicológicos, 304
Thorndike, Edward (psicólogo), 149
Thurston, Louis (psicólogo), 106
tomada de decisão, 86, 99, 101
   tomada de decisão intuitiva, 99
   tomada de decisão racional, 101
toque, 77
traço 166, 191
   traços cardinais, 191
   traços centrais, 191
   traços secundários, 191
transcendência, 357
transdução, 77
transferência, 322
transmissão sináptica, 47
transtorno, 54, 202, 268, 273
   transtorno bipolar, 268
   Transtorno de Deficit de Atenção com Hiperatividade (TDAH), 288
   transtorno de desenvolvimento pervasivo, 288
   transtorno de estresse pós-traumático (TEPT) secundário, 368
   transtorno de estresse pós-traumático (TPT), 283
   transtorno delirante, 277
   transtorno de pensamento, 273
   transtorno de personalidade esquizoide, 202

Transtorno desafiador opositor e de conduta, 287
transtorno obsessivo-compulsivo, 284
transtorno psicótico induzido por substância, 277
transtornos de ansiedade, 258
transtornos de aprendizado, 287
Transtornos de comunicação, 287
Transtornos de eliminação, 288
transtornos de habilidades motoras, 251
Transtornos de tiques, 288
transtornos do cérebro, 54
transtornos psicóticos, 272
TREC, 342
tríade cognitiva, 280
tristeza, 283
trompas de falópio, 248
Tropp, Linda (psicóloga), 244
Turing, Alan (matemático), 89
Tversky, Amos (psicólogo), 99

U

unanimidade, 229

V

vadiagem social, 227
Vaillant, George (psiquiatra), 314
validação, 350
valores subjetivos, 189
variabilidade, 302
variáveis, 16
variável dependente, 33
variável independente, 33
vergonha e dúvida, 181
verificação de realidade, 320
vida com condições excelentes, 386
vida consciente, 66
violência, 233
visão, 63
visão da realidade socialmente construída, 20
visão estereoscópica, 76
vozes, escutando, 54
Vygotsky, L.S. (psicólogo), 260

W

Weiner, Bernard (psicólogo), 238
White, Robert (psicanalista), 180
Wolberg, Lewis (psicanalista), 311

Z

Zajonc, Robert (professor), 227
zigoto, 248
Zimbardo, Philip (psicólogo), 164
zona de desenvolvimento proximal, 261